CUANDO ÉRAMOS PILOTOS

CUANDO ÉRAMOS PILOTOS

José Antonio Ponseti

Historias de los españoles que sobrevivieron al Dakar en África

PLAZA [] JANÉS

Papel certificado por el Forest Stewardship Council®

Primera edición: enero de 2025

© 2025, José Antonio Ponseti Zabala
© 2025, Penguin Random House Grupo Editorial, S. A. U.
Travessera de Gràcia, 47-49. 08021 Barcelona

Penguin Random House Grupo Editorial apoya la protección de la propiedad intelectual. La propiedad intelectual estimula la creatividad, defiende la diversidad en el ámbito de las ideas y el conocimiento, promueve la libre expresión y favorece una cultura viva. Gracias por comprar una edición autorizada de este libro y por respetar las leyes de propiedad intelectual al no reproducir ni distribuir ninguna parte de esta obra por ningún medio sin permiso. Al hacerlo está respaldando a los autores y permitiendo que PRHGE continúe publicando libros para todos los lectores. De conformidad con lo dispuesto en el artículo 67.3 del Real Decreto Ley 24/2021, de 2 de noviembre, PRHGE se reserva expresamente los derechos de reproducción y de uso de esta obra y de todos sus elementos mediante medios de lectura mecánica y otros medios adecuados a tal fin. Diríjase a CEDRO (Centro Español de Derechos Reprográficos, http://www.cedro.org) si necesita reproducir algún fragmento de esta obra.

Printed in Spain – Impreso en España

ISBN: 978-84-01-03537-1
Depósito legal: B-19181-2024

Compuesto en M. I. Maquetación, S. L.

Impreso en Rotoprint by Domingo, S. L.
Castellar del Vallès (Barcelona)

L035371

*A José Ponseti, mi padre,
por compartir pasiones y aventuras;
por enseñarme a disfrutar de las montañas,
de los viajes y de las carreras; por animarme a soñar
hasta el infinito, y por convertirme en lo que soy.
Lo único que no planeamos es que te fueras tan pronto.
Te encantaría este libro.
Te sigo echando de menos*

Nada está escrito.

La fe es la fuerza que nos ayuda a trascender nuestros límites y a alcanzar lo imposible.

La grandeza no se logra persiguiendo lo fácil, sino enfrentándose a lo difícil.

El dolor es inevitable, el sufrimiento es opcional.

T. E. Lawrence,
Lawrence de Arabia

Índice

El libro de ruta. Manual de supervivencia en el París-Dakar 13

1. Joan Porcar, el pionero español que lo empezó todo ... 19
2. Martine de Cortanze, despacito, con cuidado y cantando 49
3. Carlos Mas, la perseverancia de un motorista
   en el desierto 63
4. Salvador Cañellas, el piloto que volaba en la arena 77
5. Salvador Servià y Jaime Puig, dos hombres y un destino 89
6. Jordi Arcarons, el chico de la lata de gasolina 103
7. Miguel Prieto, África en las venas 117
8. Xavi Foj, un loco en busca de un sueño 137
9. Fernando «Búfalo» Gil, las aventuras de un mochilero
   en África 151
10. Xavi Riba, el día que Jesucristo se apareció en el desierto 163
11. J. L. Álvarez, novio a la fuga en África 177
12. Hansi Bäbler y Ángel Ortiz, los supervivientes de la parca 185
13. Antonio «Toni» Boluda, el imparable 201
14. Carlos Sotelo, en el infierno verde 209
15. Juan y Carlos Hernández, dos hermanos aventureros ... 223
16. Joan Gràcia y Paco Mir, Tricicle en el desierto 237
17. Enric Conti y Pere Maimi, aventuras y desventuras
    de dos amigos en África 247
18. El año que Ignacio Bultó vivió peligrosamente 259
19. El asesinato de Charles Cabannes 267

20.	Josep Maria Servià, el día de la revolución	287
21.	Ramón Dalmau, una deuda saldada	299
22.	Ramón Vila, como en casa	307
23.	Óscar Gallardo, el Dakar como una montaña rusa	319
24.	Antonio Zanini y las siete vidas de un viejo camión	331
25.	El secuestro	343
26.	Nani Roma, de maldición en maldición hasta la victoria	367
27.	Isidre Esteve, con el latido de África en el corazón	385
28.	Marc Coma, historia de un campeón	403
29.	Albert Llovera, en silla de ruedas y a lo loco	421
30.	Periodistas, guardianes del Dakar	431
31.	Ellas	479

Epílogo. Carlos Sainz, batiendo récords 507
Pequeño álbum de recuerdos del Dakar 517
Compañeros de viaje 525

El libro de ruta.
Manual de supervivencia en el París-Dakar

El libro que tienes entre tus manos reúne historias emocionantes contadas por sus protagonistas, mujeres y hombres que fueron a África para competir en una carrera y se encontraron de frente con una prueba que no olvidarían nunca, que marcaría sus vidas para siempre. Cada uno de ellos lo cuenta cuarenta y cinco años después de que se celebrara por primera vez el París-Dakar en el continente africano.

Entre sus páginas te aguardan las experiencias a las que se enfrentaron narradas como nunca antes lo habían hecho. Y comprenderás las razones que los llevaron a lanzarse a competir en condiciones extremas en un lugar inhóspito y salvaje. El Dakar los puso a prueba.

No están todos los españoles que corrieron en África, porque muchos nos han dejado para siempre, otros ya no tienen nada que ver con el mundo del motor y a algunos desafortunadamente nos los he podido localizar para formar parte de este gran proyecto. Aunque sus vivencias están en este libro en boca de sus compañeros o amigas.

He tenido la suerte de poder hablar con más de cuarenta valientes que me han explicado muchos años después, aún llenos de pasión, aquellas jornadas maratonianas. Todavía recuerdo cómo se les iluminaban los ojos durante las entrevistas cuando pronunciaban en la misma frase palabras como «Dakar», «África», «desierto»... Este rally les cambió la vida.

Todos los capítulos arrancan con alguna situación límite que les marcó. Era lógico que Juan Porcar fuese el primero. Él fue el que abrió el camino al resto, el primero que comprobó que aquello de correr en la carrera de Thierry Sabine no era ninguna broma, por su culpa muchas y muchos más quisieron intentarlo. Nombres que son parte de la leyenda, solo te pongo algunos: Carlos Mas, Jordi Arcarons, Salvador Cañellas, los hermanos Servià, Miguel Prieto, Óscar Gallardo, Antonio Boluda, Nani Roma, Isidre Esteve, Marc Coma, Juan Hernández y Agustín Fernández, Carlos Sotelo... Ya verás que hay muchos más, espero que no eches en falta a nadie.

Hay una invitada especial en el segundo capítulo. A principios de los ochenta, mi madre me enviaba en verano unos días a la casa que tenía la familia en el sur de Francia, cerca de Montélimar, para que aprendiera francés y comenzara a mirar la vida con otros ojos. Fue precisamente durante esos días que descubrí en una revista francesa lo que era el París-Dakar. Lo contaba una mujer que había corrido en 1979 y había llegado al Lago Rosa, ganando además en su categoría. Ella era Martine de Cortanze.

Me quedé fascinado por cómo relataba lo que había sido su primer Dakar, el año en que Thierry Sabine puso en marcha la que fue sin duda la gran carrera del siglo XX. Martine fue en moto, algo que aún me pareció más heroico. Estuvo a punto de morir en África, tal y como lo narra en su capítulo. Vivió para contarlo y para participar en unas cuantas ediciones más.

Las mujeres que fueron al París-Dakar durante los ochenta no lo tuvieron fácil. Pilotos profesionales, aventureras y alguna que otra famosa se atrevieron con el reto... Hasta Carolina de Mónaco participó con su marido, Stefano Casiraghi, en 1985. Los dos se subieron en un camión y atravesaron las dunas, pero no terminaron el rally. En una de las etapas, no pudieron evitar volcar su vehículo y abandonaron el día de Reyes. Entre las nuestras hay un puñado de nombres y muchos éxitos. Maite Blasco, Ariadna Tortosa, Begoña Kaibel y Susana Cabal abrieron pista; por detrás llegaron Rosa Romero y dos nombres más que, aunque no corrieron en África, son historia viva de esta prueba.

Me estoy refiriendo a Laia Sanz y Cristina Gutiérrez. He querido, por eso, sumar sus recuerdos y sus triunfos a estas páginas.

La mayoría de los protagonistas de estas historias estuvieron en algún instante al borde de la muerte. La aventura era muy extrema, hasta el punto de no poder regresar nunca más. A algunos de ellos estaba claro que no les tocaba morir, como Hansi Bäbler, que tres veces huyó de la parca durante el mismo día. Todos consiguieron sobreponerse y cada rally fue un aprendizaje. Allí, en medio del desierto, cuando apenas podían más, adquirieron una serie de herramientas y aprendizajes que pudieron aplicar posteriormente en su día a día.

El cierre, el epílogo, es una historia que se sigue escribiendo, la de Carlos Sainz, incombustible al desaliento y que también cuenta cómo arrancó en tierras africanas el que es hoy en día uno de sus grandes proyectos. ¿Hasta cuándo? Solo él tiene la última palabra.

Sobrevivir en el Dakar

Te quiero recomendar unas cuantas cosas para salir bien parado en este viaje y que no te pase como a nuestros protagonistas cuando pisaban por primera vez las tierras africanas. Antes de subirte en este libro y atravesar el desierto entre sus páginas, unos cuantos consejos prácticos para que no te pierdas entre sus letras.

Para empezar, es importante reconocer la hierba de camello, las dunas y el fesh-fesh, que es una arena fina como el polvo de talco. Nunca, bajo ningún concepto, puedes abandonar tu moto o tu coche en medio del desierto antes de ser rescatado. Thierry Sabine siempre decía a los corredores que era más fácil encontrar a un piloto y su moto que a un hombre caminando por el desierto. Además, el agua y la baliza de emergencia están siempre en el vehículo y con eso puedes pedir ayuda y sobrevivir.

Africa Tours son los que te dan de comer y si no están, toca pasar hambre; por eso, si te encuentras su camión volcado en el desierto, lo tienes que asaltar. El Teneré es uno de los puntos míticos que cruzarás en esta carrera, va desde el nordeste del Níger hasta el oeste del Chad. También tienes que entender que hay tres puntos más que son leyenda: el paso de Nega, un barranco montañoso donde se apoyan las dunas en Mauritania; el Paso de los Elefantes, una piedra inmensa que parece un elefante, lugar utilizado por los bandidos para provocar emboscadas y robar a los participantes, y el Árbol de Thierry Sabine, al norte de Achegour, en el Níger, donde hay una placa y descansa para siempre el creador del rally.

No te fíes de nadie, aunque vaya vestido de militar; igual no lo es. Hay varios asuntos que te vendrá muy bien saber. Cuando tienes que cruzar un «plató» o *plateau*, es una meseta. El camión balai, el camión escoba, en muchas ocasiones es tu última oportunidad de ser rescatado, pero es un calvario ir en uno de estos vehículos hasta el campamento o vivac, que es donde al final del día se reúnen todos los pilotos para pasar la noche, reparar las máquinas y contar las aventuras del día.

En los desayunos no se habla, la tensión es tan grande entre los participantes que es mejor decir lo justo. Sin embargo, las noches son para celebrar, porque se ha sobrevivido un día más y es tiempo de compartir.

El *briefing* por la mañana es sagrado, pues te darán las claves de lo que te puedes encontrar durante la etapa. Perderse es lo normal, las roderas o huellas no siempre te pueden guiar por el camino correcto.

Cuidado con la gasolina que te ponen, porque lo hacen en los mismos bidones donde los locales recogen el agua y tienen arena y piedras. No es lo mismo cruzar una duna a primera hora de la mañana cuando el sol aún no la ha calentado que según va pasando el día. A primera hora es más fácil y la arena es más dura, pero ya al mediodía la arena parece nieve que se derrite y te puedes quedar atrapado sin remedio.

Los tuaregs, pueblo bereber del Sáhara, son amigos o no, según les convenga. Te tocará negociar si necesitas algo de ellos. Hay dos expresiones demoledoras si tienes problemas y te las sueltan durante el rally: «*Désolé*», en el desierto, no es «lo siento mucho», sino que su significado exacto es «ahí te quedas, ya te apañarás»; la otra expresión, más terrible si cabe, es: «*C'est l'Afrique, patron*»; cuando te dicen eso es que ya estás bien fastidiado y que no hay remedio al problema que tengas, estas cosas pasan en África y punto.

Este solo es un pequeño manual de supervivencia para comprender algunas de las cosas que se cuentan en el libro. Seguro que te son útiles en la travesía.

Los acompañantes de Thierry Sabine

Si hay un espíritu que campa por todas estas páginas es el de Thierry Sabine. Su presencia es indiscutible. El creador del rally nunca estuvo solo en esta aventura. En el libro lo irás encontrando y conociendo, pero hay nombres muy importantes que tienes que tener en cuenta para entender mejor lo que era el París-Dakar.

El primero, Mano Dayak, compañero tuareg inseparable de Sabine, ayudó a que la caravana cruzara sin excesivos problemas territorios controlados por los tuaregs y llegó incluso a participar como corredor en alguna edición. Cuando Sabine falleció, su vida fue liderar la rebelión de los hombres azules. Murió en un extraño accidente de avión en 1995 y descansa en el desierto como su amigo Sabine. Hoy se le conoce como la persona que recordó al mundo la existencia y el sufrimiento del pueblo tuareg.

Gilbert Sabine, el padre de Thierry, se puso al frente del Dakar tras la trágica muerte de su hijo. «Fenouil», Jean-Claude Morellet, estuvo desde los comienzos junto a Thierry. Fue el creador del primer rally de Túnez, fundador del rally de los Faraones, trazó el primer recorrido del Dakar para Sabine y participó en moto y coche en esa aventura en trece ocasiones. Llegó a ser director de carrera una vez fallecido Thierry. La TSO, la organización de Thierry Sabine, fue la compañía que él mismo creó para organizar el rally y muchas cosas más.

Estos son solo algunos de los datos, nombres y advertencias que te harán este recorrido más fácil. En este viaje que vas a emprender comprenderás lo que fueron los años africanos del Dakar, una aventura romántica y peligrosa que hizo soñar a muchas generaciones de aventureros a finales del siglo xx y principios del xxi. Espero que lo disfrutes, y si no es así, solo te puedo decir una cosa: *C'est l'Afrique, patron*.

Feliz aventura.

1. JOAN PORCAR, EL PIONERO ESPAÑOL QUE LO EMPEZÓ TODO

1992
En algún lugar del sur de Libia
Etapa Tumu (Libia) a Dirkou (Níger), camino al desierto del Teneré

Rosendo Touriñán, copiloto, trataba de guiar a Joan Porcar en medio de la tormenta de arena. Rosendo tenía un espíritu inquebrantable, no se rendía ante nada. Era un hombre que tenía soluciones para casi todo, con casi nada a su alcance. No se veía nada, tan solo el morro del todoterreno. Los dos hombres buscaban un pequeño paso, marcado por los tuaregs. Intentaban localizar el único lugar por el que se podía cruzar esa cordillera a la que supuestamente se dirigían. No tenían referencias. Tan solo sabían que se encontraban muy al sur y todavía en territorio libio.

Los tuaregs eran los dueños del desierto, un pueblo nómada que habitaba en esas tierras. Auténticos maestros del engaño, mantenían un raro equilibrio: o eran pastores nómadas de camellos y cabras, o se enfundaban el traje de ladrones de caravanas o de escoltas, según se les pagaran más por proteger o por asaltar. Realmente como mejor se ganaban la vida era como bandidos y guerrilleros. Hacía mucho tiempo que habían señalado el paso al que se enfrentaban aquel día un puñado de aventureros del Dakar. Le habían puesto una marca, una estaca gruesa de dos metros de alto, para tener una referencia en medio de la nada.

Sonaba a chiste el poder encontrar ese pequeño punto marcado con un palo largo en mitad de la tormenta. Pero lo peor estaba por llegar. Si Porcar y Touriñán lograban cruzar, el siguiente paso los llevaba directos hacia el desierto del Teneré. Salían de un infierno para entrar en otro.

El Teneré era una extensión desértica, tan grande como toda la península Ibérica. Hace millones de años tal vez estuvo cubierto de agua, como un lago, pero ahora no había casi nada. En algunos puntos podían vislumbrarse diminutos poblados con unas pocas chozas y no más de doscientos habitantes. Todo un misterio cómo se podían localizar esas aldeas.

—Rosendo, esto es como ir de Madrid a Barcelona, sin nada en ningún lado, y encontrar una tienda de longanizas en un pueblecito.

Rosendo soltó una carcajada, era cierto lo que le decía su amigo de aventura. Exactamente de eso se trataba, era parte de la esencia del rally más increíble pensado por Thierry Sabine, el inventor y el creador del rally París-Dakar.

Porcar y Touriñán seguían luchando en la quinta etapa del Dakar de 1992. Aquel año la meta no era Dakar, sino Ciudad del Cabo, en Sudáfrica. El objetivo era cruzar la frontera entre Libia y el Níger para adentrarse en el todopoderoso y temido Teneré. Durante la reunión de la mañana habían avisado a los pilotos y a los navegantes de la posibilidad de toparse con una tormenta de arena, al menos esa era la previsión del día, aunque en realidad eso siempre podía pasar, lo avisaran o no.

Aquel año todos disfrutaban de un nuevo juguete, el GPS. La navegación vía satélite hacía su aparición en la carrera, pero no todos estaban contentos con esa ayuda extra. A muchos veteranos, entre ellos Porcar, les molestaba. Sentían esta nueva tecnología como una amenaza.

Todo lo que habían aprendido y asimilado durante las primeras ediciones, utilizando la brújula, el libro de ruta y el compás, quedaba borrado de un plumazo con ese nuevo aparato. La experiencia ya servía de poco.

Esa mañana del mes de enero se estaba complicando todo demasiado. No era la primera tormenta a la que se habían enfrentado, pero tocaba probar si la vida era más fácil o más difícil con el GPS. Rosendo y Joan habían estudiado bien el artefacto y se habían entrenado en su funcionamiento, pero hasta este instante no lo habían utilizado en la carrera.

Aún faltaban unos trescientos kilómetros para encontrar el punto de paso. La tormenta no daba tregua. No se intuía ni una sola pista. En algunos momentos Porcar creyó ver algunas roderas, pero de poco servía. Se notaba la tensión y el miedo. Miedo a caer en todo tipo de trampas, como agujeros en los que cabía un coche, pero que con aquella tormenta no podían verse. A pesar de todos los obstáculos, los dos estaban conversando sobre si usar o no el GPS.

—No me gusta, Rosendo, me molesta. Durante estos cuatro días no hemos necesitado usarlo.

—Pero, Joan, en medio de esta tormenta nos ayudará. Tenemos que encontrar un paso que no tiene más de doscientos metros de ancho. No creo que seamos capaces de verlo en medio de todo esto.

—Lo sé. Como no encontremos el palo, vamos a estar jodidos.

A regañadientes, Joan Porcar aceptó utilizar el GPS; aunque no paró ni un segundo de darle vueltas a la cabeza, pues era mucho lo que quedaba por delante. Durante las instrucciones que les daban por la mañana, ya habían comentado que el paso tenía pinta de ser parecido al de Nega (Mauritania), quizá uno de los lugares más míticos y temidos por los participantes de la carrera. Sin embargo, tenía una peculiaridad importante respecto a este: era de bajada. Se llegaba hasta él cruzando una meseta, para descender entonces unos cuatrocientos metros y entrar en un erg, un mar de dunas. Diez o doce kilómetros después deberían encontrar el palo, el punto por el que cruzaban las caravanas. Ahí estaba el *waypoint*, el punto de paso, de la organización.

En condiciones normales, cuando estuvieran cerca, desde el *plateau*, como llamaban los franceses a la meseta, tenían que ver el dichoso palo de los tuaregs, pero la tormenta era cada vez más intensa. Sin el GPS, Joan y Rosendo marcarían un punto en el mapa algo más a la derecha del palo, unos cuatro o cinco grados. Una vez alcanzasen ese punto, tratarían de girar a la izquierda y seguir los kilómetros necesarios hasta toparse de frente con el sitio que intentaban localizar. Así se funcionaba con brújula, pero ahora dependían de lo que la máquina dispusiera.

La voz de Rosendo sacó a Porcar de sus pensamientos:

—Atento, Joan, doscientos metros.

—No veo nada, Rosendo, ¿tú ves algo?

—Tranquilo, estoy pendiente del GPS. Vamos bien.

No se distinguía nada, casi ni el reflejo de las luces, que no servían de mucho en esas condiciones.

—Cien metros, Joan, afloja un poco, que nos lo vamos a comer.

—¿Qué nos vamos a comer? ¿El palo?

Porcar no creía mucho en lo que estaba haciendo, pero por puro instinto levantó el pie del acelerador. Ese instinto lo había aprendido a base de recorrer kilómetros y kilómetros por aquellas tierras. El Range Rover ya no rugía tanto.

—Cincuenta metros, Joan. ¡Cuidado!

Porcar dio un volantazo hacia la izquierda, esquivando ese poste gigante en mitad de la nada que apareció de repente. Casi se comen la famosa estaca. El coche estaba parado. Porcar la había esquivado y frenado el vehículo, todo a la vez. Sus reflejos y la decisión de aflojar en el último minuto les habían salvado.

—¿Estás bien, Joan? —preguntó Rosendo, extrañado.

Su compañero, el piloto, no ponía en marcha el coche.

—No, Rosendo, no estoy bien. ¿Te das cuenta de lo que ha pasado?

Rosendo no entendía lo que le estaba diciendo Porcar.

—Van a llegar todos, todos. Esto es el fin, amigo. De nada sirve ya nuestro conocimiento.

Ese día, en ese instante, junto al palo que servía de paso a las caravanas de los tuaregs, Joan Porcar decidió que no volvería nunca más a correr el Dakar, era su última vez. Él no era tan rápido como los Vatanen, Ickx y otros grandes pilotos que competían. Su arma secreta era su habilidad en orientarse, conocía el terreno mejor que los demás, era muy bueno y no se perdía en donde otros lo hacían, pero el maldito GPS le había ganado la partida. Hasta ese momento había sido el único español que había terminado dos veces en el top diez.

El principio de todo

Arrancó el coche y continuó con la mirada perdida mientras se dirigía hacia el Teneré. Vio pasar por delante de él diez años de aventuras. Se fue atrás en el tiempo, hasta 1982. Estaba montado en su Ossa, la primera máquina y la elegida para cumplir el sueño de su vida. Ahí comenzó todo. La preparó con un depósito inmenso de gasolina. Era uno de los requisitos de la organización, justo durante los años en que el Dakar tenía las temidas etapas maratón, alguna de unos dos mil kilómetros. Iba cargado con la mochila, el plato de metal para poder comer el rancho (si es que podía), el saco de dormir, la tienda y toda la ilusión del mundo.

Porcar hasta ese momento tenía una vida distinta. Trabajaba a tiempo completo como periodista deportivo, especializado en motor. Escribía para *El Periódico de Catalunya* y *Solo moto*. Cuando podía, competía en toda carrera que se le pusiera por delante. Este era su mayor hobby.

Una vez consiguió reunir algo de dinero y le dejaron la Ossa (todavía no habían llegado a España las motos japonesas), se apuntó a la cuarta edición del París-Dakar. Fue el primero de los nuestros. Así se aventuró a experimentar las temperaturas bajas de finales de diciembre en Francia para pasar al calor de Argelia durante el día y las frías noches en el desierto.

Fueron precisamente el calor y la falta de experiencia los que le hicieron quedarse sin agua en el sur de Argelia. Estaba muerto de sed y estaba pensando en cómo superaría ese obstáculo. No era fácil encontrar agua por los lugares por donde pasaba el rally, pero en un golpe increíble de suerte llegó hasta un poblado con un pozo. «Esta es la tuya, Joan. Si beben los de aquí, tiene que estar buena», pensó para sí mismo.

No lo dudó, el agua estaba limpia y cristalina. Bebió mucho, llenó la cantimplora y se subió a la Ossa. La aventura debía continuar. No había pasado ni una hora cuando sintió que algo no andaba bien. Estaba muy incómodo, mareado. Para colmo, hacía mucho calor. Cada vez se sentía peor. Notó que le subía la fiebre y que tenía escalofríos. No quería pararse, porque estaba en medio de la nada. «Mejor seguir», se repetía una y otra vez.

De pronto, se sintió sin fuerzas. Se asustó mucho, pero se resistía a terminar con su sueño. Era evidente que algo le estaba ocurriendo. No podía acabar así su primer París-Dakar. «¿Quizá ha sido el agua? No ha podido ser otra cosa. O ¿me ha podido picar algo?», hablaba consigo mismo en voz alta, mientras seguía dándole gas a la Ossa. Pero ya empezaba a no tener claro cuántas horas llevaba así ni cuánto hacía que había estado en el poblado bebiendo agua. Perdió la noción del tiempo. «¿Llevo dos o tres días así...?». Eso fue lo último que se preguntó, porque al levantar la mirada, vio que estaba sentado en el suelo junto a la moto. «¿Por qué me he parado?». Intentó levantarse, pero no se tenía en pie. Debió de pasar un buen rato hasta que un coche de la organización divisó al motorista con el dorsal número 38 tirado en el suelo.

—El treinta y ocho es un español, Joan Porcar. Vamos a ver si se ha roto algo. Ha debido de tener un accidente —comentaban los médicos mientras se acercaban.

Pero Porcar no se había caído, sino que, desorientado, con fiebre y sin fuerzas, se había visto obligado a parar. En ese momento no era capaz de recordar nada. Solo quería seguir, pero no estaba en condiciones ni de intentarlo.

—Este chico tiene muchísima fiebre. Hay que sacarle de aquí. —El diagnóstico fue rápido—. Estamos cerca de la aldea que marca el libro de ruta, ¿verdad? Lo podemos dejar ahí para que se recupere. Allí hay un pequeño centro médico.

Lo que identificaban como centro médico era una pequeña construcción de barro en una aldea perdida. Ahí terminó el Dakar para Porcar. No alcanzó el destino que tenía previsto: el Lago Rosa.

Los dos médicos franceses de la organización acomodaron al piloto español al final del recinto para que tuviese un poco de intimidad. Le pusieron un gotero con suero y dejaron varias botellas para que se lo fueran suministrando durante los días siguientes. Le prometieron que regresarían a por él, pero eso nunca sucedió.

En el centro había un joven médico indio que estaba a cargo de varios hombres. La mayoría de ellos pertenecían a la última caravana que había pasado por allí. A los que se encontraban mal durante el trayecto los dejaban ahí para recogerlos después, de vuelta a casa. Muchos de ellos estaban como Joan, con fiebre y malestar. Nada grave. Pero había otros en una situación mucho más complicada, incluso dos de ellos tenían lepra.

Cuatro días después, harto ya de que le pusieran suero a lo bestia, sin apenas higiene ni cuidado alguno (ni siquiera contaban con alcohol), se animó a levantarse de la camilla. Necesitaba huir del calor y del olor de ese lugar. Lo que no se esperaba fue encontrarse con su moto intacta, apoyada en el muro del centro médico, junto a la puerta. Volvió a entrar y le preguntó al médico que si sabía quién había dejado la Ossa ahí. La respuesta fue sorprendente:

—Hace dos días, un grupo de militares con un camión, que andaban recogiendo a los que habían abandonado el rally, se toparon con la moto y la trajeron. Lo que no sé es cómo sabían que estabas aquí.

Porcar no daba crédito a su suerte. Ese era el billete para salir de ese lugar. Comprobó si tenía combustible suficiente para unos cientos de kilómetros. Después echó un vistazo para ver si el saco de dormir con el pijama seguían sujetos a la parte trasera de la moto. Tan solo llevaba encima su traje de motorista y la cartera, pero pensó que era más que suficiente para ponerse en marcha. Estaba asustado y preocupado, pues nadie venía a buscarle. El miedo le hizo tomar esa decisión. Pensó que si allí le sucedía algo, nadie se enteraría. Trazó el plan más sencillo: regresar por donde había venido. Iría hacia el norte y volvería a casa. Mientras Joan se ponía el traje, el médico lo miraba un tanto extrañado.

—Estás demasiado débil para marcharte.

Pero Joan no quería escuchar nada que no fuera salir de ahí. No aguantaba ni un segundo más. Estaba claro que nadie de la organización regresaría a por él, porque la carrera estaba ya muy al sur, a cientos de kilómetros. El doctor, viendo que estaba decidido, le aconsejó:

—Pero si lo haces, no bebas agua de ningún pozo, ni nada que no esté embotellado y bien precintado.

Porcar asintió a lo que le dijo el médico. Estaba muy claro que su error había sido beber agua, que por lo visto no estaba ni tan cristalina ni tan limpia.

Le dio a la palanca de arranque con fuerza y a la segunda la Ossa empezó a rugir. Le agradeció al doctor todo lo que había hecho por él, se puso el casco y se marchó veloz. Sin recambios, sin mochila, sin nada más que lo puesto, se dirigió hacia el norte. La falta de experiencia le había jugado una mala pasada, pero había aprendido muy bien la lección. En una semana estaba ya en casa.

Al año siguiente cambió la Ossa por una BMW, pero tampoco consiguió llegar al final. Esta vez perdió el coche de asistencia y con él se fueron los recambios y el dinero. Así que dos días después, Porcar no tenía ruedas, ni dinero, ni nada ante cualquier percance que surgiese. Lo más prudente era abandonar. Cruzó los dedos para no tener problemas durante el regreso, porque no podía ni pinchar. Por suerte, en Hassi Messaoud, Argelia, encontró a su mecánico, las piezas de recambio y el dinero que había dejado oculto en el coche. Fue un alivio, porque la moto no hubiese podido llegar mucho más lejos. Pusieron todo en marcha y en condiciones, tanto el coche como la moto, y continuaron hacia el norte para volver, por fin, a casa.

Los siguientes años, Joan cambió la moto por el coche, participó con un Mercedes, robusto y muy fiable. Ya no era el único español que corría en el Dakar, pero sí fueron años donde siguió creciendo su relación con el creador de esta aventura de locos.

Thierry Sabine soñó con el Dakar estando perdido en el Teneré. En 1977, cuando participaba en moto en el rally Abiyán-Niza, se perdió. Intentaba llegar desde Dirkou hasta Madama. Aquella mañana ocupaba el cuarto puesto en la clasificación general. Ese día interpretó mal el libro de ruta y se equivocó en el camino trazado. Se adentró en una zona alejada de la carrera, en mitad del desierto. Sin combustible y sin agua, Sabine pasó varios días y noches solo. Una de esas frías noches se juró a sí mismo que si salía vivo de esa aventura, regresaría a aquel lugar increíble. Pero, sobre todo, que jamás lo haría solo. Afortunadamente, una avioneta lo vio y lo rescató. Así que cumplió su promesa y creó una de las mayores aventuras del siglo xx. En realidad, África le regaló nueve años más de vida. En 1986, mientras volaba en su helicóptero en medio de una tormenta de arena, chocó contra una duna. El desierto que tanto amaba se cobró la vida que le había perdonado años atrás.

Thierry Sabine, el arte de ser un líder

Porcar seguía en silencio junto a Rosendo, camino a Ciudad del Cabo, y recordaba a Sabine después de lo que le había ocurrido con el GPS.

—No le habría gustado que se utilizaran los GPS en su carrera. Estoy seguro de que no.

—¿De qué me hablas, Joan? —preguntó Rosendo, que andaba preocupado por la cara de pocos amigos que llevaba su piloto desde que habían cruzado el paso dichoso de las caravanas.

Porcar no respondió, pero siguió recordando y se trasladó mentalmente al año del motín. El día que Cyril Neveu alzó su voz para convencer al puñado de supervivientes, mucho menos de la mitad de los que habían comenzado el rally, de que Sabine estaba loco y que lo único que iba a lograr era matarlos si seguían adelante.

Algo de razón llevaba el francés. Estaban cruzando el Níger por una zona con grandes dunas que nunca habían hecho. Y todo este nuevo trayecto bajo una tormenta de arena aterradora que provocó que más de la mitad de los participantes abandonaran el rally. Neveu, enfadado, casi fuera de sí, alzó la voz para que le escucharan:

—Si continuamos hacia el sur por las grandes dunas, no vamos a poder volver atrás. Es imposible dar la vuelta y hacer las dunas en sentido contrario. De aquí no salimos vivos.

El francés estaba siendo muy elocuente. Además, entre lo que faltaba por hacer, la tormenta y los abandonos, pintaba que la gente no iba a continuar. La carrera había llegado en medio del caos a su final. Pero apareció Sabine. Su sola presencia calmó los ánimos. Se situó en medio del grupo de hombres que le rodeaban. Todos iban con gafas de moto para protegerse de la arena. El silencio en el campamento era total, solo se escuchaba el viento y la arena golpeándoles la ropa y en la cara.

—Sé lo que estáis pensando, pero voy a contaros una historia. Decidí venir hasta aquí porque estoy seguro de que vosotros podéis superar las dunas gigantes. Es un lugar maravilloso y cuando pase la tormenta, os parecerá que estamos en el cielo. Tenéis que saber que el auténtico Dakar empieza ahora. Los que se han quedado atrás no pertenecen al auténtico Dakar, vosotros sois el Dakar. Confío en vosotros y vamos a llegar al Lago Rosa.

Por unos instantes nadie dijo nada. Neveu, tampoco. No podía negar que Sabine había acabado con sus argumentos y que había aplacado el motín. Les había convencido una vez más. No pedía nada que su equipo o él mismo no hubiera hecho meses atrás cuando reconocían la ruta por donde pasaría la carrera. Una vez más, el Dakar siguió adelante y cruzaron las grandes dunas. Era un líder excepcional, cada año sumaba experiencia. Atravesaban paisajes inmensos, todo tenía mucho riesgo, porque de eso se trataba. Era parte de la competición.

Porcar sonrió al recordar que la única medida de protección obligatoria durante los dos primeros años que corrió en moto era una pegatina naranja fosforito que se pegaba en la parte superior del casco. «Por si te pierdes», le decían en la organización. «Para que los aviones o los helicópteros te puedan ver en medio de la nada». En esos años no había ni radio, baliza, ni teléfono satélite, ni nada de nada. Brújula; libro de ruta hecho a mano en donde, en algunas partes, había referencias cada cien kilómetros; espejitos para señales; una bengala que solo podías lanzar en caso de que vieras un avión o un helicóptero muy cerca de donde estabas, y una manta térmica... Eran tiempos en los que si te perdías, te perdías de verdad... Y si no, que se lo pregunten al hijo de Margaret Thatcher.

Mark Thatcher, el hijo pródigo

El año que Porcar comenzó en el Dakar, 1982, con la Ossa, Mark Thatcher era un bala perdida que no terminaba de saber exactamente qué quería hacer en esta vida. Así que allí estaba, como copiloto en el equipo que formaban la piloto francesa Anne-Charlotte Verney y el mecánico Jackie Garnier. Mark consiguió el trabajo gracias a uno de sus patrocinadores, nada tenía que ver con los otros dos componentes franceses del equipo.

Mark Thatcher hacía pocos años que había decidido ser piloto. Se formó en la escuela de Brands Hatch y llegó a tener su propia escudería. Su talento como piloto era limitado. En las carreras en las que participaba terminaba protagonizando un accidente. Pero era hijo de quien era, así que los contactos funcionaban. De hecho, corrió en dos ocasiones las 24 horas de Le Mans y las dos veces terminó igual: con un accidente.

Con cero preparación y mucha arrogancia, se presentó el hijo de la Dama de Hierro a la salida del Dakar. El resultado estaba cantado, pero hubo una interesante historia entre bambalinas con Sabine como protagonista. Todo comenzó en Gao, en Mali, el 10 de enero. Sabine estaba leyendo la lista de los coches que habían abandonado y los que seguían en carrera. Estaba informándose de cómo estaba funcionando la primera parte del rally ese año. Entre los que habían abandonado estaba el propio Joan Porcar, también dejado de la mano de Dios en un lejano centro médico. Pero detectó que no todo estaba bajo control. En el recuento faltaba un coche, el de la piloto francesa Anne-Charlotte Verney.

—¿Ese coche no es el que lleva a Thatcher?

La pregunta de Sabine hizo saltar las alarmas inmediatamente, estaba claro que el organizador de la prueba sabía muy bien en qué coches tenía a personas VIP, porque podían dar notoriedad a la carrera, pero perder al hijo de la primera ministra británica no era un buen plan... o ¿quizá sí?

De inmediato se preguntó al resto de los participantes que habían llegado hasta Gao si alguien había visto al Peugeot de Anne, con el número 178. Resultó que sí: un motorista, Michel Bosi, los había visto dos días antes fuera de la ruta con problemas mecánicos.

Mientras comunicaban a la primera ministra la desaparición de su hijo, los franceses iniciaron la misión de búsqueda y rescate. No era ninguna tontería lo que había ocurrido; Mark y compañía podían haber sido secuestrados por todo tipo de grupos rebeldes para pedir una buena recompensa.

Sabine no aceptó ayuda de nadie. Era una carrera francesa y los franceses se encargarían de encontrarlo. Los periódicos de todo el mundo publicaron en portada la desaparición de Mark. Esa noticia le dio a la carrera una difusión descomunal.

Las horas pasaban, las especulaciones crecían y la paciencia de Margaret Thatcher tocaba a su fin. Tremendamente preocupada y sin noticias de los rescatadores franceses, decidió tomar la iniciativa y contactó con la embajada británica en Argelia pidiendo ayuda. Cuatro aviones argelinos y un helicóptero se sumaron a la misión de rescate, también lo hizo la RAF. El padre de Mark, Denis Thatcher, se trasladó a Tamanrasset, en Argelia.

Pasaron cuatro días y no había ni rastro de los desaparecidos. Corrieron todo tipo de especulaciones: que si los tuaregs, que si el Frente Polisario, que si Sabine los tenía escondidos en una maniobra publicitaria para lanzar su carrera a nivel mundial... Sin embargo, nada de todo eso era cierto. La verdad pasaba por problemas mecánicos y la falta de preparación y conocimiento de Mark como copiloto. Mientras medio mundo los buscaba, ellos estaban junto al coche con una lona que les hacía de carpa, racionando el agua y la comida y escuchando las noticias de su desaparición en un pequeño transistor que llevaban.

Seis días pasaron hasta que los argelinos los localizaron y los rescataron. El bueno de Mark no les dio ni las gracias. Se limitó a pedir una cerveza, un sándwich, un baño y algo para poder afeitarse. Gracias a los argelinos se reunió con su padre, y con él voló a casa en el avión oficial del presidente argelino. La polémica estaba servida. Los británicos se preguntaron quién había pagado la fiesta. El rescate del hijo caprichoso de la primera dama había tenido un coste, pero la Thatcher dijo que había sido de su bolsillo. Esto no fue así. Ella tan solo aportó dos mil libras dentro de una cuenta millonaria de gastos, debido a los aviones franceses, británicos y argelinos que participaron en la búsqueda. Pero lo peor fue que la imagen de Margaret cayó en picado como consecuencia de esa historia.

Sabine supo jugar muy bien sus cartas. El Dakar eclipsó al mundo y aumentó su popularidad... Tanto, que se afianzó como la carrera-aventura más fascinante del siglo xx, y eso atrajo a un sinfín de famosos.

Africa Tours, el rancho del Dakar

Quizá uno de los recuerdos más vivos para Porcar, de sus primeros años en el Dakar, era el hambre. Hasta que no se bajó de la moto para ir en coche, el tema de la comida no era fácil. En la mochila no solo podía llevar comida, sino que necesitaba espacio para otras prioridades importantes, como las piezas de repuesto.

En aquellos años ya estaba Africa Tours como responsable de alimentar a todos los participantes. Rancho puro y duro, cuscús, mermelada, café... Era obligatorio llevar un plato y un cazo de metal en donde se servía la comida. Si no tenías dónde poner la comida o el café, no te lo daban. El trato era absolutamente militar: largas colas, comida al plato, el líquido en la taza y adiós muy buenas. Por la noche facilitaban algo caliente y de día sumaban algo más de comida para que la llevaras encima y no pasaras toda la jornada sin nada. Era una dieta estupenda para adelgazar.

Entre los participantes había una máxima: si en la carrera atrapabas un camión de Africa Tours con problemas, encallado en la arena o volcado, había que parar y saquearlo. Ese camión no llegaría al campamento ni esa noche ni a la mañana siguiente; por tanto, no habría comida. Tenías que parar y llevarte tantas cosas como pudieras, porque de ello dependía que comieses o no las siguientes cuarenta y ocho horas. Todos se paraban; si no lo hacías, estabas condenado a pasarlo muy mal.

Con los años el rancho fue cambiando y aparecieron unas latas que se calentaban solas, las mismas que utilizaba el ejército francés. Todas tenían nombres de guisos exquisitos, pero era solo el nombre. Todas sabían igual.

Pero no solo pasaban hambre ellos, también los vehículos. En 1987, todos los participantes de la carrera acabaron tirados dos días en medio del Teneré, sin combustible, porque los camiones de la organización no habían llegado a tiempo. Nadie se podía mover, pues no quedaba ni un litro de gasolina. Hubo que esperar durante dos días hasta que llegaron, se llenaron los depósitos y se pudo continuar. Esto era parte del Dakar. Nunca sabías qué podía suceder, aunque siempre ocurría alguna cosa.

Joan seguía recordando todas esas aventuras, saboreando lo que habían sido esos primeros años, pero ahí seguía sentado, en el coche junto a Rosendo, su copiloto, donde esas aventuras le sonaban a pasado. Estaba más tocado de lo que pensaba por la aparición de ese artilugio, el GPS. De alguna manera, pensaba que estaba en un punto de inflexión de la historia de esa carrera con aires épicos y no sabía si quería estar presente en ese futuro próximo. No, ya nada sería igual. No repetirían un año glorioso, como el de 1988. Prefería seguir soñando, no le apetecía dar tema de conversación a Rosendo, aunque sabía que su compañero se estaba preocupando.

1988, EL AÑO EN QUE TODO PASÓ

Para Joan Porcar cada año era un desafío, pero lo que sucedió en la edición de 1988 superaba todo lo que había vivido hasta entonces. Estaba siendo un buen año porque se había trabajado mucho y bien en el equipo Camel, del que formaba parte junto a Salvador Cañellas, Patrick Tambay, Patrick Zaniroli y Fernando Capdevila.

Porcar comenzó fuerte y se situó en la sexta posición en las primeras etapas hasta llegar al Teneré. La arena fina les pasó factura, pues se rompió la transmisión del Range Rover, y todo se complicó más todavía cuando el camión que debía darles asistencia volcó. Joan y Rosendo estaban abandonados a su suerte, aparentemente sin opciones, en algún lugar más allá de Djado, en el Teneré, en el Níger. Pero con Touriñán nunca se sabía. No se quedó quieto y se las ingenió para que la transmisión funcionase con dos ruedas motrices.

—Se puede, Joan, se puede, pero vamos a perder mucho tiempo.

—Estamos encima ya de la jornada de descanso, Rosendo. No te preocupes. Si lo logras, nos salvas la carrera.

—A ver si lo consigo, Joan. Menuda tengo liada.

Rosendo sabía muy bien lo que se hacía. Para entonces ya eran conscientes de que nadie les iba a ayudar, así que tenían que salir de esa por sí mismos. Durante el resto del día y toda la noche estuvieron solos, mientras trabajaban en el Range. Por ahí no pasaba ni un alma. Tuvieron suerte de que el único coche que se había cruzado con ellos el día anterior les hubiese avisado de que su camión había volcado; estaba claro que su asistencia nunca llegaría. Pero todo estaba a punto de cambiar. Una vez había anochecido y estaba todo oscuro, de la nada aparecieron dos tuaregs. Joan miró a Rosendo.

—A ver qué quieren estos, que no estamos para sustos a estas horas.

No siempre era bueno que apareciese alguien en mitad del desierto, pero esta vez estaban de suerte: los tuaregs no venían con malas intenciones, también se habían quedado tirados. Tenían un Toyota averiado, unas cuantas dunas más allá. Rosendo terminó de arreglar el Range y se ofreció a acompañar a uno de ellos para asistir al Toyota. Así que ahí en medio de la nada, Porcar se quedó con el coche reparado y con un tipo que no le hablaba y que solo miraba el coche. A las dos o tres horas, el tipo se cansó de estar en medio de la nada junto a Joan en silencio. Se acercó a él y le dijo que sabía cómo salir de ahí sin necesidad de pasar por las dunas. Porcar lo miró fijamente, pues sabía que eso le iba a costar un precio.

—¿Cuánto me va a costar? ¿Qué quieres por sacarme de aquí?

Sin responder, el tuareg agarró algo de ropa, unas mantas y le pidió dos ruedas de recambio.

—Lo siento, pero solo te puedo dar una, la otra la necesito.

El trato le pareció bien, salieron de las dunas del Teneré y llegaron a una pista. Esa era una ruta paralela donde el Range no sufría tanto. Para entonces Rosendo estaba ya de vuelta, los tuaregs hablaron entre ellos y el que había hecho el trato con Porcar los llevó hasta Agadez, donde concluía la etapa y también donde la organización había montado la jornada de descanso.

Ya a salvo y superado el mal trago, mientras salía del coche, el tuareg le reclamó a Porcar la segunda rueda de repuesto.

—Ya te dije que no, que la necesitamos. No nos podemos quedar sin nada. Un trato es un trato.

El tuareg lo miró y se fue.

Una vez llegaron al campamento, ya estaba desmontado y los mecánicos habían subido a los aviones. Sin embargo, habían llegado con veinte minutos de tiempo antes del cierre del control. Porcar corrió hacia el avión de la organización y agarró al tipo de control que daba la salida antes de que subiese la escalerilla.

—Oye, estás cerrando antes de tiempo. Mi salida es a las seis y veinticinco y son las seis y cinco.

El control miró su reloj.

—Es verdad, pensaba que ya no llegaría nadie más.

Le selló el cartón en la misma escalerilla. Mientras esto pasaba, Emilio Bosser, el mánager del equipo de Porcar, ordenó a los mecánicos del Camel Team que bajaran del avión. En cuarenta y cinco minutos el coche quedó de nuevo listo para salir a competir.

Habían desaparecido del top diez de la carrera, pero el Dakar era muy largo y todo podía suceder, y sucedió. Desde ese momento, Porcar se dedicó a remontar todo lo que pudo durante las siguientes etapas, hasta llegar a Mauritania. El 18 de enero tenían por delante más de setecientos kilómetros. Partían de Moudjeria y tenían que llegar hasta Nuakchot. Esta última parte de la etapa consistía en cruzar unas dunas enormes.

Rosendo y Porcar habían trazado un plan. Tenían que seguir remontando e intentar ganar posiciones, pero estaban muy lejos aún de los diez primeros puestos. Sin embargo, les esperaba una buena sorpresa.

La jornada se fue complicando. Al principio fue un viento que levantaba mucha arena y que no dejaba ver el horizonte, pero rápidamente se transformó en una tormenta muy violenta que limitó a muy pocos metros la visibilidad.

Avanzaban a ciegas y no les quedaba más remedio que confiar en el compás, en el terratrip y el cuentakilómetros. Comenzaron a encontrar coches y motos que no se atrevían a seguir porque estaban tan perdidos como ellos, y casi sin darse cuenta alcanzaron a los de cabeza. Ari Vatanen, su copiloto y algunos más consultaban un mapa que a punto estuvo de salir volando por el fuerte viento. Joan y Rosendo se miraron, no había nada que decir. La oportunidad que querían había llegado. Todos estaban igual de perdidos y había que aprovechar el momento.

Estaban en las grandes dunas. Habían recorrido ya doscientos kilómetros y la visibilidad era prácticamente nula. Tenían además otro reto, las propias dunas. La tormenta llevaba dos días en esa zona y las dunas habían cambiado. Una vez llegaban a tres o cuatro metros del vértice, la arena acumulada era blanda, como polvo de talco, y era clave calcular muy bien cómo manejar la inercia del coche, porque podía hundirse. Pero tampoco podían acelerar demasiado, porque podían saltar y terminar volcando. Las bajadas eran tan verticales, que una de las veces aterrizó con el morro y rompieron los dos faros delanteros de largo alcance. Llegado ese momento, Porcar habló con Rosendo:

—En la próxima te bajas y me esperas abajo.

—¡Qué dices! Me tiro contigo. No te voy a dejar solo.

—No, hombre, no. Te lo pido por favor, porque, si me la doy, tú me puedes sacar de aquí. Uno de los dos tiene que estar entero para ayudar al otro.

La situación era muy peligrosa y lo de calcular el vértice, una locura. Pero seguían, quedaban unas cuantas dunas más y tocaba buscar tres pozos de agua, que eran la referencia del libro de ruta. Después, a unos treinta kilómetros, tenían que pasar por encima de una pista, por la que tendrían que circular hasta llegar a la meta. Eso era lo que había explicado René Metge, director de la carrera.

Primer problema gordo: los pozos eran unos agujeros en el suelo protegidos por ruedas gigantes de camión que la arena había convertido en montículos casi ilocalizables. Por suerte, fueron capaces de ver dos de ellos, pero no el tercero. Continuaban bajando las dunas, una tras otra. Rosendo no decía nada, pero estaba sufriendo. Los dos se conocían lo suficiente para saber que no lo estaba pasando bien. Ahí estaba con sus gafas de motorista, su pañuelo al cuello y el mayor de los silencios.

Hacía rato que había caído la noche, cuando a Porcar le pareció que interceptaban la pista que estaba en el libro de ruta. Esa que había que encontrar a treinta kilómetros de la meta. El problema es que faltaban todavía cincuenta y cinco kilómetros, pero lo cierto es que ya estaban en la pista. Joan giró en la dirección que marcaba el compás digital y aceleró. No había ni rastro de ningún competidor. Pasados unos kilómetros, aparecieron varias luces frente al coche de nuestros protagonistas y esas luces venían directas hacia donde estaban. Porcar se paró al ver que una de ellas se trataba del motorista Jordi Arcarons, que iba con otros cuatro compañeros que habían sido capaces de llegar hasta ahí.

—¿Qué haces, Jordi?, ¿adónde vas?

—A final de meta, ¿adónde vas tú?

—A final de meta, pero estáis yendo en dirección contraria. Mira mi compás.

El cansancio había atrapado a ese puñado de valientes. Estaban tan agotados que no se habían dado cuenta de que circulaban en dirección contraria. Porcar se puso en marcha. Esta vez no estaba solo, le seguían cinco motos. No tardaron mucho en llegar al final de la etapa, donde les esperaba la peor de las noticias.

—¿Cómo que ha sido cancelada?, ¿que no ha llegado nadie?, ¿y nosotros no somos nadie? Hemos llegado... Si lo hemos logrado, el resto también puede.

Los franceses no dieron su brazo a torcer. Nadie llegó esa noche Porcar tardó dos horas más en alcanzar el campamento. Ni su enfado ni todas las protestas del mundo sirvieron de nada. El siguiente coche en llegar lo hizo al día siguiente a las tres de la tarde. Era ni más ni menos que Ari Vatanen.

Si lo que pasó ese 18 de enero hubiera servido de algo, Porcar y Touriñán hubiesen sido los líderes del Dakar. Después de lo que sucedió aquel día, el Dakar cambió el sistema de las penalizaciones. A nadie más le tocó pasar lo que vivieron los dos españoles.

Porcar se encontraba otra vez de vuelta en ese coche en su último año de competición con sus recuerdos y reflexiones. Cada vez lo tenía más claro. La gloria de aquellos años se había evaporado. Lo que vendría ahora serían otros tiempos y seguro que otras aventuras. Pero ya nada sería igual. Al volante, los recuerdos continuaban en sucesión, como una película. Lo único que sentía era no compartirla con Touriñán, pero su mente no dejaba de volar.

Los noventa, los años de Nissan

El recuerdo más fuerte del inicio de los noventa fue sin duda el asesinato a tiros del piloto francés Charles Cabannes, supuestamente por disparos de un miembro del ejército de Mali. La historia fue mucho más complicada que todo eso, y merece ser contada con más detalle en este libro, pero supuso un antes y un después para el equipo Nissan.

Ese día, el 11 de enero de 1991, se completaba una etapa maratón de más de mil kilómetros que llegaba hasta Gao. Miguel Prieto, el compañero de Porcar en el equipo Nissan, ganó en coches y Jordi Arcarons, en motos. Al llegar al campamento, las órdenes desde Europa por parte de Nissan eran claras: no continuarían en la carrera por solidaridad con el equipo Citroën. Paco Crous, mánager del equipo, quería transmitir la decisión tomada a todos sus hombres. Había cincuenta personas reunidas en mitad del desierto; entre ellas, Porcar y Prieto.

—Las cosas son así. La marca ha decidido que abandonemos la carrera y regresemos a casa.

Las palabras de Paco Crous cayeron como un jarro de agua fría. El equipo lo estaba haciendo bien y retirarse no era una buena idea.

—Pero, Paco —replicó Porcar—, si Citroën no se retira, ¿por qué lo tenemos que hacer nosotros? Es una locura.

—Las órdenes que tenemos son estas, Joan. Nissan no va a seguir en carrera.

—Yo no estoy de acuerdo —dijo Porcar levantándose—, yo mañana arranco.

Se dio la vuelta y caminó hasta su tienda, pero antes de salir de la reunión escuchó cómo Prieto también se levantaba y repetía sus mismas palabras. Los dos pilotos principales del equipo querían continuar. Las cosas se complicaron mucho más para Crous cuando un tercer piloto tomaba la misma decisión que Porcar y Prieto:

—Yo también arranco mañana.

Era la voz de Félix Dot, que iba en uno de los camiones de asistencia y se sumaba a la revuelta.

Porcar entró en su tienda, mientras la reunión continuaba. Él escuchaba el rumor de lo que se hablaba a lo lejos. No entendía qué estaban diciendo unos y otros. No había pasado ni un cuarto de hora cuando apareció Paco Crous a su lado.

—Está bien, Joan. Tú arrancas mañana, pero te haces responsable de todo lo que suceda. Si le pasa algo a cualquiera de los nuestros es cosa tuya.

—Pero, Paco, es aún más peligroso regresar nosotros solos, fuera de la carrera, hacia Dakar. Nos puede pasar de todo.

Mientras Porcar le decía eso a Crous, algo le rondaba por la cabeza. En el fondo Paco tenía razón: si Nissan quería abandonar, el problema era de Nissan, no de ellos. No podía cargar con el equipo y con las consecuencias. A la mañana siguiente, mientras la caravana del

Dakar seguía en carrera, el equipo Nissan con todos sus componentes trataba de regresar a casa llegando los primeros al Lago Rosa, pero fuera de competición.

Paso de Nega, la esencia de la aventura

Uno de los lugares míticos del París-Dakar es el paso de Nega, en Mauritania. En un barranco montañoso hay una grieta que te lleva hacia una meseta de dunas; esa grieta es el único punto de cruce para continuar: si te equivocas, solo encuentras precipicios infranqueables.

En los años de Sabine, Joan Porcar había cruzado el paso de Nega y sabía que tenía que llegar a una meseta para encontrar un único paso en trescientos kilómetros. Había que remontar un pequeño erg, esa zona de dunas, subir esa meseta y después encontrar el paso.

Pero ese día, en el Dakar de 1990, las cosas no iban bien. Cuando alcanzó el punto donde supuestamente debía estar el paso y por donde habían cruzado los que iban en cabeza, Porcar se dio cuenta de que estaban equivocados. Ese no era el paso de Nega; se le parecía, pero no lo era.

—Rosendo, esto no es Nega.

—No, no lo es.

—La gente está siguiendo por ahí y a saber dónde terminamos. Paremos un momento y vamos a ubicarnos.

El momento era clave. Si seguían, se perderían. No podían seguir a los de cabeza porque estaban confundidos.

—Nos damos la vuelta y lo intentamos de nuevo. Creo que si giramos a la derecha, encontraremos la pista buena.

Dicho y hecho, se dieron la vuelta hacia el valle de las dunas y, al cabo de unos kilómetros, encontraron unas roderas de moto en dirección adonde ellos creían que podía ser. Las motos en general navegaban mucho y bien.

—Esto es otra cosa, Joan. Por aquí ha pasado alguien que piensa como nosotros.

A Porcar le gustaba mucho navegar, por eso en el coche los sistemas de navegación estaban duplicados: uno para Rosendo y otro para él. Rosendo leía en voz alta y Joan interpretaba lo que narraba su copiloto.

Una de las muchas dificultades para encontrar el paso de Nega era la falta de referencias. Especialmente cuando estabas en la zona de dunas, solo había dunas, no veías el horizonte. Así que se trataba de tirar de brújula y de rezar para que pudieras cruzar la siguiente duna, porque si no tocaba buscar otro paso para continuar.

Poco a poco fueron remontando la meseta. Cuando prácticamente estaban llegando, pues iban en buena dirección, apareció Hubert Auriol. El piloto francés con su buggy de dos ruedas motrices había hecho la misma interpretación que ellos del libro de ruta. Así que continuaron el trayecto juntos hasta que alcanzaron la zona donde empezaban las piedras. Estaban en el lugar correcto. Pero se les presentaba un problema serio: a alguien del equipo se le había olvidado rellenar las botellas de aire comprimido para hinchar las ruedas.

Lo mejor para ir por la arena era llevar la presión de los neumáticos muy baja y así circulabas con más facilidad, pero si había piedras, tocaba hacer lo contrario, añadir presión. No sabían cómo iban a hinchar las ruedas. Tomaron una decisión: no podían seguir por las piedras. Porcar recordaba que a unos ochenta kilómetros al oeste había una pista más fácil. Auriol también la recordaba. Corrían el riesgo de no encontrarla, pero por las piedras estaba claro que no podían pasar.

Salieron del rumbo del rally para buscar esa pista. El camino se complicó rápidamente, pues encontraron un tramo de precipicios por los que se podía bajar, pero no era tan fácil. Auriol se detuvo y se bajó del buggy.

—No puedo seguir por aquí, Joan. Si me pasa algo y me quedo tirado, nadie va a venir a por mí. Por aquí no va a pasar nadie. Voy a dar la vuelta y regreso al rally. Es lo que tiene más sentido.

Se quedaron solos. No había ninguna rodera por delante, así que en ese momento debían de estar liderando el Dakar. Asumieron todos los riesgos. Tenían que llegar al kilómetro 80 para encontrar la pista.

—Joan, estamos en el kilómetro ochenta y siete y no veo ninguna pista. —Rosendo no retiraba la vista, al acecho de cualquier señal.

Porcar miraba a derecha y a izquierda y nada. Era evidente que había llovido en esa zona y que la pista había desaparecido, solo debían de quedar las pequeñas hendiduras laterales. Para verlas había que circular en la misma dirección de la pista. Era de locos, estaban solos en medio de la nada y sin encontrar el camino.

—Voy a parar, Rosendo.

Joan detuvo el coche. No estaban para seguir gastando combustible, porque tenían lo justo. Tocaba situarse, repasar el mapa y comprobar con la brújula por dónde iban. Rosendo levantó la mirada.

—Oye, ¿aquello es un ser humano o una piedra?

—¿Qué dices, Rosendo?

—Mira hacia las piedras. Hay una persona allí.

A lo lejos, casi del mismo color que la tierra y las rocas, un hombre mayor con un bastón se estaba acercando a ellos. No había nada en kilómetros a la redonda, solo aquel hombre, y estaba claro que caminaba cojeando hacia donde estaba parado el coche.

—¿No estaremos alucinando, Rosendo? ¿De dónde ha salido este tío?

Cuando llegó a la altura del coche, les sonrió. Se comunicaron por signos, pero el hombre solo les sonreía.

—Pregúntale por algún pueblo, Joan. Por Tidjikja, que es adonde vamos.

Porcar intentaba cambiar el acento y repetía una y otra vez el nombre de Tidjikja. A la tercera, el hombre dejó de sonreír. Había entendido algo y golpeaba el suelo con el palo que llevaba. Porcar no entendía nada.

—¿Qué le pasa, Rosendo? ¿Le he dicho algo malo?

Rosendo no tuvo tiempo de responder. Aquel anciano golpeaba y gesticulaba con fuerza mientras miraba a los dos españoles. De repente se acercó a Porcar, lo agarró por los hombros y lo giró hacia la posición en la que el viejo se encontraba. En ese instante, Joan Porcar comprendió lo que le quería decir ese hombre que se desvivía golpeando el suelo. Justo habían parado encima de la pista, estaban cruzados sobre la carretera que andaban buscando. Era un milagro, les había caído la ayuda del cielo. Si no se hubiesen encontrado con ese anciano, nunca habrían hallado la pista. Fue justo cuando el anciano le agarró por los hombros y le giró que pudo ver las hendiduras de la pista a ambos lados.

Se despidieron agradecidos y arrancaron no sin mirar atrás, hacia donde se dirigía el viejo del bastón en medio de la nada. Eran casi las siete de la tarde y estaba oscureciendo. Apenas debían de quedarles unos doce kilómetros para llegar a meta y solo había unas roderas por delante de ellos. Estaban convencidos de que eran de Jacky Ickx, porque eran las roderas de un Lada. Aquello solo podía significar que iban segundos y estaban en la buena ruta. Buenas noticias.

De repente, sin previo aviso, el coche se paró.

—¿Qué ha pasado, Joan? Mierda, estamos sin combustible.

A doce kilómetros del final se habían quedado secos. No había solución posible. Les invadió la desesperación. Casi lo tenían y ahí estaban, parados en medio de la nada. No podían avisar y no sabían si alguien más pasaría por esa pista.

Estaba siendo un año de locos, habían pasado de ir segundos y cuartos en París y Marsella a caer al puesto 125 por una rotura de suspensiones. Justo cuando parecía que volvían a estar en la cabeza, se quedaban sin combustible. Ochocientos kilómetros después, a solo doce de la meta, estaban secos. De pronto escucharon un motor a lo lejos.

—Ojalá nos ayude, ¿ves quién es, Rosendo?

Era Hubert Auriol con el buggy. Paró a su lado.

—¿Qué os pasa?

—Estamos secos, Hubert.

—No os puedo ayudar. No sé ni si voy a llegar, pero si lo logro, avisaré a vuestro equipo de que estáis aquí.

Arrancó y se fue. Era la única esperanza que les quedaba a los españoles, confiar en que llegara y avisara a alguien. Pasaron otras dos horas hasta que apareció Vatanen con otro grupo de coches. Por suerte, Auriol sí había podido avisar al equipo y les había dado las coordenadas de dónde andaban tirados sus amigos.

Los rescataron y consiguieron entrar octavos de la general; fueron los únicos españoles en el top diez. Una vez más, la habilidad a la hora de navegar y decidir por qué camino continuar y la ayuda de ese hombre en medio de la nada les salvó a Porcar y a Touriñán el Dakar de ese año.

Los mil y un recuerdos saltando en el tiempo continuaban en la cabeza de Porcar en ese viaje en coche en 1992 en el que había tomado la decisión de abandonar el Dakar para siempre. Se quedó mirando a su compañero de aventura. Él también tenía su largo recorrido. Muchas anécdotas épicas le venían a la cabeza.

Rosendo Touriñán, inventor de soluciones

En 1986, Joan y Rosendo cruzaron sus caminos para compartir aventuras en África. Carlos Mas necesitaba un equipo de asistencia rápida. El piloto era Joan Porcar, porque sabía navegar y conocía la carrera, pero también le venía bien un mecánico bueno que resolviera situaciones difíciles. Daba igual que no fuera copiloto, lo importante era resolver con lo poco que llevaban. Ese hombre era Rosendo Touriñán. Rosendo terminó convirtiéndose en un gran copiloto y como mecánico no tenía competencia. A partir de ese momento, el piloto y el mecánico unieron sus destinos en el Dakar.

Muchas historias habían convertido a Rosendo Touriñán en una leyenda. De las cosas que era capaz de hacer en medio de la nada se sigue hablando hoy en día. Pero una hazaña ocurrida en 1987, a tres días del final de la carrera, sirve para homenajearle. Tuvo lugar en Saint-Louis, Senegal, y la vivió junto a su compañero de aventura, Joan Porcar. Estaban octavos en la general, por detrás de Cañellas, que era su compañero de equipo. Estaban felices de cómo iba saliendo todo.

Porcar se afanaba por mantener el ritmo de carrera en condiciones muy distintas a las de los días de desierto. Conducían junto al río Senegal, en la costa noroeste. Que dos coches españoles entraran entre los diez primeros puestos era todo un éxito, pero no habían recorrido ni cinco kilómetros cuando se encontraron a Salvador Cañellas parado...

—¿Qué te pasa?

—Creo que es la válvula de escape del compresor.

—Nosotros no llevamos repuesto, ¿qué hacemos, Rosendo?

La respuesta fue inmediata:

—Le damos la nuestra y ya vemos qué hacemos.

Así fue: Rosendo desmontó la pieza y la colocó en el coche de Cañellas, que arrancó a toda velocidad para no perder esa séptima posición.

—¿Y ahora qué, Rosendo?

—Déjame ver. Algo se me ocurrirá.

Al rato apareció con una lata grande y vacía de atún. Se ayudó de unos alicates y, calculando la presión que hacía la válvula de verdad, fue confeccionando unas láminas. El invento tenía su peligro, porque si se equivocaba y los trocitos de lata no hacían de válvula, podía reventar el motor por dentro. Lo calculó a ojo, colocó las láminas que ejercían la misma presión, las recortó bien, hizo los márgenes al lado del tornillo para que no saltaran por los aires... Porcar estaba muerto de miedo con lo que estaba haciendo su buen amigo.

—¿En serio quieres que lo ponga en marcha?

Rosendo lo miró seguro. Con mucho cuidado arrancó el coche y no pasó nada, funcionaba. Ahora tocaba no correr demasiado y llegar al final de la etapa. Lo lograron, solo perdieron dos posiciones. Cuando llegaron al campamento, los mecánicos no daban crédito. No solo funcionaba el invento y alucinaban con eso, sino que no eran capaces de entender cómo había calculado a ojo el tamaño exacto para que todo eso no saltara por los aires. Las felicitaciones llegaron por parte de todos los equipos. Y Rosendo hizo más grande la sombra de su leyenda entre todo aquel grupo de gente que una vez al año se ponía a prueba y se jugaba la vida hasta llegar al Lago Rosa.

Porcar ya había repasado todo lo que quería recordar de esos años de gloria en el Dakar. Aferrado al volante, pensaba que aquel maldito aparato, el GPS, le había dado un ultimátum. La aventura había terminado. Su compañero, Rosendo Touriñán, lo miraba apenado, pero también diciéndole sin palabras que la vida continuaba y que les esperaban muchas más cosas en el futuro. Ambos sonrieron y decidieron disfrutar de ese último trayecto. África los recibía siempre con los brazos abiertos. Siguieron la carrera recorriendo ese desierto que les había dado tanto.

Créditos finales

Joan Porcar terminó como corredor del Dakar en 1992, aunque regresó con Nissan años después en 1997. Fue el ideólogo y el organizador de muchas de las salidas del mítico rally que se hicieron durante los noventa y los dos mil fuera de París. Hoy sigue disfrutando de la vida y de las carreras como aficionado.

Rosendo Touriñán siguió participando en el Dakar sin Joan. Nacido un 5 de enero, recibía cada año su regalo de cumpleaños durante la carrera, porque su mujer se lo daba siempre al piloto al que acompañaba para que no le faltase un detalle en mitad del desierto en un día tan especial. En plena planificación de este libro, cuando la decisión de entrevistar a tantos protagonistas del Dakar estaba tomada, Rosendo falleció. Murió el 7 de febrero de 2024. Él estaba en esa lista de más de cuarenta nombres. Él era una de las leyendas.

2. MARTINE DE CORTANZE, DESPACITO, CON CUIDADO Y CANTANDO

12 de enero de 1979
Cerca del río Senegal

«*12 de enero de 1979*. A dos días de finalizar el rally, después de superar la terrible etapa entre Bamako y Nioro (Mali). Todo el mundo piensa que ya hemos superado lo más difícil, el resto debería ser un camino fácil hasta Dakar. ¡Gran error! Queda la etapa entre Nioro y Bakel (Mali), dividida en tres partes. La primera de doscientos cincuenta kilómetros entre Nioro y Kayes; después tenemos una conexión entre Kayes y Kidira de otros ciento veinte kilómetros, y el último tramo va desde Kidira hasta Bakel, otros ochenta kilómetros».

Martine, además de piloto, era periodista y quería recordar cada minuto de la aventura que la había llevado a cruzar un trozo de África. Se estaba acercando al río Senegal y aprovechaba para anotar en la libreta el trayecto que les quedaba. Estaban a dos días de llegar a Dakar, de terminar por fin ese rally que se convertiría en histórico. Aunque en esos momentos, en lo único que pensaba era en sobrevivir y terminar entera esa aventura. La pista no era complicada, pero no sabían cómo estaría el río que según el libro de ruta tenían que cruzar para entrar en Senegal. Había una segunda opción: seguir la vía del ferrocarril, cruzar por el mismo puente del tren y continuar el trayecto. Pero, *a priori*, cruzar el río era más corto.

Aquella mañana no estaba forzando el ritmo de la Honda. Desde hacía unos días, después de que le hubiesen cambiado el motor, la apuesta era llegar al destino correspondiente. Ese era el único objetivo. Ella se encontraba en el top veinte de la carrera. Aquel primer año no existía una clasificación separada de coches y motos. Todos, mezclados, competían por ganar. Para ella estar en ese top y en ese puesto era todo un éxito.

Ya habían pasado diecisiete días desde la salida en París, un 26 de diciembre de 1978. Sonrió al recordar que se había perdido en la ciudad. Se equivocó al cruzar de puerta. Lo hizo por la Porte d'Italie en vez de por la Porte d'Orleans. Afortunadamente, el susto quedó en nada y pudo llegar a tiempo para la salida.

Ser una mujer e ir montada en una moto para participar en el Dakar era todo un reto a finales de los setenta del siglo pasado. Su relación con los dos compañeros del equipo Honda era correcta. Apenas se conocían, pero se comportaban amablemente con ella. Con el resto de los ciento ochenta y dos pilotos no había apenas comunicación, más bien la ignoraban. En aquel primer rally corrieron tan solo cinco mujeres. Muchos de los participantes se preguntaban qué hacía una mujer en esa prueba y si sería capaz de superar el primer día.

Pronto pudieron comprobar que Martine no había ido de figurante a la carrera. No solo logró superar el primer día, sino todos los demás. La actitud hacia ella fue cambiando a lo largo del rally. Le pasó de todo: caídas, despistes en el desierto, hambre... Pero al final todos se ayudaron unos a otros, incluida a Martine. Eso fue así. La llenó de orgullo no quedar atrapada en ninguna de las trampas a las que se habían enfrentado esos locos que iban en busca de la tierra prometida por Thierry Sabine: el Lago Rosa.

Martine era una aventurera de raza, una mujer que andaba por delante de su tiempo. Desde hacía unos años, ella corría en pruebas de enduro con el equipo ELF en Francia. De hecho, ganó en la categoría de mujeres. También corría como copiloto en rallies como el de Montecarlo. En aquella época conoció a Sabine, el creador del Dakar. Él también participaba, montando en moto, en distintas pruebas y rallies. Entabló una buena amistad con él. Gracias a esta amistad y a Jean François Piot, director de comunicación de Honda Francia, se hizo realidad el que fuese a África. Los buenos resultados de Martine en las pruebas y su valentía la habían sentado en esa Honda que ahora iba rumbo al río Senegal. No había sido una decisión tomada a la ligera...

Martine iba a muy buen ritmo hacia el río. Y, mientras conducía, cantaba en voz alta. Delante de ella iban varios participantes, la mayoría en moto. Lo de cantar era un arma secreta de Martine. Le recordaba que no debía aflojar en ningún momento. Si eso pasaba, cantaba. Si tenía miedo, cantaba. Si se perdía, cantaba... Era su manera de no sentirse sola.

—Qué pasada, el río es inmenso. Por aquí no se puede cruzar —dijo en voz alta, pero nadie quiso escucharla o hizo ademán de responderle.

No era la primera vez que nadie le contestaba, así que esperó a ver qué hacían los que iban por delante. Nadie se dio la vuelta, al contrario; intentaron pasar. Ella decidió no moverse, solo observaba. Al menos tres motos y varios coches se pararon. Las motos lo hicieron en medio del río, y los coches, en la parte final, cuando ya estaban saliendo prácticamente del agua. El barro se había convertido en una trampa inesperada. Con esa imagen, las motos cubiertas de agua hasta el sillín y los coches luchando contra el barro, quedó claro que ese lugar era intransitable.

Una vez más, la astucia o la prudencia de no lanzarse a lo loco había salvado a Martine de caer en la trampa del río. No había más remedio que cruzar por el puente. Tenía que circular poco más de tres kilómetros hacia el norte para alcanzar la vía del tren. Pero le preocupaba lo que tenía anotado en el libro de ruta. Un aviso para las motos que tenían que pasar el puente: la pasarela junto a la vía por la que había que cruzar era muy estrecha. Eso solo significaba problemas.

Consultó el libro de ruta y el mapa mientras observaba a los motoristas en el agua, incapaces de salir hacia la orilla. Poco a poco se fueron juntando nativos en ambos lados que trataban de ayudarlos. Estaba claro que pronto llegaría alguien de la organización. Se concentró en el camino que tenía que tomar. Un camino que la llevaría hasta una pequeña aldea llamada Kidira.

La Honda rugió y no tardó mucho en encontrar la vía del tren y la siguió en paralelo hasta llegar al puente. No había nadie. Se detuvo un instante para sopesar lo que tenía que hacer. Miró hacia el lado por donde estaba el paso de los peatones y se acercó con la moto por encima de las piedras que rodeaban los raíles. El recorrido era muy estrecho, demasiado. Se aproximó un poco más y reparó en que la caída al vacío si fallaba era por lo menos de treinta metros. Se armó de valor. Tenía que cruzar muy despacio, sin perder el equilibrio, pues si se caía se haría mucho daño. Dio un poco de gas para colocar la moto justo en la parte metálica, que era el punto por donde debía cruzar. Se paró de nuevo e intentó calcular cuántos metros tenía el puente. Era muy largo. Estaba sostenido por unos seis pilones que lo sujetaban por encima del río.

—Qué difícil nos lo han puesto. Este puente tiene mucho peligro, pero no me queda otra. Despacito y con cuidado, Martine —se repetía en alto esta frase una y otra vez.

Mientras, iba avanzando lentamente por la pasarela. No venía ningún tren. Lo había comprobado de forma compulsiva antes de empezar a avanzar.

—Solo faltaría que ahora escuchara una locomotora. Me muero del susto. Despacito y con cuidado. —No dejaba de mantener esa conversación consigo misma. Hablaba sola, pero de alguna manera se sentía así más segura.

Mientras avanzaba, con la moto prácticamente encajada entre el trozo de plataforma, la vía del tren y una barandilla, le pareció que, desde el lado de Senegal, algunas personas cruzaban caminando.

—Pues la moto o ellos. Aquí no pasamos todos. A ver qué hacemos. Despacito y con cuidado, Martine.

No había terminado de repetir su mantra cuando el manillar de la moto tocó la barandilla. Perdió el equilibrio. Intentó sacar el pie derecho del estribo, pero no había manera. Se había quedado atrapado entre la vía, el escalón y la moto. Fue consciente de que se estaba cayendo hacia el lado derecho... Hacia el vacío. Pensó en los treinta metros hacia abajo e intentó levantarse. La moto la lanzó por encima del manillar. Todo estaba perdido. Volaba. Se golpeó el costado con la estructura de hierro. De pronto ya no estaba tan lejos del agua, iba hacia ella a toda velocidad.

—¡Aquí me voy a matar! —gritó. Abrió instintivamente los brazos y, de repente, todo se detuvo—. ¿Esto se ha terminado? ¿Estoy muerta?

No sentía nada. Su cerebro intentaba procesar qué estaba pasando. Miró hacia arriba y vio la moto, de costado, junto a la vía, pero ella, ¿dónde estaba? Estaba suspendida en el aire. En un último intento había logrado aferrarse a la barandilla... y estaba colgada a treinta metros de altura.

Sus manos se agarraban con fuerza. Hizo un esfuerzo para salir de ahí. Primero, con las piernas; después, con los brazos. Su excelente forma física la sacó del abismo. Se tumbó aferrada a uno de los raíles. Estaba a salvo, pero temblaba convulsivamente. Aterrada, fuera de sí. Instantes después, llegaron dos policías malienses que trataron de levantarla. Tan solo recibieron patadas, golpes y gritos de una mujer en shock. Esperaron un rato mientras la piloto francesa se recuperaba. La cogieron en brazos y la sacaron del puente. Después cruzaron la moto, caminando.

La organización puso entonces a un policía que obligaba a los motoristas a cruzar el puente andando. Todos los que iban llegando a ese punto de paso, se bajaban de la moto y caminaban. Martine estaba de nuevo lista para continuar el rally. Antes de subirse a la moto, comprobó que todo estaba en su sitio. Que nada le había sucedido a ella y que la máquina respondía bien. Se dio la vuelta y miró una vez más el puente. Se dio cuenta de que se había librado de una buena. En cierta manera, había vuelto a nacer. Arrancó y continuó hacia Dakar.

Un clavo en el desierto

3 de enero de 1979
Nueve días antes
Tamanrasset (Argelia), camino de la frontera con Níger

La moto de Martine volaba sobre una zona muy plana, de arena fina. Estaba agachada sobre el manillar para ofrecer menos resistencia y ganar un poco más de velocidad. El libro de ruta la marcaba como una zona rápida, sin trampas. Mientras aceleraba, pensaba en que un año antes ella estaba trabajando en la línea aérea francesa UTA y sobrevolaba esos desiertos. En el aire soñaba con estar justo donde se encontraba en ese instante, recorriendo esos paisajes increíbles en la moto.

Se puso a cantar, lo hizo de felicidad por estar cumpliendo un sueño. Le quedaban unos cien kilómetros para terminar la etapa. Delante de ella solo había desierto. Tenía que bajar la velocidad antes de adentrarse en una zona de arena fina. En ese instante notó que la rueda trasera estaba temblando. Se paró porque no entendía qué estaba sucediendo. Solo entonces se dio cuenta de que llevaba un clavo en la rueda trasera. Le vino un pensamiento de golpe: «¿Cuántos clavos puede haber en el desierto? Y va y me lo tengo que comer yo».

Arrancó ese maldito clavo oxidado de la rueda. La acababa de poner en una situación muy difícil. No tenía rueda de recambio, así que tenía que continuar los siguientes cien kilómetros con la de atrás plana. Fue un calvario de trayecto. Se caía una y otra vez, y en ciertas zonas blandas por la arena tenía que bajarse y empujar la moto.

En una de las caídas, el depósito se medio rompió, perdió un trozo. Ya no solo avanzaba con una rueda pinchada, sino que también perdía gasolina. Por suerte, cuando ya le flojeaban las fuerzas, alcanzó el campamento. Parecía recién salida de la peor de las pesadillas. Sucia, magullada y oliendo a gasolina. Cuando les contó a sus mecánicos que todo había sido culpa de un clavo en medio del desierto, ellos no daban crédito.

Esa noche se arregló un poco antes de descansar. Se había llevado un producto para limpiar a los bebés y se lo aplicó por la piel. Se maquilló un poco. Necesitaba recuperar algo de autoestima. No quería sentirse muy abandonada en mitad de la nada.

Martine, la gran atracción del momento en un rincón de África

11 de enero de 1979
Un día antes
Cuatrocientos diecisiete kilómetros entre Bamako y Nioro du Sahel

Era una de las rutas más difíciles o eso le estaba pareciendo a Martine. La etapa le estaba resultando insoportable. Tan pronto pasaba por zonas de pista muy duras como por otras donde la arena estaba muy blanda. Hacía mucho calor y además la moto no paraba de vibrar. El terreno no daba tregua. Ella iba todo el rato aferrada al manillar. Tenía la sensación de que en cualquier instante terminaría de bruces en el suelo. No solo debía estar atenta a las posibles trampas que tenía por delante (rocas o agujeros en donde la moto entraba entera), sino que miraba también hacia el horizonte porque no le convenía perderse. No quería que eso ocurriese y menos en una etapa tan compleja como esa.

Solo había dos o tres roderas. Eso no era un problema, pues supuso que estaría en el grupo de cabeza. No obstante, también había una posibilidad: que fuesen mal. Comenzó a canturrear, pero para no pensar en comer. Durante las últimas cuarenta y ocho horas apenas había comido nada.

En la etapa del día 9 de enero, poco más de ochocientos kilómetros, ella y sus compañeros de equipo se habían repartido una lata de sardinas y tres galletas. La asistencia de Honda viajaba en avión y no habían logrado llegar al final de la etapa. Al día siguiente se habían podido resarcir un poco, pero pasar hambre parecía que era parte de los planes locos de Sabine. Martine no se fiaba y había cogido para ese día un par de paquetes de galletas y alguna lata, por si se volvía a quedar sin asistencia. Sin embargo, de momento no quería parar ni a comer ni a beber, aunque sabía que en algún momento debería hacerlo. Deshidratarse, con el calor que estaba teniendo, era lo más fácil y la peor de las ideas.

La suerte de ese 11 de enero es que el libro de ruta estaba bastante claro. Si se perdía, no era un terreno de muchas dunas y además había unas cuantas referencias. Se detuvo y bajó como pudo de la moto. Le dolía todo el cuerpo del traqueteo y tenía las manos agarrotadas. Se alejó de la moto mientras bebía un poco de agua. Consultó la brújula. Las referencias eran buenas y se hallaba en el camino correcto. Miró el trayecto que ya había recorrido y no distinguió ningún vehículo, ni tampoco polvo.

El primer día en África aprendió que si estaba junto a algo metálico, el norte que marcaba la brújula no era el norte, así que si tenía que consultar el rumbo, cuanto más lejos estuviese de la moto, mejor. Otra cosa importante: cuando paraba o sospechaba que tenía un coche cerca, siempre había que mirar atrás para asegurarse de que ninguno de los locos que participaban en la carrera le pasara por encima. Ya llevaba un par de caídas por culpa de algún descerebrado al que no distinguía por el polvo que se levantaba cuando la adelantaban. El polvo, el maldito polvo, se metía por todas partes. Lo masticaba. Los dientes le crujían. Cuando le ocurría esto, intentaba salivar un poco para quitarse esa sensación de boca seca, pero era imposible.

Caminó de nuevo hacia la Honda. Se guardó la brújula y la cantimplora. Miró que todo estuviera bien y se ajustó el casco. Le quedaban unos doscientos kilómetros. No quería volver a parar hasta llegar a Nioro.

Los últimos kilómetros se le estaban haciendo eternos, pero ya veía el puesto de control. Estaba tan cerca que reconoció a Thierry Sabine, que los esperaba junto a la mesa de control, en la llegada. Martine frenó como pudo. Tenía las manos agarrotadas y Sabine las fue quitando dedo a dedo para que pudiese soltar el manillar.

—Te felicito, Martine. Tu moto ha llegado en cuarta posición. Los demás andan perdidos o accidentados. Me están contando que está pasando de todo.

Así era, fue un día muy difícil. A Martine estaba a punto de llegarle otra sorpresa cuando se quitó el casco y su melena rubia la delató.

—¡Es una mujer! —exclamó el prefecto cuando la vio.

Martine sonrió mientras escuchaba las felicitaciones de la mujer de ese hombre que estaba tan sorprendido:

—Muy bien, así me gusta. Hay que demostrarles a estos hombres de lo que somos capaces de hacer.

De repente, sin quererlo se había convertido en la gran atracción en ese rincón de África. Estuvo hablando con un grupo de mujeres que la miraban fascinadas y le tocaban su traje de motorista. Ellas sonreían, sorprendidas con la hazaña que aquella joven rubia francesa acababa de conseguir.

La buena noticia para Martine es que gracias a esa inusitada popularidad consiguió una habitación en la pensión. Allí se encontró con algo parecido a una cama, aunque no había ni baño ni agua. Por lo menos no la despertarían los gallos, como le había sucedido días atrás en otro poblado. La serenata matinal fue tan increíble que despertó a todos los participantes antes de tiempo y se pusieron en marcha a regañadientes.

«He ganado, lo he hecho»

El 14 de enero de 1979, por primera vez en su historia, el rally llegaba a Dakar. Así comenzaba a escribirse la leyenda de una de las aventuras más grandes del siglo XX. Martine se pasó noventa y seis kilómetros, desde Bakel hasta Dakar, recordando todo lo que había tenido que vivir. Le parecía imposible estar ahí, pero tampoco tenía ganas de terminar el rally. Ella quería seguir corriendo más días antes de frenar en Dakar. Al llegar a la meta, cientos de personas los esperaban. Los familiares y los promotores estaban bien vestidos y aseados, mientras que los pilotos estaban sucios, pues no habían visto una ducha y un poco de jabón desde hacía bastantes jornadas.

Se bajó de la moto mientras la felicitaban todos los componentes del equipo Honda. No solo lo había logrado, sino que había llegado en el puesto 19 de la general, entre motos, coches y camiones. En esa primera edición solo había una clasificación general. De los ciento ochenta y dos vehículos que salieron de París, tan solo setenta y cuatro estaban en Dakar. Thierry Sabine se acercó para felicitarla, porque había sido la primera mujer en lograrlo, en ganar la categoría y en demostrar que no existían límites que le impidieran superar todas las trampas africanas.

Muchos participantes le dieron la enhorabuena. Incluso alguno de los que la habían ignorado en París. Otros perdieron las apuestas que habían hecho en contra de Martine, con marisco y champán nada menos, seguros de que no lograría completar el rally.

Respiró profundamente, cerró los ojos y recordó, serenamente, algunas de las cosas por las que había tenido que pasar. Las veces que se había perdido y cómo gracias a un paisano había encontrado la buena dirección. Por ejemplo, en Talcho, tuvo que darse la vuelta porque se había confundido de ruta. Martine avisó a dos motoristas que estaban tan perdidos como ella, pero tal vez porque era una mujer no la creyeron y continuaron en la dirección equivocada. Martine no coincidió ya más con ellos, probablemente porque no consiguieron llegar.

Se le encogió el corazón cuando le vino a la cabeza el día que ayudó a un piloto de Yamaha. Se lo encontró en el suelo, inconsciente, en mitad de la etapa entre Bamako y Nioro. En esa etapa, ella llegó de las primeras, pero lo que nadie supo es que se pasó un buen rato llorando y suplicando para que aquel joven se despertara. No recordaba su nombre, pero lo conocía porque tenía una tienda de motos cerca de su casa en Francia. No se movió de su lado hasta que se hicieron cargo de él. Martine logró continuar la etapa a pesar de lo impresionada que estaba. Afortunadamente, el piloto se salvó. En esta primera edición del Dakar, los participantes contaban con ayuda médica, pero no existían las balizas o cualquier tipo de señal de emergencia.

—Martine de Cortanze —escuchó su nombre por la megafonía instalada junto al pódium en la playa de Dakar.

Estaba preparada para subir a recoger el reconocimiento que le otorgaban por haber logrado una hazaña con tanto esfuerzo.

—Moto número cuarenta y uno: primera mujer clasificada, moto número once clasificada, puesto diecinueve en la clasificación general.

Mientras escuchaba todo lo que anunciaban sobre ella los altavoces, decidió que no podía recoger el premio con las pintas que llevaba. Se soltó la melena, sacó un poco de maquillaje del bolsillo y se retocó el rostro. Entonces pensó: «He ganado, lo he hecho».

En plena rampa la estaba esperando el periodista Max Meynier, micrófono en mano y conectado en directo con París.

—¿Estás contenta, Martine?

La respuesta le salió del alma:

—Estoy contenta y un poco triste, porque esto ya ha terminado.

A su regreso, le costó varias semanas recuperarse de todas las emociones vividas.

Una chica en el desierto

Martine de Cortanze participó en varios París-Dakar más. Fue tanto en moto como en coche. Al año siguiente, en 1980, la fichó Yamaha. Durante las primeras jornadas fue líder y estaba de nuevo en el top veinte. Tenía algo pendiente con el maldito puente del ferrocarril que a punto estuvo de costarle la vida. Le tocó pasar de nuevo por el mismo sitio y decidió no arriesgar: tenía más de cinco horas de ventaja con la segunda clasificada. Se bajó de la moto y comenzó a caminar. En la pasarela había aceite de un participante que había cruzado antes que ella. La moto se resbaló, pero ella consiguió no caerse. La Yamaha se llevó la peor parte. Cuando intentó levantarla, estaba en llamas. Intentó apagar el fuego, pero no pudo. Se quemó el pelo. Ahí terminó su segundo Dakar.

En 1986, cuando murió Thierry Sabine, Martine no participaba en la carrera. En aquellos tiempos no se podía vivir solo del Dakar y tenía que competir en otras modalidades. Estaba en casa de su abuela cuando escuchó la noticia y se desmoronó. Pensó que no era justo y decidió que regresaría al desierto para rendir homenaje al hombre que tanto había hecho por cambiar la vida de muchos. Martine regresó infinidad de veces al desierto y siempre pasaba junto al monumento que recuerda dónde perdió la vida su amigo.

Martine de Cortanze continuó viviendo su vida con pasión, riesgo y aventura. Su currículo es extraordinario y pionero. Fue la primera mujer en competir y ganar de forma absoluta, categoría masculina y femenina, en motonáutica en Francia. Ganó la Ordre National du Mérite, otorgada por el presidente de la República Francesa. También fue ganadora en la categoría femenina, montada en su moto, del rally de Túnez. Y en coche, del rally del Atlas en Marruecos.

Trabajó para la NASA junto al astronauta francés Patrick Baudry, en unos test de vuelo parabólico. Eran parte de unas pruebas de productos cosméticos para conocer cómo se comportaban en ingravidez. Cortanze se preparó durante meses y después se trasladó a Houston, donde volaron a diario cumpliendo con el estudio previsto.

Siguió trabajando como periodista durante toda su trayectoria profesional y publicó *Une Fille dans le Désert*, un libro que explicaba cómo fue su día a día en el primer París-Dakar.

En la actualidad, con ochenta años, Martine vive en París, junto al Sena. Continúa siendo una apasionada de la vida. Nunca ha dejado de viajar y de vivir aventuras.

3. CARLOS MAS, LA PERSEVERANCIA DE UN MOTORISTA EN EL DESIERTO

12 de enero de 1990
En un pequeño poblado entre Tombuctú (Mali) y Néma (Mauritania)

La moto comenzó a fallar. Carlos Mas no tuvo más remedio que pararse y mirar qué diablos pasaba en el motor. Aquel no era un día para andarse con bromas. Se jugaba ganar el Dakar. Su rival, Edi Orioli, estaba perdido. Mas tenía una última oportunidad para quitarle la primera posición... Pero algo le pasaba a la Yamaha.

—Será posible, me la han jugado. Hay algo en el combustible. Me va a costar perder la carrera.

Treinta kilómetros atrás le habían rellenado los depósitos de gasolina, pero lo habían hecho con los bidones sucios de agua y arena. Ese era el problema. Cada día se la jugaban en lo que los pilotos llamaban el «repostaje salvaje».

Ese año Yamaha tenía tres equipos: uno francés, uno italiano y el español. No todos estaban en la misma situación y nada tenía que ver el trato que se dispensaba a los otros dos equipos comparado con el que se ofrecía a nuestros compatriotas. Mientras que a los franceses y a los italianos les habían comprado gasolina «buena» que era transportada por un grupo de beduinos a lo largo y ancho de la carrera, los españoles no entraban en el trato. Eso supuso que a Carlos Mas y al resto de su equipo les tocara repostar con lo que vendían los nativos. El resultado solía ser un desastre. Dos de cada tres veces salían mal parados. Por eso, ahí estaba Carlos Mas parado, perdiendo un tiempo precioso, mientras desmontaba filtros, la bomba de presión... y casi media moto. La suerte es que había podido parar en un poblado.

—Fernando, Fernando.

Carlos vio cómo llegaba su mochilero, Fernando «Búfalo» Gil, el hombre de confianza para ayudarle a solucionar los distintos problemas con los que se iba encontrando.

—¿Qué pasa?

—Me han metido agua y arena con la gasolina.

—No fastidies. Tranquilo, que te ayudo a desmontar. En nada lo solucionamos.

En realidad, no había maldad en los nativos, solo necesidad y falta de medios. Ellos aprovechaban lo único que tenían para transportar la gasolina: unos bidones con los que recogían también agua cada mañana. Junto al agua siempre entraba tierra.

Mas se estaba desesperando, pues no contaban con las herramientas adecuadas para reparar esas piezas de la moto, que eran demasiado grandes. Pero de nada servía lamentarse, tenía que apañarse con lo que había. El reloj seguía corriendo en contra. Necesitaba terminar cuanto antes, pues si llegaba su contrincante, Orioli, perderían toda la esperanza de poder ganar ese año. Estaba deseando acabar con la reparación y salir zumbando para completar el final de la etapa.

—Ya casi lo tenemos, Fernando. ¿Está todo bien limpio?

—Sí, sí, tranquilo, Carlos, que la moto está bien.

No podían dejar nada de tierra y agua. Todo tenía que estar perfecto para poder repostar de nuevo y rezar para que esta vez no les volvieran a meter cualquier porquería... y, por fin, salir de allí pitando.

Mientras arreglaba la moto, Carlos Mas tenía la sensación de que el Dakar ya le había regalado su oportunidad ese año. En la etapa entre N'Guigmi y Agadez se le rompió el amortiguador. Perdió unos cuarenta minutos y fue un milagro llegar al campamento aquella noche. Ahora lo que tenía que recuperar era ese tiempo, el que perdió con el amortiguador..., salvo que apareciese Orioli y terminara con el sueño de ser el primer español que ganase el Dakar.

Orioli no aparecía y Mas continuó hasta alcanzar el final de la meta. Tocaba esperar. Veinte minutos después apareció el piloto italiano. En ese momento, cuando ya estaba junto a Mas, se le terminó la gasolina... Iba sin la rueda trasera. Un panorama.

Sin embargo, Carlos se maldijo una y mil veces. A pesar de que había arañado treinta y cinco minutos, no era suficiente. Y todo había sido por no tener acceso a la gasolina que el equipo Yamaha ya no utilizaba, pues parte de los pilotos franceses e italianos habían abandonado el rally. Todo estaba perdido. Aunque quedaban cuatro días, la distancia entre los dos, salvo un accidente, era insalvable.

Y así fue: en 1990, Orioli ganó a Mas por cincuenta y cuatro minutos. Lo cierto es que si a Carlos Mas le hubiesen proporcionado la gasolina que había comprado la marca japonesa para franceses e italianos, y no hubiese tenido que repostar con el material de los nativos, Yamaha podría haber ganado ese año.

Un español más en la locura mágica de Sabine

Carlos Mas fue el segundo español que se atrevió a participar en la mágica locura de Sabine. Su primer año fue 1985. Lo consiguió después de hablar mucho con Porcar. Como preparación, participó antes en el rally de Túnez, quedando en quinta posición. Además, logró que Tabacalera le diera dinero para poder apuntarse al Dakar.

A pesar de todo, tuvo que pedir un crédito para cumplir su sueño. Ducados no pagaba hasta después de la carrera. Con ese dinero se pudo comprar una KTM 600, la primera en la historia que llegó al Lago Rosa. Lo cierto es que desde el principio le advirtieron que esa moto tenía un problema. Tuvo avisos parecidos a este:

—Tiene un lío con la correa de distribución. No aguanta, Carlos. Se rompe y *ciao* a la carrera.

—Pero una correa no cuesta ni cincuenta pesetas. No te preocupes, la cambiaré cuantas veces sea necesario.

—Advertido estás —le dijo el vendedor—, tú mismo. Ya sabes lo que hay.

La correa le costó treinta de las antiguas pesetas y decidió cambiarla a mitad de la carrera. No quería que se le fastidiara su sueño. Al final del Teneré, saliendo del desierto, la cambió y llegó hasta el Lago Rosa. Pero esto solo es un apunte más de toda una trepidante y fantástica odisea.

El joven Carlos estaba preparado en Versalles un 1 de enero, con toda la ilusión del mundo. Iba cargado con una lona que utilizaría de tienda de campaña, un plato de latón, un saco de dormir, algunas piezas de recambio, la correa de distribución y poco más. También había engañado a un amigo mecánico, Tom Marsiñac, para que le asistiera durante el trayecto. Por fin estaba todo dispuesto para su primera participación en la aventura más grande del siglo xx.

La séptima edición no iba a defraudar a nadie. La emoción estaba servida desde el primer momento. Ya empezó con problemas de transporte, precisamente con el ferri con el que la expedición cruzaba hasta Argelia. Esto hizo que llegasen tarde al puerto argelino y que la carrera arrancase nada más tocar tierra. Era de noche y tenían que empalmar con la segunda etapa al día siguiente. Muchos participantes se quedaron atrás tras estas cuarenta y ocho primeras horas..., pero no Carlos Mas, nuestro protagonista de esta historia.

Los primeros cinco días en Argelia fueron tremendos. Los cambios de temperatura eran brutales: de día, un calor asfixiante; de noche, un frío helador. Pero lo peor estaba aún por llegar. Nadie, ni siquiera los más veteranos, sabía dónde se estaba metiendo. Esa era la habilidad de Thierry Sabine: sorprender a los aventureros. Ni uno de ellos sabía qué era lo que le iba a pasar hasta que no comenzara a competir.

Siempre se contaban historias tremendas en el rally. Gente que se perdía y que no podía continuar. El cruzarse durante el trayecto con coches ardiendo. Esto no era tan raro, pues se trataba de la única manera de recuperar algo del dinero invertido: se quemaba el coche y el seguro pagaba la póliza. También se hablaba de motos abandonadas y saqueadas por los nativos.

Carlos decidió no dejarse llevar por esas tragedias. Él se centró en seguir en el Dakar día a día, ir superando cada jornada y después pensar en la siguiente. Tenía muy buena base, pues había participado durante años en enduro y se le daba bien lo de superar obstáculos a campo traviesa. Carlos sabía ir sin prisa pero con ritmo. Le tocó sufrir mucho, pero el propósito era llegar como fuese, a cualquier precio. No quería dejarse vencer por toda esa máquina de triturar pilotos. Durante las especiales se perdió cada dos por tres, la mayoría de las veces no sabía ni dónde estaba, pero se negaba a caer en el desaliento.

Aprendió a dejarse adelantar por los coches para poder seguir sus roderas. El rally cada día que pasaba se complicaba más. Durante una de las etapas tuvo que estar subido encima de la moto veintitrés horas. Tan solo se detuvo en los puntos de abastecimiento de combustible y también cuando se perdía, pues tenía que encontrar el rumbo correcto. Tampoco durmió nada. Y comió lo poco que tenía consigo. No paraba ni para beber...

El motorista entendió que si quería terminar, tenía que adaptarse a lo que pretendía Sabine. Lo importante era no perder el ritmo de la carrera. Cruzó la frontera entre Argelia y Níger. Ya no hacía frío por las noches, pero el calor era insoportable. Si había sido capaz de llegar hasta aquí, ya no pensaba parar hasta el final. Sin embargo, todavía le quedaba por cruzar dos lugares que le quitaban el sueño: Mali y Mauritania.

Le aterraba quedarse solo en el desierto, sin poder salir de ahí. Había escuchado demasiadas historias... Sin embargo, logró salir intacto de la travesía.

1985 fue un año de aventuras y aprendizaje. Al mecánico de Carlos, Tom, en la segunda etapa se le rompió el coche con el que tenía que darle asistencia durante toda la carrera. El piloto español no se reencontró con su mecánico hasta un día antes de la jornada de descanso. Pasaron siete días hasta que volvieron a estar juntos.

Durante esa semana, Tom se buscó la vida como pudo. De hecho, se hizo pasar por periodista para poder subir al avión, aunque escondiendo sus herramientas de mecánico. Pudo comprar una plaza en una de las naves de la organización y así pudo perseguir a Mas hasta reencontrarse con él.

El problema es que no tenían muchos recambios porque no había dónde esconderlos. Se suponía que era periodista y, claro, haber subido con los recambios hubiese descubierto su mentira. Así que el único motor del que disponían era el que estaba en la moto. Tuvo que hacerse los trece mil kilómetros con el mismo y rezando para que no se rompiera.

Uno de los recuerdos más terribles para Mas eran las noches en la carrera, cuando iba montado en la moto sin ver prácticamente nada. Las luces alumbraban muy poco... Y África no era precisamente un lugar señalizado e iluminado.

Hubo una noche especialmente mala. Ya habían terminado la especial y a Carlos y a los que habían llegado les quedaba un enlace de ochocientos kilómetros para llegar al campamento. Todo un despropósito. Estaba solo y se fijaba en unas luces que había por delante de él. No se fiaba mucho de las suyas, pues, como hemos dicho, tenían poca potencia. Hubo un momento en el que le alcanzó Hubert Oriol. El piloto francés aflojó el ritmo y se situó al lado del español.

—Será mejor que me sigas. Apenas puedes ver nada con esa luz que llevas.

La verdad es que no veía nada, pero era más por el cansancio que por la falta de luz. Decidió no seguirle, sino parar. Le agradeció la ayuda que le estaba ofreciendo, pero se dio cuenta de que no debía continuar en esas condiciones. Le tocaba descansar un poco hasta las primeras luces del día y después continuar. De noche, todo se complicaba demasiado.

Carlos se fijó en una pequeña lumbre a un lado de la pista. Allí, un tuareg miraba con asombro todo lo que estaba aconteciendo: el paso de coches y motos justo delante de su improvisado campamento. Aquel nativo lo había montado en un lugar donde no solía pasar nadie, pero fue consciente de que esa noche no podría descansar fácilmente ante todo ese ajetreo. El tuareg se sorprendió al ver cómo el piloto español se paraba a su lado y, mediante gestos, trataba de preguntarle si no le importaba que durmiese en su campamento. El hombre accedió y se quedó pasmado del ritual del motorista para dormir: tendió el saco en el suelo, se metió dentro de él y se durmió enseguida. Al amanecer, recogió todo rápidamente, se subió a la moto, le dio las gracias al tuareg y se marchó como había venido...

Pero lo que descubrió Carlos esa mañana fue un paisaje desolador. Con su moto pasó junto a coches y motos accidentados por todas partes. La noche se había cobrado su precio y mucha gente se quedó ese día fuera de la carrera. La decisión de dormir le salvó seguramente de formar parte de ese ejército de abandonos.

A las once llegó a Gao, más de seis horas de enlace, pero la aventura continuaba. En Gao los estaba esperando a él y a todos los supervivientes un destacamento de militares. Les pidieron los pasaportes y de ahí no se movió nadie hasta que la organización pagó lo que tocaba para tener derecho a cruzar la frontera. Por fortuna, se pusieron otra vez en marcha, pero el Dakar seguía imponiendo su ley marcando sus reglas. No llevaban ni cien kilómetros desde que habían arrancado otra vez en Néma, al sudeste de Mauritania, cuando los camiones con la comida de Africa Tours se quedaron atrapados en la arena. Sabine supo que no había más remedio que parar la carrera. Si continuaban, los participantes llegarían a Tidjikja y no hallarían nada que llevarse a la boca ni ese día ni al siguiente. Así que lo mejor era que todos se quedaran quietos. El problema es que en cuanto pasaran los camiones y adelantaran a la caravana, tendrían que llevar a cabo otra etapa de ochocientos kilómetros para poder cumplir con lo previsto y empalmar con la del día siguiente.

Para colmo, todo eso ocurrió justo cuando tocaba cruzar el paso de Nega, otro de los lugares míticos del rally, ese estrecho desfiladero difícil de encontrar entre dunas y piedras. Un puñado de motos logró pasar y el resto se perdió. Solo tres motos llegaron dentro del tiempo previsto, y una era la de Carlos Mas. Los demás andaban dando vueltas, intentando encontrar la ruta correcta. Sin embargo, no había terminado el día, tocaba hacer el enlace hasta Tidjikja. Eran como las seis de la tarde, pero continuaron la ruta y se les hizo de noche. No pararon hasta que llegaron por la mañana temprano, como a las siete, al campamento.

A las ocho arrancaba la nueva etapa, pero el caos era tan tremendo y había tanta gente perdida que la suspendieron. Lo positivo es que por fin podrían dormir un poco. Lo negativo: Carlos Mas ocupaba en aquel momento el primer puesto en la categoría de motos, pero se habían perdido más de la mitad de los participantes y Sabine había tomado la decisión de parar la carrera y neutralizarla.

Todo regresó a su orden natural, al orden que quería Sabine. Cuarenta y ocho horas después, el Dakar arrancó de nuevo camino de Senegal. De las ciento treinta y cinco motos que habían comenzado en París, solo quedaban unas treinta y cinco.

Cada día caía uno y así fue hasta el final. Carlos Mas, por las noches en el campamento, se preguntaba cuándo le tocaría a él porque lo que estaba claro era que más pronto o más tarde sería su turno. Era como jugar a la ruleta, nadie se podía salvar. En algún momento fallaría la jugada. Estaba equivocado, a él no le tocó. Con toda esa hecatombe, alcanzó el puesto 13.

Llegó a Dakar con una sensación increíble. Después de superar mil trampas lo había conseguido. Al éxito personal se le sumó una explosión mediática importante, porque entró en el grupo de los elegidos.

Durante los dos siguientes años se afianzó como piloto dakariano y entró en el top diez. Se convirtió en un referente en el mundo de la moto en el Dakar. En 1987 terminó en quinta posición y solo otros dos moteros españoles terminaron ese año: Agustín Fernández y Josep Maria Pibernat.

Perdidos en la niebla

En 1988 formó un gran equipo con el patrocinio de la marca Camper, Red Raiders Team. Se compraron camiones, se contrató a Fernando Gil de mochilero y a Carlos Mas le cayó toda la presión del mundo, porque estaba obligado a hacerlo bien, pero ¿quién acertaba con las previsiones en el Dakar? Había demasiados aspectos que no podían controlarse. No obstante, la regularidad del piloto siempre ayudaba y eso Mas lo llevaba grabado a fuego. Terminó en cuarta posición, por detrás de Orioli, de Franco Picco y de Gilles Lalay.

En 1989, el segundo año con Camper, todo estuvo a punto de irse al traste: un conductor alcoholizado casi atropella a Mas justo cuando salía del punto de las verificaciones técnicas. Por suerte, ese día no le tocaba al español.

Pero ese año el Dakar tenía un sabor diferente. Túnez era la puerta de entrada a la parte africana de la carrera, y no fue nada fácil. A las primeras de cambio abandonaron sesenta y cinco vehículos, treinta y una motos y treinta y cuatro coches. A Carlos Mas no le estaba yendo mal y al día siguiente cruzaba a Libia.

Esa mañana sucedió, de nuevo, lo inesperado en el Dakar. La especial de cuatrocientos sesenta y nueve kilómetros apareció cubierta de una densa niebla. No se veía nada. Carlos y Fernando procuraron ir muy juntos. Sobre el kilómetro treinta, Mas se paró.

—¿Está todo bien, Carlos? —preguntó Fernando, que se detuvo al lado de su jefe de filas.

—No hay huellas, Fernando. No hay nadie por delante de nosotros. Estamos solos y no sé si vamos por el buen camino.

En ese instante se les juntó un tercer motorista. Se trataba de Franco Picco, el compañero italiano del equipo Yamaha Italia.

—¿Qué pasa, Carlos?

—Que deberíamos estar viendo roderas de otros motoristas, pero hasta aquí no ha llegado nadie.

—Pero vamos bien. Estoy seguro —afirmó el italiano, con tanta experiencia como Mas en pruebas africanas.

—Entonces, con la niebla, la gente se ha equivocado de cruce.

Parecía increíble, pero así era. La niebla estaba jugando su papel y a las primeras de cambio muchos pilotos se habían confundido de ruta.

—Pues seguimos, Franco.

—*Dai*. Vamos, yo voy delante.

Franco lideraba el grupo de tres. Nadie había cogido el buen camino. La mayoría no se habían dado cuenta de que se habían confundido en el kilómetro once y muy pocos rectificaron para continuar por la pista correcta, justo por la que iban los dos pilotos de Camper y Picco.

Las circunstancias no eran fáciles. El polvo y la niebla se mezclaban y no dejaban ver nada más allá de unos pocos metros. Con todo, Mas siguió por la ruta buena. La clave era pasar por un pequeño bosquecillo de arbustos que los pilotos de Yamaha encontraron y el resto, no.

Esa noche Mas se convirtió en el primer español en la historia en liderar el Dakar, después de ganar la etapa. Entre los cuatro primeros pilotos en llegar estaban tres españoles: Mas, su compañero Fernando Gil y el piloto de Suzuki, Agustí Vall.

Todo un éxito. Para el resto de las etapas tocó seguir sufriendo. Abandonaron Fernando y Xavi Riba, el otro componente del equipo Red Raiders. Al final, el 12 de enero Carlos Mas llegó en séptima posición a Senegal.

Tras el espíritu del Dakar

Carlos Mas corrió en moto hasta 1996, ese fue su último año en dos ruedas. Al año siguiente regresó, pero como copiloto en un coche junto a Prieto. Le apetecía saber cómo era hacer el Dakar en cuatro ruedas. Hasta entonces había vivido varias aventuras sobre su moto. Hay muchas historias para elegir, como la que viene a continuación. Esta anécdota es especial y pone de relieve una certeza. Mas, diez años antes de que dejara de recorrer el Dakar en moto, fue uno de los pilotos que vivió en carrera la muerte de su fundador, Thierry Sabine. Después de su fallecimiento, todo cambió en el Dakar. Ciertas cosas hubiesen sido inconcebibles con él vivo, como, por ejemplo, que se permitiese competir a los equipos oficiales de las marcas.

En 1994, cuando corría con Cagiva, estaba de nuevo líder. Ese año era París-Dakar-París. Se pasaba dos veces por España, se cruzaba Marruecos, el Sáhara Occidental, Mauritania y Senegal. La prueba terminaba en Eurodisney. La moto de Carlos Mas decidió no seguir en una zona de dunas al romperse la cadena. Tuvo suerte, porque como iba líder, le sacaron en helicóptero y le dejaron en el campamento. Se las ingenió para conseguir una cadena, pero nadie le quiso llevar de vuelta a las dunas hasta la mañana siguiente.

Al amanecer, el director, Jean-Claude Morellet, «Fenouil», le subió a su helicóptero para llevarle hasta su moto. Carlos presenció uno de los hechos históricos de la carrera. Esa noche nadie había conseguido superar las dunas, solo los pilotos de Mitsubishi. Antes de dejar a Mas, Fenouil hizo aterrizar el helicóptero para felicitar a los pilotos que lo habían logrado. Estos se encontraban parados, justo al lado del control de final de etapa. Fue una manera de justificar delante de los demás que se podía pasar. Pero era un sinsentido, pues habían tardado todo el día y toda la noche en terminar la etapa, mientras que el resto de los participantes se habían desviado por una pista fuera de las dunas.

Después de este episodio, el motorista español continuó la aventura y la ruta sin perder el espíritu del Dakar. El intento de Mas por reincorporarse le llevó a desviarse hacia Nuadibú. A las tres de la madrugada estaba parado en un poblado poniendo gasolina y rodeado de gente que no parecía tener muy buenas intenciones. No ocurrió nada de milagro. La rapidez en poner gasolina y salir a toda velocidad le salvó seguramente de un mal recuerdo. Ese mismo año, Jordi Arcarons terminó en segundo lugar, pero esa ya es otra historia...

El camino que abrió Carlos Mas para las siguientes generaciones es indiscutible; sin él, las vidas de los Jordi Arcarons, Nani Roma,

Óscar Gallardo, Carlos Sotelo, Marc Coma, Isidre Esteve, Laia Sanz... habrían sido infinitamente más complicadas. Fue el primero en muchas cosas y se adaptó perfectamente al espíritu de Thierry Sabine. Solo le faltó un poco más de fortuna para haber conseguido el triunfo en unos años en los que si no eras francés o formabas parte de un gran equipo, ganar era misión casi imposible.

4. SALVADOR CAÑELLAS, EL PILOTO QUE VOLABA EN LA ARENA

1986
Mali

Estaba siendo un Dakar terrible. Thierry Sabine había muerto en el accidente en que su helicóptero chocó contra una duna durante una tormenta de arena, pero la decisión de los pilotos fue continuar con la carrera. Salvador Cañellas seguía peleando con su Pegaso para mantenerse en el top tres entre los camiones.

Llevaban más de dos horas recorriendo el Sahel detrás de un Liaz, un camión fabricado en Checoslovaquia y pilotado por franceses, que no le dejaba pasar de ninguna de las maneras. Tampoco era fácil, pues aquel lugar estaba lleno de trampas y no valía la pena perder un trozo de vehículo en la operación. Al final le había cogido afecto a esa bestia, que corría mucho menos de lo que deseaba, pero que se había portado estupendamente en la zona de piedras, donde habían adelantado hasta sesenta coches, y en la arena, donde había superado fácilmente las dunas en las que muchos se habían quedado atrapados.

Mientras seguía pegado al Liaz, estudiando al piloto para ver cuándo cometía un error, Cañellas recordaba con una media sonrisa el día en el que fue a Madrid a buscar su camión para el Dakar. El ingeniero de Pegaso le contó cómo habían quitado piezas para que pesara menos y corriera más. Salvador le escuchaba atento, pero sin dar crédito a todo lo que habían hecho.

—Mira, Salvador, hemos pensado que en el desierto no vas a necesitar la calefacción, porque con el calor no se te van a empañar los cristales y tampoco pasarás frío. También está fuera el gancho con la grúa para subir la rueda de repuesto. Estas ruedas no se pinchan en África. No lo vais a necesitar.

—Perdona —le interrumpió Cañellas—, seguramente en el desierto no vamos a necesitar la calefacción, pero antes hay que ir en pleno invierno a París y los días de Argelia por la noche hace mucho frío. ¿Qué vamos a hacer?

—Pues la verdad, ni idea, Salvador. Eso ya es cosa vuestra, porque ya no tenéis calefacción. En cuanto a lo de las ruedas, tranquilos...

Cañellas le interrumpió de nuevo:

—¿Cómo que tranquilos? ¿De verdad me garantizas que las ruedas son antipinchazo? ¿Cuánto pesa cada rueda?

—No te preocupes por el peso. Son unos ciento setenta kilos.

A Cañellas se le escapó una carcajada.

—¿Cómo levantamos entre dos la rueda y la subimos hasta el costado del camión? —preguntó el piloto español, dejando sin argumentos al ingeniero de Pegaso.

—Os vais a tener que espabilar. —Esa fue su respuesta—. Pero la grúa está fuera y el equipo de mecánicos de camino a sus vacaciones de Navidad. Así que aquí tienes las llaves y buena suerte, que sois unos fenómenos.

Dicho esto, se dio media vuelta y dejó al piloto sin opción a nada. Era cierto que Salvador era un «fenómeno», pero no podía levantar una rueda de ciento setenta kilos ni en broma.

Cogió las llaves, arrancó el motor del Pegaso, rugieron los poco más de ciento sesenta caballos sin turbo y puso rumbo hacia Barcelona. Los seiscientos kilómetros hasta la ciudad condal fueron un calvario que dejaron las cosas claras a Cañellas. Durante ese trayecto heló, hubo bastante niebla y le adelantaron sin problemas los tráileres cargados con mercancía.

Le tocó en muchos tramos parar cada seiscientos metros a limpiar los cristales empañados y helados. Se le ocurrió una solución un tanto campestre pero efectiva. Compró una bombona de camping gas con un hornillo y lo llevaba encendido dentro del camión. Al menos así tenía algo con que calentarse y se empañaban menos los parabrisas.

La famosa teoría de los no pinchazos se quedó en nada durante las primeras etapas en Argelia. Pincharon y necesitaron a cuatro personas para conseguir bajar la rueda de repuesto y subir la pinchada. Una odisea difícil de explicar.

Seguía con la media sonrisa, recordando el lío de la rueda, cuando, de pronto, el Liaz se posicionó muy a la derecha en una zona estrecha.

—Esta es la mía. Por ahí pasamos, Ferrán. Vamos a por ello.

El copiloto, Domènec Ferrán, se agarró con fuerza a la barra metálica que llevaba enfrente, el agarramanos o quitamiedos, que estaba por encima de donde se llevaba el libro de ruta, y comprobó que pasaban muy justos, tanto que terminaron tocándose. Los dos camiones estaban ahora a la misma altura y parecía más una escena de *Ben-Hur*, con las cuadrigas, que una carrera en el desierto.

Cañellas sujetó con fuerza el volante y consiguió no salirse de la pista. El Liaz se fue quedando atrás y ya casi en el último momento, antes de tocarse de nuevo, frenó. En ese instante, Cañellas aceleró a fondo, sacando algo más de potencia al Pegaso. Miró por el retrovisor y vio cómo el camión del equipo francés se quedaba atrás. Ya no los seguía.

—Nos ha faltado muy poco, Ferrán, para terminar espachurrados en la cuneta.

—No te lo vas a creer, Salvador, pero he visto cómo el piloto francés se reía mientras le pasábamos. Están muy locos estos tipos.

Pero antes de llegar al campamento, y algunos kilómetros después del adelantamiento al límite, las cosas se complicaron más todavía. Primero porque el Pegaso, desde el toque, hacía un ruido que no eran capaces de identificar.

—Me tiene loco este ruido, Ferrán. A ver si cuando salgamos de esta zona más bacheada lo dejamos de oír, porque no sé lo que puede ser.

El ruidito que tenía preocupado a Cañellas era el tornillo que sujetaba la cabina con el chasis, y lo peor estaba por llegar. Justo cuando entraron en una zona más ondulada, el segundo enganche se soltó. La cabina se levantó dos metros y volvió a caer; afortunadamente quedó en su sitio, como si de una película de dibujos animados se tratara. Pero en ese bote también saltó la dirección y Salvador se quedó con el volante en la mano sin poder hacer nada. Pararon como pudieron y tuvieron que esperar a la asistencia. Se hacían cruces de cómo habían salido ilesos, de una pieza, porque les podría haber pasado algo muy grave. Para cuando llegó el otro camión con los mecánicos, la operación fue digna de verse: tenían que levantar con gatos hidráulicos de nuevo la cabina, encajar la dirección, bajar la cabina y soldarla, porque no tenían esas piezas de recambio. Hay cosas que solo suceden en el Dakar; aun así, el Pegaso quedó como nuevo y listo para competir.

Esa noche, ya en el campamento, se les acercó el francés, sonriente y feliz. Lo de chocarse en pleno adelantamiento le había parecido épico.

Descubriendo la vida en África

Cañellas participó por casualidad en el París-Dakar. Estaba dando unos cursos de conducción en Can Padró y un alumno le propuso participar. A Salvador le pareció una buena idea. Quince días después, British Motor Barcelona les dejaba un Range Rover para poder formar parte del rally. Lo prepararon con lo mínimo necesario y se embarcaron en la aventura de su vida en el año 1985. En ese primer año coincidieron con Carlos Mas y este, siempre que podía, dormía junto a su Land Rover. Durante una de esas noches a Mas le robaron las botas. Menos mal que otro participante tenía unas de sobra y pudo continuar.

Cañellas había hablado unas cuantas veces, mientras preparaban el coche, con Joan Porcar, el único que había estado en el Dakar, para que le explicara con qué podían encontrarse en esa historia organizada por Sabine. No fueron de mucha ayuda los consejos de Porcar, porque Cañellas lo quiso matar —en broma, eso sí— a los tres días de estar en África. Hoy en día no tiene reparo en ser contundente al respecto: «Si me llego a imaginar mínimamente lo que era el Dakar, no voy. Para nada era una competición, se trataba de sobrevivir en un medio hostil. Especialmente los días de desierto, donde lo importante era sobrevivir, no competir».

Salvador Cañellas y Domènec Ferrán terminaron decimoterceros en su primera participación, todo un éxito. Entre los dos se repartían el trabajo. Salvador se encargaba de la parte mecánica. Cada noche cambiaba los filtros y miraba que el coche estuviera bien. Domènec hacía las labores de intendencia, comida y colas. Las malditas colas, desde el primer día. La vida pasaba en una cola, ya fuera para cargar combustible o para cruzar puestos fronterizos. Todo sucedía mientras estaban en una cola. Comían y dormían en una cola. Si estabas esperando para cargar gasolina y te dormías, nadie te despertaba. Simplemente te adelantaban y seguían. El dormido perdía turno.

El desierto marcó a Cañellas. Entendió rápidamente que la arena no era igual en todas partes, que había que bajar la presión de las ruedas para ir más rápidos. Al principio no eran capaces de ir a más de cuarenta por hora en las zonas blandas.

—Domènec, ¿cuántos kilómetros tiene la etapa de hoy?

—Seiscientos, Salvador.

—Pues vamos apañados, a cuarenta por hora es hacerse Barcelona-Madrid en una vespino. Tenemos que mejorar la velocidad.

La habilidad de Cañellas puso el Range Rover a ochenta por hora, una media bastante aceptable. El pacto inicial que habían hecho para conducir los dos quedó en nada a las primeras de cambio, cuando fue evidente que si querían salir bien parados del rally, Cañellas tenía que conducir todo el rato.

El hambre también les marcó este primer año a los dos españoles. Africa Tours les daba todos los días una caja para comer con un zumo, una chocolatina, caramelos, frutos secos y alguna que otra vez algo de leche. Con eso había que sobrevivir hasta la noche, que llegaba el rancho con sopa y el cuscús con sorpresa. Mejor no preguntar lo que acompañaba al cuscús; carne de algo, eso seguro. Por no dar, no daban ni agua. La conseguían muchas veces a precio de oro. Tocaba añadir siempre una pastilla de cloro, así que tenía un sabor horrible.

Cañellas decidió que solo llevaría un cubierto durante todo el rally, promesa que cumplió en todas sus participaciones en el Dakar. Sobrevivió con una cuchara. Con ella comía la sopa, el cuscús, se partía la carne o lo que le dieran. Después la chupaba y la guardaba en el bolsillo de la camisa... Así día tras día. Como cazo para la sopa utilizaba una botella de plástico cortada por la mitad. Espíritu Dakar.

Una tuerca en la arena

En 1985, cada etapa que lograban terminar se convertía en un éxito. Todos los obstáculos los iban superando. Les tocó comprar ruedas, solo llevaban dos y dos cámaras, y no dejaban de pinchar, de tal manera que coche que veían fuera de carrera, coche al que le ofrecían dinero por las ruedas. Hasta seis llegaron a comprar. Después estaban las famosas jornadas de tres días, tres mil kilómetros sin parar de conducir, con los participantes durmiendo por las cunetas. Eran las tan temidas etapas maratón de Sabine. Ahí sí que Domènec conducía. En una de estas solo llegaron dieciséis coches. Uno de ellos era el de la pareja española, pero Sabine decidió neutralizar la carrera para poder rescatar a los que se habían quedado perdidos o enganchados en las dunas. De poco les sirvió el esfuerzo. Se habrían puesto en el top diez de la clasificación, pero no pudo ser.

El 15 de enero de 1985, a primera hora de la mañana, estaba preparado el Range Rover en el control de salida, dispuesto a recorrer los cuatrocientos quince kilómetros entre Gao y Tombuctú, en Mali. Cuando Salvador fue a poner la primera, la marcha no entraba. Lejos de venirse abajo, reaccionó rápidamente: puso segunda y arrancaron. Faltaba una semana para terminar el Dakar y tenía pinta de que se les iba a complicar la vida. La segunda y la tercera entraban; el resto, no.

Cañellas seguía convencido de que lo mejor era intentar no parar, pero no parecía que el Range fuese a aguantar mucho más.

—Me temo que no vamos a poder seguir si no arreglamos esto, Domènec. Por detrás viene el camión de repuestos; si paramos y los esperamos, quizá no perdamos demasiado tiempo y nos ayuden a repararlo.

No era un mal plan, así que se detuvieron a un lado de la pista a esperar que llegara el camión, que no tardó mucho en pasar. Salvador y Domènec estaban en la parte delantera del Range y, cuando los vieron, levantaron los brazos, moviéndolos para que pararan. La sorpresa fue que los del camión levantaron los brazos, saludando, y pasaron de largo. Dejaron con cara de póquer a los dos españoles. No entendieron que estaban haciendo señas para parar.

—Pero se han ido, Salvador. No me lo puedo creer... Y ahora ¿qué hacemos?

—Toca solucionarlo con lo que tenemos, Domènec. Dame las herramientas y a ver qué se puede hacer.

Cañellas se puso a trabajar por debajo del coche y desmontó la parte en donde creía que estaba el problema. Tuvo mala suerte, pues una de las tuercas, que estaba aflojando, se cayó en la arena y esta se la tragó, la hizo desaparecer. No quiso desesperarse, ni alarmar a su copiloto; por eso continuó pacientemente arreglando la avería, desmontando el resto. Dos horas después, el coche funcionaba, pero faltaba la tuerca, la maldita tuerca, y no tenían otra.

—Se me ha caído una tuerca mientras desmontaba, Domènec, y no la encuentro. No tenemos otra y no sé muy bien qué hacer. Sin tuerca esto no aguanta ni dos kilómetros.

—Tranquilo, que la encontramos. Dime más o menos por dónde podría estar.

Domènec, con una buena dosis de paciencia y mucha suerte, la encontró. Salvador la limpió con gasolina para quitarle la arena, pero el calor del desierto y la gasolina le rajaron los dedos. Esto hizo que tuviese que conducir el resto de los días con los dedos vendados y doloridos.

Después de Mali llegaría Mauritania. Allí se perdieron más de lo habitual, porque perderse, se perdían muchos días. Pero aquella jornada no había forma de encontrar el camino y se les hizo de noche. No eran los únicos a los que les ocurría lo mismo, era un trayecto difícil.

Su ángel de la guarda no los abandonó. Todo unido además a la suerte que iban teniendo y a su habilidad para orientarse. Justo cuando empezaban a estar preocupados, se cruzaron en su camino unas roderas de moto... y estas los llevaron hasta la pista que andaban buscando. Estaban en el buen camino, todo coincidía con las referencias del libro de ruta. Cañellas decidió apagar las dos luces rojas que llevaban en la parte trasera.

—Pero, Salvador, si viene alguien por detrás, no nos va a ver.

—De esto va la historia, Domènec. Si esto fuese una guerra, nos comportaríamos como si nos persiguiera el enemigo. Si no te ven, no te pueden seguir.

Esa noche el equipo español dio un golpe de mano importante subiendo muchos puestos en la general y quitándose de en medio a un buen puñado de rivales.

Dulces sueños

Pero regresemos de nuevo al año del Pegaso, a 1986, cuando seguían conduciendo, osados, por el desierto africano. El sueño que tenía todo participante del Dakar era dormir en una cama limpia y mullidita con sábanas tras darse una buena ducha. Ese fue el regalo que les hizo Camel en la jornada de descanso, porque era parte del trato por correr al año siguiente con el equipo. Cuando llegaron a la habitación, después de noches durmiendo en la parte trasera del camión, donde se habían organizado un pequeño apartamento, aquello les parecía un cuento de hadas.

Aparte, su rinconcito en el Pegaso había quedado destruido hacía unos días, cuando se rompió un soporte de una rueda de recambio. Ese soporte fue arrollando todo lo que había en el pequeño habitáculo. La caja de recambios, que medía cincuenta centímetros de alto, se quedó en diez de los golpes que recibió. Salvador y Ferrán se ducharon en la habitación del hotel, la disfrutaron como nunca y se dispusieron a dormir en esas camas de ensueño. Pero les esperaba una sorpresa.

—Domènec, si nos metemos en estas camas, igual nos quedamos dormidos dos días.

—Estaba pensando lo mismo: como me meta en esta cama, ya no voy a ser capaz de subir al camión. Nos quedan todavía unos cuantos días.

Los dos estaban de acuerdo: se volvieron a poner la ropa, recogieron sus cosas, miraron con pena las camas que estaban dejando atrás y regresaron a dormir al camión. Ahí estaban otra vez en ese pequeño rincón deformado por los golpes del soporte y con el ruido de los compresores y de los mecánicos que estaban arreglando los vehículos...

Cañellas y Ferrán, en el pódium del Dakar

En 1986, debido a la muerte de Sabine y a las muchas dudas que había con la continuidad del Dakar, pocos recuerdan hoy la gran gesta de Cañellas y Ferrán. Terminaron terceros en la categoría de camiones y fueron el vehículo número treinta en llegar al Lago Rosa. Por otra parte, ganaron en la categoría de camiones de menos de diez toneladas. Pudieron fichar por el equipo Camel, pero a nivel mediático la cosa no fue mucho más allá. Y no fue justo. Ellos fueron los primeros españoles que se subieron al pódium del Dakar.

La historia del Pegaso no terminó en el Lago Rosa, ni en Egipto cuando ganaron el rally de los Faraones. Lo hizo en España, en el Rocío. Pegaso vendió esa máquina comedesiertos a un particular en Andalucía. Su nuevo propietario lo adaptó para llevar a los mozos que limpiaban los caballos en la romería. Le pusieron un par de neveras para repartir cervezas y añadieron unas camas. El mítico camión del Dakar quedó convertido en una feria.

Un buen día, un empresario de Mataró, Bautista Urbano, descubrió casualmente un anuncio en Facebook. Se vendía un camión destartalado y había colgadas unas fotografías donde se veía dejado de la mano de Dios en un cortijo. Lo primero que le llamó la atención a Bautista fueron las barras que llevaba la cabina del Pegaso. Terminó descubriendo un auténtico tesoro. Es importante saber que Urbano era un apasionado del Dakar y siempre fantaseaba con ir a correr por el desierto.

Llamó al número que aparecía en el anuncio y mostró interés por dicho vehículo, pidiendo la documentación y la matrícula. Ese camión tenía algo, alma. ¡Bingo! Era el camión de Cañellas que había participado en el Dakar de 1986. Lo compró, lo restauró durante dos años y le devolvió su aspecto original. Y cumplió con el sueño de su vida: en 2023 participó con el Pegaso en la categoría de Clásicos del Dakar.

En cuanto a Salvador Cañellas, soñó con volver a competir a primer nivel en el desierto el año que SEAT lo contrató como consultor para preparar un coche que participaría en el mítico rally, el SEAT Toledo Marathon. No fue él el elegido, después de tanto trabajo y esfuerzos; el piloto designado por la marca española fue Josep Maria Servià. En 1993, en el Salón del Automóvil de Barcelona, el coche fue presentado oficialmente. Debutó en la Baja de Portugal, con Servià al volante y Enric Oller de copiloto. En la Baja Aragón fue Cyril Neveu quien condujo la segunda unidad. En el Raid de Grecia consiguieron la primera victoria. Cuando todo estaba dispuesto para debutar en el Dakar a finales de 1994, el proyecto se paró. Nunca se corrió el Dakar, SEAT se pasó al Campeonato del Mundo de Rallies. De los dos coches que se construyeron, uno lo sigue conservando SEAT en perfecto estado en su museo.

Cañellas no volvió a correr el París-Dakar, pero nunca ha dejado de hacer lo que le apasiona, conducir.

5. SALVADOR SERVIÀ Y JAIME PUIG, DOS HOMBRES Y UN DESTINO

1988
En algún lugar de Níger

El Pegaso volaba por esa pista del Níger. Iba a unos ciento treinta por hora. Salvador Servià, que era quien lo conducía, estaba sacando todo lo que podía dar ese camión con sus ciento sesenta caballos. Desde que lo construyeron para ir al Dakar, solo con piezas originales de serie, lo que peor llevaba eran los frenos, que tenían unos tambores muy pequeños para tanto peso. Pasaba lo mismo con la suspensión, que llevaba unas ballestas de serie. Estaba relativamente tranquilo porque, según el libro de ruta, se encontraban en un tramo de pista bastante bueno. Servià estaba con Manel Juncosa y Jordi Sabater en dicho vehículo. Sus dos compañeros de hazañas lo miraban de reojo con preocupación, pues sabían que frenar aquel Pegaso era una labor más que complicada. Rezaban para que no se les cruzara nada ni nadie por el camino. Les faltaban cuatro días para terminar y les había pasado de todo. Sin embargo, habían superado las etapas de mil kilómetros, esas con las que cada año Sabine sorprendía a los valientes que participaban en esa aventura, cuya última meta era llegar al Lago Rosa. Juncosa avisó a Salvador de la situación:

—En el próximo kilómetro tienes un cambio de rasante y seguimos todo recto.

—Perfecto, lo pasamos y continuamos a fondo.

En un principio esa fue la respuesta de Salvador. Pero pronto escucharon otras palabras:

—¡Hostia! ¡Hostia! ¡Hostia!

Justo pasado el rasante, a no más de trescientos cincuenta metros, apareció una muralla humana; habría más de doscientas personas. Salvador miró a derecha e izquierda buscando una escapatoria, pero cada vez vislumbraba a más gente. La organización había decidido poner el control en ese lugar y adelantar el final de la etapa. Obraron así porque justo donde habían previsto acabar la etapa había un problema con unos campos minados. Sabater solo fue capaz de gritar:

—¡Nos los vamos a cargar a todos! ¡Frena, Salvador!

Pero el Pegaso solo resoplaba cada vez que pisaba el freno, no frenaba. La única solución era reducir marchas, y así procedió Servià... Pero el camión seguía sin frenar. Con todo no perdió la calma. Iba metiendo una marcha menos según se acercaban. Ya iban más lentos y cada vez que tocaban el claxon para que la gente se apartara, todo el mundo lo recibía con jolgorio y lo celebraba feliz. Las personas ahí reunidas pensaban que los tres componentes del equipo Camel los estaban saludando. Apenas quedaban cien metros y el Pegaso no frenaba.

—¡La madre que me parió, que esto no para! —gritó Juncosa, que se agarró con fuerza, igual que Sabater, esperando el impacto inevitable.

Servià seguía concentrado en parar a la bestia bajando las marchas. A cien metros solo le quedaban dos por bajar. Habían reducido la velocidad, pero continuaban dirigiéndose directos hacia la gente. A diez metros metió la última. Era el límite. El Pegaso entonces se paró de golpe. Se miraron los tres, estaban blancos del susto. Nadie se había apartado, pues en ningún momento habían intuido el peligro.

Fue tal el estallido de alegría de Servià, Juncosa y Sabater, que bajaron del camión y se abrazaron saltando como si hubieran ganado la etapa. Nada más lejos de la realidad: acababan de evitar un accidente descomunal. Podrían haber atropellado a muchas personas. Los habitantes del poblado donde la organización había puesto el control saltaban y se abrazaban a los españoles sin entender que se habían jugado la vida de mala manera. Tenían que subir de nuevo al camión y dirigirse ya con calma hasta el campamento. Salvador le dio al contacto para arrancar y no pasó nada.

—¿No arranca, Salvador? —preguntó Juncosa.

—No, nada de nada.

Al meter la última marcha, el Pegaso había muerto. Su intento de pararlo a toda costa había acabado con el motor. Así terminó la primera participación de Servià en el París-Dakar de 1988. Los remolcaron hasta el campamento y tuvieron que abandonar.

Aquel 1988 Servià fue el ángel de la guarda del piloto Jordi Arcarons, otro de los componentes de este experimento, como le gustaba decir a Servià. Le rescató en pista unas cuantas veces para llevarlo hasta el final de la etapa. A través de Arcarons, Servià tendría el primer contacto con el que sería su copiloto durante los siguientes nueve años.

Aquel año el joven Arcarons llevaba una Merlin Nomada, con depósitos de gasolina de aluminio modificados que no terminaban de ser muy fiables y perdían combustible. Día sí, día también, el piloto acababa con la moto seca, tirado en medio del desierto y de noche. Por suerte, siempre aparecía el Pegaso de Salvador Servià. El operativo era siempre el mismo: cargaban la moto en la zona de equipajes, dentro de la caja del camión, y Arcarons se turnaba con Juncosa y Sabater para ir un rato sentado en la cabina. Cuando estaban llegando al final de etapa, Arcarons se estiraba en el suelo para que no lo vieran hasta que paraban en el campamento. Allí le esperaba Jaime Puig, que por aquel entonces comenzaba en esto del Dakar. Venía de ganar el Camel Trophy y le habían puesto a cuidar de Jordi.

Cuando llegaba el camión, cogía la moto, un bidón de gasolina y a Jordi al piloto, al que sacaba por el lado contrario del campamento para dejarlo a dos kilómetros de la llegada. Llenaban la moto con el combustible y así podían terminar la etapa. La Merlin consiguió llegar a Dakar e incluso fue mucho más lejos. Puig convenció al comandante del vuelo de Iberia, que los llevaba de regreso a España, para que les permitiese subir la moto en el compartimento de equipajes. ¡Benditos ochenta! Jaime Puig y Víctor Montaner bajaron a la pista y cargaron la moto junto a las maletas. La Merlin Nomada llegó a la vez que Arcarons a Barcelona. Víctor Montaner era amigo y compañero de aventuras de Jaime Puig. Los dos habían participado como equipo en otra de las grandes aventuras de aquellos tiempos, el Camel Trophy de 1987, que se disputó en Madagascar.

Química inmediata

A Jaime, el futuro copiloto de Servià, la pasión por África, el desierto y la aventura de Sabine le llamaba la atención desde hacía años. En 1987 se animó a bajar en moto junto a unos amigos hasta Tamanrasset, al sur de Argelia, para ver cómo era esta carrera. Se quedó atrapado por la magia del Dakar y eso hizo que en 1988 se apuntara de voluntario en el equipo Camel.

Camel le hizo volar hasta Dakar y de ahí, con una avioneta destartalada, desandar camino y dirigirse hacia Agadez. Su amigo inseparable de aventuras, Víctor Montaner, se apuntó al viaje. Su primer encargo fue llevar cincuenta kilos de comida para el equipo que estaba esperando en población nigeriana. Despegaron de Dakar de milagro por el exceso de peso, pero lograron llegar.

Su siguiente trabajo como voluntario fue convertirse en asistente de Arcarons y, durante esos días, llegó a cambiar su cómoda plaza en el avión de la organización por un asiento en un todoterreno para vivir a tope el ambiente dakariano y seguir de cerca a su nuevo protegido. Andaba loco por saborear cómo era una etapa por tierra en el Dakar. Tuvo que intercambiar su confortable asiento en el avión con el periodista Domingo García, de *La Vanguardia*, que iba en un todoterreno con el piloto Claudio Racionero. Jaime consiguió así atravesar las dunas. La jugada le salió bien. La experiencia que había adquirido en el Camel Trophy le permitió pilotar y copilotar el coche de Racionero y seguir de cerca a Arcarons.

En 1989 la vida cruzó los caminos de Servià y de Puig. Aquel año a Salvador le dieron la posibilidad de ir en un Range. Por fin le dejaban hacer carreras de verdad, lo que a él le gustaba. En el Pegaso iba de asistencia y corría poco comparado con los coches. Después de seis reuniones con el propietario del equipo, no se ponían de acuerdo con el copiloto que le tenía que acompañar. Ya en la última reunión y cansado de que le tumbaran cada nombre que él traía, Servià aceptó el que quería el equipo: Jaime Puig. La química entre los dos fue inmediata.

Con el agua al cuello

Especial entre Siguiri y Mamou (República de Guinea)
Total de la especial, quinientos un kilómetros

El paisaje había cambiado. El agua, la vegetación y el barro eran ahora los protagonistas. Actuaban como las trampas y los obstáculos que los participantes se encontraban en el camino. Los dos compañeros de fatigas, Servià y Puig, estaban marcando un buen ritmo de carrera. Se encontraban en el top diez. Durante la última hora no habían visto ninguna rodera por delante de ellos. Jaime pensaba que, como había tantas opciones de circular por pistas paralelas, los dos Peugeot de los líderes seguramente iban por delante. Así se lo dijo Jaime a Salvador poco antes de llegar a un riachuelo.

—En el libro de ruta marcan el río. Vamos a ver si no es muy profundo, Salva. Parece que no es gran cosa.

—Bueno, si han pasado los Peugeot, no tendríamos que tener problema alguno.

El comentario era lógico. El problema es que en realidad nadie iba por delante de ellos. No eran conscientes de que estaban abriendo la carrera. Cuando llegaron al punto de cruce, no se dieron cuenta de que iban a ser los primeros en hacerlo. Salvador aceleró para no quedarse enganchado en el barro y el agua comenzó a subir más de lo previsto; tanto, que cubrió el capó. El vehículo se paró ahí mismo, en medio del agua.

—Me parece, Jaime, que la hemos liado gorda.

No se podía cruzar por donde lo habían hecho, era misión imposible. Detrás de ellos cayó en la trampa Miguel Prieto con el Nissan. Servià necesitó la ayuda de su hermano Josep Maria para salir de ese lugar, como se verá más adelante. A Prieto le tocó esperar a su asistencia rápida, Hansi Bäbler y Ángel Ortiz, pero el asunto se complicó cuando su copiloto, Manel Juncosa, se desmayó y tuvo que ser evacuado por los médicos, pero esa es otra historia... que contará Prieto en su capítulo correspondiente.

La organización, viendo que el paso por donde lo habían intentado los españoles era impracticable, optó por desviar el rally algo más al norte, a una zona menos profunda, para el resto de los participantes. Nadie iría en ayuda de Salvador y Jaime. Ninguna moto, coche o camión cruzaría por ahí. Estaban solos.

—Y ahora ¿qué hacemos, Jaime?

—Voy a ir a buscar ayuda. No te preocupes.

Ya se estaba haciendo de noche cuando Jaime vio al otro lado del río a un guineano con una pequeña moto de cincuenta centímetros cúbicos, que miraba sorprendido hacia esos dos tipos parados en un coche en el agua. Puig reaccionó rápidamente y se fue hacia la moto. Al guineano le pilló de sorpresa que un tipo de metro noventa y cinco y ciento diez kilos se acercara a su posición, corriendo y gritando. Le ofrecía un trato a cambio de que le llevara hasta el campamento, ya final de la etapa, a unos ochenta kilómetros de donde estaban.

Para cuando el hombre se recuperó del susto, aceptó el acuerdo. La imagen era esperpéntica: Jaime tocaba el suelo con los pies, y la moto prácticamente no podía con el peso de los dos, pero finalmente desaparecieron en la selva dejando solo a Servià junto al coche.

La noche se hizo larga. Nadie del rally pasó por ahí. A Salvador le tocaba confiar en Jaime y en el de la motito. Servià sonrió recordando la imagen de su copiloto subido en la parte de atrás de la motocicleta arrastrando los pies por el suelo.

Pasaron muchas horas hasta que Jaime apareció con Josep Maria Servià, que andaba con un coche de prensa. Este los remolcó hasta el campamento, pero nada pudieron hacer para continuar, el coche estaba fundido. Ahí terminó su participación de 1989.

La presencia de una mano negra

En 1990 las cosas se pusieron serias, sobre todo porque Jean Todt, todopoderoso jefe del equipo Peugeot, no entendía qué hacía el Range Rover de Servià y Puig en la cabeza de la clasificación en medio de los Peugeot 405, los grandes favoritos de ese año. No eran los únicos, también Fernando Capdevila había estado enredando en las primeras posiciones. Todt les ponía mala cara a los pilotos españoles, con los que compartía publicidad de Camel. Lo cierto es que no pagaba lo mismo Camel Francia que Camel España. Los días fueron pasando y Servià trataba de aguantar el tipo entre los Peugeot. De pronto empezaron a suceder cosas dignas de un programa de misterio. Todo estaba a punto de cambiar. Hay que recordar que el preparador de los coches y los mecánicos del equipo español eran franceses.

Un día se olvidaron de poner gasolina en los tres depósitos que llevaba el Range Rover. Solo dos estaban llenos y el tercero, misteriosamente vacío. A Servià le tocó levantar el pie del acelerador para poder llegar al final de etapa. Se montó una buena bronca, pero para entonces nadie había sospechado de una mano negra.

La siguiente ya fue mucho peor: desconectaron a propósito los conectores de los ventiladores del coche y la temperatura comenzó a subir y a subir. Servià paró un par de veces a ver si encontraban la avería, pero no la pudieron localizar. Todo era muy complicado porque les quedaba ni más ni menos que cruzar el paso de Nega, uno de los lugares más míticos, pero también una bestia negra. Para cuando llegaron al paso el coche estaba hirviendo y no les quedaba agua. Solo podían abandonar. Pero en la vida y en el Dakar los milagros ocurren. Aquel día de 1990, en mitad del paso de Nega, comenzó a llover. Las gotas caían con fuerza.

Jaime y Salvador se lanzaron con todo lo que tenían para atrapar esa agua. Aprovecharon incluso los charcos que se fueron formando. Toda esa agua terminó en el radiador del Range. Perdieron muchas horas, pero llegaron al final de la etapa con tiempo para continuar. Repararon todo en poco más de sesenta minutos. La avería era muy simple, reconectaron los ventiladores y cambiaron todo lo que se había fundido. Al final llegaron al Lago Rosa en el puesto 32. Fue un milagro.

Curiosamente, los dos mecánicos franceses responsables del coche de Servià y Puig, una vez terminado el Dakar, entraron a trabajar al día siguiente, recién aterrizados en París, uno en el equipo de Peugeot y el otro en Citroën… No hay nada más que decir.

El grito de la victoria

El estreno del GPS, navegador vía satélite, no fue fácil para nadie excepto para Jaime Puig. En cuanto supo que podrían utilizarlo durante la carrera, se pasó varios meses utilizando uno en su coche antes de ir al Dakar. Lo usaba para todo: para ir a llevar a los niños al colegio, para las compras en el supermercado y para visitar los fines de semana a la familia. Cada vez que se subía al coche lo activaba. Tenía a su familia de los nervios, pero él consiguió entender a la perfección el aparato.

Aquel 1992, Salvador conducía a toda velocidad rumbo a un ued, un río seco en mitad de una zona desértica que solo se llenaba de agua en época de lluvias. Salvador se fijó en que Jaime miraba hacia uno de los costados.

—¿Va todo bien, Jaime?, ¿vamos por el buen camino?

—No sé, Salva. Tenemos otra opción. Prefiero ir por otra ruta.

—Tú mandas, Jaime, ¿por dónde voy?

—Sigue recto. Sal del camino del rally. Ya verás cómo nos vamos a ahorrar muchos kilómetros.

Tomar la decisión de salir de las indicaciones del libro de ruta y adentrarse en otra zona desértica era una cuestión de fe infinita en el navegante. Servià no lo dudó y siguió la nueva ruta marcada por Puig.

A los cien kilómetros, un oleoducto de unos veinte metros de altura, aparentemente imposible de franquear, apareció frente a ellos.

—Mierda, lo siento, Salva. Esto no aparece en el mapa.

—No te preocupes, Jaime; llevo toda mi vida trabajando en la construcción y te aseguro que en algún sitio tiene que haber un paso para los que se encargan del mantenimiento de este invento. Dime qué prefieres, ¿derecha o izquierda?

—Mejor hacia la derecha. Por si tenemos que regresar hacia la pista que marca el libro de ruta.

Salvador no lo dudó. A los diez kilómetros había un paso para cruzar por encima del oleoducto. Siguieron y encontraron al cabo de unos kilómetros otro oleoducto, pero con su correspondiente paso por debajo. Se toparon así con un camino más corto, llegando al final del tramo. Al fondo se veía, no muy lejos, donde concluía la etapa y el campamento. Jaime se fijó rápidamente en las roderas de la pista. Solo había de moto...

—Por aquí no ha pasado ni un solo coche y estamos a punto de llegar al final de la etapa, Salva.

No había terminado de decir la frase y Servià ya estaba frenando, pues acababan de llegar al control.

—*Combien de voitures?, combien de voitures?* —gritó Jaime en francés.

Estaban preguntando nerviosos que cuántos coches habían pasado por ahí.

—*Tu es le premier.*

No se podían creer lo que estaban oyendo, eran los primeros. La respuesta del control les sonó a música celestial. Los dos españoles soltaron un grito de alegría dentro del coche. Acababan de ganar la etapa. Fue un golpe de efecto espectacular y consiguieron ponerse en primera posición. Eran los nuevos líderes del Dakar. Pero esa edición les tenía preparada otra sorpresa más. Las imágenes de ese momento siguen apareciendo en todos los resúmenes clásicos que reflejan lo que fue el Dakar durante los noventa.

La leyenda del general Servià

3 de enero de 1992
Etapa entre Sarh (Chad) y Bouar (República Centroafricana)
Seiscientos sesenta y tres kilómetros hasta el final de la etapa

Servià y Puig habían desmontado la rueda trasera izquierda. Los dos estaban metidos dentro del agujero de la rueda tratando de quitar tornillos y desmontando un palier, una barra articulada que transmite el giro a las ruedas, que se había roto. Por suerte, tenían recambio. Se trataba de no perder mucho tiempo para poder continuar. Estaban solos en medio del desierto, o eso es lo que creían ellos.

—¿No escuchas algo, Jaime?

La pregunta de Salvador les detuvo un instante del trabajo de desmontar y montar el palier.

—No sé, Salvador, ¿qué has oído?

Los dos metidos en la trasera del Lada y concentrados en terminar cuanto antes no habían reparado en que un grupo de soldados, siguiendo las órdenes de un capitán, estaban formando a unos metros de donde estaban los españoles para presentar armas. Lo que estaba escuchando Salvador era el golpe que daban los militares cuando hacían, ininterrumpidamente, el gesto de presentar armas. A la tercera vez que escuchó ese sonido, Servià paró lo que estaba haciendo, sacó la cabeza del coche y vio a ese grupo de soldados en línea con las armas en las manos, apuntando hacia donde estaban ellos.

—Madre de Dios, Jaime, acaba ya y corre, que nos van a fusilar.

—Pero ¿qué dices, Salvador? ¿Quién nos va a fusilar?

—Que hay unos militares ahí afuera con las armas.

Entonces Servià se lo pensó mejor.

—No pares, Jaime. Aprieta todo y salimos zumbando. Igual no nos hacen nada.

La realidad era aterradora. No tenían ni idea de dónde habían salido los militares y qué narices estaban haciendo. Los soldados seguían dando golpes a la culata del fusil una y otra vez. Servià era de la vieja escuela, le había tocado hacer la mili dos veces, así que cuando apretó una de las últimas tuercas del palier, se dio cuenta de que por alguna razón que desconocía esos soldados le estaban mostrando sus respetos. Sacó su alma de soldado y se dirigió hacia ellos. Saludó al capitán militarmente, como correspondía; les ordenó descansar; pasó revista, y solo entonces los soldados se fueron. Igual que habían aparecido de la nada, se marcharon sin más. Jaime miró sorprendido la escena.

—¿Estás bien? ¿Me puedes explicar qué ha pasado?

—No tengo ni idea. Estos tíos han venido hasta aquí a presentarnos sus respetos. ¿Por qué? Pues no lo sé, Jaime.

El coche estaba reparado, se subieron y continuaron hasta el final de la etapa. No tenían ninguna explicación que les ayudara a comprender lo que había sucedido. Pero nada sucede porque sí en el Dakar. Un periodista francés del Canal 5, mientras sobrevolaba en helicóptero el desierto, había visto a Servià y a su compañero reparando el vehículo y muy cerca de ellos a un grupo de militares. Se le ocurrió que podía tener una buena imagen si les decía a estos últimos que el piloto español era un general muy importante y que deberían ir a presentar armas ante él. Dicho y hecho, los soldados se fueron a por el general Servià, mientras el periodista se moría de la risa y tenía la imagen del Dakar. Para colmo, Salvador ejerció de general, así que la jugada le salió redonda.

Esa noche en el campamento, los participantes se partieron de risa cuando vieron las imágenes de Servià pasando revista a un puñado de soldados. Aún hoy recuerda el piloto el mal rato que pasaron con todo ese montaje hasta que se fueron los militares, sobre todo porque en África nunca se sabía quiénes eran los buenos y quiénes los malos.

Ese año los dos aventureros terminaron un Dakar espectacular. Fueron capaces de liderar la carrera, después cayeron hasta una cuarta posición y de ahí hasta la octava. Pero, como siempre, había merecido la pena.

Muchos años de aventuras

En 1993, Salvador y Jaime fueron testigos de cómo le cambiaban el motor a la moto de Stéphane Peterhansel, cuando no estaba permitido. Eso dio la victoria al piloto francés en detrimento de Jordi Arcarons, que terminó en segundo lugar. Ese mismo año le desapareció también el coche a Ari Vatanen. Todo señalaba a que había sido un robo, pero apareció al día siguiente con milagro incluido. El coche tenía un motor nuevo... Más adelante aparecerá de nuevo esta historia, pues merece la pena. La vivió muy de cerca el periodista Martí Trilla.

En 1995 ficharon por el equipo Citroën oficial. Los franceses, cansados de que la pareja española estuviera Dakar tras Dakar enredando entre sus coches oficiales, decidieron ficharlos. De esta manera no tenían que preocuparse de ellos. Fue una experiencia distinta correr como los «ricos» del Dakar. Otra mirada totalmente diferente. Ropa limpia, comida preparada todos los días y habitación con cama y pijama. Nada que ver con dormir en el saco al lado del coche o con comer a diario las latas de Africa Tours, que sabían todas a lo mismo.

En 1996 terminó esta historia entre los dos. Jaime fue fichado para ser el responsable del equipo SEAT en el Mundial de Rallies, dando comienzo a una nueva etapa profesional, y Salvador continuó participando en el París-Dakar. En 2005 se quedó tres días tirado en el desierto hasta que le rescataron. También corrió un par de veces en América, cuando el Dakar abandonó África... Pero nunca disfrutó tanto como aquellos nueve años junto a Jaime Puig.

6.
JORDI ARCARONS, EL CHICO DE LA LATA DE GASOLINA

9 de enero de 1989
En las afueras de Gao, Mali

Jordi Arcarons estaba en la orilla del río Níger, preparado para cruzarlo en una pequeña canoa. Al otro lado le esperaba un taxi, o algo parecido, para llevarle hasta el aeropuerto más cercano que había encontrado. El plan era subirse a un avión para que le dejara en Dakar y desde ahí regresar a casa. Lo que no tenía previsto, después de vivir una auténtica pesadilla en las últimas setenta y dos horas, era que la policía le estuviera esperando justo en ese punto para detenerlo.

—Así que usted ha vendido a una persona del pueblo su moto, ¿eso es así?

Jordi no sabía si iba a tener mucha paciencia y esos policías parecían tener ganas de entretenerle un buen rato.

—Sí, es correcto: le he vendido mi moto a un señor del pueblo.

—Pero usted no tiene permiso para vender motos en este pueblo. —La cara de Arcarons era un poema—. Además, su moto hace mucho ruido y molesta a los ciudadanos.

El piloto español sonrió y sacó del bolsillo del mono de correr un papel y un bolígrafo. Apenas tenía nada más encima, aparte del casco.

—Miren, les voy a dibujar cómo tienen que hacer un silenciador, porque la moto va a escape libre, pero si le ponen esto, se terminó el ruido.

Los policías se miraban incrédulos, el piloto les estaba devolviendo la jugada. Hizo exactamente lo que les había dicho, les dibujó cómo tenía que ser el silenciador de la moto. Luego les ofreció algo de dinero y todo terminó en ese instante. Se subió al pequeño bote y cruzó el río.

Pero ¿qué había sucedido hasta entonces? ¿Por qué había vendido su moto en un poblado en Mali? ¿A quién se la había vendido? ¿Qué quería la policía?

Una moto, el pasaporte para llegar a casa

6 de enero
Primera hora de la mañana
Tres días antes
Niamey, Níger

La etapa número doce del París-Dakar estaba a punto de comenzar. Arcarons se estaba ajustando las gafas. Todavía le quedaba una especial de casi setecientos kilómetros más el enlace, que otra vez rozaba los mil kilómetros fuera de pista para cruzar hasta Mali. El piloto español no estaba tranquilo, los otros motoristas de su equipo habían ido abandonando uno tras otro. Antonio Boluda y Agustí Vall habían sido los últimos. Todos habían sufrido problemas mecánicos. La preparación de las motos había sido un desastre y tenían un problema con el filtro del aire. Arcarons respiró profundamente, buscando concentrarse un poco, mientras esperaba que el control le diese la salida.

—Cinco, cuatro, tres, dos, uno. *Allez*, vamos.

No había escuchado la cuenta atrás con el ruido del motor, pero se había fijado en los dedos de la mano con los que el del control le indicaba los últimos cinco segundos. Dio gas a fondo y se puso en marcha.

Los primeros trescientos kilómetros fueron bien. Iba a buen ritmo y la moto no le estaba fallando. Cruzó de Níger a Mali y comenzó el jaleo, algo no andaba bien. Se detuvo un par de veces para intentar descubrir el problema, pero no era capaz de saber qué pasaba. Decidió continuar la etapa.

Cerca del final, llegando a Gao, la moto se paró. No había forma de continuar. El Dakar estaba a punto de terminar. Entonces se acordó de que en el poblado maliense, por el que había pasado otras veces, había un buen mecánico. Tal vez podría reparar la moto y seguir adelante. Como estaba muy cerca, Arcarons caminó lo que le quedaba hasta llegar al poblado y se dirigió al taller.

El piloto fue recibido con mucha expectación. Varios hombres toquetearon la moto dispuestos a reparar la avería.

—No hay problema, patrón. Se la arreglamos hoy mismo.

—Si la reparas hoy, puedo continuar y llegar esta noche al campamento. Pero necesito que la arregles hoy sin falta.

No había pasado ni una hora y la mitad de la moto estaba desmontada en el suelo. Jordi observaba toda la operación sentado en una esquina del taller y pensaba que quizá no había tenido una buena idea. No parecía que fueran capaces de solucionar el problema en el tiempo previsto. Al rato, mientras seguían sacando una a una las piezas de la moto, el mecánico se le acercó y le dijo:

—Ya está. Tienes una válvula rota. Ahora tenemos que conseguir una para tu moto.

—¿Y dónde la vas a conseguir?

—No te preocupes, patrón, en Gao hay muchos vehículos. Alguna encontraremos.

Ahora sí que estaba claro: de ese taller no iba a salir a tiempo. Pasaron las horas, llegó la noche y la válvula no apareció. Lo que sí que pasó por la puerta del taller fue el camión escoba, que se detuvo al ver a Arcarons.

—¿Va todo bien? ¿Te ayudamos?

Jordi les contó lo que pasaba y que quería intentar llegar al campamento, aún le quedaban unas horas.

—Mira, si te quedas aquí, ya sabes cómo funciona esto. Firmas el papel de conforme y ya es cosa tuya, para nosotros dejas de ser una preocupación y te abandonamos a tu suerte. La otra opción es que subas la moto al camión, te vengas con nosotros y te llevemos al campamento.

Jordi ni se lo planteó, firmar significaba abandonar, así que intentaría seguir. Ya que estaba ahí parado con la moto desmontada, quería confiar en que llegaría al final de la etapa con la moto lista.

Como todo en África, los tiempos eran los que eran. Tres días después, con el Dakar a más de mil quinientos kilómetros, consiguieron la válvula y montaron de nuevo la moto. Tenía una decisión que tomar: seguir solo, cruzar los desiertos sin ningún tipo de ayuda, confiar en que no pasaría nada y que con lo que habían hecho en el taller aguantaría hasta el final... o volver a casa.

Adentrarse en esas condiciones por el centro del país rozaba el suicidio. Tenía que volver. Sin embargo, para regresar, necesitaba dinero y no le quedaba nada. Entre la reparación y el alojamiento aquellos tres días, había volado todo. Tenía lo que llevaba puesto. La solución era vender la moto a alguien, pero ¿a quién? No la podía vender por menos de trescientas mil pesetas de las de entonces, una fortuna en África. Preguntó quién era el hombre más rico de Gao y le llevaron hasta su casa.

—Necesito vender esta moto. El dinero que vale...

El tipo miraba a Arcarons como si hubiera aterrizado un marciano en su patio. Ni siquiera estaba prestando atención a lo que decía. Ahí estaba un tipo de Vic, vestido de motorista, vendiendo una moto de carreras. La cifra final fue algo menos de la mitad de lo que pedía, pero ya tenía el dinero para intentar volar hasta Dakar. Con suerte, podría utilizar su billete Dakar-Barcelona. Además, tal vez también podría ver el final del rally en directo. Era otra forma de estar en el Lago Rosa, vestido de motorista... pero sin moto.

Con el dinero en el bolsillo lo importante era marcharse lo antes posible. No quería tentar a la suerte y que se arrepintieran de la venta e intentaran quitarle el dinero. Se dirigió a paso firme hasta el río para cruzar y salir cuanto antes de Gao. Mientras se alejaba escuchó el rugido de la moto, la habían puesto en marcha y a saber lo que tardarían en darse un guantazo, así que lo mejor era desaparecer.

No le sorprendió, por tanto, la llegada de la policía, ni tampoco que aceptaran dinero para resolver esa situación. Arcarons terminó el Dakar ese año en avión. Cuatro Dakares después, a Jordi le preguntaron por los papeles de la moto de Gao. La había comprado otro de los hombres ricos del pueblo y seguía funcionando, pero quería los papeles de la moto.

—Esos papeles no existen, lo siento mucho.

Fue la última vez que supo algo de ella, pero seguro que alguien la sigue utilizando por esas tierras.

Solo en el desierto

1 de enero de 1988
Versalles, Francia

El pistoletazo de salida para su aventura fue ese fin de año en Francia. Aquella era su primera vez y tenía por delante semanas de emociones en África. Jordi Arcarons era un hombre feliz y estaba listo para cumplir con su primer Dakar. Había logrado que le dejaran una moto Merlin. Ignacio Bultó, un ingeniero que era hijo del fundador de las motocicletas Bultaco, la había modificado y se la había dejado lista para la aventura. Durante días pidió a Joan Porcar que le diera todos los consejos que fueran necesarios para sobrevivir. La moto lucía diferente con unos depósitos nuevos de gasolina. La asistencia se la daba el equipo Camel, con los que había llegado a un acuerdo a cambio de llevar la moto y su mono pintados de amarillo con la marca.

El equipo Camel España tenía a Salvador Cañellas, a Emilio Bosser de mánager y a Salvador Servià y Carlos del Val que corrían en un Pegaso. Estaban casi resueltas todas las necesidades, pero había algo que Arcarons no controlaba: la navegación y leer el libro de ruta. Estaba acostumbrado a correr y a ganar pruebas de enduro, había participado en la Baja Aragón y en un raid en Marruecos, pero todo estaba señalizado. Ahora le tocaba navegar y utilizar la brújula... y de esto no tenía ni idea.

El plan desde el minuto uno fue claro: seguiría las roderas. Nunca una huella sola. Siempre iría por el sitio por donde fuesen la mayor parte de las roderas. Se perdió todos los días. El desierto en Argelia fue la primera gran prueba. Hacía etapas con doscientos y trescientos kilómetros más que los demás. Cuando había un grupo de motoristas que estaba decidiendo hacia dónde ir, Arcarons se acercaba, pero no decía nada, no tenía ni idea de qué dirección tomar.

El Dakar de 1988 fue muy duro. No se quería perder el espíritu marcado por Thierry Sabine. Arcarons comenzó a llevar desde la tercera etapa una lata de gasolina a la espalda, en la mochila. Por dos razones: la primera, porque el depósito de aluminio de la moto se había rajado al estar enganchado en el chasis y no había forma humana de sellarlo; la segunda, porque, aunque seguía las huellas, se despistaba sin parar. Nunca tenía suficiente gasolina para llegar al final.

El 10 de enero, cruzando entre Argelia y Níger, vivió una de las jornadas más locas del Dakar. Nueve días después de arrancar le había pasado casi de todo, pero en el Teneré se le salió la cadena del plato. No sabía cómo resolver ese problema de la moto, así que muy a su pesar decidió abandonar. Conectó la radiobaliza y la luz no se encendió, no funcionaba. Estaba en medio del desierto y no había nadie cerca. Hiciese lo que hiciese, tenía que salir por sus propios medios de allí. Nadie iría a por él.

Se asustó mucho; tanto, que se puso a arreglar la moto. Un par de horas después lo había logrado. Ahora tocaba la segunda parte, salir de donde estaba. Al fondo divisó una montaña y se dirigió hasta ese punto. La idea era subirse y ver si encontraba alguna rodera, pero lo que vio fue bastante mejor. Al fondo, a lo lejos, el polvo de un camión. Seguramente sería del rally. Ahí estaba la pista para continuar en la etapa. Respiró mientras le invadía la felicidad. Tardó una media hora en alcanzar al camión. Su sorpresa fue mayúscula: se había encontrado con Carlos del Val, el segundo de los Pegaso de su equipo.

—¿De dónde sales tan contento y eufórico, Jordi?

El piloto catalán daba gritos de alegría.

—Si supieras de dónde vengo... No te puedes ni imaginar en qué situación estaba. Entonces os he visto y aquí estoy, reenganchado a la carrera.

Les contó su historia, eufórico.

—Anda, sigue de frente —le gritó Carlos—, que vas más rápido que nosotros. Por aquí no te perderás.

Y no se perdió, pero se quedó sin gasolina. Se había pasado tantos kilómetros despistado, que eso le pasó factura. No le quedaba ni en la lata que llevaba a la espalda. Tocaba esperar a ver si pasaba alguno de los de asistencia o alguien que le diera gasolina. El día antes, Antonio Boluda le había dado unos pocos litros. Prácticamente cada día, uno de los participantes españoles terminaba ayudando a Arcarons. Mientras esperaba paciente, vio a lo lejos un camión, pero no era el de Carlos del Val, ahora era el de Salvador Servià.

—Mira, Jordi, no llevamos gasolina, pero subimos la moto y te vienes con nosotros, y antes de cruzar el control, te dejamos y vamos a por gasolina.

Así terminó la etapa aquel día. Servià siempre recuerda con una sonrisa el día que salvaron a Arcarons.

El 18 de enero, intentando de nuevo llegar al final de la etapa a Bamako, Jordi se topó con el coche de Ari Vatanen, el favorito para la victoria, tirado a un lado de la ruta. Su coche tenía problemas mecánicos. Por lo que estaban haciendo, Arcarons dedujo que era un tema de la caja de cambios. Se detuvo a curiosear un poco y después continuó con la etapa.

Esa noche, de madrugada, el coche de Vatanen, que había logrado llegar al final de la etapa, fue robado misteriosamente, como ya contamos en el capítulo anterior. Por lo visto, lo sacaron varias personas del parque cerrado. Según el jefe del equipo Peugeot de entonces, Jean Todt, les pidieron un rescate. Horas después, el coche apareció en un descampado. La verdad es que nadie robó el coche, todo fue una treta para poder cambiar el motor en un concesionario. Como ya dijimos, esta historia la contará mejor Martí Trilla en su capítulo, el dedicado exclusivamente a los periodistas que cubrieron el Dakar.

Jordi llegó al Lago Rosa ese año en el puesto 31. Al límite, pues solo terminaron treinta y cuatro motos. Ganó la clase de 500 centímetros cúbicos al ser la única moto que sobrevivió en esa categoría.

Los años de Cagiva, la moto cohete

A Arcarons lo fichó en 1990 el equipo italiano de Cagiva. El motorista tenía que ir de mochilero de Ciro de Petri y de Edi Orioli. Aprendió a navegar y le dieron una moto bicilíndrica 900 con la que no tocaba con los pies en el suelo. Era un cohete. Corría tanto, que en una pista la puso a ciento noventa y cinco kilómetros por hora. Estaba como un niño en el día de Reyes, feliz.

La navegación se hacía con compás electrónico, aún no existía el GPS. Para calibrar el sistema, cada mañana antes de salir a la especial tenía que hacer un ocho con la moto y comprobar con una brújula si había variación con el calibrado. Había que estar muy atento a este proceso para no perderse después en la etapa, porque si no estaba calibrada podías terminar a cientos de kilómetros de donde tocaba. Arcarons había dado un gran salto a la hora de navegar.

La salida de la primera etapa se hizo a la inversa y Arcarons aprovechó el momento. El 29 de diciembre ganó la especial entre Trípoli y Gadamés. Al día siguiente volvió a ganar, pero perdió la tarjeta de control de paso y le penalizaron con quince minutos. Se sentía como un gigante por cómo estaban marchando las cosas, pero a los italianos no les hacía ninguna gracia; no querían que fuera tan rápido porque se suponía que los que tenían que ganar eran Orioli y De Petri, no el mochilero.

Se ganó una buena bronca, pero sirvió de poco. El 31 de diciembre, su tercer día en África, Jordi salió rápido, a fondo, con un ritmo demasiado bueno. En una duna voló y se dio un buen golpe. Afortunadamente consiguió seguir la etapa, pero tenía doblado el manillar de la moto en forma de U.

La charla esa noche con el responsable del equipo Cagiva fue poco amistosa.

—O paras o te vas. Es que te vas a matar. Además, los que tienen que ganar ya sabes quiénes son. A ti te toca ir por detrás, ayudar y no hacerte daño. Si sigues así no terminarás bien.

El mensaje le llegó alto y claro al catalán e hizo de mochilero de lujo a partir de ese día. Lo hizo tan bien y fue tan efectivo su trabajo, que le salvó el Dakar a Orioli, su jefe de filas. Pocos días antes de terminar, Arcarons se lo encontró parado con serios problemas en una de sus ruedas. Jordi le dio la suya, le ayudó a cambiarla y gracias a eso pudo ganar el Dakar. Ese día Arcarons llegó sin goma en la llanta cuarenta minutos más tarde. Esa hazaña le resolvió el futuro, porque Cagiva siguió contando con él durante los siguientes años.

En 1990 la victoria de Orioli fue a costa de Carlos Mas, que terminó segundo por delante de De Petri que fue el tercero. Arcarons terminó en séptimo lugar. En 1992 las cosas cambiaron por el nuevo reglamento de motos y terminaría afectando a muchas, entre ellas a las Cagiva. Stéphane Peterhansel ganó en Ciudad del Cabo y Arcarons consiguió un tercer puesto. Los duelos entre el francés y el español harían historia en más de un París-Dakar a partir de entonces.

En 1996 consiguió el primer gran resultado para KTM, la marca de motos con la que corría aquel año. En el Granada-Dakar, Arcarons terminó segundo y Carlos Sotelo, tercero. Aunque la moto era muy poco fiable y se rompía mucho, fue toda una heroicidad subir al pódium.

La última oportunidad

1 de enero de 2001
París

Era el año de Jordi Arcarons. El piloto sabía lo que era subir al pódium en el Lago Rosa, pero ese año era especial. Estaba más fuerte que nunca y tenía un buen equipo en KTM, donde contaba con Isidre Esteve, pero no con Nani Roma, que se había pasado a BMW.

Sin embargo, las cosas no arrancaron bien. El primer día se rompió una rueda, aunque lo solucionó. Perdió mucho tiempo, pero comenzó la gran remontada. Para el día de descanso en Atar, diez etapas después, ya había conseguido situarse en segunda posición. Fabrizio Meoni era el líder a muy pocos minutos; lo atraparía con toda seguridad. Entonces el jefe de equipo de KTM se acercó a Jordi y le dijo:

—No te puedo dejar ganar, Jordi. No quiero que compitas. Tenemos tres KTM en las tres primeras posiciones, esto está ya decidido.

—No puede ser. Yo estoy más fuerte que Meoni —respondió Jordi—. Déjame intentarlo, dame un par de etapas más.

—Lo siento, pero no puedo, es asumir demasiado riesgo. Si os pasa algo, la liamos. Te pagaré como si fueras el ganador y te doy la moto también, pero vas a terminar en segunda posición.

Esas eran las órdenes del equipo. Arcarons se quedó muy tocado, porque aquel era su año. El resto de las etapas quedó siempre por detrás de Meoni, acabó segundo, le pagaron y le trataron en KTM como a un ganador, pero una vez más la victoria se le resistía.

Los sinsabores del motor de Peterhansel

Toca regresar a los enfrentamientos emocionantes que vivió Arcarons con Peterhansel. El recuerdo del Granada-Dakar de 1995 fue el de la lucha sin cuartel entre ambos pilotos. Las penalizaciones que recibieron cada uno y las estrategias al límite pusieron a prueba las reglas del Dakar y a los comisarios que las tenían que hacer cumplir.

A partir del 9 de enero, después de la jornada de descanso, la guerra se recrudeció. A Peterhansel le habían dejado herramientas para que arreglara su Yamaha en una zona de recarga de gasolina a la que llegó después de una caída. Eso era totalmente ilegal, no podía recibir ayuda externa. Estaban las cámaras de televisión de testigo y eso le sirvió al catalán para poder denunciar y que penalizaran al francés. Lo que nunca vio venir Jordi fue la operación del cambio de motor.

En la etapa maratón, en Tambacounda, el 14 de enero, el día antes que terminara el Dakar, Peterhansel llegó al final de la etapa con un extraño ruido en el motor de su motocicleta. Esa noche cada piloto tenía que ser autosuficiente. Los comisarios se acercaron a Arcarons, porque alguien había denunciado que tenía una modificación en su moto y que había que comprobarlo. Durante un buen rato y ya entrada la noche, los técnicos de la carrera estuvieron concentrados en la Cagiva de Jordi. La conclusión final era que todo estaba correcto. Pero ¿quién había denunciado y por qué?

La respuesta llegaría años después, cuando se supo que en uno de los Mitsubishi Sonauto que estaban compitiendo llevaban un motor de repuesto de la Yamaha Sonauto para Peterhansel. Con todos entretenidos con la Cagiva, aprovecharon para cambiar el motor al francés, que a la mañana siguiente salió sin ningún ruido, con motor nuevo. Ganó el Dakar sin problema.

A día de hoy nunca se ha reconocido oficialmente, ni por boca de Peterhansel, que eso hubiera pasado, pero los hombres de Mitsubishi sí que han hablado y han afirmado que esa narración es cierta. No obstante, esta anécdota no impidió que el protagonista de esta historia, Jordi, siguiera compitiendo y disfrutando del Dakar durante años.

Jordi Arcarons se retiró oficialmente como piloto del Dakar en 2002. Posteriormente fue el artífice, como jefe de equipo, de la victoria de Nani Roma en 2004, convirtiéndose en el primer español en ganar la prueba. Hoy en día lleva un total de treinta y tres Dakares hechos como piloto primero y como mánager después. En 2011 se volvió a poner el casco para acompañar en el Dakar en América a Laia Sanz. Actualmente vive entre Vic y Marruecos, porque Arcarons sigue navegando entre las dunas.

7.
MIGUEL PRIETO, ÁFRICA EN LAS VENAS

9 de enero de 1989
Bamako (Mali)-Labé (Guinea)
En el infierno verde

El Nissan estaba atrapado en el agua, Manel Juncosa flotaba río abajo, sin sentido, abocado a una muerte segura si nadie lo remediaba. Los gritos de un joven guineano que observaba lo que estaba ocurriendo alertaron a Jaime Puig, que, junto a ese chico, se lanzó al rescate...

Atrapados en el río

Tres horas antes
Especial entre Siguiri y Mamou

Miguel Prieto estaba preocupado por su copiloto Manel Juncosa. La noche antes, en Bamako, Manel había decidido salir del campamento para acercarse a un hotel, darse una ducha y cenar algo que no fuera la misma comida de siempre de Africa Tours. Miguel nunca salía del vivac cuando estaba en carrera, así que se quedó y siguió con su rutina diaria. Eso le salvó.

—Si quieres, paro, Manel; ya has visto que están como tú todos a los que hemos pasado, descompuestos por la comida del hotel.

Era cierto lo que decía Prieto, muchos pilotos y copilotos andaban con diarrea parados en la selva.

—No, tranquilo, voy bien. Cualquier cosa te aviso. Sigue, Miguel, que tenemos que estar atentos en este lugar.

En el libro de ruta venía marcado el cambio del paisaje, algo que les habían advertido en la reunión de la mañana. Lo que iban a encontrarse no tenía nada que ver con los desiertos y las zonas sin agua. Estaban en otro mundo. Todo era verde y había humedad por todas partes. Estaban en plena selva de Guinea, en el infierno verde. Por delante del Nissan de Miguel se encontraba el Range de Salvador Servià y Jaime Puig. Ellos fueron los primeros en quedarse clavados en el río. Al todoterreno se le había roto el motor y ahora el agua les llegaba hasta media puerta.

Miguel Prieto andaba cerca, aunque había varias opciones de rumbo. No eran conscientes de lo que se les venía encima. Estaban en la misma ruta que los dos catalanes. Manel dio el aviso:

—Ahora hay un río, pero no pone por qué lado hay que pasar.

No había terminado la frase cuando Prieto detuvo el todoterreno. Servià estaba en medio del río parado, Miguel se fijó hasta dónde le llegaba el agua y trató de deducir qué profundidad podía tener ese paso.

—Manel, ¿sabes qué vamos a hacer? Baja y mira si podemos pasar por la parte de abajo. Yo creo que viendo dónde les llega el agua, no debe de haber más de un metro en ese lado.

Juncosa no lo dudó; le costó un poco salir del coche, se acercó hasta el agua, habló con Servià y Puig y cruzó andando por donde le decía Miguel.

El río no tendría más de diez metros de ancho y Servià estaba en medio, en la única parte donde el suelo era firme, con piedras y algo de cemento. Fuera de ese trozo, en ambos lados había un escalón, donde terminaba el cemento, y todo era puro barro. Prieto observó con atención el sitio por el que estaba cruzando su copiloto. El agua le llegaba hasta la mitad de la pierna... Por ahí se podía cruzar.

—¡Perfecto, Manel, sube y lo intentamos! —le gritó—. ¡Por ahí pasamos bien!

Prieto se había olvidado de un asunto crucial: el Nissan estaba teniendo problemas de tracción delantera porque llevaba el puente algo doblado. Así que cuando tomó esa decisión, el automóvil solo tenía tracción atrás.

Iba muy despacio, no quería hacer olas y que el agua le pasara por encima del capó, porque el motor se les podía romper, tal y como le había ocurrido a Servià. La tensión era evidente dentro de la cabina mientras seguía avanzando. Acababan de superar al Range Rover y fue en ese instante cuando el Nissan derrapó hacia la izquierda. Se salió de la parte donde estaban las piedras y el cemento y el todoterreno cayó del escalón, de la zona firme. Estaban enganchados, no podían seguir ni hacia delante ni hacia atrás. Para colmo, tenían enfrente un montículo, un talud de un metro y medio con mucho barro, lo que dificultaba que saliesen de allí. Estaban atrapados, para desesperación del piloto y del copiloto.

—¡Baja del coche, Manel, a ver si podemos continuar! —gritó Miguel—. Si pones las planchas, trato de salir marcha atrás. Me da que por aquí pocos coches y motos han pasado.

Prieto estaba en lo cierto. A pesar de que estaban en la ruta principal, muchos habían cruzado por otra parte, pues eran muchas las pistas que llevaban hasta el río. Algunas de ellas más fáciles para cruzar, pero nada estaba indicado en el libro de ruta.

El agua estaba fría, Manel seguía medio descompuesto y con las fuerzas justas por la intoxicación de la noche anterior. Cuando se situó en la parte de atrás, tratando de poner las planchas, el tubo de escape del Nissan no paraba de echar humo. Fue el cóctel perfecto: el copiloto se desmayó. Miguel no se dio cuenta de nada, solo esperaba que en cualquier momento Juncosa le diera la señal para arrancar marcha atrás, pero lo que escuchó fueron los gritos de un chico desde la otra orilla. Todo fue rápido. De pronto se dio cuenta de que su copiloto estaba flotando río abajo. El chico corrió hacia el agua y los gritos alertaron también a Jaime Puig, que vio el cuerpo de Manel, que se iba flotando arrastrado por la corriente. El copiloto de Prieto estaba inconsciente. Entre el chico y Jaime lo sacaron; Miguel y Salvador se unieron al rescate. Manel tenía los ojos en blanco y echaba espuma por la boca. Le hicieron un masaje cardiaco y el copiloto reaccionó; después llegaron los médicos y se lo llevaron en helicóptero.

Para entonces Prieto había perdido la noción del tiempo, no sabía cuánto rato hacía que estaba en el río. Un coche consiguió sacar marcha atrás a Servià, pero el Range no funcionaba. Ahora se trataba de llevar el Nissan a la otra orilla. Pasó Kenjiro Shinozuka y Miguel le pidió ayuda, tan solo tenía que enganchar la eslinga y tirar. El japonés bajó por el talud, ya casi lo tenía, el español apoyó la mano derecha en el todoterreno del japonés mientras con la izquierda sujetaba la eslinga, estaba a un palmo de la salvación, pero Shinozuka notó que se resbalaba el Mitsubishi y se asustó. Aceleró y huyó sin remolcar a Prieto.

No podía hacer nada más, tocaba esperar a la asistencia rápida, a Hansi Bäbler y a Ángel Ortiz. Tardaron cinco horas en llegar, pero le sacaron de ese lío.

—Ángel, yo os sigo a vosotros porque voy solo y no tengo ni libro de ruta.

Esa era la idea de Miguel, pero el coche de Hansi tenía problemas y le dijeron que él siguiera corriendo y que ya le alcanzarían si le pasaba algo. Prieto aceleró y continuó solo, de noche y siguiendo las roderas para intentar llegar al campamento.

No se volvieron a encontrar, seguramente porque no siguieron el mismo camino. A las cuatro de la madrugada, Hansi y Ángel entraron en el vivac, pero se encontraron con una desagradable sorpresa: el equipo Nissan no sabía nada de Miguel.

La hora de la verdad

Prieto conducía a toda velocidad el coche, que estaba lleno de barro. El piloto estaba empapado porque se había pasado horas dentro del agua poniendo palos y piedras para poder sacar del río el Nissan.

Después de toda la aventura, ahora estaba en marcha, sin copiloto y buscando los puntos de paso para llegar al final de la etapa.

Pero aún le sucederían muchas cosas. Estaba siguiendo las huellas de otros participantes, cuando en una zona de roderas enormes se quedó de nuevo enganchado. El coche estaba colgado en el centro, en un lugar de barro duro, y las ruedas no tocaban el suelo. Pero no todo estaba perdido. De repente, de entre la vegetación, aparecieron diez mujeres. Prieto les pidió que mecieran el coche para que las ruedas de uno de los lados pudiesen tocar el suelo y sacar así el Nissan de esa situación. Sus improvisadas ayudantes lo lograron y el piloto continuó el recorrido. Sin embargo, se dio cuenta de que sin copiloto la carrera había llegado a su final. Estaba seguro de que en el primer control que pasase lo mandarían a casa.

Las horas pasaban y sobre las tres de la madrugada seguía a toda velocidad para no dormirse. Se había salido por lo menos veinte veces del camino. Se había rozado con los árboles y las puertas habían golpeado varias veces la vegetación. En un momento dado necesitó parar dos minutos y bajarse del coche. Le entraron ganas de orinar. Se detuvo, pero cuando fue a abrir la puerta, no podía. Estaba tan oscuro fuera, que pensó que tal vez había parado junto a un árbol y este le bloqueaba la puerta. Continuó y paró más adelante. Trató otra vez de abrir la puerta, pero, de nuevo, algo se lo impedía. No era capaz. Sin embargo, pronto se dio cuenta de que no eran los árboles ni tampoco que la puerta estuviera atrancada. Era el puro miedo. El pánico a estar solo de noche en medio de la nada. Estaba tan aterrorizado que era incapaz de abrir la puerta. Un mecanismo de defensa para no salir del coche. Al final se apañó con una botella.

Se encontraba muy cerca del control horario, si descubrían que iba solo, todo estaba perdido. El comisario se acercó por su lado cuando lo vio llegar. Prieto había parado y la otra puerta la bloqueaba una tienda de campaña, que seguramente sería la de la organización de aquel tipo que estaba esperando para sellar el cartón.

—Hola, buenas noches.

El Nissan estaba cubierto de barro y solo la parte del parabrisas, donde se veía a Miguel, parecía más o menos limpia. Del resto no se distinguía nada. Cuando el comisario fue a dar la vuelta para acercarse al lado del copiloto, Prieto le paró:

—Tengo yo el cartón para que lo selle, mi copi está dormido.

Coló, el comisario se lo selló y ni se fijó si había o no alguna persona ahí dentro. En el asiento del copiloto se distinguía un bulto: estaban los anoraks, algo de ropa y el casco de Manel. En el primer control tuvo suerte, pero el plan que tenía era construir una especie de muñeco con todo lo que tenía y sujetar el casco al asiento con una brida... y listo, ya tenía copiloto. Algo dentro de su cabeza había cambiado, podía seguir en carrera, llegar al campamento y después ya decidiría qué hacer.

Pasó de nuevo el siguiente control: la noche, el barro, el muñeco y llegar a toda velocidad derrapando le ayudaron mucho. La táctica fue siempre la misma:

—El copiloto está dormido.

Le volvieron a sellar el cartón. Otra vez había cruzado un punto. Lo tenía todo controlado y continuó el recorrido. Finalmente, entró en el campamento con todo en regla. A pesar de ir sin copiloto lo había logrado. Cuando estaba a punto de alcanzar el vivac, alguien metió la mano por la ventanilla y le robó el anorak del muñeco. Pensó en perseguir al culpable, pero no era una buena idea...

Ya había amanecido, serían más o menos las siete, cuando Miguel localizó dónde estaba el equipo. Se bajó del coche y les pidió a los mecánicos que lo arreglaran. En ese momento apareció Paco Crous, el jefe:

—Paco, Paco, tengo el cartón sellado. ¿Dónde está Manel?

—Madre mía, Miguel, ¿de dónde sales?, ¿estás bien?

El aspecto de Prieto era terrible.

—Sí, estoy bien, ¿y Manel?

—Manel está perfecto, pero estáis fuera de carrera.

—De eso nada, Paco, me han sellado todos los controles; si Manel está bien, podemos continuar.

Crous no daba crédito, ya habían contado a la prensa que Prieto se había visto obligado a abandonar al perder al copiloto y que no sabían si el coche había sobrevivido al río. Pero el coche estaba bien, Manel estaba bien y Miguel, listo para seguir.

—Pues invéntate lo que quieras, Paco, pero no pienso parar hasta el Lago Rosa.

Para entonces ya había aparecido Juncosa y se habían abrazado.

—Vaya susto nos has dado, Manel. Si estás bien, nos vamos. Que cambien las ruedas, que pongan combustible y listo...

—Tranquilo, Miguel, que nos faltan dos horas por lo menos para salir.

Paco cogió a un soldado y le dijo que no podía separarse de la tienda donde iba a descansar Prieto, y así fue. Mientras tanto, Crous ideó un plan por el que le odió toda la prensa. Convocó a los periodistas y les contó que durante la noche, él y un local habían viajado hasta donde se encontraba Prieto para que Juncosa se subiera al coche y siguieran en carrera, por eso no los habían mandado a casa y continuaban...

Nadie se lo creyó, pero no había pruebas. La prensa comenzó a indagar y se publicó de todo: que si Miguel llevaba una persona al lado que había cogido en una aldea, que si un muñeco... A pesar de todo, los comisarios certificaron que los sellos estaban bien y que continuaba en carrera.

Juncosa no daba crédito a lo ocurrido, que el coche hubiera resistido le parecía un milagro. Que no se dieran cuenta en los controles de que Miguel viajaba solo era sorprendente. Pero lo lograron, pudieron terminar el rally. Nadie contó la verdad esa semana de lo que había sucedido en Guinea. Ese año, Miguel Prieto terminó en el puesto 21 de la clasificación general y vivió una de las mayores aventuras de su vida hasta entonces, pero aún le faltaban unas cuantas más.

El tipo del fusil

En 1991, Miguel vio a un hombre encima de una caseta apuntando con un fusil hacia la carretera por donde venían los participantes. Era el primer coche que pasaba por ahí y se preocupó al ver a ese tipo vestido de militar. Aquel año, Xavier Juvanteny era su copiloto.

—Xavi, ¿has visto aquel tío que nos está apuntando desde la caseta?

Al copiloto no le dio tiempo a contestar, porque tenían que girar a la izquierda y seguir un rumbo determinado, hacia el otro lado. Sin saberlo, habían visto a la persona que cambió la historia del Dakar ese día. Más tarde llegaría el camión de Charles Cabannes, del equipo Citroën, y ese hombre le mataría. Miguel siempre pensó que aquel soldado lo que quería era asaltar el camión, con tan mala fortuna que terminó matando al conductor.

Pero la etapa, antes del incidente del tipo con el rifle, estaba siendo complicada. En una zona de más de cincuenta kilómetros de un pedregal terrible, donde el equipo Citroën había perdido ya a dos de sus unidades, Prieto continuaba como podía. Juvanteny se encontraba mal de la tripa y le pidió a su piloto que parara un momento. Miguel detuvo el todoterreno. Xavi se bajó, estuvo fuera un par de minutos y cuando regresó...

—Oye, Miguel, hay un rastro de una rodera de moto que va en un ángulo diferente al nuestro. Vamos a seguirlo, quizá salgamos de este infierno.

—¿Estás seguro?

—Segurísimo, esto nos saca de este pedregal infame, hazme caso.

Prieto siguió las indicaciones de su copiloto, la huella terminaba directamente en la pista que los llevaba hasta el control de paso. Detrás venían otros coches que los habían seguido por el polvo levantado. Pero Prieto fue el primero en llegar al control.

Al tomar la pista alternativa, algunos participantes los acusaron de haber hecho trampas, a ellos y a los que los siguieron. Pero las imágenes tomadas por el helicóptero ese día demostraban todo lo contrario y les dieron el triunfo de la etapa. Minutos después llegaba la noticia de la muerte de Cabannes; se suspendía la carrera. La victoria no valdría de nada y unas horas más tarde Nissan abandonaba el Dakar en solidaridad con el equipo Citroën. Los de Citroën, sin embargo, no abandonaron y continuaron la carrera. La historia de Porcar y Félix Dot y su enfado por no querer abandonar ya se ha contado en el primer capítulo. Miguel tampoco quería dejar el Dakar.

A finales de 1992, Nissan España decidió cambiar su rumbo en el mundo de la competición y dejó de competir oficialmente en África. Vendió todos los todoterrenos, los camiones, las cajas de repuesto, todo lo que había pertenecido al equipo de raids, a un equipo francés de competición. Entre esos vehículos que vendieron también estaba el Nissan de Prieto con el que compitió en 1991.

Tiempo después, los franceses pusieron a la venta gran parte de ese material. La casualidad quiso que el coche de Miguel regresara a España y, junto a él, la caja de repuestos y las cosas del piloto español que había utilizado en ese Dakar. Todo terminó en manos de un directivo de la cadena Barceló que sin saber muy bien qué hacer con aquel Nissan lo puso a la venta. Prieto llamó al número del anuncio:

—Hola, buenas, veo que venden un Nissan.

—Sí; si está interesado, lo tengo en León, guardado con un amigo.

—Entonces ¿lo puedo ir a ver?

—Sí, claro, cuando quiera.

Miguel se fue para León y reconoció el coche al instante, aunque estaba pintado de otro color y en bastante mal estado; además, dentro quedaban cosas que él había utilizado en el rally.

—Mira, la oferta te la hago por las ruedas, porque la verdad es que el coche está fatal.

La jugada de Prieto era un farol, era su coche y lo quería, pero estaba probando por si tenía suerte y lo conseguía por menos dinero del que pedían.

—Me lo pienso y le respondo.

Una semana después, siete noches más tarde en las que Prieto no concilió el sueño pensando en que quizá había perdido la oportunidad de su vida, recibió la respuesta:

—De acuerdo, se lo vendo.

Salió sin pensárselo directo hacia León. Después de la venta, cargó el coche en el remolque y cuando ya se marchaba, el tipo que lo había estado guardando durante esos años lo paró. Primero pensó que lo había reconocido, porque en ningún momento había utilizado su verdadero nombre y el coche que llevaba estaba a nombre de su mujer.

—Oiga, oiga, espere un momento, que se deja la caja.

—¿Qué caja?

Era uno de los baúles enormes que llevaban en el Dakar, lleno de recambios y cosas personales. No se lo podía creer: sobre la tapa de la caja había un nombre, Miguel Prieto. Era la suya, la que llevaba en 1991, y estaba llena. La cargó como pudo y se marchó.

Con los rusos hemos topado...

En 1995, Miguel decidió correr junto a los hermanos Sanz, Sirio y Horacio, en camión. No fue el único en el que se subió a un Unimog, también lo haría en 2007, pero esa historia se contará más adelante.

Prieto arrastraba la desilusión de 1994, cuando por primera y única vez el Dakar pasó por su casa, Vitoria, pero él no llegó a ese destino. Era el 29 de diciembre de 1993, la caravana entró por Irún y cruzó Vitoria para continuar hacia Burgos. Miles de personas, a pesar del frío, salieron a las calles a ver a los doscientos cincuenta y nueve participantes, pero ¿dónde estaba Prieto? El ayuntamiento de la ciudad se había volcado con el recibimiento. Todo el mundo esperaba al héroe local, que ese año iba con Rosendo Touriñán de copiloto.

Todo tenía una explicación. En la especial en Francia al buggy americano con el que corría la pareja española se le congeló el aceite y el motor se fundió. Se acababan de quedar fuera del rally a las primeras de cambio.

Miguel y Rosendo idearon un plan para seguir en carrera; se trataba de cargar el coche en el camión de asistencia hasta Madrid, cambiar el motor y continuar. Eso le daría a Prieto la oportunidad de pasar por Vitoria.

Tenían que hacerlo discretamente. Se esconderían en una gasolinera en Francia de camino a España y ahí organizarían el dispositivo. La idea era buena, pero falló cuando quisieron llevarla a la práctica. Durante horas estuvieron esperando, pero la asistencia pasó de largo. Cuando los supuestos rescatadores arribaron a la frontera con España, se dieron cuenta de que algo no andaba bien, porque no tenían el coche y estaban a doscientos kilómetros del buggy.

Prieto trató de comprar a un camionero portugués que llevaba zapatos. Nadie había ido a buscarlos y estaba claro que el plan había salido mal. Por eso buscó otra salida. El camionero tenía que vaciar las cajas de zapatos en la gasolinera y cargar el buggy, pero eso no ocurrió nunca. Prieto no convenció al camionero. Por eso la única vez que el Dakar cruzó por Vitoria, Miguel Prieto, el hijo pródigo de la ciudad, nunca pasó por sus calles.

Pero regresemos de nuevo a 1995, a ese camión donde estaba subido Miguel dispuesto a competir. Se encontraban en Motril, en Granada, un 1 de enero, donde arrancaría la especial. El día era horrible, llovía y todo estaba lleno de barro. Prieto además salía muy atrás. En total recorrerían doscientos setenta y cinco kilómetros, con la especial incluida. A los treinta kilómetros, en mitad del tramo, Miguel se encontró con camiones volcados. Había vehículos por todas partes, pero ellos seguían avanzando. Adelantaron a otros muchos que debido al barro no se atrevían a correr más.

—Oye, Miguel, no hay roderas de camiones, vamos los primeros —le avisó Sirio.

—No fastidies.

A Miguel se le puso una sonrisa de lado a lado. Su habilidad a la hora de manejar ese vehículo sobre barro era evidente. Estaban a dos kilómetros de entrar en meta cuando un helicóptero los detuvo, aterrizando frente a ellos. Eran Juan Porcar y el director de carrera, Hubert Auriol.

—Lo siento, Miguel, pero vamos a anular la especial para camiones. Se están quedando tirados y no nos daría tiempo a embarcar para África.

—Pero, Juan, no me hagas esto, que estoy ganando.

—Lo siento, Miguel.

La especial se anuló para que la organización tuviera tiempo de rescatar al resto de los camiones. Sin embargo, la entrada en África no les fue mal, estaban en carrera compitiendo y el Unimog se comportaba tan bien que no le cambiaron ni una tuerca. En la jornada de descanso le cambiaron las pastillas de freno y poco más. Los tres no daban crédito, su vehículo estaba en plena forma. Pero el susto estaba por llegar, siempre ocurría lo mismo, no era posible la calma. Debajo de unas alfombrillas de la cabina se soltaron unos tornillos que nunca vieron.

En Mauritania se rompió la cabina, había una grieta enorme justo bajo los pies de Prieto. Tenían que parar en cualquier pueblo donde les pudieran soldar ese desastre. Encontraron un taller y pasaron allí la noche entera arreglando la avería. Comenzó así el calvario, porque iban a remolque del rally. Llegaban a los campamentos, cuando ya no quedaba nadie, porque iban con un día de retraso. Una de las mañanas se cruzaron con unos rusos a los que su camión también les había dicho basta y los remolcaron durante tres días. Los rusos tenían que llegar a Senegal porque no tenían visado. Si se quedaban tirados, les tocaría enseñar la documentación para subirse a un avión, pero no la tenían, y además perderían el camión. Mientras eran remolcados por el Unimog de Miguel nadie les diría nada y podrían salir del país. La aventura se les complicó cuando llegaron a un río por el que había pasado el rally el día anterior, pues tenían que subirse a una barcaza.

No quedaba nadie de la organización, ni de la carrera. Si querían cruzar, tocaba pagar. Los barqueros rapiñaron todo lo que pudieron; les pidieron ruedas, ropa... Finalmente aceptaron pasarlos al otro lado, pero el problema era cómo embarcar los dos camiones a la vez; el espacio en la barcaza era muy justo y no estaba claro si entraban los dos, uno detrás de otro.

—Mira, Sirio, yo no sé si desenganchar a los rusos y lo intentamos nosotros. Nuestro camión no puede frenar ahí encima con todo este peso, nos vamos a salir por el otro lado y caeremos al agua.

—Si desenganchas a los rusos, ellos se quedarán aquí de por vida sin visado. Con el camión roto, nadie los va a sacar de este lugar.

Lo que decía Sirio era cierto, los rusos suplicaban llorando a Miguel para que no tomara esa decisión. El piloto pensó en cómo podría acelerar y no terminar en el agua. La única forma que se le ocurrió era que el camión ruso frenara a la vez cuando estuvieran en la barcaza, pero Miguel no tenía claro que los rusos fueran capaces de cumplir con su parte.

—Sirio, lo que vamos a hacer es que tú u Horacio os subís al camión ruso, yo acelero para pasar todo el barro de la orilla y no quedarnos ahí atrapados, y cuando estemos montados, frenamos a fondo los dos a la vez.

—Pero qué dices, Miguel —respondió Horacio, que no quería hacer ese trabajo ni en broma.

—Sirio, o te subes tú y lo hacemos así o los tengo que desenganchar —insistió Prieto al otro de los hermanos.

Así lo hicieron, ese día tenían a su ángel de la guarda haciendo horas extras. Estuvieron a un paso de caer al agua, pero los camiones frenaron. Los rusos y ellos entraron en Dakar, fuera de carrera, pero felices por haber terminado.

Accidente en cadena

17 de enero de 2000
Sabha (Libia)

La etapa transcurría entre Waha y Kufra, la salida iba a ser de seis en seis. En el grupo de Miguel Prieto y su copiloto, Pascal Maimon, estaban los portugueses Carlos Sousa y Joao Manuel Luz, el belga Guillaume de Mevius y el japonés Kenjiro Shinozuka. Eran los cuatro vehículos que iban en cabeza a toda velocidad, por encima de los ciento setenta kilómetros por hora, y por detrás otros dos participantes más. Era como ir por una pista de esquí, deslizándose, casi bailando suavemente por la nieve; la diferencia era que andaban a toda velocidad sobre la arena de las dunas.

Miguel levantó el pie, tenía pegado a Shinozuka y no se terminaba de fiar de Carlos Sousa, que iba en cabeza, porque no sabía si sería capaz de leer los cambios de arena para no toparse con ninguna sorpresa, solo tenía un par de años de experiencia. El español no se equivocaba. Estaban llegando a una zona de dunas más altas y comenzaban a atrapar a los seis que habían salido por delante de ellos. Bruno Saby, que había salido en el grupo anterior de seis junto a Josep Maria Servià, Jean-Louis Schlesser y Jutta Kleinschmidt entre otros, iba por la izquierda y Sousa se fue hacia la derecha para no entrar en su polvo. Ese fue el error, porque las dunas por ese lado comenzaban a crecer, a ganar altura, y estaban más cortadas; al otro lado, en la parte que no veían los pilotos, la caída era casi vertical.

Siguiendo al portugués iba el resto del grupo haciendo un pequeño escalón para evitar la arena del de delante. Prieto llegó a la altura de Saby y también lo adelantó, pero vio cómo el piloto le estaba advirtiendo:

—Cuidado, cuidado.

Se hallaban ya frente a la duna. Saby estaba reduciendo la velocidad. Lo siguiente que vio Miguel fue cómo Sousa volaba unos ochenta metros. El impacto fue terrible. Joao Manuel, su copiloto, se partió la espalda y se quedaría para siempre postrado en una silla de ruedas. A Miguel le pareció que les había ocurrido el accidente en la siguiente duna, pues el polvo que se levantó lo vio lejano. Estaba seguro de que tenía tiempo de aflojar. El portugués había caído tan lejos, que eso confundió a los perseguidores. Shinozuka voló por los aires. A continuación, fue Prieto. Llegó a la duna en quinta a fondo, pero frenó lo justo para que empezara a descender por la duna. Tan solo le dio tiempo a dos cosas... Primero, gritó:

—¡Hostia, el agujero! ¡Agárrate, Pascal!

La segunda, vio que el piloto japonés estaba en el aire y él seguía bajando por la duna. Entonces redujo dos marchas. Los siguientes quince metros los hizo rodando por la duna... Si el coche no se despegaba de la arena, tal vez podría sacarlo de allí. No consiguió salvarlo y salió volando. El impacto fue brutal. El primer golpe destrozó el morro y el motor le llegó hasta las rodillas. En el segundo, después de volver a volar, los depósitos de gasolina de la parte de atrás se pegaron a su espalda. Dos vueltas más de campana y el todoterreno, o lo que quedaba de él, se detuvo de lado, en el costado de Miguel.

La arena estaba llena de trozos de coches. Por detrás del Mitsubishi de Prieto también se cayó por la duna el Nissan del belga De Mevius. Cuatro coches y ocho hombres, todos con lesiones graves. Prieto tenía dos vértebras rotas. El helicóptero no daba abasto para evacuar a todos los heridos. Los portugueses fueron los primeros porque estaban más graves. El plan de emergencia de la organización fue llevarlos hasta una base petrolífera en Libia y de ahí trasladarlos en un avión de carga hasta un hospital de Túnez.

A las cinco de la tarde consiguieron juntar a todos los heridos encima de las mesas de madera del comedor de la base. Habían tardado ocho horas en esa primera fase de evacuación. Tocaba subirlos a todos al avión. Lo hicieron de uno en uno, en las mesas, y las fueron dejando en el suelo del aparato de carga. Nadie los sujetó, ni anclaron las tablas en las que estaban. Cuando despegaron, todos se fueron hacia la parte de atrás del aparato, amontonándose los pilotos, los copilotos y las mesas utilizadas como camillas, unos encima de otros. El despegue fue abortado inmediatamente y con la inercia del frenazo todos terminaron contra la parte delantera. Aquello fue un auténtico desastre. Optaron por clavar esas camillas improvisadas al suelo del avión. Los golpes fueron tremendos. La mayoría de los participantes tenían alguna vértebra rota. Shinozuka tenía la cabeza abierta. No les importó nada. Para colmo, remataron la operación atando a los heridos con cinchas a las tablas clavadas en el suelo. La imagen era del todo dantesca... Pero no se sabe muy bien cómo, lograron llegar a Túnez.

Había varias ambulancias esperando en la pista. A cada herido le asignaron un vehículo, pero los conductores quisieron cobrar antes de marcharse y se pusieron a negociar con los de la organización. Ver para creer. Una hora después, las ambulancias seguían en la pista con los heridos dentro. Estos gritaban los nombres de sus compañeros para saber si estaban todos ahí o si se habían olvidado de alguno.

La pesadilla terminó pasada esa hora. Por fin los trasladaron al hospital. A Miguel le confirmaron el diagnóstico: tenía dos vértebras rotas y debían operarlo. Le cortaron el mono de carreras y cuando estaba a punto de entrar en el quirófano, Miguel se negó. No quería que le operasen ahí. Lo único que deseaba era regresar a España. Contactó con su jefe de equipo, un francés. Este llamó a Madrid. Miguel todavía no entiende muy bien cómo sucedió todo, pero lo cierto es que al día siguiente el ministro de Asuntos Exteriores, Abel Matutes, se presentó en el hospital. El piloto fue evacuado y lo trasladaron a Madrid, donde no lo operaron, sino que estuvo escayolado durante seis meses y logró recuperarse. Al año siguiente fue el único implicado en ese tremendo accidente que volvió a correr el Dakar, aunque solo aguantó cinco jornadas, porque con el sobresfuerzo la espalda se le cargaba y le costaba salir del coche. La organización le obligó a retirarse.

El año del accidente fue aquel en el que en mitad del rally pararon la carrera porque los servicios secretos franceses y norteamericanos detectaron una amenaza real de bandidos en el Níger, seguramente un ataque terrorista. La organización hizo un esfuerzo por llevar a toda la caravana en aviones rusos hasta Libia, evitando Níger, que era donde estaba el peligro. Cuatro días después, durante la jornada en la que se reanudó la carrera, se produjo el accidente.

Más historias del Dakar

Las aventuras de Miguel Prieto en el Dakar dan para un libro, pero lo vamos a dejar en un pequeño resumen. En 1987, su primera aparición en esta gran aventura, el piloto iba con Nissan. El camión de asistencia se cayó por un barranco el segundo día y se quedaron sin piezas de repuesto ni ruedas. Hasta la jornada de descanso sobrevivieron como pudieron, mendigando y comprando lo que podían y les hacía falta. Paco Crous, que ya era el responsable del equipo por aquel entonces, alquiló unas furgonetas y remontó la carrera hasta llegar al camión, que seguía en el barranco. Ni corto ni perezoso, cargó con todo el material que pudo y regresó al campamento. Gracias a ese esfuerzo acabaron novenos en la general y consiguieron el primer puesto de un coche diésel. Todo un éxito.

Al año siguiente tocó abandonar el rally por un problema en las ruedas y porque el ingeniero de Nissan, un tipo de oficina que iba en el coche de asistencia rápida, se negó a darle las ruedas a Prieto porque no quería quedarse tirado en el desierto. Miguel casi le arranca la cabeza, pero le tocó regresar a casa.

En 1990, en una etapa en donde los que iban primeros estaban perdidos, Miguel, dentro de un agujero entre las dunas, vio que los Peugeot estaban parados mirando los mapas. El piloto había decidido detener a lo lejos su todoterreno y esperar a ver qué hacían. A los veinte minutos apareció una avioneta y movió las alas de un lado a otro. Los coches franceses se pusieron en marcha. Prieto le dijo a su copiloto:

—Sube, que creo que ya tienen claro hacia dónde tenemos que ir.

Y así fue, llegaron al final de la etapa sin problemas después de superar ese mar de dunas. Era un clásico en el Dakar que las avionetas y los helicópteros ayudaran a los equipos oficiales si se los encontraban perdidos en el desierto. Ese año terminaron en el puesto 13 de la general.

En sus carreras por África, Miguel estuvo acompañado de veintidós copilotos distintos, entre ellos llevó a personalidades del Dakar como Carlos Mas. Este último siempre había corrido en moto, pero se animó a probar eso del coche en 1997. Ese fue el año en que Prieto terminó poniéndole una navaja en el cuello a un taxista de la ciudad de Dakar para que le llevara hasta el hotel. Antes el taxista quiso robarle y dejarle tirado en medio de la nada. Prieto y Mas terminaron la prueba en el puesto 12.

En 1998, el asiento del miedo le tocó a Fernando Gil, otro veterano en moto que se subía con Miguel en un coche. Ese Dakar fue el de los frenos que no funcionaban, pero aguantaron toda la carrera y fueron novenos al final. El mayor éxito lo tuvo en 1999, el año que ganó Jean-Louis Schlesser. Miguel Prieto terminó segundo en el Lago Rosa.

Prieto no paró de competir hasta 2007. Ese último año en África apostó por regresar con el Unimog, pero como camión de prensa. Su trabajo fue llevar a unos cuantos periodistas españoles, siguiendo la prueba por los tramos. Fue un viaje cargado de emociones, porque además le acompañaba su hijo. Aprovechó para llevar unas neveras de Coca-Cola y las repartía frías, muy frías, al final de las especiales. Cuando llegó a Dakar, le estaba esperando su mujer. Miguel quiso despedirse a lo grande. Con el camión, decidió regresar por tierra, haciendo la carrera al revés. Durante quince días cruzaron solos los desiertos que siempre había recorrido a fondo. Durmieron a la luz de las estrellas y se reencontraron con la aventura africana que tanto le fascinaba. Miguel Prieto había corrido durante veinte años a través de las dunas.

8.
XAVI FOJ, UN LOCO EN BUSCA DE UN SUEÑO

2 de enero de 1992
Nigeria, fuera de la ruta del París-Dakar

Atrapados, encerrados en un puesto fronterizo del ejército nigeriano, prácticamente sin dinero, sin nada con que negociar, estaban siendo interrogados metódicamente, cada hora.

—¿Qué hacéis en Nigeria? ¿Quién os ha dejado entrar sin visado?

Foj, desesperado, ya no sabía ni qué decir.

—Cuando se entere Thierry Sabine, se va a montar una gorda.

—Sabine llevaba muerto desde 1986—. Vais a tener un conflicto diplomático de narices. Nosotros pertenecemos al París-Dakar.

La respuesta por parte de los militares nigerianos fue contundente:

—Por aquí no pasa ninguna carrera.

Esa era la contestación que daba una y otra vez el militar que estaba al mando y que no siempre era el mismo. Cada vez que los interrogaban, les tocaba dar dinero. De hecho, pagaron a varios oficiales hasta que se les terminó.

Lo peor es que nadie sabía que estaban allí. Para los organizadores del Dakar aparecían como repatriados, al no haber podido cruzar a tiempo el Chad. Xavi Foj y su copiloto estaban desesperados: o lograban salir de Nigeria o se enfrentaban a una situación dramática, sin dinero y sin poder escapar de allí. La única posibilidad que tenían era llegar a Camerún y volver al Dakar, pero la pregunta era: ¿cómo lo harían?

Solos ante el peligro

Setenta y dos horas antes
Frontera con el Chad

—Lo siento, llegáis tarde. El ejército francés se ha llevado en un convoy a todos los participantes. Ya no podéis cruzar.

El Dakar se había topado con el inicio de una guerra civil en el Chad. Los paracaidistas franceses se habían encargado de juntar a todos los participantes y escoltarlos hasta cruzar el territorio en guerra. La idea era que la carrera continuara en Camerún. La avería que había sufrido Foj en el Nissan horas antes les impidió llegar a tiempo al convoy escoltado por los militares franceses. Ahora estaban solos. En el puesto de paso en la frontera del Chad un militar estaba hablando con ellos y explicándoles la situación:

—Yo que vosotros me daría la vuelta y regresaría a casa.

—¿Y si cruzamos por Nigeria? —preguntó Foj, sin pensarlo mucho.

—Yo no os lo aconsejo. No tenéis visado y es un país muy corrupto. Os harán la vida imposible.

Pero cómo iban a darse la vuelta. No llevaban casi nada de Dakar y ese año era muy especial: cruzaban África de norte a sur. Foj y su copiloto, José Luis Criado, valoraron cruzar Nigeria a la vieja usanza, poniendo dinero dentro del pasaporte. Seguro que así no necesitaban visado. Si pasaban, llegarían a tiempo para enlazar y poder seguir con el Dakar. Dicho y hecho, directos a Nigeria. El dinero en el pasaporte funcionó y cruzaron hasta el sur. Pero justo cuando estaban cruzando la frontera para salir del país, no les dejaron. Eso no lo habían previsto.

Tres días después estaban sin dinero porque habían intentado comprar a todos y cada uno de los oficiales que los interrogaban. Cada militar, cuando recibía dinero, les hacía la misma promesa:

—Tranquilos, que os voy a ayudar a salir de aquí, no os preocupéis.

Pero nada era cierto, jugaron con ellos hasta que se dieron cuenta de que no iban a conseguir más dinero. Solo entonces les permitieron cruzar a Camerún.

Una vez en Camerún, se les acumularon los problemas. El rally les llevaba tres días de ventaja. Calcularon que para alcanzar a los demás tendrían que hacer una media de seiscientos kilómetros por día aproximadamente. Otro obstáculo era que se habían quedado sin dinero para comprar combustible. Y ya el colmo es que tenían que llegar a tiempo antes de que los participantes embarcaran para cruzar hasta Angola, pues ese paso se hacía en barco y no había otro camino posible.

Parecía algo digno de Tom Cruise en una de sus misiones imposibles, pero se dispusieron a conducir día y noche dirección sur. Cuando llegaban a los campamentos abandonados por el rally, asaltaban a los locales que tenían algo de combustible y a cambio les ofrecían un trueque con cosas que llevaban en el Nissan, como ropa o recambios. Todo era susceptible de ser canjeado.

Las noches eran eternas e intentaban mantenerse despiertos. A veces cerraban los ojos cinco segundos para descansar un instante, pero la broma les podía costar que el coche terminase en la cuneta... Estaban muy cansados y a punto estuvieron de tener un accidente. Tres días después y una hora antes de que saliera el barco, alcanzaron su objetivo. Tuvieron mucha suerte y en parte fue gracias a la jornada de descanso que concedió la organización del rally mientras ellos seguían su carrera contrarreloj por llegar a tiempo.

Una vez embarcados en Pointe-Noire (República del Congo), se dieron cuenta de la locura que habían cometido. Lo de cruzar Nigeria había sido la peor idea del mundo y el no habérselo comunicado a nadie fue un error de novatos. Los tres días conduciendo sin parar había sido el remate final. Pero también ellos representaban al espíritu de Sabine, la aventura del Dakar también era eso. Foj rememoraba las ganas que había tenido de dormir durante las largas noches y cómo rezaba para que se hiciese de día y todo fuese más sencillo. De noche ya no veía prácticamente nada por el cansancio acumulado.

Los años de copiloto profesional

Después de este duro aprendizaje, Xavier Foj se convirtió en copiloto profesional. El proyecto le salió bien en 1994 en un Mercedes con Ramón Dalmau. En 1996 se subió junto a Jutta Kleinschmidt. Ella fue la única mujer capaz de ganar el Dakar en coche en 2001 en uno de los finales de carrera más apasionantes que se recuerdan. Xavi Foj, después de haber hecho de copiloto de Jutta, le apeteció hacer un Dakar en moto. Y se preparó participando en el rally de Atlas, en Marruecos. La experiencia fue tremenda. Pudo aguantar hasta el final y terminarlo, pero se dio cuenta de que había llegado demasiado tarde a lo de la moto. Cuando finalizó ese rally, le vinieron a la cabeza demasiadas cosas: «Vas por el desierto a ciento cincuenta kilómetros por hora y no te das cuenta, porque no hay referencias. El horizonte está lejos, el sol muy vertical, los colores ocres no ayudan, no hay sombras y no ves bien. Si no te fijas en el cuentakilómetros no eres consciente, no sabes a cuánto vas... Hasta que llega la trampa, el agujero, la piedra o lo que sea y ahí sí que vuelas. Al final solo piensas en la silla de ruedas y así no se puede correr».

La opción fue pasarse a la categoría de coches de serie. Le contrató Toyota España y ganó varios años la categoría. El acuerdo aguantó más de veinte años. Foj vivió el declive de la carrera en África. Año tras año, se evitaban más y más países. Al final todo quedaba reducido a Marruecos, Mauritania y Senegal. En el año 2008, el Dakar cambió de continente.

Con Jutta Kleinschmidt, la reina de África

En 2001, la carrera modificó su recorrido entre París y Dakar. Foj y el resto de los doscientos setenta y seis vehículos participantes arrancaron en Francia y cruzaron España. Ese año llegaron hasta Castellón de la Plana y Almería. Después pasaron a Marruecos, Sáhara Occidental, Mauritania, Mali y finalmente Senegal, hasta el Lago Rosa.

Lo que no esperaba ni Xavi Foj ni nadie es que se montaría un zafarrancho histórico para decidir quién había ganado la carrera. Los implicados: el Mitsubishi de Hiroshi Masuoka y los buggies de Jean-Louis Schlesser y Josep Maria Servià. Finalmente, la espectadora de lujo y gran beneficiada fue Jutta Kleinschmidt. La historia de cómo fue ese final la cuenta el propio Josep Maria Servià en su capítulo.

Para entender bien todo lo que ocurrió hay que remontarse años atrás. En 1994, en plena etapa maratón, Jean-Louis Schlesser se acercó a Foj:

—Xavi, estoy trabajando en un coche biplaza. Me gustaría que hablásemos dentro de un par de años. Solo si te interesa, claro.

Foj lo miró sorprendido, no se esperaba esa propuesta en medio del desierto. Se lo pensó un instante. No sabía qué pretendía el piloto francés. Quizá era una manera de buscar ayuda por si se quedaba atrapado en las dunas. Jean-Louis corría con un monoplaza por aquel entonces. Él iba solo con un coche de dos ruedas motrices y todos los problemas del mundo.

—Sí, claro —respondió—, llama, no hay problema.

Se giró y subió al Mercedes junto a Dalmau. La verdad es que pensaba que nunca llegaría esa llamada. En 1996, el teléfono de casa de Xavi Foj sonó. Al otro lado estaba Schlesser. Ahí comenzó una colaboración que le llevó a ser copiloto de Jutta Kleinschmidt, piloto y por aquel entonces pareja del francés. Ese año el motor del coche de Jutta explotó a mitad de carrera. Jutta y Foj no lograron acabar el rally.

La vida en el Dakar pasa a mucha velocidad. Foj no continuó con Jutta. Ella dejó de ser pareja de Schlesser y además se pasó a Mitsubishi. Y así llegamos al año en que ganó una mujer.

En 2001, Jutta andaba en tercera posición por detrás de Masuoka, su compañero de equipo, y de Jean-Louis. Estaba siendo un rally muy difícil, rudo. Con muchas cosas poco elegantes. A tres días del final del rally, problemas mecánicos acortaron la diferencia entre Masuoka, que iba líder, y Schlesser, el segundo clasificado. Todo era cuestión de unos pocos minutos y si fallaban los dos, Jutta estaba al acecho, lo suficientemente cerca como para poder ganar. La Kleinschmidt, como la llamaban algunos, ya sabía muy bien de qué iba el Dakar. Su primera vez había sido en 1987. Jutta se montó en una moto para vivir como aficionada esa aventura. No estaba dentro de la carrera, pero fue recorriendo el trayecto de campamento en campamento.

Jutta había dejado su trabajo de ingeniera en el departamento de desarrollo de BMW, porque lo que quería era ser piloto. En 1988 se inscribió como participante y comenzó la historia de su leyenda. Los primeros años participaría en coche. Luego, en 1995, se volvió a subir a una moto, y en 1997 se montó en un coche de nuevo. Ese año consiguió su primera victoria de etapa.

Pero regresemos a la última etapa que se estaba disputando un 20 de enero de 2001, quinientos sesenta y cuatro kilómetros entre Tambacounda y Dakar. Todo se iba a decidir en esa última etapa. Jutta sabía que Jean-Louis haría alguna de las suyas, lo conocía perfectamente. Por eso, esa noche, mientras hablaba con su copiloto, Andreas Schultz, le previno:

—Mañana a ver qué pasa, Andreas, pero sea lo que sea, nosotros a lo nuestro. No nos dejemos embaucar por unos o por otros.

Cuánta razón tenía la piloto alemana. Mientras Masuoka esperaba que le dieran la salida, Schlesser y Josep Maria Servià se colocaron por delante del japonés. Aprovecharon una treta del reglamento y salieron antes que Masuoka, que enloqueció junto a su copiloto, Pascal Maimon, cuando los vio arrancar enfrente de ellos.

No podían hacer nada. Los dos buggies iban por delante del Mitsubishi, y este aceleraba sin contemplaciones para atrapar en pista a Servià. En cuanto Masuoka vio el polvo que levantaba el buggie del español, se salió de la ruta para intentar adelantarlo. Pero cometió un error porque dañó la suspensión trasera. Él siguió acelerando. Los problemas que tenía hicieron que regresase a la pista. Continuó la carrera por detrás de Servià. De nuevo lo intentó, pues estaba mucho más cerca. Volvió a salirse de la pista y se destrozó del todo la suspensión. No obstante, logró adelantar a Servià, pero de poco le sirvió. Unos metros más allá se paró en seco. No pudo continuar la carrera.

Pascal Maimon, fuera de sí, fruto de la desesperación se lanzó en medio de la pista para detener a Josep Maria, que le evitó milagrosamente, aunque estuvo a punto de atropellarle. La siguiente imagen fue la de Maimon arrojando su casco contra el suelo. Masuoka trató de reparar lo irreparable. El compañero de los dos en Mitsubishi, Jean-Pierre Fontenay, paró para intentar ayudarlos. A la organización no le quedó otra que intervenir. Finalmente castigó a Schlesser y a Servià por su comportamiento antideportivo. Los penalizaron con una hora a cada uno.

Masuoka aun así perdió y Jutta se proclamó ganadora del Dakar 2001 en el Lago Rosa, convirtiéndose en ese mismo instante en un referente y una leyenda para todas las mujeres. La clasificación final dejó en primera posición a Jutta, Masuoka en el segundo puesto a dos minutos y treinta y nueve segundos, tercero a más de veintitrés minutos a Schlesser y el cuarto fue Josep Maria Servià.

Al año siguiente, el ganador fue Masuoka y Jutta quedó segunda. Schlesser, que había ganado el Dakar de 1999 al español Miguel Prieto y el de 2000 a Stéphane Peterhansel, no lo volvió a ganar nunca más.

Muerte de un motorista

Regresemos a la épica de Xavier Foj, a aquellas experiencias que más le marcaron. En 1997, un año después de hacer de copiloto con Jutta, le surgió la oportunidad de conducir un camión Mercedes Unimog. Era un año diferente: la carrera comenzaba en Dakar, se iba hacia el este cruzando Mali, Níger y Mauritania, para regresar de nuevo hacia Senegal, terminando en el Lago Rosa.

Llevaban un par de días de carrera. El calor era sofocante, peor que nunca. La etapa tenía casi seiscientos kilómetros. Por la mañana temprano habían arrancado las motos, después los coches y finalmente los camiones. Hasta entonces, Foj y sus compañeros de equipo solo habían visto algo de vegetación. Poca, la típica del Sahel. Matorrales bajos y espinosos, así como alguna acacia, tan solo lo que podía sobrevivir en ese clima semiárido donde solo llueve entre julio y septiembre. Estaban en pleno mes de enero y no había ni rastro de nada que no fuera calor y polvo.

Mientras Foj se fijaba en el paisaje y en las roderas de los que iban por delante, una nota del libro de ruta le puso en alerta.

—Atentos, kilómetro doscientos cuarenta y ocho. Peligro dos, a la izquierda.

Estaban llegando a ese punto y aflojó la marcha, pendiente de evitar el obstáculo. Entonces se topó con una moto en el suelo, dada la vuelta. No era normal que esa moto estuviese ahí y, menos aún, en esa posición. Una regla no escrita del Dakar era que, en caso de caída de un motorista, los médicos que le asistían dejaban la moto levantada en una zona visible para que el camión escoba la recogiese.

Algo no marchaba bien. A Foj, motorista y conocedor del Dakar, le extrañó esa situación. Procuró no perder la concentración en el punto que estaban cruzando, pero era evidente que pasaba algo. A unos cincuenta metros, entre unos matorrales, vio algo de color. Les preguntó a sus copilotos, a Maimon y a Esteve.

—Oye, eso que hay ahí, ¿es el motorista?

—Sí, sí lo es. Pero parece que está durmiendo.

La respuesta aún alarmó más a Foj.

—¿Durmiendo? Nadie para aquí con este calor a dormir.

Foj detuvo el camión, puso la marcha atrás y se acercó lentamente hacia donde estaba el cuerpo. Durante las maniobras tocaba la bocina. No hubo ninguna respuesta. Bajaron los tres inmediatamente del camión y se encontraron a Jean-Pierre Leduc con los ojos en blanco, con espuma en la boca y convulsionando. Estaba vivo. Era evidente que el peligro que tenían anotado en el libro de ruta no lo había visto y se había caído. El peligro era un agujero. Rápidamente Foj buscó la baliza de emergencia. El francés la tenía dentro de un zurrón. La activó. Por si acaso, le dijo a uno de sus copilotos que activase la suya.

—Vamos a intentar reanimarle.

El helicóptero tardó en llegar quince eternos minutos mientras le hacían el masaje cardiaco y le mojaban con agua.

—Aguanta, amigo, ya vienen a ayudarte —le repetía una y otra vez Foj, que solo se calmó un poco cuando escuchó el ruido del helicóptero.

Aparecieron dos médicos. Desnudaron al motorista cortando enseguida el mono que llevaba puesto. Le aplicaron hielo por el cuerpo mientras le ponían vías en ambos brazos.

—Xavi, aprieta la bomba de oxígeno y nos vas avisando cada cinco minutos —le ordenaron.

De complexión fuerte, el motorista francés solo tenía, aparentemente, un golpe en la pierna. Jean-Pierre Leduc tenía cuarenta y dos años, casado y con dos hijas. La ilusión de su vida era correr en el Dakar.

Mientras seguían las maniobras de recuperación, Xavi Foj se fijó en que no llevaba las botas puestas y que se había quitado el casco y el zurrón donde estaba la bengala y la documentación. Empezaba a tener claro lo que había sucedido. Jean-Pierre no había visto el agujero y salió despedido de la moto. Quizá estaba algo aturdido, pero totalmente consciente. Se arrastró hasta los matorrales, donde lo encontraron. El motorista, para recuperarse, se quitó el casco, las botas y el zurrón con sus cosas. No activó la baliza, pues quizá pensó que todo había sido un susto, que se recuperaría enseguida, levantaría la moto y por la noche estaría ya en el campamento. Pero no tuvo en cuenta el sol y el calor abrasador. Estaba solo y deshidratado. Lo peor que le podía suceder, pasó. El motorista sufrió un golpe de calor. Eso era lo que tenía en el momento en el que le encontraron entre la vida y la muerte. Habían pasado ya cuarenta y cinco minutos de asistencia. Algunos chavales de una aldea cercana miraban a distancia lo que sucedía. Los dos médicos franceses se detuvieron de pronto.

—No podemos hacer nada más. Deja de bombear, Xavi.

—Pero si aún está vivo —les dijo Foj con la voz desgarrada.

—No, no lo está. La máquina lo mantiene. Si paramos y su corazón aguanta, este chico será un vegetal el resto de sus días.

Foj miró a Leduc lleno de dolor. No lo conocía, no recordaba haber coincidido nunca con él, pero era uno más de la tribu de locos fantásticos que cruzaban África cumpliendo un sueño. Paró de bombear el oxígeno. El corazón del motorista se detuvo inmediatamente. Los médicos apuntaron la hora. Uno de ellos se acercó al helicóptero y sacó una bolsa grande negra.

—Es mejor que os marchéis. Ya terminamos nosotros. Gracias por vuestra ayuda.

—Oye, esta noche, cuando lleguéis al campamento, os van a preguntar por lo que ha pasado hoy. Seguro que van a abrir una investigación —les avisó el otro médico.

Así fue. Esa noche, rotos, no tanto por la etapa, sino por lo que habían tenido que vivir, se acercó hasta ellos el director de carrera.

—¿Cómo estáis?

—Recuperándonos del día —respondió Foj, muy afectado por lo vivido.

—Estamos investigando si alguien le ha podido atropellar o si todo fue porque intentaron robarle.

Foj respondió:

—Lo del robo, seguro que no. Cuando llegamos, tenía todas sus cosas. Nadie había tocado nada y no parecía que la moto tuviera ningún impacto por detrás. Creo que no vio el agujero, el peligro dos, marcado en el libro de ruta.

—De acuerdo; si necesitamos saber más, ya os preguntaremos. Por cierto, su mujer nos ha pedido si puede hablar contigo. Quiere conocer a la última persona que estuvo con su marido. Si no te importa...

—Por supuesto, no hay problema.

Esa noche Foj habló con su mujer. La intentó animar. Siguió las instrucciones de los médicos, que le aconsejaron que hablase de que estaban ahí para cumplir un sueño y que Jean-Pierre se había ido intentando hacerlo realidad.

La investigación concluyó una vez terminó el rally. Todo apuntaba a que Leduc, tal vez por el cansancio, cayó en el agujero, en la zona señalada como peligro dos. La mala suerte es que nadie lo vio hasta que fue demasiado tarde. Tal y como pensó Foj, se arrastró hasta los matorrales, se quitó el casco, las botas y la bolsa con la baliza. No la activó porque creyó que podría continuar. Para cuando llegó el camión de los españoles y le asistieron, habían pasado más de tres horas desde que tuvo el accidente. El sol hizo el resto. El motorista no murió como consecuencia del accidente, sino por el calor.

Cuando se quedó dormido bajo los matorrales, no calculó que el sol seguía moviéndose. Aunque él creyó que se había resguardado bajo una sombra, a los pocos minutos quedó de nuevo expuesto al sol.

En el Dakar, hasta el día de hoy, han fallecido setenta y ocho personas, entre participantes, espectadores y periodistas. Veinticuatro de ellos son motoristas.

Xavi Foj no ha dejado nunca el Dakar. Hoy en día sigue participando en el rally. El piloto es consciente de que ya no es como antes, que el espíritu de Sabine está lejos, pero para él correr el Dakar continúa siendo una droga mágica que le hace soñar cada invierno. Lleva más de treinta rallies y es sin duda uno de los participantes más veteranos y de los pocos en cumplir con la máxima de haber corrido en África, América y Arabia.

9. FERNANDO «BÚFALO» GIL, LAS AVENTURAS DE UN MOCHILERO EN ÁFRICA

Enero de 1988
En el desierto del Teneré

Fernando Gil estaba en pleno Teneré. Ya habían abandonado casi el setenta y cinco por ciento de los motoristas el Dakar de aquel año. Las motos de los que resistían estaban puestas en línea. Los pilotos, unos al lado de otros (cerca, muy cerca), se miraban de reojo mientras esperaban que lanzaran la bengala. Era el momento de mayor tensión, todos querían que dieran la salida cuanto antes. Fernando no tenía una moto rápida, su plan era simplemente seguir la ruta que se había preparado la noche antes y que imaginaba que sería la que tomarían la mayoría de los pilotos.

La bengala apareció por encima de sus cabezas y lo que sucedió en ese instante le dejó absolutamente confundido. Los participantes se abrieron en abanico. Nadie seguía a nadie. Búfalo pensaba que estaba yendo por el camino correcto, así que por eso tampoco vio la necesidad de seguir a nadie. Sin embargo, a medida que pasaban los kilómetros se iba quedando más y más solo. No se podía creer lo que estaba ocurriendo.

La gran pregunta para Fernando era: «¿Quién de todos habrá acertado la ruta?». Cada vez tenía más dudas de si estaba en el camino correcto. No estaba seguro de sus decisiones. Ya no había roderas ni nadie cerca. Pero ¿cómo había podido suceder eso? Todos habían salido a la vez y nadie siguió a nadie. Qué locura.

Búfalo Gil seguía el rumbo que había elegido. A ciento cincuenta kilómetros de distancia debería estar la primera referencia, precisamente un cambio de rumbo. Después, a unos cuatrocientos, habría un control de paso y repostaje. Ese era su objetivo. Si se quedaba sin combustible, adiós a la carrera. Tenía que llegar a ese punto. Bueno, en realidad todos los demás tenían que alcanzar ese punto, pero todo el mundo había salido disparado en otras direcciones.

En el libro de ruta ponía que el primer control de paso se hallaba al pie de la montaña negra. Fernando estaba supuestamente enfrente de la montaña negra, pero el problema era que no había montaña de ningún color, ni un punto de paso, ni repostaje. Algo no andaba bien. No sabía qué había pasado con los otros, pero él estaba claramente perdido. Paró la moto e intentó serenarse. No tenía gasolina para muchos inventos, pero estaba convencido de que no debía encontrarse muy lejos de la montaña negra dichosa. Miró de nuevo a su alrededor, no la veía. En medio del desierto, una montaña tenía que destacar, pero solo vislumbraba las dunas, una detrás de otra. «¿Y ahora qué hago? ¿Hacia dónde se supone que tengo que ir? Mi primera vez en el Dakar y lo mismo no me encuentran», pensó mientras tomaba conciencia de que estaba asustado.

El miedo le tenía bloqueado. Tomó una decisión, la única que le daba algo de confianza: comportarse de la misma forma que lo había hecho días atrás cuando siguió a Patrick Tambay, expiloto de Fórmula 1 y una de las estrellas del rally. Mientras le seguía, se dio cuenta de que no le cuadraban las referencias. Es más, no le cuadraba nada. De repente, Tambay se paró junto a Fernando, a su lado. Él también frenó y se acercó a su ventanilla. Se quedó atónito cuando le preguntó si sabía dónde estaban. Gil no daba crédito, se suponía que Tambay tenía que ir en la buena dirección, pero no era así. Le dijo que no tenía ni idea. El francés ni lo miró, arrancó el coche, se dio media vuelta y desapareció por donde había venido en busca de la pista correcta. El problema es que Fernando no podía hacer eso porque no llevaba suficiente gasolina. Esa era una de las grandes ventajas de ir en coche y no en moto.

Para entonces el piloto español estaba desesperado, pues no sabía si continuar o marcharse en la misma dirección de Tambay. Se hizo de noche. Pensó que las cosas se iban a poner mucho más difíciles, pero no fue así. Arrancó la moto y buscó un punto alto donde subirse. Vio que había una zona de hierba y matorrales por donde subir con más facilidad y, mientras lo hacía, se dio cuenta de que no podía estar muy lejos de la ruta. Así fue. A lo lejos divisó las luces de otros coches y motos que circulaban por la pista correcta. Comenzó a descender hacia donde había visto esas luces, lo hizo con cuidado, pues no sabía si se enfrentaría con alguna otra trampa por el camino. Lo logró, afortunadamente salió del atolladero.

Aquel día había sido capaz de mantener la calma, así que en esta nueva aventura le tocaba hacer lo mismo. Por alguna razón que no terminaba de entender su cerebro le estaba jugando una mala pasada, no se podía quitar de la cabeza que desafortunadamente habían muerto varias personas, participantes y gente local, atropelladas. La sensación de que podía morir si se equivocaba se le había clavado muy adentro. El punto que marcaba el libro de ruta tenía que estar en un ángulo de noventa grados. Además, siempre había visto más huellas a su izquierda que a la derecha, hasta que ya no se topó con ninguna. Decidió, entonces, ir noventa grados a la izquierda. Si durante veinte kilómetros no encontraba nada, haría lo mismo, pero hacia la derecha. Y si no hallaba nada en ninguna de las dos direcciones, sabía que estaba bien jodido.

A los ocho kilómetros hacia la izquierda le pareció ver una sombra. Podía ser un espejismo, pero continuó un par de kilómetros más. Respiró aliviado. ¡Era el control! No tenía que preocuparse más por el combustible..., podía continuar la carrera.

Años más tarde leyó en una entrevista de Stéphane Peterhansel (ganador del Dakar catorce veces, por eso tiene el sobrenombre de «Monsieur Dakar») que le había sucedido lo mismo aquel día. Se perdió de la misma manera que Fernando y encontró con paciencia el control donde estaba la gasolina. Ese año también había sido el primero para él.

Para comprender qué era el Dakar en esos tiempos, había que tener en cuenta que existían grandes espacios sin referencias y que se apostaba todo a un rumbo. Cuando se corría en África, no había notas en el libro de ruta de ningún tipo durante cientos de kilómetros.

Tras la estela de Carlos Mas

El trabajo de Búfalo Gil como mochilero le obligaba a no ir por libre. Tenía que estar siguiendo la estela de Carlos, y eso no era fácil. La falta de experiencia le llevó a algunos despistes, pero cuando ya llevaban tres años juntos, todo fluía mucho mejor. Recordaba que en una etapa le pusieron queroseno en vez de gasolina en el depósito. Estaban juntos los bidones para combustible de los helicópteros y los de la gasolina de los participantes. A alguien le tenía que tocar y les tocó a ellos. Cuando salieron del repostaje, la moto de Mas comenzó a fallar. La fortuna quiso que aquel día fueran juntos. Se dieron cuenta enseguida de que no habían puesto gasolina. La duda era si el motor se había estropeado. Por suerte, no. Pusieron la moto bocabajo y sacaron todo el queroseno. Decidieron que Fernando le daba todo el combustible a Mas y él volvía al punto de repuesto para rellenar su moto. Así lo hicieron y se libraron de un lío gordo, salvando además la carrera.

De los tres años de mochilero en Camper, solo en el segundo se le torcieron las cosas. Llegó al Dakar con una muñeca lesionada. Después de cuatro días, les tocaba enfrentarse a una etapa larga que partía de Tumu y llegaba hasta Dirkou, casi mil kilómetros de especial más el enlace. Durante el recorrido, Fernando se cayó y salió despedido por delante de la moto, lo que se conoce en el argot como «salir por orejas». Todavía le quedaban cientos de kilómetros, pero tuvo la mala suerte de caer sobre la muñeca lesionada. Se levantó como pudo, pues le dolía muchísimo, pero no se podía quedar ahí en medio de la nada. Se subió de nuevo a la moto, pero sin poder apoyar la muñeca en el manillar. Con solo una mano y sin correr, llegó al final de la etapa. Los médicos no lo dudaron y le mandaron a casa. Era imposible que continuara en el Dakar.

Carlos se quedó con el apoyo de Xavi Riba en el equipo. Al final esa etapa la anularon, cosas que pasaban en el Dakar, porque en uno de los puntos de repostaje no estaba el camión de la gasolina.

Gato por liebre, gasolina por agua

En 1990, Mas terminó en segunda posición. Fernando ese año andaba loco buscando soluciones a uno de sus problemas, la gasolina. Decidió que necesitaban llevar combustible extra de alguna manera, pero estaba prohibido. Se le ocurrió que podía transportar tres litros más si en el depósito de agua de emergencia echaba gasolina. Estos depósitos era obligatorio llevarlos, por si los pilotos se perdían, para que no les faltase agua.

Sabía que con el agua no iba a haber problema porque para entonces habían inventado de forma un tanto rudimentaria las CamelBak, lo que hoy conocemos como «mochila de hidratación». Lo hicieron utilizando bolsas médicas de suero, que funcionaban muy bien. Esas bolsas las llenaban de agua que bebían durante la carrera. Hasta el momento no existía nada parecido a las CamelBak para poder transportar el agua, utilizaban ese sistema desde hacía ya un par de años. Quizá fueron los inventores sin saberlo.

Así que Búfalo no se preocupaba de quedarse sin agua porque llevaba las bolsas de suero metidas por todas partes. Cuando llegó al punto de salida, había un comisario que estaba controlando los depósitos de agua. Metía un lápiz y lo chupaba. Cuando chupó el que salió del depósito de Fernando..., casi se muere. Le dijo de todo en francés. Tenía tal cabreo que no sabía si descalificar al piloto español o pegarle.

A Búfalo le tocó vaciar el depósito y rellenarlo de agua. Menos mal que no se la tuvo que beber, porque el depósito quedó impregnado con la gasolina y esa agua tenía que saber a rayos. No le descalificaron de milagro y pudo seguir en la carrera, pero esto es un ejemplo de lo locos que estaban... No fue el único al que se le ocurrió ese plan.

La vida cinco años después

Se pasó cinco años sin participar en el Dakar hasta que, en 1995, gracias al patrocinio de una autoescuela, se pudo inscribir de nuevo. Consiguió el último dorsal. A Fernando le tocaba salir en la última posición. Por suerte, lo hizo muy bien en la etapa prólogo de Granada, antes de cruzar a África. Terminó tercero. Y eso cambió su situación: de penar en la cola del grupo a tener la ventaja de salir en cabeza. Aquel año hubo una novedad que hizo mucho más feliz a Gil: el GPS. Adiós a esos monumentales despistes que sufrió durante los primeros años.

Pero el Dakar no perdona a nadie. Durante la primera etapa en Marruecos le dio una patada a una piedra con el pie de la palanca de cambio. Se rompió el dedo gordo y el ligamento interno de la rodilla. Pero se negó a abandonar y terminó la etapa. A partir de ese día, después de cada jornada, tenía que visitar a los servicios médicos de la carrera. Ellos le curaban el dedo y le vendaban la rodilla. Siempre le insistían en que se tenía que retirar, pero se negaba en redondo. El médico de turno le decía:

—Bueno, ya te retirarás mañana.

Cuando terminaba la etapa y se presentaba en la zona médica, con una sonrisa en la cara y mucha sorna, el médico que le atendía en ese momento le decía:

—Vaya, aún estás aquí.

Gracias a sus cuidados y a la cabezonería de Fernando terminó el Dakar en el puesto 11. «Yo solo, sin asistencia y hecho un cuadro». Tan solo llevaba una caja de herramientas donde entraba aceite, filtros, un motor de recambio, un saco de dormir y dos ruedas. Nada más, ni siquiera una tienda. La alegría al final del trayecto fue enorme.

No solo la suya, sino la de muchos participantes con los que entabló amistad aquel año y que vivieron a su lado todas las penurias. Ese Dakar le cambió la cabeza y regresó con otra idea de cómo tenía que ser su vida.

Los dos siguientes años siguió con el apoyo de la autoescuela y pudo sumar un mecánico para tener más opciones. En 1996, entrando ya en Guinea, cuando marchaba en cuarta posición, cruzó un río. De repente se paró la moto. Faltaban dos etapas y se había quedado tirado. No había nada que arreglar, pues la moto estaba muerta. Pasaban las horas y nadie cruzaba por allí. Pensó que lo mejor que podía hacer era disparar la bengala, pero no funcionó.

Fernando se quedó preocupado porque no tenía claro si el camión escoba pasaría por donde se encontraba. Entonces se acercó un todoterreno de la organización. Eran unos médicos. Solo tenía una opción para que le sacaran de ahí: decir que se había caído. Así que, ni corto ni perezoso, pasó de ser una persona a la que se le había averiado la moto a convertirse en un piloto que había tenido un accidente. Le sacaron en helicóptero, pero pagó un precio por ello. La moto desapareció. Tal vez algún nativo se la llevó y disfrutó con ella por esas tierras. Jamás la volvió a encontrar.

Al siguiente año, el último que hizo con una moto KTM, la lio muy gorda. En una etapa maratón, cerca ya del final, se le rompió la junta de la base del cilindro. Para que se entienda, la moto perdía aceite. Se dio cuenta porque se le calentaba la bota con el aceite hirviendo que iba cayendo encima. Detectada la fuga y con el poco aceite que tenía para emergencias, decidió continuar. Por fortuna, se topó con el fotógrafo oficial del Dakar en medio de unas dunas haciendo fotos y le pidió aceite. Con lo que le dio, tuvo para salir momentáneamente del jaleo. Paraba cada cien kilómetros, lo calculó a ojo, y consiguió llegar al final de la etapa. El segundo problema era que no contaba con asistencia en las etapas maratón, así que decidió cambiar el motor, él solito, sin mecánico. Se las apañó muy bien. A medianoche, a las doce, tenía el motor cambiado y todo preparado para el día siguiente. Se fue a dormir.

Fernando acertó con sus decisiones, porque pudo terminar sin problemas las siguientes etapas. Para entonces ya se había puesto en el top diez de la carrera y mantuvo esta posición hasta la última etapa. Cuando salieron de Saint-Louis, la próxima parada sería Dakar. Antes de arrancar, se dio cuenta de que el radiador tenía una fuga y ahí se lio todo de nuevo. No parecía que la fuga fuera muy grande, así que se dirigió al camión de KTM donde había un mecánico español que se llamaba igual que él.

—Fernando, tengo una fuga en el radiador y estoy a punto de salir, ¿qué hago?

—Lo único que puedes hacer es cambiar el radiador.

—Pero no puedo hacer eso. Estoy en el top diez con un portugués pegado y puedo perder la posición.

—Lo siento, pero no te queda otra. Sal, date la vuelta, regresas y te cambio el radiador.

En ese instante, Fernando, el piloto, pensó que podía arriesgarse y que con la pequeña fuga llegaba de sobra al final de la etapa. Sin decir nada al mecánico, arrancó, tomó la salida y continuó. Lo cierto es que no duró mucho. A los cincuenta kilómetros la moto alcanzó tal temperatura, que la pequeña fuga era ya una de las de verdad y el motor explotó. Cuando llegó el otro Fernando, el mecánico, le echó la bronca de su vida. Le repitió una y otra vez que ya le había avisado. Por suerte, le dio un motor nuevo, lo montaron y, después de haber perdido unas tres horas y media, pudo llegar. De milagro no le penalizaron. Terminó en el puesto 12 de la general, por detrás del portugués y de otro piloto más.

En 1999 corrió por última vez en moto, de mochilero de Carlos Sotelo. Las cosas no salieron como estaban previstas y abandonó después de que se le partiera la rueda delantera y terminara en el suelo.

El Dakar en coche

En 1998, Miguel Prieto le ofreció la posibilidad de ir de copiloto. Terminaron novenos y fue una revelación para Fernando, porque se dio cuenta de que eso lo podía hacer él, correr el Dakar en coche. Le gustaba conducir. El problema era conseguir presupuesto, porque era bastante más elevado del necesario para ir en moto. Dos años después se apuntó para ir en el camión de asistencia del equipo de Servià. «No corrimos nada, todo fue muy lento».

Al año siguiente, en 2001, la primera etapa del Dakar la ganó. «¡Dios mío, yo, Búfalo Gil, me impuse en mi debut en coches en el Dakar! Por supuesto, fue algo testimonial, pero importantísimo para mí. Empezar ese año ganando una etapa no se me olvidará jamás».

Esa etapa era una especial con mucho barro, en Francia. El resto de la carrera sufrió bastante y se quedaron tirados a tres días del final. Ese año la carrera partía de Arras, pasaba por Madrid y terminaba en Dakar. Tuvo suerte, le repescaron después de que se quedara tirado Johnny Hallyday, un mito de la música francesa, y gracias a eso repescaron a todos los que tuvieron problemas ese día para que el cantante se pudiera hacer la foto en Dakar. Como repescados, les tocó hacer las dunas toda la noche, pero el coche se les calentaba mucho, así que tuvieron que estar cinco minutos en marcha y media hora parados. Fue un suplicio, pero consiguieron terminar. Al año siguiente fue con un Mercedes y terminó en el puesto 19.

Un Búfalo en medio del desierto

Fernando «Búfalo» Gil continuó enganchado al Dakar. Después de África siguió en Sudamérica, pero como jurado y como director de carrera adjunto. Consiguió terminar el París-Dakar en moto, en coche y en camión, convirtiéndose en uno de los pocos participantes que lo logró en las tres modalidades. Participó once veces en la carrera creada por Sabine. Su apodo de Búfalo Gil se lo ganó por ser inasequible al desaliento. Quizá la anécdota más divertida de su larguísima carrera profesional fue cuando le tocó hacer de doble de Claudia Schiffer, peluca rubia incluida, en el rodaje de un anuncio, pero esta es otra historia que nada tiene que ver con las aventuras vividas en África..., aunque sí da una idea de la personalidad arrolladora de este piloto con una vida tan intensa.

10.
XAVI RIBA, EL DÍA QUE JESUCRISTO SE APARECIÓ EN EL DESIERTO

4 de enero de 1988
Primera etapa, casi mil kilómetros entre Argel y El Oued

En los últimos kilómetros la rueda trasera de la moto de Xavi Riba no paraba de bailar. El piloto miró hacia atrás un par de veces, pero a la motocicleta a simple vista no le pasaba nada, y continuó sin percatarse de la dimensión del problema al que estaba a punto de enfrentarse. Se le estaban rompiendo los radios y eso, si no lo solucionaba, no le dejaría terminar la etapa. Era el primer año de Xavi en el Dakar, estaba viviendo su primer día en África y un sinfín de emociones le invadían. Antes de que su padre muriese, le había hecho una promesa durante la Navidad del año anterior: participaría en el Dakar y llegaría al Lago Rosa. La vida es una sorpresa continua, así que casi sin proponérselo le surgió la oportunidad de formar parte de un equipo muy potente como eran los Red Raiders Team Camper, junto a Carlos Mas y Fernando Gil. Riba nunca había corrido en el desierto, ni en África, ni sobre la arena, porque lo suyo era la velocidad, los circuitos y las pruebas de resistencia. Lo de participar en el París-Dakar era algo que había nacido en lo más hondo de su corazón para superar días tan difíciles.

En un momento dado, el piloto ya fue consciente de que algo no andaba bien. Le era prácticamente imposible controlar la moto y se detuvo en mitad de la nada. Riba estaba asustado. Era la primera vez que estaba solo en el desierto y con problemas. Además, empezaba a anochecer.

—Pero si hay seis rotos... ¿Qué narices ha pasado? Yo no tengo ni idea de cómo arreglar esto.

Se quitó el casco, se arrodilló junto a la rueda, agarró con la mano izquierda alguno de los radios y los tocó, pero no sabía qué hacer. Nunca pensó que le podía pasar eso. Estaba preparado para algún problema de motor, pero ¿cómo se tenía que radiar una moto? Se sentó en la arena junto a la motocicleta pensando que todo había terminado a las primeras de cambio. Con suerte, en unas horas llegaría el camión de asistencia y le repararían la rueda, pero si no pasaba eso, estaba fuera de la carrera.

Aún le acompañaba el sol y miró a su alrededor. Estaba completamente solo, no se divisaba ni a un solo participante. Lo peor era que no debía de estar muy lejos del final de la etapa, porque llevaba más de quinientos kilómetros hechos. Estaba a punto de terminar la especial, pero después le quedaban otros cientos de kilómetros de enlace hasta el campamento. Había pasado algo de tiempo, no mucho, porque aún había luz, cuando apareció detrás de una duna un motorista de pelo largo y sin casco. La moto era una Yamaha que llevaba unas alforjas en los costados. El conductor en cuestión tenía pinta de ser un hippy que estaba haciendo turismo. Detuvo la moto junto a Xavi y le habló en alemán:

—Para, para, que no te entiendo nada. ¿Hablas inglés, francés...?

El hombre negó con la cabeza. El piloto decidió emplear el lenguaje de signos y trató de explicarle que los radios de las ruedas estaban kaput. Señaló las ruedas, tocando los radios. Riba le dio a entender que no sabía cómo arreglar eso. El alemán lo miró, le hizo un signo con las manos de calma, se bajó de la moto y cogió unas herramientas que llevaba envueltas en una de las alforjas. Poco a poco fue reparando un radio tras otro. Riba no se podía creer que el único tipo que había pasado por el desierto supiera cómo repararle la motocicleta.

Mientras el alemán continuaba trabajando con la moto de Xavi se hizo de noche, pero alumbrando con una linterna el desconocido terminó de arreglar el último radio.

—Madre mía, me has arreglado la moto y puedo continuar con la carrera.

Aquel hippy entendió perfectamente lo que le decía el piloto español, porque su cara de felicidad era inmensa. Le dio la mano y hasta un abrazo.

—Mira, vamos a hacer una cosa. Sígueme. Vamos, tú y yo... juntos —le decía Xavi mientras le hacía gestos—. Final de etapa. Campamento. Dinero y comida.

Mientras el alemán asentía con la cabeza, Xavi sonreía porque le estaba hablando como en las películas del Oeste hablaban a los pieles rojas. Estaba claro que comprendió lo que le dijo, porque iba pegado a su moto. La reparación era perfecta y no tardaron mucho en terminar la etapa, pasaron el punto de control y comenzaron a circular por la pista que llegaba al campamento.

Las luces de las dos motos alumbraban la pista. Xavi iba por delante, abriendo camino, y se giraba constantemente para estar seguro de que su nuevo amigo continuaba detrás. Mientras, pensaba qué cantidad de dinero sería justa, pues no le quería faltar al respeto. Quizá le daría unos cien o doscientos francos. Tal vez más. No podía calcular cuánto costaba la felicidad de poder seguir en el Dakar. Ese desconocido le había sacado de un apuro grave. Miró hacia atrás de nuevo y estaba solo. Paró la moto en seco. Miró hacia ambos lados y no se veía ni una sola luz.

—Mierda, algo le ha pasado y no lo he visto. —Se dio la vuelta y comenzó a desandar el camino—. No puede estar muy lejos. Si hace dos minutos estábamos juntos. ¿Tal vez se le ha fundido el faro? —se repetía en voz alta.

Lo último que quería pensar era en un accidente o en cualquier otro infortunio. Había retrocedido cinco kilómetros y ni rastro del alemán. Luego fueron diez. Xavi reconoció el lugar donde estaba en ese momento y que ese punto ya lo habían recorrido juntos. Se detuvo de nuevo.

—Vale, en la pista no está. Voy a salir y me voy a dirigir a la derecha. Igual hay un agujero y se ha caído —seguía dándose instrucciones en voz alta.

Recorrió dos veces el margen derecho, fuera de pista, pero ni rastro del hombre que le había sacado del desierto; por no haber, no había ni roderas. Decidió hacer lo mismo, pero ahora por el lado izquierdo.

Una hora más tarde seguía buscando y no veía a nadie. Gritó varias veces:

—¡Alemán!, ¡alemán!, ¿dónde estás?

El silencio de la noche de Argelia era lo único que le acompañaba. Eso y el susto que llevaba encima. No pasó nadie más, no vio nada. Se fijó en el suelo, en las roderas, por si identificaba alguna señal de por dónde había podido ir, pero todo fue inútil.

Miró una vez más a su alrededor. Estaba aterrado. Absolutamente en shock por lo que estaba pasando. Decidió dirigirse de nuevo al campamento, pero no había ni rastro de que se hubiera salido de la pista. Eran más de las once y no estaba dispuesto a seguir solo ahí en medio. Aceleró para llegar cuanto antes al campamento, aun así miró varias veces hacia atrás por si le seguía, pero ni rastro. Cuando llegó al campamento, Riba se fue directo hacia el mánager del equipo, Emilio Bosser, que estaba junto al periodista de *La Vanguardia* Domingo García. Emilio vio a Xavi descompuesto.

—¿Qué te ha pasado?, ¿estás bien?

—No os lo vais a creer —respondió Xavi—. Se me ha aparecido Jesucristo en el desierto y me ha arreglado la moto.

—Pero ¿qué dices, Xavi? —dijo Emilio, que pensaba que su piloto había sufrido un golpe de calor durante el día.

—No estoy loco. Os lo cuento y me decís qué os parece.

El relato de Riba dejó sin argumentos a los dos hombres que le escuchaban. La moto estaba perfectamente reparada, tal y como confirmaron los mecánicos, y el tipo que lo había hecho no estaba, se había evaporado sin más.

—Entonces, Xavi, ¿crees que se te ha aparecido Jesucristo? —volvió a insistir el periodista.

—Pues ya me dices tú, Domingo, qué es lo que me ha pasado entonces.

Xavi seguía traumatizado, se le había aparecido un tío que le había arreglado la moto y de repente había desaparecido. Y todo en el primer día en África, en el Dakar y de noche.

Le costó mucho conciliar el sueño al piloto español, pero al día siguiente, sin saberlo, el artículo del Dakar en *La Vanguardia* decía lo siguiente: «A Xavi Riba se le apareció Jesucristo». La madre de Xavi lloró al leer la historia; además, la familia y los amigos estaban preocupados por lo que le podía estar pasando, y aquella información fue un alivio.

Nunca apareció el alemán, ni se supo nada de él. Durante la segunda etapa, entre El Oued y Hassi Messaoud, no hubo ningún problema. Xavi la terminó sin sorpresas y eso que fue un día extremadamente difícil para la mayoría de los componentes de la carrera. El 8 de enero, cuatro días después de que se le apareciera Jesucristo, a la moto de Riba se le clavó el motor y el piloto salió volando. La primera participación de Riba no terminaría en el Lago Rosa como había prometido a su padre, lo hizo entre Tamanrasset y Djanet, poco antes de cruzar hacia el Níger. Pero el gusanillo del Dakar le había atrapado totalmente, la promesa a su padre podría ser cumplida más tarde o más temprano.

Un taxi en medio de la nada

El 25 de diciembre de 1989, el día de Navidad, la caravana del París-Dakar partía de la capital francesa hasta Barcelona y el 27 de diciembre cruzaba hacia África. Todo arrancaba en Túnez para continuar por Libia, Níger, Mali, Guinea y Senegal. La noche de fin de año tocaba celebrarla cruzando Tumu, en Libia, hasta Dirkou, en Níger. Xavi Riba continuaba en el equipo Camper y por segundo año intentaría cumplir la promesa que le hizo a su padre: llegar hasta el Lago Rosa.

Todo comenzó con niebla y con una etapa terrible en Libia que le salió redonda a su jefe de filas, Carlos Mas, quien venció y se puso líder del Dakar. Riba entró en el puesto 35. Su idea era mantenerse en el top treinta si la moto aguantaba. Además, cada vez se perdía menos. Durante la jornada de descanso en Agadez ya estaba en el puesto 25, pero todavía le quedaban nueve días de calvario.

El 10 de enero de 1989, el rally partía de Labé, en Guinea. La especial tenía más de quinientos kilómetros. Por la mañana avisaron a los pilotos de que había muchos ríos que cruzar.

—Tened mucho cuidado en el cruce de los pasos con agua, porque ha llovido y quizá está más difícil de lo que pensamos. —Las palabras del director de carrera resonaron en la mayoría de los participantes.

Xavi no quería arriesgarse, pues estaba a punto de entrar en el top veinte de motos. Comenzó a buen ritmo y quedaban ya dos días para terminar. Los primeros ríos los pasó con cuidado. Se encontraba en el infierno verde. No solo era el agua, sino también el barro. Estaba todo peor de lo que había previsto la organización. En el tercer paso terminó la carrera de Xavi ese año. Al salir del agua, la moto se partió en dos. Se quedó sentado en el suelo, mojado, lleno de barro y con la sensación de que aquello ya no tenía arreglo.

El disgusto que se llevó fue mayúsculo. Apartó todo lo que pudo la moto de la pista y se sentó a esperar que alguien le rescatase. Sin embargo, esa etapa se había complicado mucho. Varios coches se quedaron atrapados en mitad de los ríos, entre ellos el de Salvador Servià y Miguel Prieto. Por lo tanto, la organización se vio obligada a cambiar el lugar de paso de los camiones y de los coches. Nadie continuó por la misma ruta que había hecho Xavi Riba. Nadie iba a rescatarle.

Las horas transcurrían y Riba seguía junto a su moto, solo, esperando ver a alguien, pero nadie pasó por donde él estaba. Al anochecer decidió que lo mejor era dirigirse a algún poblado cercano. Eso fue lo que hizo y la hospitalidad de los guineanos le permitió dormir resguardado. Al amanecer caminó hasta una pista cercana donde tal vez podrían pasar los camiones. La fortuna le sonrió. Al poco de llegar, el camión de asistencia español de los motoristas Juan Hernández y Agustín Fernández le rescataba.

—Pero ¿de dónde sales, Xavi?

—No os lo vais a creer. Me pasé el día esperando en el punto de paso del tercer río por si venía alguien a rescatarme. Como nadie me recogió, he pasado la noche en una aldea y ahora me he acercado a esta pista...

—Pero ayer nos desviaron a todos, Xavi, porque no se podía cruzar.

Riba negaba con la cabeza porque se podría haber quedado toda la semana ahí esperando y nunca habría llegado un camión a buscarlo.

Pero la historia no había hecho más que comenzar. Unos kilómetros después, el camión de Hernández y Fernández se cayó por un terraplén al salirse de la pista y se quedó atrapado. A Xavi no le quedó otra que buscarse la vida, así que regresó a la pista por la que venían, pensando en parar de nuevo a un camión de asistencia. En África cualquier cosa podía suceder, incluso que apareciese un taxi en medio de la nada, lleno de pasajeros y con el equipaje en el techo. Y es que eso fue lo que pasó.

El taxista paró al ver a un tipo con un mono rojo de motorista y un casco en la mano. Riba optó por lo seguro y le enseñó un billete de cien francos. Un minuto después, el pasajero que iba al lado del conductor estaba en el techo y Xavi, sentado en su puesto camino de Dakar. Logró llegar al Lago Rosa, pero en taxi. La moto nunca la recuperaron y seguramente andará hoy en día en manos de algún guineano, si es que pudieron arreglarla.

Al año siguiente, el último que corrió con Camper, Xavi Riba cumplió con su promesa: llegar al Lago Rosa en moto. Sus compañeros de equipo Carlos Mas y Fernando Gil terminaron en los puestos segundo y décimo, respectivamente.

El Dakar, una droga difícil de abandonar

Después de esos años a Xavi le entraron las ganas de correr no solo en África, sino también en América, participando en distintos rallies como el Incas en Perú o el de Baja California. Cada vez estaba más preparado para afrontar la gran cita que era el Dakar.

El 26 de diciembre de 1991, en Libia, a las cinco de la mañana, los motoristas estaban ya listos, terminando de desayunar. El silencio, como era costumbre a esas horas tempranas, dominaba a toda la tribu del Dakar. La tensión era enorme, tenían que enfrentarse a un día muy difícil, se trataba de una etapa muy complicada hacia el sur, hacia Sirte. Un rato después arrancaron. Había llovido bastante y la arena estaba apelmazada. Las motos se quedaban clavadas. Una de las veces en que Riba casi se cayó, apoyó el pie y se partió el escafoides. No había solución: le enviaron de vuelta a Barcelona para que le operaran. Por suerte, todo fue bien.

Mientras Xavi estaba en el hospital, su mecánico, Eudald, se subió a la moto y tardó dos días en llegar a Trípoli para intentar embarcar hacia Europa. Xavi le había comprado la moto a Stéphane Peterhansel, más dos motores, recambios y llantas. En total se había gastado diez millones de pesetas. No la podían abandonar. En Trípoli a Eudald no le permitieron embarcar. La situación entre Libia y el mundo occidental era complicada, así que de nuevo se subió en la moto y se fue hasta Túnez. Allí consiguió una plaza para ir a Francia, llegó a Marsella y le tocó conducir hasta Barcelona.

Xavi estaba cansado de estar en el hospital y se le ocurrió que le apetecía ver la llegada del rally a Sudáfrica. Dicho y hecho. Se subió a un avión y después alquiló un cuatro por cuatro. El 11 de enero estaba en Namibia. Durante los siguientes cinco días, con muletas y todo, siguió la carrera hasta Ciudad del Cabo.

En el séptimo cielo

Uno de los primeros años que se utilizó el GPS, Xavi ya corría solo y no estaba bajo el paraguas de un equipo grande. La primera etapa en África fue un caos absoluto. Los pilotos se saltaban los controles de paso por la falta de práctica con el navegador. La etapa tenía pinta de desastre, pero de repente a Xavi se le abrió el cielo cuando vio pasar el Lada de Salvador Servià y Jaime Puig. Los conocía bien y sabía que Jaime era el mejor navegando; por tanto, había que seguirlos a cualquier precio, pero no era fácil. Servià se estaba empleando a fondo y el Lada corría mucho. Como era habitual en Riba, tuvo un golpe de suerte. Dentro del coche estaba teniendo lugar la siguiente conversación:

—Jaime, voy a parar un momento porque llevo un rato queriendo ir al baño y ya no puedo más.

—Tranquilo, Salvador, vamos bien de tiempo.

El Lada se detuvo y detrás de él se paró también la moto de Xavi Riba. Salvador se bajó del coche, se alejó dos pasos y vio al piloto.

—Pero ¿qué haces ahí parado, Xavi? —le gritó Servià—. ¡Sigue, sigue!

Pero Riba no tenía la menor intención de separarse del mejor navegante de la carrera con GPS, de Jaime Puig.

—No, tranquilo, yo os espero. Lo bueno es seguiros.

Los tres soltaron una carcajada. Era evidente que Xavi no tenía ni idea de dónde estaban ni de cuál era la dirección correcta a seguir. Salvador subió al coche y continuaron. Ese día el Lada voló por las dunas y también Xavi, que logró entrar en quinto lugar, mientras la mayoría de los motoristas fueron penalizados.

Terminada la etapa, quedaban unos doscientos kilómetros de enlace hasta el campamento. La temperatura era tan elevada que la arena estaba muy caliente. El enlace era un infierno. Decidió esperar. Por la noche refrescaría y todo resultaría más fácil. No le importaba dormir solo en medio del desierto y madrugar para llegar al campamento al amanecer.

No fue el único que lo pensó. Un motorista belga y otro portugués se unieron al campamento improvisado de Xavi. Fue una de las mejores noches de su vida. A lo lejos podían verse las luces de los camiones que subían y bajaban las dunas, todavía en la especial. Los potentes faros de esas bestias se reflejaban en un cielo infinito plagado de estrellas. Estaba tan fascinado por ese paisaje que casi no durmió. Con las primeras luces del día se subió a la moto y continuó hasta el campamento desde donde arrancaría una nueva jornada.

En la ardiente oscuridad

Los dos últimos años de Riba en el Dakar fueron 1994 y 1995. En ellos corrió junto a un buen amigo, Álvaro Bultó. Aunque les pasaron mil aventuras, los dos pilotos fueron capaces de ganar la categoría maratón y terminar en noveno y décimo puesto.

El 11 de enero de 1994, en Mauritania, saliendo de Nuadibú, la situación se puso seria para todos los supervivientes del rally. La arena era demasiado blanda para poder cruzar y llegar a Marruecos. La única opción para la organización de no perder a los que quedaban en carrera era suspender la etapa, y así lo hicieron. A mediodía, cuando quedaban cerca de trescientos kilómetros para terminar, el rally se paró. A Riba y a Bultó les dijeron que tenían que desandar parte de lo que habían hecho para tomar a continuación un desvío hasta una pista y así evitar la zona más complicada, donde quedarían irremediablemente atrapados.

La vuelta era de otros seiscientos kilómetros y llegarían de noche. Siguieron las indicaciones pertinentes para alcanzar un punto en el que tenían que girar y seguir las vías del tren. No tenían referencias en el libro de ruta, hacía un buen rato que andaban fuera de la carrera, se suponía que podían circular por uno de los costados de la vía, pero lo más fácil para los dos motoristas españoles fue transitar en medio de los raíles. Si venía el tren, lo verían a kilómetros y ellos acortarían la ruta. No calcularon que hacer cientos de kilómetros con el traqueteo de las traviesas de madera podía ser un infierno.

La noche llegó y fue atrapando a todos los que intentaban dirigirse hacia el campamento. Riba y Bultó seguían entrando y saliendo de las vías. Y si había posibilidad de ir por fuera, lo hacían, porque así evitaban el traqueteo. En esa oscuridad, cuando no llevaban ni cincuenta kilómetros, a Álvaro se le fundió la luz de la moto. Ir por encima de las traviesas estaba afectando a su moto. Xavi frenó cuando no vio la luz de su amigo, dio la vuelta y lo vio parado y a oscuras.

—¿Está todo bien? ¿Qué haces aquí en medio, a oscuras?

—La luz, Xavi, que se ha fundido. ¿Llevas alguna de repuesto?

—No, no tengo bombillas. Me sigues y nos apañamos con la mía.

Era la única solución, y así continuaron hasta que cien kilómetros más allá el que se quedó a oscuras fue Xavi.

—Vaya por Dios, pues ahora sí que estamos fastidiados. Álvaro, ¿estás ahí?

Nadie respondió. Bultó no estaba detrás de Xavi, así que sin ver prácticamente nada, el motorista decidió darse la vuelta y buscar a su amigo. No había recorrido ni dos kilómetros cuando las dos motos chocaron de frente, cayendo los pilotos a ambos lados. Los dos habían decidido ir a buscar a su compañero, pero lo hicieron por el mismo lado de la vía.

—¿Estás bien? —gritó Álvaro primero.

—Sí, sí, no sé dónde estoy, pero estoy bien.

Con las linternas, como pudieron, revisaron las motos. No se había roto nada.

—Y ahora ¿qué hacemos? —Álvaro miró a su compañero.

—Continuar, pero sin ver nada es mejor que cada uno vaya por su lado para que no nos choquemos de nuevo.

La noche fue larga. Los dos se perdieron de nuevo, pero esta vez no se chocaron y llegaron con una hora de diferencia al campamento. Álvaro entró a las cuatro y Xavi, una hora después.

En 1995, en Senegal, junto al Lago Rosa, Xavi Riba tomó la decisión de no regresar al Dakar. Había cumplido con creces su sueño y había cumplido la promesa que le hiciera en las Navidades de 1987 a su padre poco antes de morir. Había vivido las mejores experiencias de su vida hasta entonces. Había llegado el momento de bajarse de la moto de esa prueba africana que tanto le había cambiado la vida. Era consciente de que correr ocho años el Dakar le había dejado mentalmente tocado, tenía algo parecido a un estrés postraumático. Muchas noches soñaba con cosas que le habían sucedido. Había crecido como persona, pero también había pagado un precio: el de la soledad y el de tener que ser especialmente egoísta para sobrevivir. Y no quería seguir sumando esas cualidades a su vida...

Cuando terminó con el Dakar continuó con la representación de marcas de esquí, a lo que siempre se había dedicado. Era curioso ver cómo sus motos siempre llevaban publicidad de marcas relacionadas con la nieve en medio del desierto.

Su compañero de aventuras, Álvaro Bultó, continuó con su vida de emociones y aventura, sin parar ni un solo segundo. Del Camel Trophy al paracaidismo o al salto BASE. El 23 de agosto de 2013 dio el último salto. Se golpeó en un saliente y perdió la vida.

Ahora su amigo Xavi Riba recuerda por los dos aquellos rallies por África donde con sus motos conquistaban las dunas.

11. J. L. ÁLVAREZ, NOVIO A LA FUGA EN ÁFRICA

17 de enero de 1987
Cerca de Tidjikja, región de Tagant, centro de Mauritania

—Para mí es un honor, pero no me voy a casar con su hija. Yo tengo familia en España y, de verdad, no me puedo casar.

Jota no sabía ya cómo librarse de ese intento de boda exprés al que lo querían obligar. Lo único que deseaba era huir a escondidas de aquel poblado. Lo intentaría por la noche. Aquella situación era de locos. Lo último que pensaba era casarse en África con aquella chica que no conocía de absolutamente nada.

Todo por una moto

La Honda no daba para más. La noche anterior había intentado soldar el chasis, pero no había funcionado. El esfuerzo y la locura de jugarse todos los ahorros para comprarse la Honda en Andorra iban a quedar enterrados en el desierto mauritano. Tocaba pensar un plan para salir de ahí al menos con algo de efectivo; quizá podría vender lo que quedaba de la moto a alguien de la zona que tuviera dinero. No iba a ser fácil, pero seguro que encontraría algo.

Jota no sabía vivir de otra manera, todo lo llevaba al extremo, hasta la última consecuencia. Había vendido un pequeño taller de reparación de electrodomésticos para montar uno más grande, pero cuando le dieron el dinero, tuvo otra idea mejor. Prefirió cumplir un sueño: comprarse una moto e irse al París-Dakar. Dicho y hecho. Con toda la familia en contra, se fue a Andorra, porque en España no había opción de comprar una moto japonesa. Consiguió una Honda, la modificó, le puso todo lo que exigía la organización para pasar las verificaciones y listo. La asistencia se la harían unos amigos con un Land Rover que le irían siguiendo etapa tras etapa. No le quedó nada de dinero ni para montar un pequeño negocio a su vuelta, así que decidió que la vida había que vivirla y que los sueños había que cumplirlos.

Su principal problema para el Dakar era que no sabía navegar. No tenía ni idea de rumbos. Ni sabía usar una brújula o un libro de ruta. La solución era seguir las roderas de los demás. Como no tenía la más mínima intención de abrir carrera, iría siempre por el sitio donde hubiesen pasado la mayoría.

La experiencia africana la había adquirido el año anterior, en 1986. El plan fue muy sencillo. Tenía la moto, pero no el dinero para pagar su participación, así que ni corto ni perezoso avisó a unos periodistas de lo que iba a hacer. Aguardó en Argelia al convoy y luego se dedicó a salir todas las mañanas junto a las demás motos. Lo que hacía era esperar a un kilómetro de la salida. Se dedicaba a completar las etapas, pero pasaba de largo los controles. Después entraba en el campamento. Como le veían vestido de motorista y que aparecía en mitad del desierto, todo el mundo pensaba que era un participante. Nadie sospechó que tenían un «pirata» entre ellos. En qué cabeza cabía la posibilidad de que alguien se colara para correr una carrera sin control y en medio del desierto. Su arrojo tenía una recompensa: siempre le daban de comer en Africa Tours porque pensaban que era uno más.

Cerca de Tamanrasset, al sur de Argelia, se le rompió la amortiguación y tuvo que decirle adiós a la aventura de seguir de infiltrado en el rally más famoso del planeta. Durante cinco etapas había engañado a la organización y se había metido en la fiesta sin pagar. Ese fue el final de su primera aventura africana.

Ahora todo era distinto, formaba parte de la carrera, tenía coche de asistencia y el plan era llegar al Lago Rosa, cumpliendo con el sueño de su vida y quizá consiguiendo alguna oportunidad para recuperar el dinero de su negocio.

El Dakar era una aventura constante desde el kilómetro cero. Jota se quedó sin asistencia desde el mismo Toulouse: el Land Rover no llegó ni siquiera a Barcelona. Los que sí llegaron fueron sus amigos con las piezas de recambio y las herramientas. Estos se cogieron un taxi desde Toulouse hasta la ciudad condal, pero les costó todo el dinero que tenían. En Barcelona se despidieron de Jota y este cargó con lo que pudo para poder sobrevivir en la carrera. Sus amigos le prometieron que alguno de ellos aparecería durante la jornada de descanso con más repuestos. Y cumplieron. Al final eran unos locos de atar que estaban siguiendo a otro...

Así que allí estaba, con la moto reventada en medio del desierto. La suerte de Jota cambió cuando vio a unos jóvenes locales a los que, en vez de pedirles ayuda, les propuso venderles la moto. Les dijo que si ellos no podían, que si conocían a alguien que se la pudiera comprar. Al rato aparecieron unos hombres mayores y mejor vestidos que los chicos asegurando que quedarse la moto, la negociación llegó a buen puerto y vendió lo que quedaba de la Honda.

El más mayor de los compradores, y claramente el que tenía el dinero, decidió intentar una operación para recuperar parte de la inversión, el plan era muy sencillo: casar a ese extranjero, que ahora tenía su dinero, con una de sus hijas. Poco se imaginaba Jota cuando le invitaron a comer y a beber en el poblado que lo que pretendían era que saliera casado.

—Que ya le he dicho que no me voy a casar.

Entre sonrisa nerviosa y sonrisa nerviosa, Jota se fue acercando hacia la puerta de la casa donde había estado comiendo. Tenía que salir de ahí corriendo, como fuera. Su futura esposa no dejaba de mirarlo mientras se pegaba a él, acosándolo e intentando llevarle hacia un cuarto contiguo.

«Si quieres salir de esta, Jota, y seguir soltero, más vale que corras», se dijo para sí mismo, y echó a correr todo lo que pudo dejando atrás el poblado. Al principio unos pocos comenzaron a perseguirlo, pero unos metros más allá nadie le seguía. La operación boda había terminado.

Con el dinero que le quedaba siguió el rally. Días después, en el campamento, decidió cambiar su traje de moto por una chilaba. El plan era llegar a Dakar y ahí comprar un billete para regresar a España. El problema era que con el dinero de la moto no le daba ni para un billete. Además, eran dos. Él y su «asistencia», el amigo mecánico. Paco Peña, periodista de Radio Nacional, y algunos compañeros más hicieron una pequeña colecta para juntar lo que faltaba para el billete. Al final la Federación Española se hizo cargo de repatriar a los dos. Jota llegó con chilaba a España y vestido de esa guisa atendió a la prensa. También acudió a la Generalitat para ser recibido por el *president* Pujol junto al resto de los expedicionarios que habían participado en la carrera ese año.

El Dakar en un quad

Jota siguió intentando buscarse la vida para conseguir regresar al Dakar. En 1988 lo hizo acreditado por una revista. El aparato escogido fue un quad, un vehículo de cuatro ruedas con manillar y sin carrocería. Una vez más, la idea era seguir pegado a alguien. Lo hizo a una de las parejas del momento en el rally, los españoles Agustín Fernández y Juan Hernández.

El día de Reyes la etapa transcurría entre Bordj Omar Driss y Tamanrasset, más de ochocientos kilómetros a través de la región montañosa de Tassili, en Argelia. Después de unas cuantas dunas, Jota andaba solo, se había despistado y optó por seguir las roderas. Al rato se encontró con algunos de los pilotos del equipo Yamaha Sonauto: Jean-Claude Olivier, Stéphane Peterhansel y André Malherbe, que también estaban buscando la ruta correcta. Les intentó seguir, pero era imposible porque su quad no corría tanto como aquellas motos, pero unos diez kilómetros más allá los vio de nuevo a lo lejos. Estaban parados y le extrañó. Cuando llegó a su altura, estaba André en el suelo. El piloto había sufrido una caída cuando iban a más de ciento cincuenta kilómetros por hora. Era evidente que se había hecho mucho daño.

Estaban esperando a que apareciera alguien, quizá el helicóptero. Olivier les dijo a los demás que continuaran. Jota y él se quedaron a esperar. Malherbe no tenía sensibilidad en los brazos ni en las piernas. La evacuación del piloto belga se realizó en helicóptero y luego le trasladaron a un avión medicalizado rumbo a París. Sus lesiones le dejaron en una silla de ruedas para el resto de su vida.

Ese mismo día, los hermanos Bäbler, Jordi y Hansi, sufrieron un accidente y abandonaron. También lo hizo Xavi Riba. No fue una buena jornada.

El Dakar de 1988 no fue fácil. Murieron tres pilotos: Kees Van Loevezijn, al salir despedido de la cabina de su camión; el copiloto Patrick Canado, cuando su coche chocó contra otro participante, y el motorista Jean-Claude Huger.

Jean-Claude Olivier, después de asistir a su compañero, siguió en la carrera, pero días más tarde se cayó y se rompió el brazo. Sin embargo, entró en séptimo puesto en el Dakar. Stéphane Peterhansel siempre contó que fue un ejemplo para él de cómo se debía afrontar esa carrera.

Después de la experiencia en el quad, Jota decidió regresar en varias ediciones más, siempre en ese vehículo. Algunos de ellos los diseñó él mismo. En 1996 se le fue la mano en el invento y creó uno partiendo de un Suzuki Vitara. Era tan grande, que la organización se asustó y decidió devolverle el dinero e indemnizarle, pero no le permitieron competir con esa «bestia».

Un final de infarto

En 2003 se convirtió en el primer español en terminar la gran aventura subido en un quad, pero el final fue de infarto. El 18 de enero, en la etapa entre Abu Rish y Sharm el-Sheij, en Egipto, donde terminaba ese año la carrera, Jota estaba perdido una vez más. No se encontraba lejos de la meta, la tenía prácticamente al alcance de la mano. Siguió unas roderas, pero había muchas y en distintas direcciones. Tenía que acertar sí o sí con el paso de un cañón. Se asustó, porque si no daba con la senda correcta se quedaría a las puertas de la meta.

Al rato, un gran charco de aceite le anunció que quien iba por delante de él tenía problemas. Cinco kilómetros más allá, Peterhansel, que conducía un Mitsubishi, estaba parado y con el coche roto.

Jota respiró aliviado, había apostado por la pista correcta. Peterhansel no se equivocaba a la hora de elegir la ruta. Lloró de la emoción porque había conseguido terminar el rally con un quad.

Jota siempre fue al límite en sus participaciones en el París-Dakar. Esa era la filosofía de Sabine y el piloto español la llevaba hasta sus últimas consecuencias. Solía contar con poco presupuesto, apenas tenía asistencia y en la mayoría de los casos no contaba con billete de vuelta porque no le quedaba dinero para pagarlo. Con todo, participó en tantos rallies como pudo y en unos cuantos inventó extraños vehículos que no llegaron a correr. En 2019 decidió que era el momento para que debutara su hijo. Los dos corrieron en la categoría T-4 e hicieron turnos de una hora para conducir... Y, claro está, no tuvieron asistencia. No podía ser de otra manera... Jota, si no es al límite, no juega en la vida.

12.
HANSI BÄBLER Y ÁNGEL ORTIZ, LOS SUPERVIVIENTES DE LA PARCA

4 de enero de 1992
Etapa entre Bouar (República Centroafricana) y Yaundé (Camerún)
Tramo de enlace, camino de Yaundé

El Nissan daba vueltas sin parar. Cuesta abajo. De pronto, a Ángel Ortiz, el copiloto, se le apareció un casco frente a la cara. Lo pescó al vuelo y se lo puso. Lo sujetó con las manos como pudo. Estaban cayendo por un barranco de unos setenta metros. Cada vuelta que daba el Nissan parecía que era más lenta. En cualquier momento dejarían de caer, se detendrían. Hansi Bäbler, el piloto, estaba sin sentido. El todoterreno se detuvo milagrosamente sobre sus ruedas. Ángel Ortiz trató de abrir la puerta. Esta parecía un papel arrugado de tantos golpes que llevaba. Tan solo quería ver dónde habían caído. Parecía que la parca estaba al acecho, pero no fue así.

Hansi Bäbler, siete vidas tiene un gato

Habían terminado la etapa. Todo estaba bien. No había sido complicada para el equipo. Se disponían a llegar al campamento lo más temprano posible para poder descansar un buen rato. Se aflojaron los cinturones, se quitaron los cascos y los dejaron entre los dos asientos, apoyados. Estaban en el tramo de enlace, ya no iban a correr y no los necesitaban.

La pista por la que circulaban estaba peraltada, pero al revés. La pendiente hacia el exterior no era por un defecto de construcción, sino que se hacía así para poder evacuar el agua en época de lluvias. Pero eso también provocaba que acumulara bastante arena y Hansi estaba corriendo más de lo debido en aquellas circunstancias. De repente, el coche se le fue. Lo intentó controlar, pero cada vez estaban más cerca del barranco. Volcaron y cayeron sin remedio. Dieron diez vueltas de campana durante los setenta metros de caída por el despeñadero.

Hansi perdió el conocimiento y se rompió el brazo. Estaba claro que corría demasiado. Cuando tuvieron el accidente se encontraban en algún punto entre la frontera de República Centroafricana y Camerún. Lo único que recordaría el piloto español era que les habían ayudado unos militares franceses. Ángel logró salir del coche y subir por la pendiente por la que se habían pegado el batacazo para buscar ayuda.

Bäbler seguía semiinconsciente mientras Ángel llegaba hasta la pista desde la que se habían despeñado. No era una zona desértica, sino montañosa y con vegetación por todas partes. Hansi en su relato no recuerda casi nada de lo que aconteció: «No sé muy bien cómo, pero terminé dentro de un helicóptero. Después me subieron a un avión para llevarme al hospital en la ciudad de Yaundé». Pero la historia del accidente tenía una segunda parte, e incluso una tercera.

Cuando el helicóptero despegó, Bäbler estaba aún medio grogui, escuchaba en un segundo plano, a lo lejos, lo que decía la tripulación, pero le costaba centrar la atención, entenderles. Estaba tumbado en una camilla. De repente, una de las puertas del aparato salió volando, el helicóptero se descompensó. Por los gritos, el español tuvo claro que se iban a estrellar. Había salido vivo del accidente de coche para morir en un helicóptero..., eso fue lo primero que se le pasó por la cabeza. Milagrosamente el piloto consiguió controlar el aparato y, cuando aterrizaron, todos respiraron aliviados. Habían estado a punto de matarse.

Se había salvado por segunda vez de su cita con la muerte. Ya solo le quedaba que le trasladaran en un avión polaco de hélices hacia el hospital, pero por un instante tuvo una sensación extraña. El despegue fue correcto, salvo por un detalle: reventó una de las ruedas. El problema derivó en que tenían que hacer un aterrizaje de emergencia en Yaundé, que no era el mejor aeropuerto del mundo para realizar ese tipo de maniobra. Por tercera vez la parca preguntó por él. Lo ocurrido no se le ha ido nunca de la cabeza: «Ese día estaba claro que no me tocaba morir. Llegué al hospital en shock. No sé cuándo pasé más miedo o si dejé de tener miedo en algún momento durante toda esa locura».

ÁNGEL ORTIZ, UN BUEN CUENTO

Este relato, y con otras vicisitudes, es igual de emocionante desde la mirada del copiloto, Ángel Ortiz. Estaban en la etapa de enlace, la especial ya la habían terminado. Se quitaron los cascos, se aflojaron los cinturones y se dispusieron a cubrir los kilómetros que había hasta el campamento. Hansi le recordaba cada año, antes de arrancar el Dakar, que si algún día volcaban, las manos tenían que estar en el pecho. Nada de buscar dónde agarrarse o protegerse la cabeza, directamente las manos al pecho. Total, que volcaron. Según las palabras de Ángel: «Salimos derrapando de una curva y empezamos a dar vueltas de campana mientras caíamos por un barranco, y yo con las manos en el pecho». En el primer vuelco se dieron contra un árbol por el lado del piloto, lo rompieron y además se dobló la barra de seguridad. Al no llevar los cascos puestos, Hansi se dio en la cabeza y perdió el conocimiento. Con ese golpe, uno de los brazos se le quedó atrapado entre el asiento y la puerta y se le rompió.

En la tercera vuelta, un casco pasó volando delante de Ángel, lo atrapó al vuelo, se lo puso y se quedó aguantándolo con las manos. «Pensé en la suerte que había tenido. Seguimos rodando, pero el coche cada vez iba más lento». Llegaron al final del barranco, setenta metros. El coche se paró y quedó sobre las ruedas, no bocabajo. «Me fijé en dónde habíamos caído y estábamos rodeados de hierba y de cañas muy altas. Todo con vegetación, menos por donde había rodado el coche, que había segado las cañas, los árboles y la hierba, dejando un camino perfectamente perfilado».

Espabiló a Hansi, que iba volviendo en sí, aunque se quejaba. Le metió el brazo por dentro del mono para inmovilizarlo. El piloto no se estaba enterando de nada, pero se movía. Lo sacó del coche e instintivamente recogió las cuatro cosas que llevaban y las metió en una bolsa. Se fue hacia arriba para alcanzar de nuevo la pista, justo por la zona que había limpiado el Nissan mientras caía.

Tenía treinta y cinco años y estaba muy fuerte, así que comenzó a subir como una liebre. Trepó los setenta metros en nada; también la adrenalina le ayudaba. El sitio por donde se habían caído era complicado de ver desde la pista, así que nadie se había dado cuenta de lo sucedido. No sabían que estaban al fondo del barranco. Total, cuando el copiloto apareció de la nada, vio a unos soldados franceses que eran de la Legión Extranjera. Bueno, esto último lo supo después; para él eran soldados franceses y listo. Los militares, cuando vieron que un tipo asomaba la cabeza por el borde de la carretera desde el barranco, corrieron hacia él. Les pidió ayuda y se asomaron para ver dónde habían terminado. Al fondo estaba el Nissan.

Empezó a conversar con uno de los soldados y este hablaba un francés igual de chungo que el suyo. El tío era de Alsasua y se apellidaba Zabala. Mientras charlaban llegaron más militares. Bajaron a por Hansi y lo subieron caminando entre cuatro. El piloto continuaba grogui y no se enteraba de nada. Le metieron en un coche y se lo llevaron a un helicóptero. Los dos vascos se despidieron, Ángel le agradeció la ayuda a Zabala y después a él le hicieron subir a otro coche distinto.

Para hacer el cuento corto, Ángel llegó al campamento y de ahí fue a por Hansi, que ya había regresado del hospital. Nada más verlo le soltó que ese día no le tocaba morir. Le contó que había salido volando la puerta del helicóptero, pero que no se habían estrellado, y también que había pinchado el tren de aterrizaje del avión, pero que tampoco les había pasado nada. Los dos compañeros de aventura no tuvieron tiempo para más.

«Nos llevaron al aeropuerto para evacuarnos, volamos a París y de ahí a Barcelona. Cuando llegamos a París, por cómo nos miraba la gente, me di cuenta de que teníamos un aspecto terrible». Hansi llevaba vendada la cabeza y el brazo escayolado y Ángel estaba hecho un desastre. El vuelo París-Barcelona era de Iberia, y cuando los vieron llegar, los tripulantes se asustaron y les preguntaron qué les había pasado. Fue a verlos hasta el comandante del avión, que se apellidaba Lechuga. La vida tiene sus cosas y resultó que Ángel vivía en Tolosa, en la calle Lechuga. Los trataron de cine. Fue en ese vuelo donde aprendió que su calle tenía el nombre de un militar español de los Tercios de Flandes, el famoso Cristóbal Lechuga. Aterrizaron en Barcelona y Hansi fue directo al hospital; su copiloto continuó el viaje hacia su tierra, a casa. Llegó a Euskadi y le estaba esperando la tele. Dio una entrevista donde contó todo lo que les había pasado, pero la historia no terminó ese día.

A las dos semanas de la entrevista y del regreso de Ortiz, en una notaría en Pamplona estaba uno de su pueblo, de Tolosa, que tenía que hacer una gestión. Mientras esperaba en una sala con otra gente le fueron a buscar, le llamaron por su nombre en voz alta y le preguntaron que de dónde era: «Fulanito de tal, de Tolosa». Total, que un señor que estaba en la sala se quedó con lo de Tolosa, le esperó y le abordó al salir de hablar con el notario. Para su sorpresa le preguntó si conocía a Ángel Ortiz, de Tolosa, que le había visto en la tele y que quería hablar con él si era posible. El tipo le dijo que sí, que sabía quién era; entonces el hombre se identificó. Se presentó como Zabala y que su hijo era el militar con quien Ángel había hablado cuando salió del barranco. Le pidió que cuando pudiera, le hiciera llegar a ese chico que había regresado de África su número de teléfono para que, por favor, le llamase. Y le entregó un papel con el teléfono.

El paisano de Tolosa pasó al día siguiente por una ferretería a la que Ortiz iba habitualmente y dejó el papel con el número escrito a mano. Unos días después le llegó al copiloto la nota y llamó al teléfono. Le contestó el señor Zabala y le preguntó por el soldado. Ángel le contó todo lo que habían hablado y le dijo que lo había visto bien. Total, que el chico se había ido de casa hacía tres años y la familia nunca había sabido más de él. El hombre se quedó muy agradecido y más tranquilo, porque pensaba que le había podido pasar algo terrible y lo que sucedía era que estaba de legionario en África.

Nunca más Ángel Ortiz supo nada ni del soldado ni de su familia. Lo que sí le contaron, pero no sabía si era cierto, es que cuatro años después del accidente llamaron a Nissan ofreciendo aquel coche que había caído por el precipicio (o lo que quedaba de él) a cambio de dinero. Parece ser que fueron capaces de sacarlo del barranco. Las cosas que recuperó el día del accidente, incluida la baliza que no funcionó, las tiene hoy en día de recuerdo en casa. «El coche, cuando lo dejé, salvo por todos los golpes que había recibido con las vueltas de campana, estaba bien».

Los hermanos Bäbler y la conquista del desierto

Los Bäbler participaron por primera vez el Dakar en 1987. A Jordi Bäbler, el hermano de Hansi, le ofreció Nissan la oportunidad de correr después del buen papel que había hecho con un Suzuki ese año en la Baja Aragón. La única exigencia fue que su copiloto tenía que saber de mecánica. Dicho y hecho. La propuesta de Jordi fue llevar a su hermano Hansi, que era mecánico. A Nissan le pareció bien.

En 1987, Hansi no había corrido nunca en un todoterreno, pero le pareció un buen plan lo de ir a África. La única condición que puso fue que en alguna etapa tenía que conducir él. También aceptaron dicha propuesta, así que los hermanos Bäbler formaron parte del equipo Nissan el 1 de enero de 1987. Los dos partieron desde Francia para intentar llegar hasta el Lago Rosa.

El único contacto de Hansi con el desierto había sido rodando un anuncio del nuevo SEAT Ibiza en 1985, en Djanet, a unos trescientos kilómetros de Tamanrasset, en el sudeste de Argelia. En ese rodaje conoció a Ángel Ortiz. El futuro copiloto de Hansi llegó hasta el oasis de Djanet con un autobús y los dos coches que eran los protagonistas del anuncio. Ángel se encargaba de resolver todas las necesidades del rodaje y del equipo de filmación. Era el chico para todo, igual preparaba una tortilla para comer que ayudaba al mecánico contratado, que era Hansi Bäbler, para cuidar los coches. De la amistad que nació en el desierto llegaría en 1989 la posibilidad de ir juntos al rally más increíble del mundo, al Dakar, con el tercer coche de Nissan, el de asistencia rápida.

Antes del Dakar, los hermanos Bäbler, para preparar la gran cita africana, se fueron a correr el rally de los Faraones, en Egipto. Quedaron segundos por detrás de la pareja vencedora, formada por Miguel Prieto y Ramón Termens. Esta última pareja fue la primera en ganar un rally de los importantes con un vehículo con motor diésel. Esto era todo un éxito para Nissan, que finalmente los animó a apuntarse al Dakar. Así que fueron Miguel Prieto y Ramón Termens en un coche y en el otro, los hermanos Bäbler. De hecho, Prieto y Termens no solo ganaron la categoría diésel, sino que entraron en el top diez de la carrera.

El primer año fue muy impactante para los Bäbler porque no tenían ni idea de dónde se metían, como les sucedía a todos los que debutaban año tras año. En Egipto tenían oasis de referencia, se corría por una zona paralela al río Nilo y hasta Asuán las etapas no eran excesivamente largas. En el Dakar, en cambio, las etapas eran eternas, no se veía un oasis ni de casualidad, los desiertos de piedras eran trialeras y los de arena eran lagos inmensos de los que parecía imposible salir. Las noches eran dantescas por el frío (sobre todo en la parte norte de África y en pleno desierto), no solo a la hora de conducir y moverse por la arena, sino también al tirarse al suelo para reparar el coche. Hansi notaba el viento continuo a ras de suelo, que no le dejaba en paz ni le daba un respiro.

Jordi conducía mucho y bien. Él sabía lo que significaba ganar y entre sus victorias estaba el Campeonato de España de Rallies. Hansi, sin embargo, siempre le decía que era demasiado valiente para las pistas africanas, que se enfrentaba con demasiada fe a todos los obstáculos. En su primer año la historia terminó detrás de una duna muerta, después de un salto. En principio no era un punto peligroso de la carrera, pero las trampas en el Dakar aparecían cuando menos se lo esperaban.

—Hansi, esto es una zona rápida, ¿tenemos algún aviso de lo próximo que viene?

—No, tranquilo, Jordi; según el libro de ruta, esta zona no tiene marcado ningún peligro...

Hansi no había terminado la frase cuando despegaron del suelo y cayeron unos metros más allá de morro, destrozando el coche. Hasta aquel instante ya les había pasado de todo, porque la falta de conocimiento del terreno de las dunas y el no saber leer en qué tipo de arena se movían les hizo la vida mucho más complicada.

Los vuelos de las bestias del desierto...

Hansi se acostumbró a volar junto a su hermano. En la primera foto de un anuncio del Nissan Fanta Limón por los aires salían ellos. La marca de refrescos utilizó la imagen para publicidad con un texto especial: «La bestia del desierto». Esta fotografía dio la vuelta al mundo. La imagen la habían tomado durante la salida de un tramo cronometrado. Una vez el Nissan aterrizó en el suelo, del impacto perdieron presión tres de las cuatro ruedas. Tuvieron que parar e hincharlas, pero la foto quedó espectacular. Aunque el coche se llevó un buen golpazo.

Pero no fue el único vuelo; hubo uno que Hansi recordaba especialmente porque volaron mucho, pero mucho más. Ocurrió el 4 de enero de 1987. Estaban en Argelia, después de salir de Ghardaïa, camino a El Goléa. El libro de ruta marcaba una zona muy dura pero cubierta de pequeños montículos que había que pasar. Jordi Bäbler comenzó a adelantar a los coches más lentos, que circulaban con precaución por todos esos montículos; el Nissan era más duro y aguantaba más que muchos de los otros competidores. Pero según iban más rápidos, los montículos se convertían en una perfecta lanzadera de despegue, y el Nissan salió despedido, volando. Fue tal el salto, que a Hansi le dio tiempo a contar:

—Uno, dos, tres, cuatro... Dios mío, Jordi, estamos volando.

Afortunadamente, el aterrizaje fue tranquilo y continuaron la carrera. Los dos abandonos de los hermanos Bäbler en sus primeros Dakares fueron por aterrizajes forzosos.

Una solución a lo MacGyver

Tener criterio en el Dakar era casi más importante que el resto de los conocimientos que uno podía ir aprendiendo a base de kilómetros. Por ejemplo, la experiencia les enseñaba a leer las dunas y a averiguar por dónde podía estar el mejor paso. En una etapa, en la zona de Mali, los hermanos Bäbler iban detrás de otro coche, metidos en el polvo, pero el libro de ruta marcaba un cambio de grados. Entonces Hansi avisó a su hermano:

—Jordi, es más a la izquierda según lo que pone en el libro.

—Pero estos tíos a los que estamos siguiendo se van a la derecha.

—Allá ellos, vámonos a la izquierda y a ver quién tiene razón.

Jordi giró hacia la izquierda para tomar el nuevo rumbo. A los pocos kilómetros no había nadie más. Solo divisaban arena y más arena. Era evidente que la decisión de Hansi no había sido la correcta. Tocaba dar la vuelta y regresar por donde habían venido. No había otra solución. Parecía que no podían cruzar entre las dunas; además, no había ningún paso en línea recta. Pocos kilómetros después de empezar a desandar el camino, Hansi paró, se bajó del coche y comprobó con la brújula la ruta correcta.

—Me alejo un poco con la brújula, Jordi, a ver qué rumbo tomamos...

Mientras Hansi se alejaba, Jordi se soltó el cinturón y bajó del coche. Quería beber un poco de agua y, como hacía siempre, miró que todo estuviera bien en el Nissan.

—¡Hansi!, ¡Hansi! Corre, estamos perdiendo gasóleo.

Los gritos de Jordi estaban justificados, pues andaban fuera de ruta, en mitad de las dunas y un agujero del tamaño del dedo meñique estaba provocando una fuga de gasóleo que los podía dejar ahí mismo si no le ponían solución. Hansi llegó corriendo, vio el agujero y le gritó a Jordi:

—¡Jabón, Jordi, jabón! ¡Dónde tienes la pastilla de jabón!

—Pero qué dices, Hansi.

—Que me des tu pastilla de jabón, que he leído que con esto se pueden sellar estos agujeros.

Jordi no sabía si echarse a reír o matar a su hermano, pero se puso a buscar la pastilla que tenía en la bolsa de aseo personal. Hansi hizo lo mismo y la encontró primero. La pasó una y otra vez sobre el agujero y poco a poco la fuga desapareció. El agujero quedó sellado. Había funcionado. Acababan de librarse de una buena.

—Ya me dirás, Hansi, dónde aprendiste esto, porque es digno de MacGyver.

Los dos hermanos estaban eufóricos. Hansi no se lo podía creer, si no fuera porque lo había hecho él mismo. Los dos seguían riendo mientras desandaban el camino para encontrar la pista correcta.

—De toda la vida, lo mejor para los agujeros en los depósitos es el jabón, Jordi, ya lo sabes.

Esa noche llegaron al campamento y el agujero seguía sellado. Los mecánicos de Nissan escucharon sorprendidos la historia. A la mañana siguiente, la asistencia de Nissan y los que seguían en carrera llevaban una pastilla de jabón..., por si acaso.

AL RESCATE

Hansi y su copiloto Ángel siempre hicieron buena pareja una vez empezaron a correr juntos. El segundo año que ambos participaron en esta aventura, en 1990, la salida en la prueba especial fue un infierno. El prólogo en Chevilly era un auténtico lodazal. Había llovido y toda la especial estaba imposible. Paco Crous, mánager del equipo Nissan, había conseguido unos juegos de neumáticos tipo motocross, pero solo había para los coches de Joan Porcar y Miguel Prieto. Con esas ruedas quedaron en segundo y tercer puesto en la especial. Sin embargo, Bäbler y Ortiz, que usaban unas anchas, se quedaron tirados en el barro. Para entender lo que les sucedió: la pista que Porcar hizo en poco más de cinco minutos, ellos tardaron una hora. Gracias a la ayuda del público, que les dejó unas tablas de madera, llegaron al final de la especial.

Tocaba salir muy atrás en la primera etapa africana. El 29 de diciembre de 1990 partían desde Trípoli para llegar a Gadamés. Pero todo se complicó mucho más porque Bäbler amaneció con una migraña terrible y casi ni podía conducir. Cada pocos kilómetros Hansi tenía que parar y vomitar. Ortiz decidió que su compañero se sentara de copiloto mientras él conducía. Adelantó por las pistas paralelas a varios camiones. La operación resultó bien y recuperaron muchos puestos en la general. A pocos kilómetros del final de la etapa, antes de cruzar el control de paso, Hansi se puso a conducir de nuevo y continuó hasta el campamento. Bäbler y Ortiz terminaron en el Lago Rosa en el puesto 20 de la general.

La otra gran historia que recuerda Ángel fue el día que tuvieron que rescatar a Miguel Prieto y Manel Juncosa de un río en Guinea, en el mismo que también se habían quedado atrapados Salvador Servià y Jaime Puig. Aquello ocurrió el primer año que compitieron juntos en 1989. Es curioso, porque cada piloto recuerda esta anécdota con pequeñas variantes, pero a todos se les quedó de alguna manera grabada.

Cuando Hansi y Ángel llegaron allí, los coches de los españoles estaban en el agua. Nadie se había parado a ayudar y se lanzaron a asistir a sus compañeros de equipo. Entre los cuatro, con el agua hasta el cuello, lograron sacar el Nissan. En la operación Juncosa, el copi de Prieto, se mareó. Entre el agua fría, los nervios y los gases del coche, perdió el sentido y se desmayó. Los médicos de la organización que estaban allí lo reanimaron y lo evacuaron. Se lo llevaron en helicóptero hasta el campamento, al final de la etapa. Miguel Prieto se quedó solo, pero decidió continuar. Técnicamente estaba fuera de carrera, no podía ir sin copiloto, pero nadie se percató de que estaba corriendo sin nadie a su lado. Se la coló a todos. Le sellaron en todos los controles de paso y fue capaz de llegar al final de la etapa. Juncosa, recuperado, volvió a subirse al coche. De todos modos, esta historia ya la ha contado Miguel en su capítulo.

El corredor que surgió de la oscuridad

A veces las anécdotas se les acumulan cuando recuerdan y no las ubican en el tiempo porque son demasiadas, pero sí saben lo que realmente pasaron en aquellos momentos y que merece la pena contarlas. En una de esas aventuras, Hansi y Ángel estaban en plena etapa maratón en Mauritania y se les había hecho de noche una vez más. La oscuridad ese día en el desierto era absoluta. Estaban bastante perdidos, pero no eran los únicos. Estaba siendo una de esas etapas de selección natural en donde poco a poco iban cayendo los menos preparados.

En mitad de la nada, mientras Ángel trataba de encontrar la dirección buena, un hombre apareció, como solo ocurre en África, desde ninguna parte. Parecía un pastor que había estado observando cómo el Nissan cada vez se le acercaba más. Hansi optó por parar y preguntar, aunque tenía claro que la comunicación no sería cosa fácil. Primero le dio las buenas noches y después, tal y como le sugirió Ángel, comenzó a repetir el nombre del lugar al que tenían que ir.

El hombre parecía entenderles y asentía una y otra vez con la cabeza a las palabras de los dos españoles. De repente golpeó el capó del coche y les hizo una señal para que le siguieran. En medio de la noche, el tipo se puso a correr descalzo por una zona de piedras. Hansi y Ángel no daban crédito. Entonces le ofrecieron que se subiese al coche, pero el pastor siguió corriendo entre piedras y pinchos hasta un punto en el que ya solo tenían que continuar hacia la pista. Una vez más, un hombre en mitad de la noche ayudaba a unos participantes del Dakar a encontrar el camino correcto hasta el final de la etapa. El desconocido siguió corriendo, e igual que había aparecido para guiarlos unos cuantos kilómetros, desapareció fundido en la oscuridad de la noche y no lo volvieron a ver.

Ni Hansi Bäbler ni Ángel Ortiz regresaron nunca más al París-Dakar una vez abandonaron en el año 1992. Jordi Bäbler había muerto en un accidente de tráfico en 1990. Hansi se dio cuenta de que no debía seguir tentando a su suerte.

Hansi y Ángel siguen compartiendo hoy en día amistad y recuerdos. Ángel estuvo a punto de embarcarse de nuevo en el Dakar años después, en 1997, pero a última hora no pudo cumplir con el sueño de competir de nuevo en África. Por lo menos a los dos les quedan esas noches imborrables bajo los cielos del continente.

13. ANTONIO «TONI» BOLUDA, EL IMPARABLE

13 de enero de 1998
Punto de repostaje en Mauritania
Etapa Tombuctú-Néma

Antonio Boluda e Isidre Esteve coincidieron en el punto de repostaje. Para Esteve era su primer Dakar; todo le resultaba nuevo y apasionante. Para Boluda, aquel era el último, o al menos eso decía. Aquel año no hubiese participado, pero a última hora quiso ayudar a Carlos Sotelo y decidió ser su mochilero, su asistencia rápida en carrera y también su mánager. Hasta entonces las cosas estaban yendo bastante bien. Tenían un gran equipo y el apoyo de Antena 3 les había permitido armar una estructura muy completa.

Esa mañana estaba siendo movida para Toni porque llevaba unas cuantas horas encima de la moto. La Cagiva ya iba justa de combustible, pero estaba cerca del punto de repostaje. Antes de llegar a ese lugar, donde estaban los bidones de gasolina, en la carrera se había producido un «corte», así era como llamaban los pilotos a la situación de que uno o un grupo de ellos consiguiese abrir una buena diferencia en relación con sus perseguidores.

Ese 13 de enero, a media mañana, el corte era justo por delante de Boluda; la diferencia del piloto español y los de cabeza era de media hora. Habían acertado con la navegación y velocidad. Antonio era el primero del segundo grupo, el de los perseguidores, y justo detrás de él iba un joven Isidre Esteve. Mientras llenaban los depósitos de sus máquinas comentaron lo que tenían por delante, la situación no era nada esperanzadora.

—Ahora, Toni, sales tú y yo lo haré diez minutos después —le dijo Esteve—, va a estar complicado que nos acerquemos a los que van por delante.

—Tranquilo, Isidre, esto es muy largo. En el Dakar siempre pasan cosas. A ver cómo sigue esta etapa, todavía queda mucho.

Era cierto lo que le decía Antonio, sus años en África le habían enseñado que la paciencia era parte del día a día. También lo importante en aquellas tierras era no fallar a la hora de tener la moto bien preparada e intentar no cometer errores de pilotaje. Lo que no se esperaba sin duda era que el destino le tenía preparada una trampa que daría un giro inesperado a su vida. De nada le sirvieron todos sus años de experiencia y la sabiduría que arrastraba...

Años de experiencia

Una década había pasado desde que un joven empresario hostelero de Almanzora (Castellón), Toni Boluda, se aventurara a debutar en la prueba más dura del mundo. Tuvo un inicio cargado de emociones. En 1988 descubrió el desierto, aprendió a navegar y reconoció las trampas que podían acecharle durante el recorrido. Al final entró en el grupo de los pilotos más desafortunados cuando una avería menor de la moto le alejó de su sueño de alcanzar la meta. Ocurrió durante los últimos treinta kilómetros, justo el último día del rally. Ya había corrido doce mil ochocientos cuarenta y cuatro kilómetros y había cruzado seis países... Esa avería le impidió entrar en hora en el control de la última etapa. Quedó excluido de la carrera y no pudo disfrutar del premio que suponía terminar el Dakar, esa famosa llegada al Lago Rosa.

Al año siguiente, en 1989, formó equipo con Jordi Arcarons, Agustí Vall y Ariadna Tortosa, pero tampoco lo lograron. Ese año perdieron el camión de asistencia cuando volcó. Justo entonces empezaron los problemas mecánicos. Al día siguiente de quedarse sin camión, poco antes de entrar en el Teneré, Agustí y Antonio rompieron sus motos y no pudieron ser asistidos. Una jornada más tarde le tocó a Jordi Arcarons. Sin piezas de repuesto no era posible seguir la carrera.

No todo fueron malas noticias en esos primeros años. En 1990 llegó a Dakar y por fin disfrutó del Lago Rosa. Lo hizo en el puesto 18. Al año siguiente, de nuevo con su Honda, realizó el mejor rally de su vida, las cosas salieron como estaban planeadas y entró en décimo lugar, un éxito absoluto. Ese París-Dakar lo ganó Stéphane Peterhansel y por delante de Toni se clasificaron tan solo dos españoles: Jordi Arcarons, en quinto lugar, y Carlos Mas, en el sexto. En 1993 se pasó tres días sin bajarse de la moto para poder llegar hasta el final. Todos los años el rally sacaba lo mejor de Toni, lo llevaba al límite; por eso, aquel 13 de enero de 1998 trató de infundir algo de tranquilidad a ese joven debutante que le preguntaba por una etapa que se les había puesto algo más difícil de lo habitual.

Isidre Esteve, el rescatador

Toni estaba preparado, la Cagiva a tope de combustible, le dieron la cuenta atrás y arrancó. La moto pesaba mucho más, los cuarenta y cinco litros de gasolina se notaban. La idea era ir tranquilo unos cuantos kilómetros e ir aumentando la velocidad más adelante. Todos sabían que después de repostar era «el momento» en que todo se complicaba para los motoristas.

Diez minutos después de Toni arrancó Isidre. El joven motorista iba tranquilo, el libro de ruta le marcaba una primera zona con pequeños montículos de arena muy fina y hierba de camello. Aún le quedaba un buen trecho para entrar de nuevo en las dunas. No iba a mucha velocidad, sino muy por debajo del ritmo que solía llevar en carrera. Tenía la lección muy bien aprendida y sabía que la moto con tanto peso era difícil de manejar.

La pista era exigente, el piloto no estaba cómodo. Se concentró para sortear con éxito la hierba de camello y las pequeñas elevaciones de arena que se convertían en trampas. A lo lejos le pareció ver algo en el suelo que brillaba mucho. No tenía claro qué era, estaba en medio del rumbo que seguía, así que decidió ir en esa dirección. Lo que se encontró no se lo esperaba: Boluda tirado bocabajo en el suelo. Su moto, la Cagiva, estaba algo más allá del cuerpo. Se detuvo y, mientras se bajaba, le gritó un par de veces:

—Toni, Toni, ¿estás bien? ¿Te has hecho daño?

No obtuvo respuesta, Antonio no se movía. Observó que la máscara del casco estaba rota y el piloto estaba inconsciente. Se había golpeado la cabeza y tenía otro golpe muy fuerte en el pecho. Isidre se asustó mucho porque nunca se había visto en una situación como esa, en un accidente tan grave. El joven conectó la baliza de emergencia y puso a Boluda de lado. Le dio la impresión, a través de la máscara rota, que el piloto aún respiraba. Miró a su alrededor para intentar comprender qué había pasado, pero enseguida escuchó el ruido del helicóptero que se acercaba. Tan solo habían pasado unos minutos. Se acordó entonces que mientras él estaba repostando, también lo había hecho el helicóptero. Por tanto, el aviso fue inmediato en cuanto conectó la baliza y no estaban muy lejos.

Los médicos atendieron enseguida a Antonio. Isidre le ayudó en todo lo que pudo. Era evidente que Boluda tenía una conmoción cerebral, pero el golpe en el pecho le había roto tres costillas y el bazo. Todavía no lo sabían, pero estaba perdiendo mucha sangre. La situación era muy crítica. Le gritaron a Isidre que podía irse mientras ellos evacuaban inmediatamente al piloto español. Isidre tardó todavía unos minutos antes de continuar con la carrera. Quiso acercarse hasta la moto de Boluda, que estaba destrozada. Ahí se quedó y nunca la recuperaron. El joven piloto trató de entender lo que había sucedido. La pista era plana y sinuosa, sí, era una zona delicada, de esas en las que no se podía cometer un error. Tan solo estaba a quince o veinte kilómetros de la zona de repostaje; por tanto, sabía que Antonio no habría aumentado todavía la velocidad de la moto. Isidre pensó que la Cagiva de Antonio Boluda había sufrido un latigazo lanzando, al piloto de orejas, y que se golpeó la cabeza cuando cayó al suelo. Lo del pecho se lo hizo con algo de la moto. Se dio cuenta de que estaban rotos todos los instrumentos de navegación.

Habían pasado unos veinte minutos desde el accidente y Boluda ya volaba hacia un hospital. Isidre Esteve se subió a su KTM y arrancó, el joven piloto acababa de descubrir una de las partes duras del Dakar.

Crónica de una recuperación

La caída de Toni no tardó en aparecer en los periódicos de medio mundo, el Dakar tenía un amplificador mediático casi inmediato para lo bueno y para lo malo. «El motorista Antonio Boluda, en estado crítico tras un accidente», se hicieron eco los titulares. Contaban la historia de cómo se había caído y que Isidre Esteve lo había encontrado. Antonio estaba en coma, en un hospital en Dakar. Al veterano motorista se le había reventado el bazo y había perdido mucha sangre. Los médicos del hospital no dieron más detalles. Tan solo faltaban cinco días para que los demás alcanzaran las playas de Dakar.

Las siguientes horas fueron cruciales para que Toni saliera adelante. Se le extirpó el bazo y consiguió, cincuenta horas después, salir del estado de coma. Su mujer llegó hasta el hospital para estar a su lado en todo momento. Su compañero de equipo, Carlos Sotelo, que había roto a llorar cuando se enteró de la noticia, terminó abandonando y se fue directo al hospital para estar junto a él. Otro de los nombres claves ese día fue el de Pere Maimí; durante su entrevista no recordaba exactamente cómo había llegado hasta Boluda, pero los médicos que le atendían le pidieron que donara sangre, pues tenía el mismo tipo que Antonio. Solo había un problema:

—Yo le puedo dar sangre, doctor, pero tengo hepatitis —le dijo al médico que estaba atendiendo al piloto español.

—Me da igual... O le hacemos la transfusión ya o se nos va.

Afortunadamente, la historia terminó bien porque Toni salió adelante. El Dakar y las carreras se terminaron, pero no su pasión por las motos. Meses después quedaron en Castellón Isidre Esteve y Boluda. La conversación giró alrededor de su accidente, Antonio quería saber. Le preguntó al joven motorista qué era lo que había visto en el lugar del accidente. Isidre le contó todo lo que sabía, que se lo encontró en el suelo y el resto de las conjeturas que había elaborado de lo que podía haber sucedido aquel día.

Lo que estaba claro es que la intervención de Isidre fue crucial para salvarle la vida. Lo cierto es que se dieron una serie de circunstancias claves: que Esteve saliera diez minutos más tarde y que le llamara la atención ese brillo en el suelo, además de que el helicóptero hubiese estado repostando a quince kilómetros de donde se encontraban. El trabajo del equipo de rescate, el buen hacer de los médicos y la fortaleza de Antonio fueron esenciales para que fuese capaz de salir de esa pesadilla.

Antonio lo único que recuerda del accidente que le cambió la vida es que tal vez entró en una zona de fesh-fesh, ese polvo fino, tipo talco, que dificulta la visibilidad, entre otras cosas. Entonces la moto tuvo un movimiento extraño y salió disparado por delante. Estaba seguro de que no iba rápido, porque la moto pesaba bastante después del repostaje, y sabía bien que no debía correr. El golpe en el pecho se lo dio cuando salió despedido, pero no sabe cómo.

Su pasión aventurera tuvo un final abrupto y trágico. Pero fue muy feliz durante diez años, corriendo imparable por las dunas del desierto. El accidente le cambió la vida para siempre, pero no acabó ni con su pasión ni con los recuerdos de cuando era piloto y cruzaba los desiertos con la moto.

14. CARLOS SOTELO, EN EL INFIERNO VERDE

14 de enero de 1995
Etapa Labé-Tambacounda
Guinea

Carlos Sotelo no daba crédito, no se podía creer por dónde estaban cruzando. Cada año la organización se inventaba alguna locura y esta vez los había metido en una trampa difícil de superar. Durante la reunión de la mañana, a varios de los que quedaban, de los supervivientes que habían conseguido llegar hasta Guinea, la charla les había abierto los ojos. Guinea era conocida también como el infierno verde.

—Los camiones no vais a pasar por el mismo sitio que las motos y los coches. Es imposible que crucéis por las montañas. Hay una ruta paralela que os llevará hasta el siguiente campamento. Quizá los más pequeños lo podéis intentar, pero no os garantizo que lo logréis.

Las palabras del director de carrera presagiaban un día tremendamente complicado. El silencio fue total. En el desayuno ya se había respirado mucha tensión entre todos los participantes. Eso significaba que nadie podría contar con camiones de asistencia, salvo que forzaran a los Unimog, los camiones más pequeños y más ágiles de Mercedes, a meterse en ese infierno, pero sin garantías de poder salir enteros de ahí.

Sotelo llevaba horas subiendo y bajando montañas, cruzando ríos, y ahora estaba frente a otro paso de agua. La ruta no estaba siendo fácil y en ese momento parecía que bajaba mucho caudal por ese paso. Alguien había puesto unos troncos, puesto que era la única opción para cruzar. Con cuidado puso primero la rueda delantera de la Cagiva 900 y después aceleró, lentamente, con mucho mimo, pero no fue suficiente. La rueda resbaló y la máquina y el hombre cayeron al agua. Era tan profundo el paso que la moto, que estaba tumbada de lado, quedó totalmente cubierta. Él estaba empapado y luchaba como podía contra la corriente para ponerse en pie. Además, tenía que levantar los más de doscientos kilos que pesaba la motocicleta para poder cruzar al otro lado y dejar atrás ese maldito atolladero.

Desde el inicio de la especial, al ver las montañas y los caminos llenos de piedras, tuvo la sensación de que no lo lograría. No dejaba de pegar saltos por todas partes. Esas pistas de montañas tenían un aspecto parecido a los Pirineos y su moto no se adaptaba bien a ese terreno. Con el primero que se cruzó en aquella pesadilla fue con Óscar Gallardo, que estaba parado y con problemas.

—Carlos, ¿me puedes echar una mano?

Sotelo se detuvo junto a él y se bajó de la moto.

—A ver si te puedo ayudar, Óscar. ¿Qué te sucede?

—Se me ha parado la moto, pero no termino de ver qué le ha pasado. Está muerta.

La electrónica de la motocicleta de Óscar Gallardo estaba «lista para papeles», no funcionaba y era imposible poder solucionar el problema. Carlos la repasó de arriba abajo, pero sin repuestos no quedaba otra que retirarse.

—Lo siento, Óscar, a ver si alguien te puede sacar de aquí. No sé si pasará ningún camión, pero con la moto no hay nada que hacer. Buena suerte.

Carlos se despidió de Óscar, pero sabía que él también podía no terminar esa etapa, pues le quedaba todavía un largo recorrido de caminos estrechos entre bosques y ríos. Todo era muy complicado.

Ahora se encontraba él en una situación extrema, sin poder salir de ese río. Consiguió levantar la moto. La empujó y tiró de ella con todas sus fuerzas. No le quedaba otra. Allí no solo no había nadie, sino que tampoco parecía que hubiese posibilidad de que alguien le rescatase. Estaba solo y abandonado en ese río. Al final lo logró, pero estaba agotado y empapado. No obstante, recuperó un poco de resuello.

Debía intentar que la moto volviese a funcionar y para ello tenía que sacar toda el agua que pudiera y que la máquina quedara bien seca. Puso la moto al revés. Esperó un buen rato y cuando le pareció que ya estaba todo bien, la arrancó. No tenía luz, así que debía tener algún problema eléctrico. Sin embargo, lo peor no era eso, sino que la moto perdía aceite. Con la diferencia de temperatura se había roto la junta de aceite del motor al quedar cubierta de agua. Hizo un cálculo a ojo: quizá podría avanzar unos cincuenta kilómetros más y después necesitaría aceite para seguir. No perdió la esperanza, tal vez podría encontrar algún poblado donde lo pudiera conseguir. Era difícil, pero no imposible. Así quiso consolarse.

Inició el camino y aparentemente no había nada ni nadie por donde estaba circulando. Seguro que los camiones habían seguido la ruta alternativa y nadie se la había jugado. Se concentró en dónde detenerse, porque sabía que en el momento que dejara de salir aceite tendría que parar para no destrozar el motor. Cuando se detuvo, estaba anocheciendo. Calculó todo el tiempo que había transcurrido desde que trató de ayudar a Óscar más el que perdió durante su percance y llegó a la conclusión de que debían de ser más o menos las seis de la tarde. En una hora sería ya noche cerrada.

Por fin pasaron algunos participantes en coche, pero todo lo que tenían para compartir era comida y agua, ni una gota de aceite para la moto. La noche llegó y no se veía prácticamente nada. Sacó una linterna e iba alumbrando a su alrededor. No estaba tranquilo. De la nada aparecieron unos hombres. Pensó que era una familia completa: abuelo, padres e hijos. El abuelo llevaba un hacha. Desde la distancia, la familia le estaba observando, le vigilaban. En todo ese rato no le dijeron nada. A Carlos le pareció que no traían buenas intenciones. Aunque también se dio cuenta de que él tenía pinta de un astronauta y que además se encontraba en su territorio. En esto último no se equivocaba. Estaba al lado de la aldea de esa familia, porque a lo lejos divisó una hoguera y notó que olía a humo. «Lo único que puedo hacer es darles algo de mi comida, quizá así comprendan que no soy peligroso ni vengo con malas intenciones», pensó para sí mismo.

Les lanzó algo de comida y los jóvenes la recogieron manteniendo siempre la distancia. Lo cierto es que fueron pasando más coches que le proporcionaron comida a Sotelo, y él repartió el alimento con ese grupo de personas que seguían allí, sin moverse y observándole.

La imagen que ofrecía Carlos no era la más tranquilizadora. Estaba empapado, con el traje de motorista y sin botas, pues se las había quitado para sacar el agua y que se secaran. Pasaron unas tres horas y todos estaban en la misma posición: Carlos con la moto en un lado, y en el otro, el abuelo con el hacha y el resto de los hombres de la tribu.

Dos luces alumbraron la pista; era un camión de asistencia oficial de Cagiva, uno de los Unimog que se habían atrevido a cruzar por aquel infierno. Les hizo señales, pero no se pararon. No se lo podía creer. Les gritó malhumorado con todo lo que daban de sí sus pulmones. Pero ese camión no estaba solo, detrás venía otro. Carlos saltó y se puso en medio del camino para obligarle a frenar. Sus ocupantes decidieron que el español con la moto iría delante y cada cien kilómetros le pondrían aceite. Estaba listo para marcharse, se subió a la motocicleta y arrancó. Miró hacia atrás y ahí seguían los hombres de esa familia. No tenía ni idea de qué podían estar pensando.

Terminó la etapa a las siete de la mañana y llegó al campamento con un aspecto lamentable. Su mánager, Emilio Bosser, lo vio y corrió hacia él.

—Descansa un poco, Carlos, mira si puedes secarte mientras los mecánicos resuelven la avería y yo hablo con la organización para que te dejen continuar. Estás muy cerca de Dakar y no vamos a dejar que te quedes aquí.

Emilio habló con la organización y consiguió que solo penalizaran al piloto por llegar tarde, pero le permitieron seguir hasta el Lago Rosa. Carlos ese año acabó en el puesto 12 de la general.

La primera vez

Carlos Sotelo era un joven de veinticuatro años cuando el equipo Gilera le dio la oportunidad de ir a África a correr, pero antes le tocó probarse como piloto en Aragón y en Túnez. El 29 de diciembre de 1990 estaba listo saliendo de París para embarcar en Marsella y de ahí llegar a Libia. Para Sotelo fue fascinante todo lo que vivió. Las dosis de aventura y esa brújula en el brazo que le permitía comprobar si estaba en el camino correcto para hallar los puntos de paso. Lo de dormir cada noche en el vivac junto a un poblado de casas de barro, con esas pistas improvisadas donde aterrizaban las avionetas, era un choque de realidad. Carlos amaba con todo su ser la aventura, pero comparaba su vida en Europa con lo que estaba experimentando en África y le explotaba la cabeza.

Sotelo se estaba defendiendo bien. Durante la penúltima etapa, de Kiffa (Mauritania) a Tambacounda (Senegal), iba detrás de Carlos Mas, cuya Yamaha dejaba una estela de polvo. Sotelo no pudo ver una piedra y pasó sobre ella con tan mala fortuna que se cayó y se rompió el peroné.

Le dolía mucho, pero tenía que intentar terminar la etapa como fuera. Solo quedaba un día para llegar al Lago Rosa. Se puso en pie e intentó con la pierna buena poner en marcha la moto. Le dio una patada a la palanca y lo logró. La moto ya estaba arrancada, así que se subió y trató de continuar por la pista. Estaba tan mareado que no se dio cuenta de que iba en dirección contraria. Vio cómo varias motos venían de cara y le hacían señales. Desaceleró.

—¿Qué pasa ahora? ¿Adónde van estos locos? —Carlos no entendía que estaba regresando hacia la salida de la etapa hasta que fue consciente de su error—. ¡Mierda! Voy al revés.

Se dio la vuelta y continuó. Pensó en lo que le había sucedido y cómo había podido terminar llevándose esa piedra por delante.

—Ha sido el polvo. Después de que nos hemos reagrupado varios con el polvo, no he visto nada —se repetía en voz alta para poder entender ese accidente que había mandado al traste sus planes de terminar en el top quince en su primera participación en el Dakar.

Consiguió llegar a final de etapa; el sacrificio fue enorme, pero lo logró. Los médicos no le dejaron continuar; por más que rogó y que les explicó que había hecho toda la etapa con la pierna en esas condiciones, no le permitieron disputar los últimos kilómetros hasta el Lago Rosa. Carlos Sotelo apareció en la lista de abandonos en la penúltima etapa.

El milagro del día

Todos los días pasaba algo en el Dakar. En cada una de sus participaciones Sotelo descubrió que no había jornada tranquila: el día que no se caía, se paraba la moto o, si no, se perdía. Con Jordi Arcarons en más de una ocasión se rieron, por no llorar, por la mala suerte de que les hubiera tocado participar durante esos años con un «Indurain» en el rally, refiriéndose al francés Stéphane Peterhansel.

Una de las mañanas, en plena etapa, el piloto español comenzó a quedarse sin gasolina. El depósito tenía una fuga. Carlos no sabía si se debía a las vibraciones o quizá a un agujero producido por algún golpe. Se estaba quedando seco y tenía que ponerse a buscar gasolina por donde fuera. Miró el libro de ruta por si indicaba algún poblado cerca, por si localizaba algún lugar que pudieran tener gasolina. Cada vez estaba más desesperado porque no aparecía nada en el libro.

Soñó con la otra opción, con uno de esos milagros que solo ocurrían en el Dakar: que en medio de la nada apareciese un paisano con cosas y una de esas fuese un bidón de gasolina que pagaría a precio de oro porque le salvaría la vida.

Cuando se fijó bien en el libro de ruta, detectó un poblado en medio de esos cuatrocientos kilómetros que estaban disputando. Tal vez tuviesen algo, era su única oportunidad. Una vez entró por lo que se suponía era la calle principal, pura arena y poco más, la gente lo miraba como si fuera un astronauta recién aterrizado. En francés trataba de pedir gasolina y le iban indicando un mismo punto. Tenía que seguir por esa calle y torcer a la derecha. No sabía adónde lo mandaban y si de esa se iba a arrepentir. Pero resultó que en ese sitio había una persona que tenía un tractor y que, por tanto, tenía gasolina. Era el milagro del día. ¡Cómo era posible que en medio de la nada hubiera encontrado combustible!

Poco a poco se fue acercando gente y lo rodearon mientras el tipo del tractor sacaba una garrafa y le ponía gasolina. Para que no le agobiasen, Carlos repartió algunas cosas de comer que llevaba encima. El del tractor quería dinero y a cada franco que le daba, este pedía más y más hasta que Carlos, harto ya, consideró que con ese último billete bastaba. Arrancó la moto y todo el mundo huyó despavorido. «No recuerdo bien dónde era, quizá cerca de Atar, por Mauritania, pero era un poblado muy pobre».

Todo fue perfecto

En 1996, Carlos Sotelo era el segundo piloto del equipo Lucky Strike KTM, Jordi Arcarons era el número uno y habían cogido de mochilero a una joven promesa, un chico que se llamaba Nani Roma, debutante ese año. El joven se pasaba las noches hablando con Carlos y le confesaba que a veces no sabía muy bien qué estaba haciendo en el Dakar. Roma le explicaba que lo suyo era el enduro y que en África cada día era una locura y que le pasaba de todo.

—Mira, Carlos, todos estáis muy locos. Lo de correr esta prueba no es normal. En cada etapa te pasan mil cosas. Siempre uno va al límite de terminar en el suelo un tramo sí y el otro también.

Carlos se reía mucho con Nani, por su sinceridad y porque también era consciente de que ese chaval tenía mucho talento para correr en esa prueba. No se equivocó en su predicción.

En 1996 el Dakar arrancó en Granada. Bueno, justo salieron de Granada el 30 de diciembre de 1995. Después de más de siete mil quinientos kilómetros alcanzarían por fin el Lago Rosa. Marruecos, el

Sáhara, Mauritania, Mali, Guinea y Senegal... Jordi y Carlos cruzaron con sus motos todos esos países hasta llegar al Lago Rosa. Los dos subieron al pódium en segundo y tercer lugar. El ganador fue Edi Orioli. Este año el regreso a casa coincidió con el nacimiento de su primera hija. Todo fue perfecto.

El accidente de Antonio Boluda

En 1998, los recuerdos de Carlos Sotelo se centran en Antonio Boluda y su accidente. Los dos formaban parte del mismo equipo. El año anterior las cosas había salido bien, el rally partía y terminaba en Dakar. Carlos y su Cagiva acabaron en el puesto 11 de la general. Esa fue una de las razones por las que Antonio se animó a participar de nuevo y ponerse a «cuidar» a Carlos en el Dakar de 1998.

La duodécima etapa partía desde Tombuctú (Mali) y finalizaba en Néma (Mauritania). Sotelo estaba llevando a cabo una buena carrera e iba cuarto en la general. En aquel momento era el mejor posicionado entre los españoles y podía además pelear para conseguir un mejor puesto y acercarse, si la suerte se lo permitía, al líder de la competición, Peterhansel. Pero una fecha fatal se cruzó en la vida del motorista y, sobre todo, en la de su mánager y mochilero Antonio Boluda: el 13 de enero. Antonio estuvo a punto de dejar de competir en moto tres años antes, después de sufrir una grave caída en África, pero se había animado a correr ese año, pues creía firmemente en Carlos Sotelo y quiso acompañarle.

Alfie Cox iba en tercer lugar a poco más de cinco minutos de Sotelo. La intención de Carlos era atraparlo y poder subir al pódium. Tan solo quedaban cinco días para llegar al Lago Rosa y las opciones eran buenas para el piloto español. De hecho, estaba convencido de que podía escalar en la general. Carlos iba por delante de Antonio cuando pasó el accidente, realmente no se enteró de nada hasta que llegó al final de la etapa. Cuando entró en el campamento, en Néma, le contaron lo que había ocurrido. A Boluda lo habían trasladado a

Dakar y estaba muy mal. Había sufrido un traumatismo craneal y le habían extirpado el bazo. Estaba en coma. Sotelo en ese momento se desmoronó y rompió a llorar.

Su primera reacción fue la de dejarlo todo, abandonar. No se encontraba ni con fuerzas ni con ánimos de seguir. Ni él ni nadie del equipo. Sin embargo, varios pilotos españoles le animaron a continuar. Tenía que hacerlo por Antonio. Boluda había apostado por él y la mejor manera de agradecérselo en esas circunstancias era continuar.

Le costó decir que sí, pero finalmente saldría a primera hora del día siguiente para enfrentarse a una etapa de más de setecientos kilómetros de especial entre Néma y Tidjikja. Todo por Antonio. Intentó dormir algo esa noche, pero no fue fácil. Al amanecer estaba dispuesto a pelear por la tercera posición, aunque lo más difícil fue mantener la concentración durante el recorrido.

Arrancó con fuerza, quizá demasiada, y cuando llevaba tan solo diez kilómetros, se cayó al suelo. El golpe fue tan fuerte que la moto se rompió por delante y por detrás. No podía seguir. No obstante, se subió de nuevo a la motocicleta, destrozada como estaba, y retrocedió los diez kilómetros para oficialmente abandonar.

Dejó todo en el campamento y se fue a ver a Antonio al hospital. «No recuerdo si estuvo seis o siete días en coma. Poco después se lo llevaron a España. Todo lo que ocurrió durante esos días me dejó muy marcado y seguramente abrió la puerta del final...».

Una última carrera

Tener la oportunidad de comprar las motos del equipo Yamaha Sonauto, las que habían ganado el año anterior, solo pasaba una vez en la vida, y eso fue lo que le ocurrió a Carlos Sotelo en 1999. El equipo se había retirado y las motocicletas estaban en venta; Carlos, con el apoyo de Antena 3, fue a por ellas para competir ese año en el Dakar. No le fue nada mal, quedó quinto por detrás de Jordi Arcarons. La

Yamaha estaba algo desgastada y tenía un pequeño problema con el árbol de levas, pero cumplió a pesar de no correr mucho.

BMW se fijó en Sotelo, porque al español se le daban muy bien las motos grandes y pesadas, y le dieron uno de los nuevos «bichos» de la marca alemana para que lo probase. «La moto era muy rara de llevar. Hice un montón de test con ella y justo antes del Faraones, en Hungría, me pegué una torta tremenda». El resultado fue que Carlos se hizo polvo el hombro y ese accidente le obligó a tomar la decisión. Tenía treinta y cuatro años y había disfrutado durante una década de ese trabajo. Ya le tocaba parar.

Durante un año estuvo recuperándose de la lesión. Las Navidades de 2000 las celebró con su familia y le encantó la experiencia. Además, algunos de sus amigos y rivales directos de aquellos años del Dakar habían perdido la vida en la carrera. Estaba convencido de que había tomado la decisión correcta: bajarse de la moto.

Pero las inquietudes de Carlos Sotelo continuaban y construyó una moto sobre la base de una Yamaha. No se le dio mal la experiencia. Hizo que se subiera en ella para competir en el Dakar un joven que prometía mucho: Marc Coma. En un principio, la decisión estaba entre Coma y Gerard Farrés, pero finalmente fue Marc el que debutó en la carrera con esa moto.

En un principio Coma comenzó bien la aventura de 2002. Salieron el día de los Santos Inocentes desde Arrás en Francia y llegaría a Dakar el 13 de enero. El día 7, después de una jornada de descanso, salían de Atar en Mauritania. Durante esa jornada, recorriendo las dunas, a Carlos le pareció que Coma tocó el embrague cuando no correspondía y la moto no respondió, se fundió, teniendo que abandonar.

Sotelo no continuó con el proyecto, pero para Marc Coma esos primeros pasos en África no habían hecho más que comenzar: al año siguiente el piloto firmaría por el equipo de Repsol y continuaría su camino hacia la gloria en el rally creado por Sabine.

El mejor recuerdo

Carlos lleva muy dentro de sí la edición de 1992. Allí fue más feliz que nunca en el Dakar. Desde luego, nada tuvo que ver el resultado: quedó en octava posición y con una reclamación de Yamaha incluida.

El rally fue fantástico, pues durante tres semanas cruzó África. Disputó la carrera más bonita que había hecho nunca, recorrió lugares como Namibia o el Congo, vio todo tipo de animales y disfrutó de la belleza de la naturaleza. Se quedó fascinado. Del Dakar en general, Carlos Sotelo solo guardaba buenas sensaciones, pero 1992 fue un año muy especial.

Cuando llegó a la meta en Ciudad del Cabo, en octavo lugar con su Gilera y primero en la categoría Siluetas, la mejor de las motos de serie, se encontró con que la todopoderosa Yamaha le había puesto una reclamación. El equipo japonés pensaba que el motor de su moto estaba modificado, que no era de serie y que corría mucho. De hecho, habían ido a comprar una moto igual que la de Carlos a un concesionario en Italia. La habían subido a un avión y se la presentaron como prueba a los comisarios. Así que ese día, los técnicos de la organización desmontaron las dos motos, la de Carlos y la comprada en Italia. Yamaha se quedó a cuadros cuando dieron el veredicto: las motos eran iguales y Carlos era el ganador de la categoría.

Un final perfecto para la carrera más bonita del mundo que había vivido. El motorista siempre ha llevado a África en el corazón justamente por aquel Dakar. La belleza del continente y la libertad que experimentó durante aquel recorrido le conquistó totalmente.

15. JUAN Y CARLOS HERNÁNDEZ, DOS HERMANOS AVENTUREROS

Durante la historia del París-Dakar se ha dado un fenómeno singular: en el rally han participado parejas de hermanos que han querido correr entre las dunas. Hermanos que han corrido juntos en distintas categorías o en distintos años o que compartieron anécdotas y aventuras. Historias de hermanos que se convirtieron en leyenda con sus hazañas en el desierto, como los Hernández.

La historia de Hernández y Fernández, una pareja de moda

8 de enero de 1987
Arlit (Níger)

Las dos Suzuki avanzaban la una junto a la otra. Agustín Fernández iba un poco más adelantado que Juan Hernández. El libro de ruta marcaba la entrada en el desierto del Teneré. La emoción les invadía porque era uno de los lugares míticos del París-Dakar y habían conseguido llegar hasta ahí. Estaban solos y tenían por delante un *plateau*, una meseta inmensa de arena y después las dunas. Se miraron y no se dijeron nada. Los dos pilotos sonreían a través del casco. Era alucinante estar en un lugar como aquel. No tenían referencias y se pegaron un buen susto. Corrían a toda velocidad en una superficie plana y terminaron, sin darse cuenta, cruzando las motos. Casi se chocaron. ¡Menuda faena y vaya papelón si hubiesen tenido un accidente!

Comprendieron que había muchas trampas que ni se imaginaban. Las historias de vehículos accidentados, sin más, en mitad de la nada, tenían su explicación y lo acababan de vivir en primera persona. En esos lugares no había referencias y uno no era consciente de si la moto se desviaba mucho o poco. Eso fue lo que les ocurrió justo en el momento en que se sonreían satisfechos porque estaban donde querían... Por poco no terminaron el uno encima del otro. Quedaban muchos kilómetros y un sinfín de pruebas por superar.

Aprendieron a base de experiencia en directo y golpes cómo había que salir de estar atrapado en una duna o por qué la arena estaba más dura o más blanda según la hora del día (con más calor era más fácil quedarse atrapado). Nadie les había contado nada, tampoco durante aquellos años se tenía tanta información. En 1986, Juan había ido de «espía» después de que Ricardo Muñoz, alias «el Rizos», compañero y periodista de la revista *Automóvil*, le animara a correr la prueba.

—Quiero ir al Dakar, Ricardo, ¿qué te parece?

—Tienes que ir, Juan. Hazlo...

Dicho y hecho, en Tamanrasset, en Argelia, asistió al silencio que se hacía cuando hablaba Sabine. En el *briefing* de madrugada, la charla que se daba en francés para explicar a los pilotos lo que tenían por delante se respiraba emoción y tensión.

—Si la de ayer os pareció una etapa difícil —comenzó diciendo Sabine—, la de hoy es peor.

No hubo ni un solo murmullo, todos escuchaban atentos.

Ese día, en plena etapa, sobre la pista por la que circulaba la carrera, un helicóptero tuvo que hacer un aterrizaje de emergencia, impidiendo que pasaran los coches y los camiones. No se podía sacar de ahí, así que optaron por cortar las aspas para que el rally pudiera continuar. Era pura aventura y eso le fascinó a Juan totalmente. Durmió esa noche en el camión de Carlos del Val, sobre una caja de aluminio, muerto de frío. Esa noche no lo dudó: tenía que correr esa prueba. Le costó, pero al final lo logró.

Juan Hernández y Agustín Fernández se hicieron amigos durante unas pruebas de selección del Camel Trophy. Coincidieron en que ambos querían inscribirse en la prueba más aventurera y emocionante de aquellos años. Lo hicieron y se convirtieron en la pareja de moda sin proponérselo. Los dos iban juntos a todas partes.

En la primera prólogo, en Francia, Juan terminó por el suelo con la moto y se le abolló el depósito de gasolina. El hielo que se había formado el día anterior por culpa del intenso frío que hacía complicó la vida a los aventureros. Ellos estaban preparados para conquistar África, no el hielo francés. El trazado de la especial amargó la vida a más de un piloto. Juan se levantó del suelo y continuó la etapa. Esa fue su bienvenida a la carrera.

La pareja de moda se separa

16 de enero de 1987
Tombuctú (Mali)-Néma (Mauritania)

Hernández y Fernández andaban perdidos, muy perdidos. Tenían que llegar como fuese al siguiente punto de paso. Los dos estaban discutiendo a ver cuál era la ruta que debían seguir. El ir en pareja a veces provocaba estas tensiones, porque no siempre estaban de acuerdo y menos en una jornada como esa en la que los dos andaban muy despistados. Juan tenía veintidós años por aquel entonces y era el piloto más joven que participaba ese año en el Dakar.

Poco a poco fueron capaces de ir encauzando la etapa y consiguieron llegar al siguiente punto de paso que estaba donde sospechaba Hernández y no donde había especulado Fernández. El cabreo de Juan fue impresionante y la moto pagó las consecuencias. Al salir del control, el joven dio gas con toda la rabia del mundo, perdió el control de la moto en la primera curva y se pegó una torta tremenda. Se rompió la clavícula, varias costillas, se hizo un agujero en la rodilla y un tremendo desgarro muscular. El Dakar había llegado a su fin...

Activaron la baliza de emergencia, pero no funcionaba. Por suerte, un coche médico de la organización estaba cerca y la asistencia fue casi inmediata. Era por la tarde y aún quedaban un par de horas para anochecer. Los médicos solicitaron el helicóptero, pero este no estaba volando. Se había quedado en tierra momentáneamente porque no había queroseno y estaba esperando la llegada de un camión con combustible. Tocaba esperar, rezar para que repostara antes de que se pusiera el sol y que pudiese ir a por Juan, porque si no tocaría pasar la noche en el desierto hasta la mañana siguiente.

Agustín quería quedarse, pero le convencieron para que siguiera. Lo cierto es que poco podía hacer ahí. Se fue, dejando a su compañero de aventuras asistido por un médico. Poco a poco fueron pasando coches y camiones por delante de ellos. Carlos del Val se asustó cuando vio cómo estaba Juan; se fue de allí con el corazón en un puño. Toda la caravana, los que quedaban por detrás de ellos, terminó de pasar y, al final, se quedaron solos. Se hizo de noche y estaba claro que el helicóptero no iba a volar. El médico dispuso todo para que el español pasara la mejor noche posible dentro del estado en el que se encontraba.

Cuando llegó al campamento, Carlos del Val contó con preocupación lo que había visto y así se lo explicó a José María García en la radio: «Yo, tal y como estaba, me temo lo peor, José María». Los padres de Hernández se quedaron helados, pero, en realidad, no se temía nada por su vida.

Durante toda la noche el médico le fue inyectando a Juan tranquilizantes. Lo tenía sedado para calmar el dolor, pero estaba consciente. Al amanecer, el doctor que estaba junto a él decidió ir a estirar las piernas, hacer un poco de *running* mañanero. A los trescientos metros de haber comenzado a correr había perdido de vista a Juan y lo mismo le había sucedido al español, que, de repente, dejó de ver a la única persona que estaba ahí junto a él y que le podía sacar de ese atolladero. Se asustó mucho. Afortunadamente, el médico dio media vuelta y regresó.

Una hora después llegó el helicóptero que lo evacuó a Bamako y de ahí en un avión medicalizado hasta Niamey, donde lo trasladaron al hospital. Había pasado casi un día desde el accidente y Hernández estaba agotado. Tumbado en una camilla, vio entrar a un médico del centro, eso pensó que era aquel tipo enorme con una bata blanca manchada de sangre. Tuvo que fijarse dos veces por si los tranquilizantes le estaban jugando una mala pasada. No, lo que veía era cierto, el tipo de la bata blanca ensangrentada estaba junto a él y pretendía curarle. Juan no quería que ese hombre le tocara. El tipo estaba junto a otro doctor que, viendo la reacción del joven motorista, lo tranquilizó:

—Es el ayudante del cocinero, que nos está echando una mano. No se preocupe, le vamos a curar y volará dentro de un rato a su casa.

Fue todo un vodevil. Juan no sabía qué decir, pero no tenía ganas de que le tocaran mucho. Tener a su lado al ayudante del cocinero, que venía de matar a saber qué animal, no le daba mucha confianza y le costaba entender que con aquel aspecto se encargara de atender a pacientes en un hospital... «*C'est l'Afrique, patron*».

Al cabo de una hora de vivir esa situación rocambolesca, estaba sentado en un vuelo comercial hacia París con pantalón corto y una camiseta que le había dejado el equipo. Con todo lo que tenía roto era difícil de comprender cómo le habían sentado sin más en ese vuelo. A su llegada a París le estaba esperando una ambulancia. La historia terminó en un hospital en España. Por su parte, la otra mitad de la pareja, Agustín Fernández, fue capaz de llegar hasta el Lago Rosa y lo hizo en el puesto 19.

Hernández y Fernández, la emoción del Dakar

En 1988, la experiencia acumulada el año anterior les puso las cosas algo más fáciles; además, ya no pasaron tanto frío en el norte de África. Se perdieron menos, fueron capaces de comer algo mejor y, por encima de todo, compitieron. La historia ese año arrancó otra vez con frío en Francia. En cada pueblo por el que pasaba la caravana del Dakar contaban con un lugar donde resguardarse y entrar en calor, ya fueran polideportivos o carpas; todo valía. A los participantes les daban un chocolate caliente e intentaban acercar las manos y otras partes del cuerpo que tenían heladas a unas estufas que les ponían para ellos durante ese recorrido.

Lucharon contra el equipo oficial de BMW para ganar la categoría maratón y realmente lo lograron. La marca alemana había hecho un equipo oficial con motos que no cumplían con las reglas del rally. Agustín entró en el puesto 22 de la general con la Suzuki y en el 23 Juan Hernández, todo un éxito. Las cosas no salieron tan bien en 1989: Juan abandonó en Agadez. Agustín resistió el rally y alcanzó el Lago Rosa en el puesto 18.

En 1990, Juan vivió una aventura que no podrá olvidar nunca. El 15 de enero la frontera entre Mauritania y Senegal estaba cerrada. Sus planes acababan de desmoronarse como un castillo de naipes. Quería cruzar el río Senegal para seguir hacia el sur, pero no podía hacerlo porque los dos países estaban en guerra. Se encontraba en la capital de Mauritania, en Nuakchot. En las últimas cuarenta y ocho horas se había visto obligado a abandonar el rally por llegar fuera de tiempo a la salida de una etapa, y ahora eso... Por lo menos había dormido en una cama de hotel, todo un logro. Se le ocurrió que tal vez el embajador español podría ayudarle, porque Juan estaba dispuesto a continuar como fuera. Quedaron para comer.

—¿Así que corre en moto en el París-Dakar?

La pregunta del embajador sonó muy ceremonial, pero Juan era más cercano, así que le contó a aquel hombre las aventuras y desventuras que estaba pasando. La comida fue bastante agradable. En un momento dado, el embajador recibió una llamada de teléfono.

—Mira, Juan —para entonces ya se tuteaban—, me acaba de llamar el ministro de Asuntos Exteriores de Mauritania y me ha dicho que te van a dar un salvoconducto para que puedas cruzar. Ándate con ojo, que estos tíos a la hora de disparar no lo dudan, pero con el papel vas a poder pasar a Senegal.

Al rato llegó una persona con el documento. Así, Juan Hernández y su moto se dirigieron hacia el río Senegal. Por el camino iba preocupado porque no las tenía todas consigo. No sabía si realmente esa carta iba a funcionar, si le dejarían cruzar. Sin embargo, tal y como estaban las cosas no tenía nada que perder. Cuando llegó al puesto fronterizo, le dio el salvoconducto a un policía. Este le pidió primero que se apartara a un lado. La cosa no pintaba muy bien. Luego le indicó que le siguiera hasta una aldea, unos doscientos metros más adelante. Ahí señaló a un hombre, un barquero que le estaba esperando. El policía le enseñó el famoso papel al barquero y se lo devolvió a Juan. El barquero tenía una lata y comenzó a vaciar lentamente el cayuco, que estaba lleno de agua. En tiempos de guerra utilizaban esa táctica, la de llenar las canoas con agua, para que nadie se aventurara a cruzar y le dispararan. Parecía evidente que aquel hombre pretendía que Juan y su moto subiesen a la embarcación para poder cruzarles. Antes de irse, el policía se acercó a Hernández y le advirtió:

—Cuando le lleve, espere a que el hombre regrese a esta orilla, porque si no le dispararán y lo matarán y no queremos que ocurra eso, ¿verdad?

Era evidente que atravesar el río era una profesión de riesgo. Entre los dos subieron la moto y lentamente fueron cruzando aquel afluente. Hernández miraba hacia todos los lados mientras sujetaba con fuerza la motocicleta, aterrado por si se le caía al agua y le arrastraba a él. Alcanzaron la otra orilla sin problema. Desembarcaron y se subió a la moto. Justo cuando iba a arrancar, recordó que tenía que esperar hasta que el barquero pasara al otro lado, y eso mismo hizo. No escuchó nada, ni un solo disparo. No había nadie. El barquero estaba a salvo.

Juan Hernández participó en el París-Dakar en cuatro ocasiones en moto y un par de veces lo hizo en coche como periodista. Su mayor susto lo pasó en el Chad cuando le robaron la documentación y el dinero. Juan persiguió al ladrón, un chaval, y lo atrapó. La multitud se puso en contra del español y a favor del muchacho y estuvieron a punto de lincharle, pero afortunadamente para él había unos militares franceses que le salvaron la vida.

Agustín, alias «el Hormiga», participó en ocho Dakares. Su mejor resultado lo obtuvo en 1993, al terminar en sexta posición. Desgraciadamente, murió en un accidente de coche, junto a su mujer y a su socio, en 2009.

Hernández y Fernández formaron una de esas parejas que escribieron la historia del París-Dakar a finales de los ochenta y principios de los noventa.

La historia de Carlos Hernández

Enero de 1990
Paso de Nega

El camión Pegaso de Carlos retrocedía un kilómetro para poder tomar impulso y subir esos malditos escalones en el paso de Nega. Su única meta era coronar esa tortura. Ya llevaban horas intentándolo y prácticamente lo tenían. Era su segunda vez, ya había cruzado el paso en otra ocasión, pero ahora era al revés, cuesta arriba, con el camión cargado de piezas de recambio. El vehículo pesaba demasiado; esta vez el objetivo estaba por encima de sus posibilidades.

Cuando se dispuso a subir, le pilló el atardecer. Había huellas por todas partes, pero no estaba claro por dónde había que subir para cruzarlo sin problemas. Una vez anocheció, aparecieron cientos de luces a su alrededor de otros vehículos que estaban intentando cruzar el paso, pero nadie acertaba con el camino correcto. Sin embargo, en ese momento Carlos pensó que todo estaba iluminado como el portal de Belén en Navidad.

Cada vez que se quedaba el camión atascado ponían las planchas en el suelo, retrocedían, cogían impulso y avanzaban unos metros más. Así una y otra vez. Por fin, a las tres de la madrugada, consiguió subir y cruzar Nega. En lo alto había un helicóptero y junto a él estaba el piloto durmiendo. No paró allí, porque un poco más lejos había un puesto militar con unas cuantas antenas. Justo ahí se encontraría con una confluencia de caminos; según el libro de ruta, debían tomar como referencia las montañas negras que estaban en el horizonte para seguir la senda correcta. Carlos maldijo al libro, a la referencia y a todo, porque era noche cerrada y en el horizonte no se veía absolutamente nada. Así que se topó con una treintena de vehículos parados con sus ocupantes durmiendo, esperando a que amaneciera, porque les había pasado lo mismo que al piloto español: no sabían adónde ir.

Hernández apostó por seguir unas roderas que le llevaron directo a una pared de rocas. Estaba claro que por ahí no podían continuar; tocó esperar a que se viera algo. Con la primera luz se pusieron en marcha la mayoría de los vehículos que se habían quedado ahí parados. A las diez de la mañana llegaron al campamento en Tidjikja, pero era tarde, el control lo habían cerrado a las nueve de la mañana. La única oportunidad de poder continuar era intentar hablar en el siguiente vivac con alguien de la organización, porque en Mauritania ya no quedaba nadie. A tres días para alcanzar la capital de Senegal, Dakar, Carlos pisó a fondo el acelerador para atrapar a los que decidían quién continuaba y quién no. No lo logró. Mientras Carlos perseguía la carrera, vía Mali, su hermano Juan andaba por Nuakchot tratando de cruzar el río Senegal.

Curvas peligrosas

Carlos Hernández comenzó a correr sin parar con una moto de trial hasta que se dio un buen golpe. De ahí se pasó a las subidas en cuesta en coche, hasta que se le rompió el vehículo. Fue entonces cuando surgió la oportunidad de comprar un Suzuki todoterreno y corrió por Túnez, donde descubrió su pasión por África.

En 1989 le fichó Pegaso para conducir uno de sus camiones e intentar llegar al Lago Rosa; parte de su trabajo era cuidar a su hermano Juan y a su amigo Agustín, los Hernández y Fernández, pero también llevaba la asistencia de Tricicle, de Joan y Paco. Fue entonces cuando celebraron la Nochevieja junto a una especie de cementerio de chatarra con todo tipo de aparatos, brindando con champán y preocupados por lo que vivirían a la mañana siguiente.

El 9 de enero, estando ya en la etapa de Guinea, en una bajada pronunciada le saltó la marcha del camión, que se descontroló y no hubo forma humana de frenarlo. Cada vez bajaba más rápido: de cincuenta por hora pasó a ciento veinte. Lo peor estaba todavía por llegar. Al final de la recta estaban las curvas y el camión no paraba, seguía bajando demasiado rápido. En la tercera curva que tomaron hacia la derecha, el Pegaso se puso de lado. En esa zona había un barranco y no le quedaba otra que tirarse con el camión por él. Era la decisión más sensata, cualquier cosa antes que seguir el tramo de curvas. Carlos ni lo dudó: el camión comenzó a rebotar mientras descendía a toda velocidad en línea recta por ese barranco. Llegaron hasta el fondo brincando hacia todos lados hasta que consiguieron detenerse. Podrían haber perdido la vida, pero por suerte no les pasó nada. El Pegaso estaba intacto, tan solo se le había roto el retrovisor.

Nostalgia de aquellos años del Dakar

En 1991, Carlos Hernández se quedó tirado en la frontera del Chad porque se les había roto el motor. El mecánico hizo un medio apaño para poder salir del desierto hasta una pista cercana, pero a partir de ahí fue imposible continuar. Seis horas después, un camión de ganado, que circulaba por ese lugar, aceptó ayudarles. El plan era muy sencillo, los remolcaría hasta Trípoli y ahí embarcarían rumbo a España, salvo por un detalle: el trayecto era de dos mil kilómetros.

Mientras remolcaban el camión de Carlos, el Dakar vivía una de sus páginas más tristes con el asesinato de Charles Cabannes, el piloto del camión de asistencia de Citroën. El clima aquellos días en la caravana era de mucha inseguridad.

Carlos corrió en cinco ocasiones el Dakar. En 1992 lo acabó por primera vez, pero no llegó al Lago Rosa porque ese año el final estaba en Ciudad del Cabo. Los hermanos Hernández compartieron años de pasión y arena que les marcarían para el resto de sus días.

Terminada su etapa dakariana, continuaron dedicándose al periodismo. Hoy recuerdan con nostalgia aquellos momentos, incluso tienen maquetas que reproducen las motos y los camiones con los que participaron en el Dakar. Una de las piezas más entrañables es un aparato de radio que les dio la organización, a saber en qué año, a los pilotos para poder escuchar sin salir de la tienda los *briefings* de primera hora de la mañana... Thierry Sabine habría matado al inventor de ese «cacharro».

16.
JOAN GRÀCIA Y PACO MIR, TRICICLE EN EL DESIERTO

31 de diciembre de 1988
En una base militar en Dirkou (Níger)

La organización del Dakar acababa de montar la antena de telecomunicaciones y a Joan Gràcia le pareció un buen momento para felicitar el Año Nuevo a sus padres. Después decidió llamar a la mánager de Tricicle, la hermana de Paco Mir:

—Hola, Pili, ¿qué tal estás? ¿Sabes algo de Paco?

—Hola, Joan, yo no, ¿y tú?, ¿no sabes nada?

—No, hace unos seis días que no lo he visto.

Pili entró en pánico.

—Pero ¿cómo puede ser, Joan? Está corriendo contigo el Dakar, hace seis días que no le ves ¿y no has podido decir nada hasta ahora? ¿Cómo no nos has avisado antes?

Joan no tenía respuestas para la hermana de Paco Mir, el otro componente de Tricicle.

—Vamos a ver, Joan, ¿desde cuándo no sabes nada de Paco?

—Pues desde el primer día. Creo que se perdió en la primera etapa.

—¿Se perdió en la primera etapa?, ¿dónde?, ¿cuándo?

La primera noche de 1989, Pili entró en antena con José María García contando que el ejército libio de Gadafi andaba buscando por el desierto a Paco Mir. La prensa española se hizo eco de la noticia: «Un miembro de Tricicle, perdido en el desierto». Pero la realidad era otra muy diferente a la que se estaba contando.

Entre los escenarios y los circuitos

25 de diciembre de 1988

El equipo de Tricicle se dirigía desde París hasta Barcelona para enfrentar la primera especial. Miles de personas esperaban a la caravana del Dakar. En uno de los Mitsubishi estaba Joan Gràcia y su copiloto Alex Genis; en el otro, Paco Mir junto a Santi Neira. El equipo lo completaba un tercer coche de asistencia rápida y un médico.

La afición de Joan por las carreras venía de lejos, de su infancia en Poble Sec. El cómico vivía pegado al circuito de Montjuïc y había visto de todo: carreras de motos, de Fórmula 1 y pruebas de resistencia. Lo que más le llamaba la atención eran las motos. A los dieciocho años corría subidas en cuesta con una Bultaco, falsificando la licencia de piloto.

A Paco la afición también le venía de niño. Su padre había corrido las 24 horas de Montjuïc. Aunque de profesión era médico, también tenía un taller.

Cuando se juntaron en Tricicle no solo compartían pasiones escénicas, también la gasolina les unía en sus ratos libres. Solo a ellos dos, porque Carles Sans, la tercera pata de la mesa de este trío de éxito, no tenía ningún interés en competir con vehículos a motor.

Joan y Paco comenzaron a alternar los escenarios con los circuitos. Se apuntaron a correr en moto en algunas pruebas en España; después participarían en las 24 horas de Montjuïc, y sin proponérselo competirían en el Dakar. Pero antes de ir a África tocaba hacer alguna prueba. Estuvieron los dos bajo la tutela de Salvador Cañellas, que les enseñó todo lo que pudo durante sus cursos.

Decidieron correr la Baja Montesblancos para prepararse. Solo había un pequeño problema: la Baja coincidía con una actuación en el Casino de Sitges, así que tenían que organizarse para correr, regresar el sábado por la tarde a Sitges, actuar, y el domingo de nuevo regresar a la Baja. El plan lo tenían claro, pero Joan se salió del tramo mientras iba en el polvo siguiendo a un piloto italiano que le hizo perder visibilidad y terminó cayendo por un terraplén. A Paco le tocó acudir al rescate y lo hizo en helicóptero. Después fueron hasta Zaragoza y, de allí, en coche hasta Barcelona. El domingo ya no corrieron de nuevo la Baja.

El París-Dakar de 1988 tenía en Túnez su primera etapa africana y de ahí tocaba cruzar a Libia. Durante esa primera etapa, Paco se perdió. No fue el único. Algunos coches terminaron a más de trescientos kilómetros de donde debían estar por una mala lectura del libro de ruta.

La decisión de Paco, después de ser excluido de la competición, fue seguir hacia el sur, por otras pistas, viviendo la experiencia dakariana como turista. Sin embargo, Mir no se lo comunicó a nadie. El problema era que iba un día por detrás de la carrera y, por tanto, no coincidía nunca con Joan, que seguía superando las duras pruebas del Dakar de ese año.

El 29 de diciembre, la niebla sorprendió a todos en Libia. A Carlos Mas le dio la victoria; a Fernando Gil y a Agustí Vall les colocó entre los diez primeros, y a Joan Gràcia le puso a prueba, y la superó. La primera semana del Dakar fue muy difícil para todos, veteranos y novatos.

En una de las etapas en las que Joan recordaba que había que hacer un bucle, él consiguió no perderse, fue uno de los pocos que lo logró. No fue fácil porque la gran mayoría se despistaron. Él estaba dentro del grupo de los veinte coches que lo habían hecho correctamente y que no se equivocaron a la hora de seguir las señales que marcaba el libro de ruta, pero la organización, una vez más, como a menudo sucedía en el Dakar, tuvo que rectificar para no quedarse con cuatro gatos en la prueba.

El famoso bucle superado por Gràcia y un pequeño puñado de valientes se anuló, de nada le valió a la pareja española acertar con la dirección. Habrían podido situar su Mitsubishi en el puesto 15 de la general, pero todo quedó en una anécdota más del París-Dakar.

MECÁNICA DE SUPERVIVENCIA

1 de enero
Etapa Dirkou-Termit, desierto del Teneré

El día sonreía a Joan. Habían acertado con la presión de las ruedas y el todoterreno subía y bajaba las dunas sin quedarse enganchado. Estaba siendo largo y duro, pero seguían adelante. Se fueron cruzando con otros participantes con problemas, pero Gràcia ya le había encontrado el punto a la arena. Habían cubierto media jornada, cuando se toparon con una duna con cresta falsa que no vieron venir. Joan aceleró para subir hasta la cresta y dejar caer el coche cuando llegara arriba, pero la duna tenía un escalón. Una vez dejó caer el coche, la plancha que cubría los bajos del coche recibió un golpe y cortó un tubo de goma por el que pasaba la gasolina.

—Algo ha pasado, Alex, huele mucho a gasolina.

—Sí, para aquí mismo. Lo mejor es que miremos y nos aseguremos de que no sea nada.

Lo hicieron en la siguiente cresta; cuando se bajaron del coche, la gasolina caía a chorro y se escapaba de mala manera por el tubo cortado.

—Corre, tenemos que parar esto como sea porque nos vamos a quedar tirados aquí mismo.

Era evidente que la situación era muy peligrosa. Los dos con trapos, una toalla y con lo que tenían a mano consiguieron taponar el escape. Pero estaban empapados en gasolina. Una pequeña chispa se podía convertir en una tragedia, podían arder ellos y el coche.

Estaban parados en medio del Teneré. En esa soledad a Joan le vino a la cabeza Lawrence de Arabia mientras miraba las dunas hasta el infinito. Al rato pasó un camión con unos amigos de Vic, pero poco podían hacer por ellos. No les podían ayudar porque no tenían las piezas para reparar el tubo. Joan se puso en lo peor, solo quedaba abandonar y quizá quemar el coche para cobrar el seguro.

El sol comenzaba a desaparecer, ya eran más de las seis de la tarde. No sabían cuánto tardaría el camión escoba, pero la decisión de prenderle fuego al Mitsubishi la tenían que tomar antes. Estaban en pleno debate de lo que tenían que hacer cuando apareció la asistencia rápida del equipo..., ¡se habían olvidado de esa posibilidad! Cornet era el conductor del tercer coche, un tipo de Vic que puso el grito en el cielo cuando le insinuaron lo de quemar el coche.

—Pero ¡qué narices vais a quemar! —exclamó a voz en grito mientras señalaba el Mitsubishi—. ¿Este coche? Qué vais a quemar este coche, ¿os habéis vuelto locos? Aquí no se quema nada. Vamos a ver cómo lo arreglamos para poder continuar. ¡Quemar el coche, dicen!

Mientras seguía refunfuñando, comenzó a idear la manera de arreglar el tubo. Lo hizo quitando uno de su coche y llevándolo por uno de los costados. Era mecánica de supervivencia. A Joan le recordaba el típico apaño de mecánico cubano. En cualquier caso, funcionó; el coche tenía menos potencia, pero arrancaba y no perdía gasolina... Podían continuar. Para cuando se pusieron en marcha eran más de las diez de la noche. Despacio, superaron de nuevo las primeras dunas. No habían avanzado ni cinco kilómetros cuando se encontraron el camión de los amigos de Vic, volcado panza arriba. Trataron de ayudarles, pero con los dos todoterrenos no tenían la suficiente fuerza para darle la vuelta. No tuvieron más remedio que dejarlos ahí y continuar.

Mientras se alejaban Joan pensó en la crueldad de esa carrera que podía con todo y con todos. El camión de Vic tardó cinco días en poder salir del Teneré. Continuaron toda la noche y al amanecer, sobre las seis de la mañana, el agotamiento de los cuatro españoles era tal que le propusieron a Joan parar un rato, una hora. Joan estaba bien y prefería seguir, pero los demás estaban destrozados, así que se hizo lo que deseaba la mayoría.

Joan Gràcia se pasó esa hora despierto, inquieto. La adrenalina no le dejaba descansar. Él estaba deseando llegar a Agadez cuanto antes. Les quedaban solo treinta kilómetros. Lo peor fue descubrir, sesenta minutos después, que no podían seguir, que el coche se había quedado sin gasolina. Tocaba esperar de nuevo. El Mitsubishi de asistencia, que era diésel, no podía compartir combustible, pero decidieron que fuese a por la gasolina y que regresara de nuevo. Pasaron unas cuantas horas entre las idas y venidas y después a recargar de nuevo.

A las once y quince minutos de la mañana del 3 de enero consiguieron alcanzar el control del final de la etapa, pero lo hicieron quince minutos tarde. El control había cerrado a las once y, por tanto, estaban fuera de la carrera.

El cabreo de Joan Gràcia fue mayúsculo. Tanto, que decidió que se iba, que hasta ahí había llegado. Le cambió el billete de avión a un periodista madrileño que tenía su vuelta desde Agadez. El de Joan era de Dakar a Barcelona.

—¿Quieres quedarte una semana más? Aquí tienes mi billete, te lo cambio por el tuyo. ¿A qué hora vuelas? ¿En una hora? Fenomenal. Me doy una ducha y me marcho.

Se despidió de Paco. Por fin se habían visto. De hecho, Mir había llegado antes que él. Maldijo esa hora en la que no había dormido nada en el desierto, debería haber continuado, porque con Paco en Agadez la avería habría quedado solucionada. Solo hubiesen tenido que intercambiar los depósitos de gasolina entre sus coches. Así de fácil. Sin duda, habría podido llegar a Dakar. Joan recogió sus cosas. La ropa seguía oliendo a gasolina y se fue directo al avión que llegaba a París vía Tamanrasset. En Francia se compró un billete para Barcelona. Le invadía una sensación de vacío y de cabreo profundo.

Paco, sin embargo, llegó a Dakar por rutas alternativas. En Guinea Ecuatorial subieron los coches a un tren y así cruzaron a Senegal para llegar al Lago Rosa.

Adiós al Dakar

La primera vez que los dos miembros de Tricicle corrieron las 24 horas de Montjuïc, a Paco se le rompió la moto a mitad de carrera. Allí se prometieron que regresarían, cosa que hicieron catorce años después, en Montmeló. Sin embargo, al Dakar nunca pudieron volver.

Y la historia por la que no pudieron volver es realmente rocambolesca. A Paco Mir, una noche estando en su apartamento de Sitges, en un cuarto piso con chimenea, se le ocurrió que podía practicar lo que había aprendido unos días antes en una excursión en la que había hecho barrancos.

La idea que tuvo fue atar una cuerda a la chimenea para después bajar por la fachada hasta la calle, rapelando por la pared. Tenía la cuerda, el arnés y el descensor, pero no calculó que la chimenea no iba a aguantar, como así ocurrió. Le machacó un pie y estuvo a punto de perderlo. Aunque años después Paco se recuperaría de la lesión, ya no podía regresar al Dakar, que ni siquiera se celebraba ya en África. Lo que sí que hicieron los chicos de Tricicle fue terminar en el puesto 20 en las 24 horas.

Si Paco no se hubiera hecho daño, Tricicle también tenía previsto correr en Egipto, el Faraones, como preparación para regresar a la carrera que les había dejado tirados en el desierto. Joan cambió las carreras por los hijos, misión que aún hoy en día afirma que es más peligrosa que correr por el desierto.

El recuerdo más aterrador

Joan Gràcia aún recuerda, treinta y cinco años después, el día que más miedo pasó en el París-Dakar. Fue en Níger, a principios de enero. Antes de salir a la especial su coche tuvo un problema mecánico y no podían partir. Poco a poco, los demás participantes fueron saliendo y ellos se quedaron absolutamente solos. A su alrededor tan solo había unos veinte vehículos llenos de tuaregs que se encargaban de la gasolina y también vigilaban a ver qué pasaba con ese coche parado y con dificultades. En media hora solucionaron el problema y arrancaron. Seis de esos vehículos lo hicieron también y comenzaron a seguirles. Joan estaba seguro de que no pasarían de la tercera duna, que los asaltarían, como les había pasado a otros participantes en jornadas anteriores. Afortunadamente, la historia terminó bien.

A Joan no le sucedió nada, aunque el mal rato se quedó para siempre entre los recuerdos de aquel año en que Tricicle cruzó el desierto... Ninguno de los dos ha podido olvidar la aventura de cambiar las tablas de los escenarios por la arena de las dunas.

17. ENRIC CONTI Y PERE MAIMI, AVENTURAS Y DESVENTURAS DE DOS AMIGOS EN ÁFRICA

5 de enero de 1988
El Oued (Argelia)

Enric Conti estaba situado en la salida junto a sus compañeros de aventura, Ramón Tresserras y Tito Carpintero. Los tres iban con sus motos Honda y llevaban un buen rato discutiendo sobre cómo iban a encarar la etapa. Era su segundo día en África y la primera lección que habían aprendido era que no tenían que ir juntos. Las dunas marcaban las reglas y al final esperar al que se quedaba trabado en la arena solo complicaba la vida al resto.

—Estamos de acuerdo —dijo Enric, dirigiéndose a sus dos amigos—. Cada uno intenta continuar por sus medios. Nada de esperarnos unos a otros, porque eso convierte el día en un suplicio para todos.

Estaban en lo cierto: si esperaban al rezagado, condenaban a los otros dos a tener muchas más dificultades de las previstas. Quizá no era el mejor plan, pero no se les ocurría otra forma de continuar. Ellos no lo sabían, pero estaban a punto de comenzar la etapa más dantesca en la historia del París-Dakar. Tenían que llegar hasta Hassi Messaoud. Ese recorrido eran cientos de kilómetros sin nada ni nadie, solo arena y un puñado de locos con sus aparatos llenos de calcomanías.

Enric arrancó, seguido de Tito y de Ramón. Durante los primeros kilómetros estuvieron bastante cerca, pero no llegaron a rodar juntos, tal y como habían pactado. No tardaron en llegar a las dunas. La navegación se complicó y vinieron las dificultades. Tenían muchas trampas que superar, pero en esta etapa tan larga lo importante era alcanzar el punto de abastecimiento de combustible, pues era la única manera de poder arribar al final de la especial. No fallar en ese punto. Para ellos la gasolina era primordial, aunque aún no eran conscientes de ello. Sin saberlo, los tres amigos conducían bastante cerca, pero no se veían. Les separaban muy pocos kilómetros.

Cada uno le exigió el máximo a su Honda y la moto les respondió. Por el camino fueron poco a poco superando a otros motoristas que habían quedado atrapados en las partes de arena blanca. Todo hasta que faltaban unos cincuenta kilómetros para llegar al final del tramo cronometrado. Cumplieron con casi los seiscientos kilómetros de la especial, faltaban poco más de cincuenta y a partir de ahí tenían que encontrar una pista de enlace hasta el campamento.

Enric se paró un momento, pues había superado una zona donde había hecho un gran esfuerzo y no se cayó al suelo de milagro. Bebió un poco de agua y aunque estaba caliente, le sabía a gloria y calmó su boca reseca. Levantó la mirada y observó cómo aparecía un motorista a su derecha. En un primer momento no lo identificaba, pero, de repente, sonrió. Era Tito, que seguía avanzando lentamente hacia donde se encontraba la moto de su amigo.

—¿Qué tal vas?, menuda paliza es esto, Enric. Como todo sea igual, no sé yo si vamos a conseguir llegar al Lago Rosa.

Enric sonrió. Llevaba tantas horas solo y sin hablar con nadie, que estaba muy contento de escuchar una voz amiga.

—Tienes toda la razón, Tito, esto es un infierno. ¿Has visto a Ramón?

—No, nada, pero he visto a mucha gente atrapada que van a pasar una larga noche en este desierto argelino.

Mientras Tito terminaba su frase, Enric señaló hacia el oeste. Una moto se acercaba, era una Honda. Ahí estaba Ramón también. Los tres habían superado la peor parte de la etapa. No podían cantar victoria, pero reencontrarse en mitad de la nada les reconfortó.

—Seguimos, a ver qué tal es esta última parte. No bajéis la guardia —les pidió Enric—, a saber qué sorpresas nos faltan por descubrir.

Tenía razón, mucha razón. La organización del rally, continuando con el espíritu marcado por Thierry Sabine, había decidido poner a prueba a los cientos de participantes del Dakar de aquel año. El trazado de las especiales de Argelia y Níger era muy complicado. Todo estaba pensado. Se trataba de hacer una selección natural, por eso se había apostado por etapas que rondaban los mil kilómetros entre especial y enlace. Solo los mejores llegarían a la jornada de descanso y los elegidos serían los que tendrían la oportunidad de enfrentarse a la segunda parte de esta aventura. Entrarían como auténticos héroes al Lago Rosa.

Para entonces la popularidad del Dakar a nivel mundial era una realidad y eran muchísimos los que se apuntaban para participar. El ochenta por ciento eran amateurs, novatos con muy poca experiencia o directamente sin ninguna experiencia. El veinte por ciento restantes eran profesionales.

Lo cierto es que, en 1988, a Gilbert Sabine, padre de Thierry, y a su equipo se les fue la mano. No calcularon bien que la etapa entre El Oued y Hassi Messaoud tenía un sinfín de trampas, quizá demasiadas. Ese recorrido contaba con arena y dunas muy difíciles de superar para la mayoría. La noche mágica, la del 5 de enero, la de la llegada de los Reyes Magos en muchos hogares de medio mundo, dejó tirados a doscientos cuarenta vehículos entre coches, motos y camiones. Cayeron novatos y profesionales; más de cuatrocientos hombres estaban atrapados en medio de la nada y sin poder ser rescatados. El camión balai, el camión escoba, tardó casi cuatro días en sacar de ahí a los que no habían podido continuar.

Nuestros tres protagonistas, en cambio, se las estaban apañando para llegar al final de esa pesadilla, aunque las dunas no terminaban nunca. Los tres motoristas surcaban como podían las que les quedaban. A falta de diez kilómetros del punto de llegada a Tito se le paró la moto, sin más, sin avisar. Enric y Ramón se detuvieron a su lado.

—¿Qué te pasa, Tito?, ¿por qué has parado? —le gritó Ramón sin quitarse el casco.

—No lo sé, se ha parado sin más.

Mientras Tito comprobaba que no le quedaba gasolina en el depósito delantero, miró el trasero. También estaba seco. En algún momento, quizá saltando una duna, se le había agujereado el depósito de emergencia que llevaba en la parte posterior de la moto.

—Nada, estoy seco, no me queda ni una gota de combustible.

No había terminado de decir lo que le sucedía, cuando las motos de Enric y Ramón también se pararon; tenían el mismo problema: se les había agujereado el depósito de emergencia. A diez kilómetros para el final acababan de decir adiós a su aventura. No se lo podían creer, la misma avería y los tres tirados en el desierto. Solo quedaba esperar que pasara el camión de asistencia, si es que era capaz de superar esa jornada de locos.

Las horas fueron pasando y finalmente vieron llegar al camión, pero no cabían las motos. Los tres pilotos entraron en la cabina como pudieron. Iban mal sentados y agarrados a lo que fuese para no perder el equilibrio. Así fueron los últimos diez kilómetros de su primer Dakar.

Pasaron a formar parte del resto..., de esa cuarta parte de los participantes de la décima edición del París-Dakar que se quedaron fuera de combate. La lista era muy larga: de los de cabeza, Salvador Cañellas y su copi Pere Maimi; el belga Jacky Ickx; el francés Hubert Auriol, que competía en un buggy; cincuenta y cuatro motos; ciento seis coches; ochenta camiones, entre ellos tres de los siete oficiales de Peugeot... De los españoles, Conti, Carpintero y Tresserras, que formaban parte del equipo Honda, al igual que Mario Giménez. Maite Blasco, la primera española que competía en el rally, también abandonó.

En busca de las máquinas en el desierto

La única manera de que el Dakar no les costara una fortuna a los tres amigos era recuperar las motos, pero las autoridades argelinas no estaban por la labor. A la mañana siguiente eran un puñado de pilotos los que habían podido salir de la trampa, pero sus vehículos seguían en medio del desierto. Hablaron con policías, bomberos y autoridades, pero no había manera de convencerlos.

Los que continuaban compitiendo en el Dakar ya estaban disputando la siguiente etapa, camino del sur de Argelia para cruzar a Níger. La organización, como siempre pasaba, se había despreocupado de ese grupo de participantes atrapados en medio de la nada porque ya estaban fuera de la carrera; por tanto, no eran su problema. La ley del sálvese quien pueda, así eran las reglas. Solo el camión escoba continuaba recogiendo pilotos.

Acampados al final de la etapa, Enric, Ramón y Tito, junto a un puñado de participantes, trataban de no perder el ánimo mientras convencían a los argelinos de que les dejaran entrar a por los coches, las motos y los camiones. Les costó muchas horas de charlas y mucho dinero para que finalmente permitieran que un convoy se dedicara a rescatar todo lo que encontraran tirado en esa segunda etapa de 1988.

Unos cuantos se habían quedado junto a sus coches. En ese grupo estaba Pere Maimi. Mientras que el equipo había sacado a Cañellas, Pere decidió quedarse para intentar salvar el coche. El Range tenía un problema eléctrico y no era fácil la reparación. Sin conocerse todavía, sin haber coincidido antes, Enric Conti y Pere Maimi trataban de recuperar sus máquinas para regresar a casa. El destino les deparaba muchas horas juntos en el desierto, solo que aún no lo sabían.

Pere Maimi, el primer español en terminar un Dakar

Pere era un apasionado de África. Le apetecía probar lo que significaba correr en esa aventura creada por Thierry Sabine y que estaba en boca de todos. A finales de 1982 se había juntado con un par de desconocidos, un francés (Michel Monot) y un suizo (Dominique Sudre), y se propusieron lanzarse a la gran aventura de su vida. Lo primero fue comprar un Land Rover, que Maimi personalmente se encargó de transformar con lo justo y necesario para poder competir. Ese primer Dakar sería muy duro, pero durante el recorrido se creó una gran amistad entre los tres aventureros.

El 1 de enero de 1983 partieron desde Francia, cruzaron Argelia, Níger, Alto Volta, Costa de Marfil, Mali, Mauritania y finalmente Senegal, para llegar al Lago Rosa. El hambre y la poca comida que proporcionaba Africa Tours fueron una constante durante los veinte días que aguantaron. Contaban con una dieta estricta: el café con leche de las mañanas, algo de mermelada con las galletas y poco más, y el cuscús, día sí, día también, como plato cocinado; el agua tenían que comprarla y pagarla a precio del mejor de los vinos en Europa. Las noches se las pasaban haciendo cola para poner gasolina en turnos de tres horas para poder descansar un rato en el saco.

Este no solo fue un Dakar inolvidable, sino que supuso también que Pere Maimi se convirtiese en el primer español que terminaba el rally. La amistad que surgió entre los tres aún sigue hoy en día intacta, más de cuarenta años después.

Maimi y Conti, unos masoquistas apasionados

Después de una semana tirado en el desierto de Argelia junto al Range Rover en las Navidades de 1988, Maimi formó parte del convoy de rescate permitido por los argelinos. Su trabajo salvó de la ruina a muchos de los que tuvieron que abandonar, que habrían sufrido cuantiosas pérdidas económicas y habrían quedado hipotecados durante unos años de no haber podido salvar sus motos, coches y camiones. En el grupo de rescate coincidieron por primera vez en su vida Maimi y Conti. La amistad se consolidó inmediatamente, pues los dos compartían el espíritu que predicaba Thierry Sabine para todos los que formaban parte de su congregación de locos fantásticos cruzando el continente africano.

Las tres motos de Conti, Tresserras y Carpintero volvieron a casa, pero después de que les intentaran extorsionar con todo; les pidieron hasta los relojes. Las motos subieron finalmente a la bodega de un avión rumbo a Barcelona, donde las vendieron y recuperaron la inversión. El Range que conducía Cañellas también se salvó, pero otros participantes optaron por incendiar sus queridos aparatos para poder cobrar el seguro y recuperar así el dinero.

La relación que comenzó en Hassi Messaoud entre Maimi y Conti los llevó a participar ininterrumpidamente en el Dakar los siguientes cuatro años; Pere conduciendo y Enric navegando y como responsable de material.

—Esto, Enric, es una carrera montada por un sádico para un puñado de masoquistas, entre los que estamos tú y yo.

Conti reía mientras guiaba a su amigo a través de las pistas entre Tozeur (Túnez) y Gadamés (Libia). Su primer trabajo juntos para el equipo Camper de Carlos Mas, conduciendo uno de los camiones de asistencia, fue en el Dakar de 1989.

Los acompañaba la dureza de tener que hacer gran parte de los trayectos de noche, en un camión y pendientes de ir parando si encontraban a alguien del equipo en apuros. Esto último alargaba eternamente las etapas. Pero la buena disposición de los dos y las ganas de ayudar a todo aquel que se lo pedía hicieron que se ganaran el respeto de todo el grupo que formaba parte del Dakar.

Cuando la noche llegaba al desierto, entre las seis y las siete de la tarde, aún tenían por delante no menos de cuatrocientos kilómetros para entrar en el campamento; una vez lo lograban, ya no quedaba ni comida, ni agua ni nada, así que aprovechaban y pasaban de ser unos chicos queridos a unos chicos malos porque robaban de donde fuera para poder reponer fuerzas.

ÁFRICA EN GUERRA

>Vosotros habéis pagado para esto.
>
>THIERRY SABINE

En 1991, el famoso Dakar de la guerra del Golfo, mientras se acercaban a Mauritania, a Pere y a Enric se les ocurrió pedir un cambio de ruta a la organización, pues descubrieron que por el sur pasaba una pista que les ponía las cosas más fáciles a los camiones. Su idea era llevar a los vehículos más pesados en esa dirección, evitando parte de la etapa maratón que pasaba por Tichit. La propuesta se la tenían que hacer a Gilbert Sabine.

—Así que su propuesta, señores, es ir hacia el sur para tomar la pista que los lleva directos hasta el campamento, mientras que las motos y los coches disputan las etapas con normalidad, ¿es correcto?

El grupo de camioneros que se habían reunido alrededor del padre de Sabine asintieron al unísono. Entre ellos estaban Maimi y Conti. Les parecía una buena idea, estando todo tan delicado y con Mauritania claramente a favor del régimen de Sadam Husein, evitar riesgos de ser tiroteados en cualquier momento. Los más lentos eran las presas más fáciles.

—Pues déjenme que se lo ponga muy fácil —continuó diciendo Gilbert Sabine—. A quien veamos por el sur, por esa pista, queda excluido automáticamente. Se lo repito: se va a descalificar a quien vaya por esa pista.

El 14 de enero de 1991, todos los vehículos que continuaban en carrera cruzaron desde Tombuctú (Mali) hasta Néma (Mauritania) para disputar la etapa maratón. Nadie circuló hacia el sur.

A Maimi y Conti los asaltaron unos militares, claramente de los «malos». Se llevaron dos ruedas de repuesto del equipo de Salvador

Servià, que era para quien estaban corriendo ese año. A los dos tipos con kalashnikovs que apuntaban a Conti no les sirvieron de nada las explicaciones de que las ruedas no les iban a valer, simplemente las querían para dar un buen susto en mitad del desierto mauritano a los dos españoles. Mientras los tipos estaban distraídos viendo las ruedas y analizando si podían llevarse algo más, Pere Maimi le susurró a su amigo:

—Enric, tú le das al bajito y yo voy a por el grandote. A estos los tumbamos seguro. Nos los quitamos de encima y salimos por piernas. Les podemos seguro.

Enric lo miró atónito.

—Pere, que van con un kalashnikov. ¿Estás de broma?, nos van a dejar como un queso gruyer antes de que les toquemos un pelo. Estate quieto, que se lleven las ruedas y seguimos. No son más que dos muertos de hambre, no merece la pena que nos arriesguemos.

La respuesta no dejó del todo tranquilo a Pere, que estaba convencido de que podía zurrar a esos dos bribones. Al final se llevaron las ruedas, pero no tuvieron ningún disgusto más.

En 1992, el último año que participó Enric Conti, fue un Dakar muy difícil porque les pasaron muchas cosas. La primera, el 1 de enero, en pleno Año Nuevo, cuando se dirigían desde N'Guigmi (Níger) hacia Yamena (Chad), el ejército los retuvo antes de entrar en el Chad. Allí estaban otros motoristas, coches y camiones parados. Los militares les iban agrupando.

—¿Y ahora qué pasa, Enric? —le interrogó Pere, contrariado por el follón que estaban montando los militares.

—Déjame, que voy a preguntar.

A los pocos minutos regresó.

—Pues que están en guerra en el Chad y vamos a cruzar en convoy. Se neutraliza la carrera, nos llevan hasta la República Centroafricana y ahí seguimos con normalidad.

—Lo que no pase en África no sucede en ningún lado.

El supuesto rescate y cruce del Chad resultó un fracaso absoluto; tal fue el desastre, que al final los pilotos optaron por cruzar ellos solos en grupo sin atender las órdenes de los militares, que los tuvieron parados durante horas en un lugar supuestamente seguro a trescientos kilómetros del campamento.

La cosa fue del siguiente modo. Cuando comenzó a anochecer, y con los militares sin saber qué hacer, los corredores del Dakar decidieron continuar por sus propios medios. Nadie les aseguraba que esos militares fueran a garantizarles su seguridad. No tenían ni idea si eran buenos o malos. Así que optaron por salir de ahí lo más rápido posible para llegar cuanto antes al campamento. Finalmente, lo alcanzaron sin problema y sin ninguna novedad.

La segunda sorpresa desagradable les pasó en el Congo, en Pointe-Noire, antes del día de descanso. Tuvieron un accidente, volcaron. Enric se rompió el codo. Parecía que todo estaba perdido, pero no. Repararon el camión y continuaron. Los médicos enyesaron a Enric y le dejaron seguir una semana más hasta llegar a Ciudad del Cabo. Ese fue su último Dakar juntos en África.

Enric Conti no volvería al rally africano. El piloto se quedó con la sensación mágica de la primera vez que llegó al Lago Rosa. Pero esta historia continuó en 2021, cuando se sentó una vez más junto a su gran amigo Pere Maimi para correr el Dakar Classic en Arabia Saudí. Después de 1992, Enric, que tenía cuarenta años por aquel entonces, se concentró en sus exitosos negocios de ropa hasta que se jubiló. Siempre le ha quedado el recuerdo de África y los recorridos por el desierto con su amigo.

Pere Maimi continuó corriendo en el Dakar, cambió varias veces de compañero de viaje y se perdió más de una vez. En 1998, Antonio Boluda tuvo un accidente terrible cuando corría en moto en la etapa duodécima entre Tombuctú y Néma, donde estuvo a punto de morir. Como ya se contó en su capítulo, la sangre que le pusieron para salvarle la vida fue la de Pere Maimi.

El pueblo de Pere, Llambilles, en el norte de Cataluña, sigue dando grandes participantes al Dakar. Pere continúa en el rally, pero no está solo en su pasión; su sobrino, el hijo de su hermana, también se ha enganchado a la aventura de las dunas.

18. EL AÑO QUE IGNACIO BULTÓ VIVIÓ PELIGROSAMENTE

1991
Gadamés-Ghat (Libia)
Segunda etapa en África
Mil noventa y cinco kilómetros

Se encontraban tirados a casi mil kilómetros de Ghat, en medio de las dunas libanesas. Habían recorrido escasamente veinticinco kilómetros desde su salida de Gadamés y aún les quedaban casi seiscientos hasta Idri, primera referencia, y después otros quinientos hasta Ghat. Ignacio Bultó y su copiloto, Ramón Termens, no querían darse por vencidos. Al Range Trident se le había roto el diferencial trasero. Era imposible seguir si no se lo cambiaba; desafortunadamente, no llevaban otro. Tocaba esperar al camión de asistencia del *team* Halt'up. Ellos formaban parte del equipo del preparador francés, aunque su trabajo era dar asistencia rápida a Salvador Servià y a Jaime Puig. Cuatro horas después seguían parados en medio de la arena, no les había podido ayudar nadie de los que habían pasado por ahí. Por fin divisaron a lo lejos el camión.

—Menos mal, Ramón, yo creo que esos que vienen son ellos. A ver si nos dan un diferencial y podemos continuar, aunque nos va a tocar sufrir, porque han pasado prácticamente todos los participantes.

—Ojalá lleven uno encima, que estos franceses son muy raros. No me fío un pelo.

Ramón Termens era un veterano del Dakar y de las pruebas en África. Él sabía lo que era ganar: junto a Miguel Prieto se había alzado con la victoria del Faraones. Y había quedado en el top diez en coches en el París-Dakar. Tenía un talento natural para resolver problemas mecánicos y era un gran navegante. Tenía muchas razones para no fiarse de los franceses, por mucho que fueran de su mismo equipo. Y no se equivocaba en absoluto.

—¿Cómo que no lleváis un diferencial? Estáis de broma...

Los gritos de Ignacio retumbaban en el desierto tras escuchar la respuesta de los franceses, que ni se bajaron de la cabina del camión. Sin esa pieza, la pareja Bultó-Termens llegaba al final de su aventura en el Dakar. No hubo discusión posible. El conductor de la asistencia de Halt'up arrancó y siguió su camino.

—¿Y ahora qué hacemos, Ramón?

Después de todas las horas que llevaban esperando y que el camión de su propio equipo no les ayudase, todo parecía perdido. Pero en el Dakar siempre sucedía algo más. El último camión que pasó por allí, un Unimog, pertenecía a unos buenos amigos, Pere Maimi y Enric Conti, del equipo Camel. Estos se encontraron a los dos españoles ahí tirados y no solo pararon, sino que se bajaron del camión.

—¿Qué os ha pasado?

—Hola, chicos, estamos sin diferencial trasero. Si tenéis uno, podemos seguir; si no, hasta aquí hemos llegado.

Enric Conti sonrió.

—Tranquilos, que llevo atrás uno de serie.

Efectivamente, tenían un diferencial, la carrera estaba salvada. Les dejaron la pieza, se despidieron y Ramón se puso inmediatamente a cambiarlo. Termens era un mecánico bárbaro y en poco más de una hora lo tenía listo.

—Venga, tira, Ignacio.

A las dos de la tarde estaban listos para continuar. Habían perdido seis horas, pero seguían en la carrera. Cuando Bultó arrancó, se dio cuenta de lo que significaba ir los últimos: las roderas eran inmensas, la pista estaba destruida y les costaría un doble esfuerzo. Era un infierno, pero comenzaron a remontar. De tal manera que pasaron a Maimi, a la asistencia de Halt'up y a un sinfín de camiones y coches que iban mucho más lentos que ellos.

Tenían un pequeño problema extra: al ser el diferencial de serie, se quedaban atrapados una de cada dos veces en la arena. La especial fue dantesca, de las que le gustaban a la organización del Dakar para hacer limpieza de los menos preparados. En los primeros seiscientos kilómetros se quedó mucha gente atrás.

Luego les sorprendió la noche. Bultó estaba muy cansado y tenía la sensación de que el desierto iba de bajada todo el rato. Esto no era posible, pero la vista le estaba jugando una mala pasada.

—Ramón, creo que voy al límite, ya no tengo muy claro qué estoy haciendo.

Diez horas conduciendo en esas condiciones eran capaces de terminar con el más experto.

—Tranquilo, déjame que conduzca yo un rato, recuperas y seguimos.

Dicho y hecho. Termens cogió los mandos del Range y continuó a buen ritmo hasta el control de llegada. Les sobraban todavía veinte minutos y eso hizo que no les penalizaran con diez horas, porque si no hubiesen quedado relegados a ese submundo de los que iban por la parte de atrás, entre los camiones y las profundas roderas.

Al día siguiente comenzó la remontada. Al principio, en la jornada anterior, estaban en el puesto 25, pero cuando llegaron los problemas mecánicos cayeron al 200. Era necesario remontar para poder realizar el trabajo que tenían asignado: ser la asistencia rápida de Salvador Servià.

Las cosas fueron por buen camino. En la sexta etapa tenían que hacer mil ciento cuarenta y seis kilómetros entre Agadez y Gao, pasando por Tillia y Assaouas, y ya se habían situado en el top cincuenta.

Ramón Termens, un mecánico de oro

El copi de Ignacio Bultó durante aquel 1991 era un personaje hecho a medida para el Dakar, pues resolvía cualquier situación por complicada que fuera. Solo Rosendo Touriñán, el copi de Joan Porcar, podía jugar en la misma liga.

Bultó y Termens tenían por delante otra jornada de más de mil kilómetros, con el paso de Nega como plato fuerte. La zona de Mauritania complicaba de mala manera la vida a los supervivientes del Dakar, que buscaban llegar a Kiffa un par de días antes de terminar la gran aventura. El embrague del Range comenzó a patinar. A Ignacio se le torció el gesto; ningún día era bueno para tener problemas mecánicos, pero lo peor era que les pasase justo cuando tenían que cruzar el paso de Nega.

—No te lo vas a creer, Ramón, pero el embrague patina, mira.

Bultó pisó el embrague y el ruido le bastó a Termens para comprobar que su compañero de aventura decía la verdad.

—No lo pises, no lo pises —le pidió apurado—. Tranquilo, que esto lo solucionamos, no hay problema. —Ignacio esperaba cualquier cosa de su copiloto—. Sube a la duna, pero ponte de frente y le echo un ojo. —Ramón decidió purgar la campana del embrague y salió un buen chorro de aceite—. ¡Listo! —gritó—, prueba ahora. —El embrague funcionaba.

Durante ese Dakar tuvo que pelear más de una vez con la tropa de mecánicos franceses. Pero entre todas ellas hubo una pelea especial: la de las baterías de avión. Como gran innovación técnica, el equipo de ingenieros de Hult'up había instalado en el Range unas baterías más ligeras. Termens estaba harto de ellas porque no funcionaban bien. Se descargaban cada dos por tres y casi les dejaron tirados en medio de la nada más de una vez.

Los franceses las defendían a cualquier precio porque pesaban menos. Esa era su máxima virtud. Total, que una noche, ya en el campamento, Termens y Bultó se fueron al camión de Camel de Enric Conti y Pere Maimí y les pidieron una batería normal y corriente, como la que tenía cualquier coche. Cuando la tuvieron, se fueron a por los mecánicos de Hult'up y les obligaron a poner esa batería en el coche.

—Nos da igual que pese tres kilos más. Nosotros no corremos para ganar, pero sí que queremos terminar, y con las vuestras vamos a acabar abandonando en mitad del desierto.

La elocuencia de los dos españoles dejó sin argumentos ni explicaciones a los franceses. La instalaron y se terminaron los problemas.

Un dato curioso, otro más, de este mecánico: al año siguiente, en 1992, en París-Ciudad del Cabo, Termens corrió como copiloto junto a Anne Charlotte Verney, la francesa con la que se perdió en el desierto Mark Thatcher.

Los guisantes de Ignacio Bultó

—Mira, Ignacio, tengas hambre o no, cada vez que te ofrezcan comida o agua te la guardas. No dudes en aceptarla, porque a saber si al día siguiente no tendrás nada.

Este fue el primer consejo que le dio Salvador Servià a Ignacio antes de comenzar la carrera. Bultó era un tipo que escuchaba y aceptaba consejos, especialmente si se los daba su jefe de filas, que tenía tantos años de experiencia en el Dakar.

Desde la primera jornada comenzó a acumular todo el alimento que le ofrecieron. No pasaba hambre, pero estaba harto de lo que le daban en Africa Tours. Le costaba comprender cómo a Salvador le encantaban esas latas, que se calentaban solas cuando tirabas de una anilla y que todas tenían nombres rimbombantes, como si se tratara de preparados de alta cocina francesa. Nada más lejos de la verdad. A Ignacio todo le sabía a guisantes con cosas. Algunos días le pareció detectar jamón, pero poco más. Eso sí, lo que no podía faltar era el crujir de la arena entre los dientes, porque siempre la arena terminaba mezclada con la comida.

En 1991 les tocó también vivir el asesinato del camionero francés de Citroën, Charles Cabannes, cuando estaban atravesando Mali.

Decidieron continuar hasta Dakar, aunque la carrera quedó neutralizada al cruzar la frontera con Mauritania. El día de la muerte del piloto francés, la etapa la ganó Miguel Prieto. Esa noche, el equipo Nissan, a pesar de la oposición de Joan Porcar, Prieto y Félix Dot, abandonó la carrera en solidaridad por la muerte de Cabannes. Curiosamente fue el único equipo que abandonó, no lo hizo ni Citroën, pero esta es una historia que se cuenta con más detalle en el próximo capítulo, con un par de españoles implicados. Ignacio Bultó y Ramón Termens terminaron en el puesto 38 de la general. Sus jefes de filas, Salvador Servià y Jaime Puig, lo hicieron en el 17.

A Bultó no le quedaron ganas de regresar, pero se animó años después cuando su hermano Álvaro corrió con Xavi Riba y ganaron la categoría maratón en moto.

Ramón Termens, que falleció en 2023, no le falló al Dakar y siguió participando año tras año, incluso corrió con uno de los hijos de Jordi Pujol. El mecánico transmitió los valores, los conocimientos y la pasión por el Dakar a todos los suyos y ellos continuaron perpetuando este legado familiar tan valioso. El Dakar siempre tendrá esa mezcla mágica de realidad y leyenda.

19. EL ASESINATO DE CHARLES CABANNES

11 de enero de 1991
Octava etapa
Mali

Todos sabían que les quedaban muchas horas por delante de camión, una etapa maratón de más de mil cien kilómetros, pero nada hacía presagiar una mañana trágica. El trayecto arrancaba en Tilla, llegaba a Gao, donde se hacía noche, y desde allí se continuaba hasta Tombuctú. El ejército de Mali vigilaba algunos puntos de paso.

Cerca de un pequeño poblado, Ménaka, que había que atravesar y después girar a la derecha, alguien disparó y esa bala terminó con la vida del conductor del camión de asistencia del equipo Citroën, Charles Cabannes.

La prensa en Europa publicó que no se pudieron determinar las causas por las que se había producido ese disparo, pero que todo apuntaba a que había partido de un miembro del ejército de Mali.

El copiloto de Cabannes, Joël Guyomarc'h, sufrió una herida superficial. Nadie reclamó la autoría del asesinato. Ninguna organización rebelde se atribuyó el ataque, pero tampoco el ejército de Mali reconoció que uno de sus soldados pudo haber disparado.

Después de lo sucedido, los comisarios de la prueba decidieron neutralizar la carrera. La siguiente etapa fue desde Tombuctú, aún en Mali, hasta Néma, ya en Mauritania. El equipo español Nissan decidió abandonar la competición en señal de respeto por la muerte de Cabannes. Fue el único equipo que lo hizo.

Las próximas dos historias tienen un punto de encuentro, no solo el de correr el Dakar de 1991, sino porque el asesinato de Cabannes de alguna manera marcó a sus dos protagonistas. El conductor francés ha sido el único piloto muerto por disparo de arma de fuego en la historia del rally.

Félix Dot, la aventura por pasión

11 y 12 de enero de 1991
Etapa maratón entre Níger y Mali

El conflicto entre los tuaregs y el ejército de Mali era un peligro más al que se enfrentaban los participantes del Dakar aquel año. Félix era el copiloto del camión de asistencia del equipo Nissan, junto a Xavi Piqué. Los dos iban con su compañero, un conductor francés. Habían ido bien en la primera parte de la especial, pero en los últimos kilómetros iban detrás del polvo del vehículo de delante, uno de los de asistencia de Citroën. Félix advirtió a su piloto sobre la siguiente nota que venía en el libro de ruta:

—Estamos llegando a la aldea de Ménaka. Cuando entremos hay que hacer un giro un poco raro, hacia la derecha, y no seguir de frente.

Seguían sin ver mucho, el polvo lo impedía. Estaban a escasos quinientos metros de la entrada de Ménaka y a unos cien metros por detrás del otro camión. Todo pasó muy rápido. De repente, sin más, el polvo desapareció justo a la entrada del poblado cuando el camión de Citroën no giró, siguió recto hacia una casa de barro y se paró. Félix pensó que tenían un problema mecánico. La solidaridad entre los equipos de asistencia era total, así que le dijo a su piloto que se detuviera.

—Para, para, a ver qué les ha pasado y si les podemos echar una mano. Ahora os aviso.

El camión de los españoles se detuvo justo antes de girar, Félix saltó de la cabina y se acercó por el lado del piloto, abrió la puerta y les preguntó si todo estaba bien. Jamás podría olvidar lo que vio. Charles, el conductor, tenía el cuerpo doblado sobre el volante. Los otros dos miembros del camión estaban agachados, casi tirados en el suelo. Cuando vieron a Félix, le gritaron:

—¡Vete, vete! *Ils l'ont tué, ils l'ont tué!*

Le estaban avisando de que habían matado al conductor. Félix se quedó parado en un primer momento, aunque poco después su reacción fue levantar a Charles Cabannes para ver si estaba bien, si tan solo había perdido el conocimiento. No, estaba muerto. Un disparo había entrado por la ventanilla y le había dado en el cuello. Había mucha sangre.

Los dos copilotos le pidieron ayuda para bajar el cuerpo cuando fueron conscientes de que ya no disparaban más. Todo sucedió muy rápido. Querían dejar a Cabannes apoyado en el muro de la casa, y así lo hicieron. Félix se armó de valor, aunque lo que quería era salir corriendo. Entre los tres lo sacaron y lo colocaron con cuidado en el suelo.

—Vete, vete —le volvieron a repetir los franceses.

Félix Dot no lo dudó ni un instante y corrió aterrorizado hacia su vehículo.

—¿Qué le ha pasado?, ¿les podemos ayudar? —le preguntó Piqué al verlo llegar.

—No, no. Arranca, arranca —le dijo al francés—, que les han disparado, el conductor está muerto.

Instintivamente se agacharon dentro de la cabina, aunque no vieron a nadie que les apuntara con un arma. Salieron zumbando de Ménaka. Estaban muy cerca del siguiente control, a tan solo unos siete kilómetros. Cuando llegaron, dieron el aviso de lo que había sucedido, de que habían matado a un conductor, que le habían disparado. En el control les dijeron que continuaran hacia el sur, pero Félix se negó. Él prefería esperar a que llegasen más camiones y saber si todos estaban bien y qué había podido pasar.

Así lo hizo. Poco a poco fueron llegando al control la mayoría de los vehículos de asistencia. También avanzó hasta allí el de Citroën, con el disparo en la ventanilla, pero sin el cadáver del conductor, que lo habían dejado en la aldea. Los camiones se fueron situando en círculo, como hacían los colonos en las películas del Oeste, que ponían así las carretas para protegerse de los ataques de los pieles rojas. Cerraron el círculo mientras esperaban que llegara el ejército de Mali.

La noche fue larga. El convoy retrocedió hasta Ménaka escoltados por soldados y pararon junto al cadáver de Cabannes, al que cargaron en una de las *pick up* de los militares.

Todos fueron hasta Bamako. Se decidió neutralizar la carrera y se abrió el debate entre algunos equipos. Se discutía si paraban y volvían a casa o si continuaban en la competición. La organización había ofrecido una posibilidad de ruta alternativa hasta Dakar, pero para los que quisieran abandonar la competición. Solo el equipo Nissan decidió no seguir a pesar de la oposición de pilotos como Porcar y Prieto. También Félix Dot votó por continuar.

Ningún equipo, ni Citroën, que había perdido a uno de los suyos, decidió abandonar. A la mañana siguiente, el equipo Nissan, ya fuera de carrera, optó por la ruta que los llevaba a cruzar el río Níger. Subieron todos los vehículos a la barcaza y, cuando estaban en medio del río, el motor falló; iban a la deriva, sin rumbo ni control. Paco Crous, mánager del equipo, y algunos más trataron de ver cómo se podía resolver la situación mientras flotaban en medio del cauce; finalmente terminaron en una pequeña isla en el centro del río. Pero fue una vez más Rosendo Touriñán, con su ingenio y habilidad, quien los sacó de un embrollo que podría haberse convertido en tragedia. Desmontó el motor y lo reparó y la barcaza continuó su camino dejando a los expedicionarios del equipo Nissan al otro lado del río.

Nunca se supo qué sucedió realmente aquel día en Ménaka. Si fueron los tuaregs, como acto reivindicativo, porque nadie los quería en su territorio (ni en Mali, ni en Níger, ni en Argelia); ellos se negaban a pasar los controles fronterizos, querían seguir cruzando sus tierras libremente y estas no se ajustaban a fronteras ni a países.

O si todo fue un lío de los militares: un error humano o un simple intento de robo por parte de un soldado, cosa que era habitual, que salió mal.

Los dos copilotos de Cabannes aseguraron que el hombre que les disparó iba vestido de militar y que parecía un militar. Nunca aclararon si les habían hecho algún gesto para detenerse. La verdad era que en esa parte de África los que no iban vestidos con poca ropa llevaban traje militar, pero eso no garantizaba seguridad alguna, ni que pertenecieran al ejército. Nunca sabías si eran de los buenos o de los malos.

Arenas movedizas

Félix Dot soñaba desde muy joven con cruzar África, con vivir las aventuras que contaba Joan Porcar en sus relatos. El 1 de enero de 1983, saliendo de la fiesta de celebración de Año Nuevo, cogió la moto y se fue a ver embarcar desde Barcelona a los vehículos del Dakar. Se dirigían hacia Sète, cerca de Montpellier, a más de trescientos kilómetros.

Tardaría cinco años más en ver cumplido su sueño. En 1988 le llamaron para ir de copiloto en un camión del equipo Nissan. Conoció en París a su «chófer» francés el mismo día que comenzaba la aventura. Félix Dot no sabía prácticamente nada de África, pero era muy hábil a la hora de interpretar los libros de ruta y de manejarse con la brújula. Entre las cosas que le angustiaban estaba su francés (era de supervivencia, pues nunca lo había estudiado), pero lo peor era el miedo al conductor que le tocara. Al final tenía que pasarse tres semanas dentro de una cabina de camión junto a ese personaje. Por suerte, el segundo de los compañeros era Xavi Piqué, al que ya conocía.

La mayoría de los conductores franceses que se apuntaban para conducir los vehículos de asistencia eran mercenarios, medio locos. El de 1990 era un figura que iba a ciento cuarenta por hora por la avenida de los Campos Elíseos de París, tirando de freno de mano para hacer trompos y cambiar de dirección en pleno centro de la capital francesa.

Ese año, el segundo día en Libia, volcaron el camión. Fue toda una odisea darle la vuelta y ponerlo de nuevo sobre las cuatro ruedas. Con el accidente, en la caja donde llevaban todas las piezas de recambio, la ropa de los miembros del equipo y unos bidones de gasoil se mezcló todo, como en una batidora. Continuaron hacia el sur para atrapar el rally, cruzaron el Níger y se adentraron en el Chad, donde tenían que rodear el lago Chad para regresar otra vez al Níger y de ahí llegar a Agadez, a la jornada de descanso.

El piloto francés era todo un lumbreras y hacía caso a medias a Félix cuando este le avisaba de la ruta que tenían que seguir. Para el 2 de enero tenían que haber rodeado el lago Chad. El libro de ruta era muy claro: los camiones no lo podrían cruzar porque pesaban demasiado, la primera capa de barro seco y duro se rompía.

Para cuando Félix, Xavi y el piloto loco llegaron al lago, había roderas de coches y motos que seguían en línea recta, por en medio de donde precisamente la organización había avisado que no se podía cruzar. El francés ni lo dudó, aceleró y a los ciento cincuenta metros el camión se quedó clavado en un lodazal. Estaban como en una especie de arenas movedizas de donde era imposible salir. Es más, por muchos intentos que hiciesen, la sensación era que se iban hundiendo más y más.

Tres días se pasaron clavados en el barro. No servía ni cavar ni poner troncos, el camión siempre parecía que se iba hundiendo poco a poco. Los mosquitos les estaban acribillando y decidieron hacer un círculo de fuego con todo lo que podía arder. El humo era denso y seguramente poco sano, pero a los mosquitos no les terminaba de afectar.

El segundo día llegó el camión escoba. No se metieron en el barro, sino que intentaron con el cabestrante tirar hacia fuera. Se rompieron dos cables de acero. Era imposible sacarlos de ahí. El piloto de la organización les propuso que abandonaran, pero ellos se negaron. Firmaron el papel de que quitaban toda la responsabilidad a la organización y se quedaron solos.

El «chófer» decidió irse con unos locales para encontrar a alguien que les ayudara. Félix y Xavi esperaron. Tenían comida, el agua la cogían del lago y la hervían en una olla. Una noche oscura salió de la olla un sapo gigante que había entrado al recoger el agua. Les dio un susto de muerte... Esa noche corrieron el sapo, Félix y Xavi.

Los militares eran otros asiduos; pasaban cada día de visita para ver qué tal seguían y llevarse lo que podían, comida y gasóleo principalmente. Al tercer día apareció el francés con una excavadora de cadenas Caterpillar. Les tocó pagar setecientas cincuenta mil pesetas al dueño para que sacara el camión. Lo lograron y continuaron hacia el sur. Justo llegaron el día de descanso al campamento en Agadez. Se reencontraron con el equipo y repartieron la ropa limpia que llevaban en la caja del camión. El único problema es que olía a gasoil.

Félix Dot participó cuatro años en el París-Dakar. Después pasó a formar parte del equipo que organizaba el paso del rally por España, coordinando no solo las pruebas especiales en distintas ciudades, sino que también se encargó del famoso parque cerrado en el Santiago Bernabéu o del embarque de las motos, los coches y los camiones en los puertos de Málaga, Algeciras o Motril.

La aventura siempre corrió por las venas de Félix Dot, todo un apasionado. Lo que nunca pudo olvidar fue ese día en que trató de ayudar a Charles Cabannes, el momento en que deseó con todas sus fuerzas que solo se hubiese desvanecido.

Pep Vila y el día que marcó su aventura

11 de enero de 1991

El día que asesinaron a Charles Cabannes todo cambió para Pep Vila, hubo un antes y un después de este acontecimiento. Quince minutos después de que dispararan al conductor del camión de Citroën, Pep cruzó el poblado de Ménaka. Los tres que iban en el camión (Pep,

Pepito Adell, el copiloto, y un mecánico francés) vieron el cadáver junto a sus compañeros y se dieron cuenta de la sangre que había; la imagen era desgarradora. Los militares vestidos con un uniforme azul les hacían señales para que no pararan. Su primera intención fue frenar y ayudar, porque creían que habían tenido un accidente. Pero había tanta sangre...

En esos tiempos muchos pilotos no llevaban casco, se lo quitaban al arrancar las etapas e iban vestidos con ropa de calle: camiseta de algodón y pantalón corto. Los segundos que estuvieron parados antes de que les hicieran seguir, Pep y Pepito Adell se dieron cuenta de que algo no estaba bien en esa escena, no solo por el cadáver, sino porque les estaban indicando que se fueran de allí a toda prisa. Todo ello era sospechoso y empezaron a debatir qué podía haber sucedido. Intuyeron lo del disparo, pero no fueron capaces de dar una razón a ese supuesto disparo. La conversación fue animada hasta el campamento; incluso Pepito no se durmió, tal y como acostumbraba normalmente. Solo cuando llegaron, se enteraron de la verdad.

A Pep le contaron que un joven soldado amargado había disparado a un par de camiones ese día con la mala fortuna de que acertó al conductor del segundo, a Charles. También escuchó que era una cosa de los rebeldes. Era claro y evidente que la confusión reinaba alrededor de todo lo sucedido. Los sacaron escoltados en convoy, protegidos por los supuestos causantes de todo aquel lío, el ejército de Mali.

A Pep se le quedó mal cuerpo con todo lo que vivió en esa jornada. Había que sumar los nervios y la incertidumbre que provocó el inicio de la guerra del Golfo. Cuando llegó a casa, una vez terminado el rally, se preguntó si valía la pena asumir un riesgo tan grande. La respuesta fue un no rotundo. No regresaría al París-Dakar. La situación había sido demasiado confusa y complicada.

No obstante, Pep siempre había disfrutado de la experiencia en África y estaba acostumbrado a los contratiempos y a todas las sorpresas que deparaba el rally. El piloto tiene siempre mil y una aventuras que contar. Vila adquirió experiencia y corrió el Dakar cumpliendo distintas funciones. Una de ellas consistió en acompañar a periodistas de distintos medios a vivir el rally en vivo y en directo.

En compañía de periodistas

> *8 de enero de 1990*
> *Camino de Tahoua (Níger)*

Pep Vila se despertó temprano, antes que los motoristas, que siempre eran los primeros en salir. Su jornada iba a consistir en acompañar a una periodista de *L'Équipe*, el periódico deportivo francés, haciendo el mismo recorrido que los participantes. El plan era salir una hora antes que las motos y parar unos kilómetros después para ver pasar a los primeros; después, continuar y detenerse de nuevo, esta vez para controlar los coches que iban en cabeza y, por último, la misma operación para rematar con los camiones.

Lo que no tenía previsto era encontrarse en medio de una batalla campal, ni él ni la reportera francesa que le acompañaba. A las cinco de la mañana ya estaban en marcha. Los dos habían desayunado algo y llevaban víveres suficientes para la jornada y un buen termo de café. Con una hora de ventaja sobre las motos, tenían tiempo para encontrar un sitio elevado desde donde ver pasar a los que iban en cabeza. La lucha ese día era entre los italianos y los españoles: Alessandro de Petri, Jordi Arcarons, Edi Orioli y Carlos Mas.

Todo estaba sucediendo como lo había programado Pep. Al amanecer, disfrutaron del paso de las motos. Continuaron unos kilómetros más y se detuvieron para contemplar los coches. Además de los Peugeot, la sorpresa del día fue Hansi Bäbler con su Nissan, que iba en cabeza. Más atrás estaban Salvador Servià, Joan Porcar y Miguel Prieto. El último coche que vieron pasar fue un Toyota francés oficial, con publicidad de Gauloises. Pep llamó a la periodista para continuar la ruta:

—*Allez*, vámonos. Continuamos un buen rato más y esperamos a los camiones. ¿Tienes buenas fotos?

—Sí, espectacular el paisaje. Alucinante cómo van y a qué velocidad. Todo cambia a pie de pista.

La mayoría de los periodistas no estaban integrados en la carrera, sino que hacían las etapas por el aire, en avión, saltando de campamento en campamento. Tener la oportunidad de seguir de cerca la carrera era un lujo al alcance de unos pocos. Pep trabajaba para Camel «paseando» cada día a un periodista. Tenía un Range Rover y él mismo seguía el libro de ruta y cubría la etapa. No era fácil y el reportero tenía que estar dispuesto a trabajar como si fuera un copiloto más, ayudando en lo que tocara, incluido el utilizar la pala si se quedaban enganchados. Llevaban unos minutos cruzando una meseta, una explanada enorme, cuando a lo lejos Pep creyó divisar un coche.

—Parece que es el Toyota que hemos visto —comentó en voz alta.

La periodista francesa centró su atención en ese punto lejano, aunque no se distinguía bien. Poco a poco, mientras se iban acercando, quedó despejada la duda. Efectivamente, era el Toyota parado en mitad de la nada. Las puertas del coche estaban abiertas. En cuanto llegaron a su altura, se dieron cuenta de que en medio del desierto estaban el piloto y el copiloto con los cascos puestos y a puñetazo limpio.

—Pep, tienes que hacer algo, ¡se van a matar estos locos! —gritó la reportera francesa.

Vila bajó del coche, pero no las tenía todas consigo. Los tipos estaban resolviendo sus diferencias y quizá no era muy buena idea meterse. En cuanto se acercó, les gritó:

—Pero ¡qué hacéis! ¡Parad, locos!

No hubo respuesta ni reacción. A la segunda vez que gritó, las cosas cambiaron; tanto, que el copiloto casi le dio un golpe. Pep esquivó bien el porrazo mientras los mandaba a hacer puñetas:

—Que os den, gilipollas.

Mientras Pep regresaba al coche, la periodista de *L'Équipe* le pedía que no se fuera, que los detuviera.

—De eso nada, que se maten. Si están locos, allá ellos.

—Pero ¿los vamos a dejar aquí?

—Por supuesto, no tengas la menor duda.

Pep arrancó dejando atrás a los dos miembros del Toyota zurrándose de lo lindo mientras la reportera seguía asombrada por la situación; no quería dejar a sus compatriotas dándose mamporros en el desierto. No había pasado ni media hora cuando Vila divisó por el retrovisor que el Toyota los seguía a toda velocidad.

—Mira, ya se han dejado de pegar. Ya viene el Toyota.

—Fíjate si están los dos. A ver si se ha subido uno y ha abandonado al otro en medio del desierto —dijo la periodista.

El Toyota pasó tan rápido que no fueron capaces de distinguir si efectivamente los dos miembros iban dentro del vehículo.

—Mierda, no los he visto —gritó la chica—, no sé si estaban los dos. Deberíamos dar la vuelta y asegurarnos.

—Ni en broma —le dijo Pep—, ya se espabilarán. Seguro que están los dos. No vamos a hacer otros cuarenta kilómetros de vuelta para ver si uno se ha quedado en medio del desierto. Y no quiero conducir con todo el mundo viniendo de cara hacia nosotros a toda velocidad. Quítate esa idea de la cabeza, ni lo sueñes.

La jornada se hizo larga hasta llegar al campamento en Tahoua. Pep acercó el coche a la zona donde estaba el equipo Camel y junto a la periodista se fue a la cola de los camiones de Africa Tours para coger algo de cena. En esa cola, seis pilotos por delante, estaban los protagonistas de la pelea a puñetazo limpio en el desierto. En cuanto vieron a Pep y a la chica bajaron la mirada, se dieron la vuelta y no se atrevieron a decir nada. Durante los días siguientes coincidieron alguna vez más, pero nadie intercambió ni una sola palabra sobre lo que habían vivido esa jornada en mitad del desierto, en Níger.

Cuando todo cambió

Las aventuras de Pep Vila en el desierto pueden rastrearse más años atrás. En 1988, Pep estaba en el equipo de Jordi Arcarons y Agustí

Vall para correr el Dakar. Se había tomado la decisión de que Agustí y Pep corrieran el Faraones en Egipto como preparación para la gran aventura africana. Agustí Vall se quedó sin la KTM en la segunda jornada por problemas mecánicos y Pep sí conservó la moto. Quedó segundo clasificado en la categoría de motos de serie. El último día, a ochenta kilómetros de la meta, se cayó y se partió la tibia. No llegó a ver las pirámides. Los siguientes ocho meses se resumieron en tres operaciones y en vivir pegado a unas muletas. Tuvo que tomar otra dura decisión: no participar en el París-Dakar ese año.

Vila aprovechó para crear su propia empresa, dar cursos de enduro y convertirse en el responsable de las selecciones de los participantes para el Camel Trophy. En 1989 le propusieron que montara en la Zona Franca de Barcelona la etapa prólogo del París-Dakar de ese año. Una vez terminada la especial, los coches se quedaban en el Moll de la Fusta. Fue un éxito de público y de espectáculo. A Ari Vatanen, la gran estrella de Peugeot, y a algunos más se les ocurrió volcar el coche y se llevaron un buen susto. Esa imagen dio la vuelta al mundo.

En 1991, el año fatídico, después del trabajo del año anterior llevando periodistas, le llegó la oferta para volver a la competición. El año del Dakar de la primera guerra del Golfo le propusieron conducir un camión de asistencia del equipo Halt'up bajo los colores de Camel. Su trabajo era dar cobertura a Salvador Servià, a Fernando Capdevila y a Josep Maria Servià. Realmente era el ángel de la guarda de Josep Maria, que ese año terminó ganando su categoría.

Pep tenía de copiloto a Pepito Adell y a un mecánico francés de Hult'up, Pierre. Las jornadas eran tan largas que los tres se turnaban al volante. Se podían tirar más de dieciocho horas conduciendo. A Pep le fascinaba la capacidad de dormir de Pepito cuando iba de copiloto, no duraba ni un segundo. Por supuesto, no se encargaba de la lectura del libro de ruta, y lo raro era que no se desnucara con los bandazos del camión. Adell se pasaba el ochenta por ciento del día dormido y se animaba por la noche cuando llegaban al campamento. Pep se moría de la risa con ese personaje entrañable y tremendamente querido por los participantes del Dakar. Vila perdió diez kilos en esa edición entre los nervios y la poca comida; además, siempre llegaban tarde al reparto de Africa Tours y terminaban comprando cuatro cosas a los locales.

Durante la etapa hacia la jornada de descanso en Agadez se les complicó la vida porque se les soltó un diferencial dentro de la caja trasera del camión. Con el ruido dentro de la cabina, provocado por el motor del camión, que era un Mercedes, no se dieron cuenta de nada hasta el final de la etapa. Cuando lo descubrieron, el desastre era monumental, pues la pieza suelta había trinchado todo. Se pasaron el día supuestamente de descanso soldando piezas y apañando las estanterías dentro de la caja del camión. Pierre, el mecánico francés de Hult'up que los acompañaba siempre, se encargó de las soldaduras, con tan mala fortuna que se quemó los ojos y le afectó a la vista. Le curaron lo médicos de la organización, pero tuvieron que aplicarle unas vendas. El mecánico continuó en carrera a petición propia, pero lo pasaba fatal. Al no ver nada por el aparatoso vendaje, tenía la sensación de que en cada paso de duna o en cada salto se iban a estrellar. En cuanto se movía el camión se ponía a gritar. Cada vez que paraban, Pepito le curaba los ojos con la crema que les habían dado. Durante seis días continuó el calvario del pobre mecánico. Fueron capaces de llegar cada noche al campamento y dar asistencia al coche de Josep Maria Servià. Uno de los momentos más complicados fue el paso de Nega. Tardaron seis horas en cruzar, pues no era extremadamente difícil, pero la presión de las ruedas los volvió locos. Tenían miedo de ir demasiado blandos y pinchar, así que se ayudaban con las palas avanzando lentamente. Lo cierto es que cruzar con los camiones aquel punto no era ninguna broma.

Después de todo lo vivido durante ese rally de 1991, Pep Vila decidió bajarse del camión durante una temporada. El desierto iba a formas parte de sus recuerdos a partir de ese momento.

Trece años después

La vida da muchas vueltas y cuando crees que ya no volverás a hacer algo o que no regresarás a un sitio que creías que formaba parte de tu pasado, todo cambia. En 2004, Pep Vila volvió al Dakar, tan peligroso como en 1991, tan arriesgado y caótico, pero ahí estaba de vuelta, compitiendo, sentado en un camión MAN comprado en Alemania, junto a Moi Torrallardona. Se lo pasaron muy bien y disfrutaron de la carrera. Completaron el rally y también lo consiguieron al año siguiente.

Eran Dakares en donde solo dependían de ellos mismos. Recorrieron etapas increíbles junto al río Níger, cruzaron el Sahel o el Teneré y llegaron al Lago Rosa. Poco a poco, la seguridad de los participantes iba arrinconando cada vez más el trayecto del rally hacia el mar. Al final, en 2007, solo cruzaron Marruecos, Mauritania, Mali y Senegal.

La gran historia fue la que vivieron durante 2006. Ese año cambiaron de camión, el MAN por un Iveco. Ahí Pep iba montado junto a Moi Torrallardona y Gonzalo Azurmendi. El 7 de enero, cuando recorrían Mauritania (cruzando desde Atar hasta Nuakchot), el ventilador se desintegró y se llevó por delante unas cuantas piezas. La reparación sin recambios era misión imposible y no contaban con el material necesario como para salir de ahí por sus propios medios. A media tarde apareció un todoterreno con tres hombres. Para entonces ya se había popularizado la figura de los piratas del desierto, locales (solían ir en grupos de tres) que llevaban algo de combustible y algunas piezas que vendían a precios prohibitivos, pero que era la única forma para los atrapados de poder salir de situaciones límite.

Al principio los piratas se quedaron a cierta distancia observando qué hacían los tres españoles. Después se acercaron un poco más y les ofrecieron ayuda a cambio de doce mil euros. La respuesta fue unánime:

—Ni de broma. No os vamos a dar ese dinero.

Los tipos se marcharon. Todo parecía complicarse más, porque la noche comenzó a caer sobre el desierto. Hasta en dos ocasiones más regresaron los piratas pidiendo diez mil y ocho mil euros para llevar a Moi hasta la ciudad de Atar, coger las piezas que necesitaba y regresarle al desierto. La respuesta en los dos casos fue de nuevo un no rotundo. Cuando todo parecía perdido, aparecieron una vez más y el trato se cerró por tres mil euros. Ahora faltaba la parte más arriesgada: Moi tenía que subirse con los tres hombres y recorrer cuatrocientos kilómetros de ida hasta Atar y otros cuatrocientos de regreso.

Con los piratas del desierto

Estaba muy asustado, pero tenía que dejar claro que era él quien mandaba. Estaba pagando por un servicio y se lo iban a ganar. Lo primero fue no darles el dinero.

—Aquí no se cobra hasta que esté de vuelta. Vosotros mismos, el dinero es vuestro, tenemos un acuerdo, pero no os vamos a pagar por adelantado. Nos vamos a Atar, cogemos lo que necesito y regresamos. Solo entonces cobráis.

Los piratas lo miraron con cara de pocos amigos, pero era evidente que si querían el dinero, y lo querían, la única opción era coger a aquel tipo y llevarlo hasta la ciudad.

El viaje fue una locura. En las zonas de dunas y arena blanda, bajaban del coche, deshinchaban las ruedas, cruzaban y las volvían a hinchar manualmente, con una bomba de mano. Uno de ellos, el que parecía el jefe, quería que Moi colaborase.

—No, señor, eso es cosa vuestra. Yo estoy pagando por un servicio. Del tema de ayudaros a hinchar las ruedas, olvídate, que no os voy a ayudar.

Moi seguía su estrategia al milímetro, no quería perder su posición de fuerza. Lo único que hacía era bajarse del coche, pero no movía ni un dedo. En la ruta hacia la búsqueda de los repuestos se cruzaron con otros coches del Dakar atrapados y averiados. Los piratas hablaron entre ellos para intentar sacar más dinero de esos desafortunados.

—Ni lo penséis, estáis contratados y trabajando para mí. Si ayudamos a alguien será gratis o continuamos sin parar hasta Atar.

Moi estaba tirando mucho de la cuerda, pero era la única opción que tenía de salir bien parado de esa situación. Los piratas protestaban y gritaban desairados, pues querían ganar más dinero, pero lo que habían conseguido con Pep ya era una fortuna. Así que continuaron; eso sí, hicieron de buenos samaritanos sacando de un buen embrollo a un equipo formado por dos mujeres. Tardaron muchas horas hasta Atar, tantas que, entre ir, coger las piezas y regresar, pasó un día y medio.

Al amanecer del día siguiente, cuando estaban de regreso, de repente detuvieron el coche en medio de la nada, en pleno desierto. Los tres piratas bajaron y desaparecieron. A Moi le entró el pánico, volvieron las dudas y los miedos. Se preguntaba qué estaba pasando y por qué se habrían detenido. Él también bajó del coche y caminó hacia donde los había perdido de vista. Los vio a lo lejos lavándose los pies y las manos porque se estaban preparando para rezar con la primera luz del día. Moi soltó un suspiro de alivio.

Cuando terminaron, regresaron al coche y ya no pararon hasta encontrar el camión. Entre Pep y Gonzalo lo repararon, ya estaban listos para salir. Les dieron el dinero a los piratas y en ese instante comenzó de nuevo una discusión. Esa vez la cosa se puso tensa porque reclamaban a gritos más euros para sacarles hasta una pista que los condujese al campamento. Al final tuvieron que pagar trescientos euros más y Pep, Moi y Gonzalo llegaron a Nuakchot.

La historia continúa

Después de dos días de peripecias que les habían dejado fuera del rally, la idea de Pep era terminar en Dakar el 15 de enero, en el Lago Rosa, siguiendo la carrera, pero sin presión por llegar a una hora señalada. No pudo ser porque lo que no se esperaban era encontrarse a otro compatriota, a Enric Palacios, buscando ayuda desesperadamente. Salvador Servià y él se habían quedado tirados hacia por lo menos dos días en la parte final de la misma etapa que había abandonado Pep.

Servià se había quedado esperando en el coche y Enric no tenía claro cuánta agua y comida le quedaba. Pep aceptó el reto y Moi fue capaz de encontrar a Servià recorriendo más de trescientos kilómetros de desierto, en mitad de la nada, con las coordenadas que le había dado Palacios.

Durante los tres días que había pasado solo en el desierto, Salvador se había entretenido marcando con unas hierbas por dónde tenía que pasar el camión que le fuera a rescatar. Cuando vio a Pep y reconoció el camión, saltó de la alegría y movió los brazos. Ahora tocaba sacar al BMW de ahí. La operación no era fácil, el todoterreno no tenía una parte sólida y cada vez que tiraban de él se rompía y lo dejaban atrás, teniéndole que enganchar de nuevo. Poco a poco lo fueron arrastrando y sacando del lugar con más arena, pero el coche con cada tirón perdía un trozo de carrocería. Cuando ya salieron a una zona más fácil, circulando sobre una pista, algo se torció. Pep notó algo extraño en el camión, como que el coche no ofrecía tanta resistencia. Lo peor había pasado y quizá esa era la razón por la que no sentía que arrastrara nada. Se suponía que el BMV estaba enganchado en la parte trasera del camión con Salvador dentro.

—Oye, Moi, ¿tú ves si llevamos el coche atrás? Yo con el polvo no lo veo —le preguntó Pep a su copiloto.

—Pues yo tampoco lo veo por mi lado. ¿Paramos para ver que todo está bien?

Cuando pararon, en la trasera del camión solo había un trozo del enganche del coche. Ni rastro del BMW ni de Servià.

—No me lo puedo creer, ¡lo hemos perdido! —exclamó Pep—, pero ¿cuándo y dónde?

Tocaba dar media vuelta y regresar por donde habían venido. Tardaron más de veinte minutos en toparse con Servià; calcularon que llevaba una hora ahí parado. Salvador estaba tan agotado que dormía plácidamente, porque pensó que en algún momento se darían cuenta de que se había desenganchado y optó por echar un sueñecito. Moi dio la alarma en cuanto se acercó corriendo al coche.

—Está dormido, el tío —dijo mientras se reía a carcajadas.

Al final optaron por sujetar el todoterreno por los amortiguadores, parecía que era lo único que no se rompería. Y así fue, pues consiguieron llegar a buen puerto.

Pep y Moi regresaron al París-Dakar en 2007 y lo terminaron. Después continuaron unos años más corriendo juntos en América. Pep se volvió a retirar y ya no regresó al rally. Siempre le quedó la espina de no haber corrido el de 1992, donde cruzaron África de norte a sur, pero quedó tan impresionado por el asesinato de Charles Cabannes y todo lo que sufrieron en 1991 que decidió que era mejor en ese momento quedarse en casa. Moi continuó participando en el Dakar y ganó en la categoría de camiones. Se subió varias veces al pódium. Hoy sigue compitiendo en Arabia.

20.
JOSEP MARIA SERVIÀ, EL DÍA DE LA REVOLUCIÓN

20 de enero de 2001
Salida de etapa en Tambacounda

Josep Maria tenía que salir en tercera posición después de Hiroshi Masuoka, con el Mitsubishi, y de su compañero Jean-Louis Schlesser, que partía segundo, pero se puso por delante del japonés. El plan era muy sencillo: ponerle nervioso para que cometiera un error. Era la única forma de que Schlesser le pudiera ganar. Eso fue lo que pasó y se armó la revolución.

Solo quedaba una etapa para poder ganar, la que salía de Tambacounda, porque la última, la del Lago Rosa, era puro trámite. Masuoka iba siete minutos por delante y corriendo era imposible ganarle, así que Schlesser y Servià idearon un plan para ponerle nervioso: el piloto japonés salía primero, después Schlesser y Josep Maria el tercero, por tanto decidieron que el español se colaría en el control horario y saldría por delante del japonés. Sabía que eso le supondría cuatro minutos de penalización, pero daba igual. Schlesser haría lo mismo. En el reglamento estaba contemplada y prevista esta situación, igual que si se entraba tarde en el control, que también estaba penalizado. No sabían qué pasaría. Cuando quedaba un minuto para que arrancara el Mitsubishi, Servià se metió en el control horario y detrás entró Schlesser. A los dos los penalizaron con cuatro minutos, pero Servià salió primero, después su compañero y en último lugar Masuoka.

La situación les superó a todos, a los participantes y a los comisarios que estaban en la salida. Masuoka y su copiloto, el francés Pascal Maimon, se pusieron muy nerviosos al ver lo que estaba sucediendo e intentaron bloquear a Servià con el Mitsubishi. Era lo que quería Josep Maria, habían caído en la trampa. Al sacar de la zona de confort al piloto japonés, este entró en el juego que querían sus rivales. Con la penalización la diferencia ya no era de siete minutos, sino de once, así que si el equipo Mitsubishi hubiera recapacitado, se habrían tomado las cosas con más calma. Sin hacer nada habían ampliado su ventaja como líderes del Dakar, estaban once minutos por delante de Schlesser, pero nadie pensó en ello. Si se hubiesen quedado tranquilos, lo mismo no hubiese pasado nada. El copiloto reaccionó fatal y así ayudó a que se cumpliera el plan de Servià y Schlesser. Mientras les bloqueaban en la línea de salida, el copiloto no quiso retroceder tal y como le estaban pidiendo los comisarios. El jaleo fue mayúsculo. Tuvo que intervenir el copiloto de Kenjiro Shinozuka, Fred Gallagher, compañeros en Mitsubishi, para decirles que retrocediesen y saliesen los terceros, que no pasaba nada.

Servià arrancó y a los dos minutos lo hizo Schlesser. De repente, Josep Maria vio cómo Masuoka se acercaba por su lado izquierdo, a toda velocidad y sin control. Le estaba intentando adelantar. Servià se fijó que estaban en el kilómetro diecinueve. No podía ser y se lo comentó a su copiloto:

—¿Has visto?, nos está intentando adelantar y es imposible, porque al ritmo que vamos no debería habernos atrapado por lo menos hasta el kilómetro cincuenta.

Era normal que no le cuadrara la situación a Josep Maria: si Masuoka hubiera salido cuando le tocaba, no habría alcanzado al catalán hasta mucho más allá del kilómetro cincuenta. Pero el japonés iba con los plomos fundidos, ciego de rabia por la treta de Servià, y quería darle caza como fuese. En su locura se puso a adelantar por un campo de árboles cortados, arrancando toda la parte trasera del Mitsubishi, pero no le importó. Se puso por delante de Josep Maria, pero el todoterreno estaba destrozado y tuvo que parar para arreglar los graves desperfectos.

Su copiloto, Maimon, saltó del coche, casco en mano, para intentar detener a Servià, que venía a toda velocidad por la pista. El frenazo fue de cine y estuvo a punto de atropellar al copiloto. Por suerte, en un último golpe de volante lo evitó.

Según Josep Maria, esa historia tenía un final con varias lecturas. La primera era que aquel año tenía que ganar un Mitsubishi. Tanto a Servià como a Schlesser los penalizaron por comportamiento antideportivo. Masuoka perdió tiempo con la avería y quedó en segundo puesto. Así que la que se puso líder y se convirtió en la ganadora del Dakar fue Jutta Kleinschmidt, convirtiéndose en la primera mujer en lograrlo.

Lo que nunca se contó es que Masuoka se saltó el control de salida por su desesperación por alcanzar a Schlesser. Salió detrás de él, pegado, por eso alcanzó a Servià en el kilómetro diecinueve, ante la sorpresa del catalán. No le penalizaron por ello y los comisarios nunca dijeron nada.

Ladrones al acecho

1998
Taoudenni-Gao (Mali)
Novena etapa

Josep Maria siempre estuvo al borde de la emoción y con la adrenalina a tope. Sus recuerdos se atropellan unos a otros. El orden da igual, lo que cuenta es la aventura. El piloto corrió en distintas décadas el Dakar y puede contar anécdotas temerarias como la de 1998. Se les había hecho de noche, las últimas cuarenta y ocho horas habían sido un calvario. Josep Maria formaba parte del equipo Toyota Francia, pero los coches tenían un problema en la caja de cambios. Esa era la razón, y no otra, por la que se habían quedado tirados en medio de

Mauritania esperando al camión de asistencia desde el día anterior. Una vez aparecieron, tardaron horas en reparar la avería y eso hizo que llegaran al vivac a las cinco de la tarde de la jornada siguiente. Iban con un día de retraso, por eso en el campamento no había nadie. Los bidones de gasolina estaban prácticamente vacíos, incluso los que estaban reservados para ellos, porque nadie pensó en que lograrían su objetivo.

Afortunadamente se toparon con un grupo de comisarios que iban también tarde. La fortuna y la buena fe hicieron que les sellaran el cartón. No estaban fuera de la carrera, podían seguir. Solucionado el primer gran problema, Servià buscó entre los bidones, pues necesitaba combustible para poder llegar hasta el siguiente campamento. Aprovechó todos los restos que pudo, consiguió la cantidad suficiente y se puso de nuevo en marcha.

Anocheció cuando no llevaban ni dos horas conduciendo hacia el sur. A lo lejos vieron unas luces a su izquierda y les pareció extraño. Josep Maria las observó y tuvo un presentimiento, supo que aquello no deparaba nada bueno. El lugar donde estaban las luces era junto a unas roderas, pero fuera de la pista. Se encontraban camino de Gao y esa zona era conocida entre los participantes como un área de muchos ladrones.

Servià apagó las luces del coche y redujo la velocidad para tratar de pasar desapercibido, sin hacer mucho ruido. Si no cambiaban un poco la ruta, pasarían a escasos doscientos metros de donde habían visto aquellas extrañas señales luminosas. De pronto le pareció distinguir a unos hombres armados, así que giró hacia la siguiente duna rezando para no quedarse enganchado a oscuras. En medio del desierto podía suceder cualquier cosa, pero no pasó nada. Se alejaron unos cuantos kilómetros y volvió a encender las luces del coche. Los malos se habían quedado atrás, habían logrado huir.

Josep Maria recuerda que aquella era la zona más desértica de Mauritania, junto a la frontera con Argelia, y allí siempre se ocultaban los malos. Pero les ayudó a continuar la luz de la luna. Tan solo podían seguir las roderas, pues el libro de ruta daba referencias que no se podían ver. Por ejemplo, se suponía que a la izquierda tenían que cruzar una montaña negra, pero se hacía difícil distinguirla de noche y solo con la ayuda de la luna.

Cuando llegaron al campamento, ya en pleno día, les confirmaron que durante la noche habían asaltado a algunos participantes. Al año siguiente, por esa misma zona, junto al Paso de los Elefantes, robaron y secuestraron a un gran número de participantes, pero esa historia tiene capítulo propio.

A pesar de haberse librado de ser atracados, el equipo Toyota no tenía más piezas de recambio para poder continuar en carrera, y Josep Maria terminó en Gao su camino del Dakar de 1998.

Los años de Schlesser

Servià corrió desde 1999 hasta 2006 en el equipo de Jean-Louis Schlesser y consiguió terminar un par de Dakares en cuarto lugar. Su relación con el francés comenzó porque el año de Toyota Josep Maria le sacó de un apuro cuando estaba encallado en la arena. El piloto francés le prometió que le llamaría para incluirle en su proyecto en el siguiente Dakar y cumplió con lo dicho. A Servià le parecía un tipo curioso. Por ejemplo, si uno llegaba hasta el final de la etapa, Schlesser, con solo mirar el coche de lejos, sabía si había ido demasiado rápido o no por una zona de piedras. Lo detectaba al momento.

En 1999 comenzaron a caminar juntos y vivieron muchas aventuras. Un año, Schlesser se quedó tirado en Mauritania en un lugar en el que había un fuerte en medio del desierto. Cuando Servià llegó hasta él, los dos iban muy justos de gasolina.

—Mira, voy casi sin combustible. Si la aguja marca lo correcto, no voy a poder llegar al final de la etapa.

—No te preocupes, Josep Maria, las agujas nunca marcan exactamente lo que queda. Ya verás como no vas a tener problemas.

Schlesser no pudo seguir, abandonó. Servià continuó, soplaba mucho viento y los consumos de los coches se dispararon. El piloto catalán tenía razón, lo tenía muy difícil. Muchos participantes se estaban quedando tirados, sin combustible, en medio del desierto mauritano. Había coches sin gasolina por todos lados, le parecía que estaba protagonizando una película de Mad Max. Adelantó a un puñado de participantes que estaban secos. Si no había calculado mal, se quedaría parado a ciento veintitrés kilómetros del final de la etapa.

Pensó que si se encontraba a participantes que habían abandonado por problemas mecánicos, le daba igual que fueran en coche o en moto, les podría comprar gasolina y sería una forma de continuar. Pero a todos los que se iba encontrando tirados tenían el mismo problema: falta de combustible.

En un control de paso, algunas motos estaban repostando, pero solo podían hacerlo ellas. No quisieron darle nada a Josep Maria. Patrick Zaniroli, el director de la carrera ese año, había permitido que algún coche repostara, pero le negaron esa oportunidad a Servià.

Acertaron con el cálculo a falta de poco más de cien kilómetros el coche se paró. No había nada que hacer, salvo que alguien apareciera con un bidón lleno y les diera combustible. La noche la pasaron dentro del coche; el viento seguía soplando y el vehículo quedó prácticamente cubierto por la arena. Al amanecer apareció un coche de la organización que estaba autorizado para darles gasolina y así fue como consiguieron llegar al final de la etapa.

En otra jornada los coches salían en línea, de seis en seis. Para Josep Maria fue otro invento de los organizadores del Dakar, que pensaron que también podían salir así los coches, no solo las motos, y dar un buen espectáculo. Aquello fue una locura. El piloto catalán salió junto a Schlesser y otros dos más en la segunda tanda, entre los que estaba Jutta Kleinschmidt. Muy cerca de ellos iban Miguel Prieto y otros tres más. Aceleraron a fondo y Jean-Louis se puso delante. Servià estaba muy próximo a él, pero sin ver nada intuyó que este estaba frenando. Por instinto, él reaccionó igual. El frenazo fue tremendo, pero menos mal que el piloto francés lo había hecho. Cuatro de ellos, en el grupo donde estaba Miguel Prieto, se habían caído detrás de la duna. El accidente fue tremendo. Pilotos y copilotos terminaron evacuados en helicóptero. Si no hubiese frenado, Servià se habría caído seguro y habría terminado también en el hospital. Schlesser tenía muy buena vista.

Dos hermanos que corren juntos

Como cualquier participante del Dakar, siempre hay un principio para todos los pilotos. En 1989 Servià participó por primera vez en el rally y lo hizo en un coche de prensa. Seat tenía un proyecto para ir al Dakar e intentar ganarlo. Josep Maria, un ingeniero y el gerente de Seat Sport se embarcaron en la aventura de saber qué tenían que hacer para participar y poder crear una máquina con garantías.

Para los tres fue un viaje fantástico, descubrieron el continente africano y cómo era la vida en esas latitudes. No dudaron en jugársela. Todos los días trataban de hacer la etapa igual que los participantes, pero con una diferencia: salían dos horas antes. Poco a poco los de la cabeza los alcanzaban. Aquel año corría su hermano Salvador y Josep Maria no estaba tranquilo hasta que este no le adelantaba, mientras tanto pasaba un mal rato. Luego todo era más fácil. Otro día se les ocurrió la posibilidad de cambiar de ruta porque les dijeron que la etapa iba a ser muy complicada y que lo mejor era hacer otro camino hacia al sur. Si tomaban esa decisión se ahorraban parte de los mil kilómetros que tenían que hacer y, además, la ruta era más cómoda. Solo tenían una referencia: ir en dirección sur por el valle y con las montañas al otro lado. Ellos se arriesgaron y consiguieron llegar. Pero hoy en día Servià sabe que fueron unos inconscientes porque estaban fuera de carrera, sin que nadie se cruzara con ellos, solos y tranquilos, pero si les hubiese ocurrido algo, todavía los estarían buscando.

En otra jornada infinita, en pleno desierto del Teneré, los tres «espías» se quedaron tirados con un problema en el cambio. Como lo podían solucionar, se pusieron a ello. Cuando llevaban ya un rato, Salvador pasó por allí y se paró diez segundos. Les preguntó si necesitaban ayuda. Josep Maria no reaccionó y le dijo que no, que todo estaba bajo control. Entonces Salva y Jaime Puig, su copiloto, arrancaron a toda velocidad. Ni él pudo decirle que estaban ahí tirados ni Salvador preguntó que qué hacían ahí en medio. Luego se enteró de que su hermano se pasó toda la etapa pensando que había dejado tirado a su hermano pequeño en medio del desierto. Cuando llegaron al campamento, fue a hablar con él y comentaron lo que había pasado. Se rieron un montón.

Durante ese primer año, a Salvador se le rompió el motor cuando estaba cruzando un río dentro de lo que se conocía como el «infierno verde» de Guinea. Aquella noche fue su hermano pequeño, Josep Maria, el que acudió al rescate con el coche de prensa. Le sacó de allí y los remolcó hasta el campamento, pero el motor no se pudo arreglar y Salva tuvo que abandonar.

En 1991 a Salvador le salieron dos proyectos con dos patrocinadores diferentes. Él se quedó con el de Trident y a Josep Maria le ofreció el de Camel. Los dos iban con un Range pintado con una marca diferente. Realmente esa fue la primera experiencia en que los Servià estaban compitiendo juntos en África. Josep Maria iba con Jordi Sabaté como copiloto. Salvador le recomendó que hicieran la carrera sin fijarse mucho en las clasificaciones, que fueran a un ritmo que les permitiese aguantar todo el Dakar, sin forzar demasiado. Les salió muy bien la jugada. En todo el rally solo se engancharon una vez en una duna. Terminaron en el puesto 11 de la general, fue el mejor español clasificado en coches y ganaron la categoría de coches preparados.

Ese año asesinaron a Charles Cabannes. Como todos los participantes, se enteró de lo ocurrido y también de la aventura que pasaron los del equipo Nissan, los únicos que se retiraron, de camino a Dakar. Cuando sus coches estaban subidos a una barcaza en medio del río Níger, se rompió el motor de la embarcación y se quedaron enganchados en una isla. Fue Touriñán quien arregló el motor y evitó una tragedia.

Siempre África

Muchos años corriendo el Dakar, muchos recuerdos y anécdotas. Muchas dunas atravesadas. La memoria al final va yendo de una vivencia a otra, de una etapa a otra, pero todas esconden una emoción que merece la pena ser contada. Como aquel 1997, cuando Josep Maria regresó al continente africano con un Toyota, un puñado de piezas de recambio de coches accidentados y mucha ilusión. El resultado fue complicado. Su copiloto era Joan Pujolar y vivieron, entre otras cosas, dos días muy difíciles porque no tenían asistencia y las piezas de recambio iban en el camión de Jordi Juvanteny.

En una de las etapas se les rompió la caja de cambios. Tenían que esperar a Jordi. En cuanto llegó, la única solución posible era que les remolcase. Juvanteny enganchó la eslinga al coche y arrancó. Era de noche y durante las primeras dunas no hubo problema alguno. Pero, de repente, cuando estaban a punto de subir otra, la eslinga se rompió y el camión se marchó. Pujolar salió del coche corriendo, intentando alcanzar al camión, porque si no se daban cuenta de que los habían dejado tirados, vivirían una noche muy complicada. El copiloto no pudo hacer nada. Lo que no sabían es que los del camión sí se habían dado cuenta de que el coche se había desenganchado, solo que tenían que subir la duna para poder dar la vuelta e ir a buscarlos. Así que afortunadamente los remolcaron hasta el final de la etapa y luego tuvieron que abandonar.

Josep Maria Servià terminó participando diecinueve veces en el Dakar. En aquellos años dakarianos llegó dos veces en cuarta posición y acabó la mayoría de los rallies. Ganó también una Baja Aragón en la que participó como preparación para el Dakar y fue tercero en la copa del mundo de todoterrenos durante un par de años. Le enganchó África y sigue escapando al desierto siempre que puede. Cualquier excusa es buena con o sin competición.

21.
RAMÓN DALMAU, UNA DEUDA SALDADA

10 de enero de 1994
En algún lugar de Mauritania

Ramón Dalmau, su copiloto, Xavi Foj, y el Mercedes con el que competían estaban atrapados en medio de las dunas mauritanas. La misión era llegar a Nuadibú, pero parecía misión imposible. La etapa había sido reconocida en parte desde una avioneta, al menos eso era el rumor que corría entre los participantes, porque los coches de la organización no habían sido capaces de terminarla. El mar de dunas de arena blanda era una trampa casi infranqueable. Era el primer año de Jean-Claude Morellet, «Fenouil», como director del rally y quería dejar su sello personal con esa ruta tan salvaje. Pretendía que los vehículos atravesaran de esa manera esa parte de Mauritania que jamás se había cruzado anteriormente, pero se estaba comprobando que la decisión era descabellada.

Ramón seguía luchando por avanzar. Por delante de él estaban los Citroën y los Mitsubishi, además del grupo principal de las motos. Por detrás, Ramón Vila, su compañero de equipo. Cuando menos se lo esperaba, Dalmau se topó con los dos equipos oficiales y las motos, donde estaba Carlos Mas.

—Estamos apañados si estos están aquí enganchados, Xavi. Nosotros lo vamos a tener más difícil. A ver de qué están hablando todos estos.

Ramón, Xavi y el equipo Panama Jack estaban haciendo una buena carrera, pero eran conscientes de lo difícil que era cruzar esas dunas. Los pilotos allí reunidos llevaban un buen rato viendo qué hacían. Todos habían parado porque era evidente que no se podía seguir, que prácticamente era inviable continuar.

No solo la dificultad estaba en avanzar, sino que el sufrimiento al que había que someter a las máquinas y el elevado consumo de combustible significaban que se quedarían sin gasolina en medio de la nada. Dos razones de peso que estaban haciendo desistir al grupo. Pero en el Dakar siempre pasan cosas y cuando parecía que la etapa había terminado, que la sentencia estaba tomada, ahí en mitad de la nada apareció un helicóptero. Dentro estaba ni más ni menos que Fenouil, el director del rally, y quería avisarles que de abandonar nada, que la etapa tenía que continuar. Todos se miraron. Ahí estaba la respuesta: el espectáculo debía seguir en marcha…

Sin embargo, los primeros en abandonar fueron las motos. Dieron media vuelta y se dirigieron al campamento. Desafortunadamente, algunos motoristas no pudieron hacerlo. Por ejemplo, a Carlos Mas le había llegado demasiado tarde la advertencia del director; se le había salido la cadena de la moto y el Dakar había terminado para él. Los de Citroën continuaron, pero no avanzaron mucho más. Las roderas de las motos ya habían desaparecido hacía unos cuantos kilómetros, pero ahora parecía imposible sacar a esos coches hundidos en la arena. Los Mitsubishi les pasaron mientras estaban atrapados, pero no tardaron ellos mismos en caer en la misma trampa. Ahí estaban hundidos en las dunas.

No obstante, pese al desastre, Dalmau decidió continuar. La noche se echó encima mientras todos los principales equipos tiraban de pala y planchas para intentar avanzar. Hubert Auriol, uno de los pilotos de Citroën, se hartó. Le parecía que no iban a poder cruzar y se lo dijo a los demás pilotos del equipo, que también estaban atrapados unos metros más atrás:

—Esto es imposible; si seguimos, vamos a romper los coches y tendremos que abandonar. Creo que lo mejor es que demos la vuelta, aunque nos penalicen y no ganemos la carrera. El Dakar es muy largo y ya veremos si los de Mitsubishi salen vivos de aquí.

El veterano piloto sabía muy bien que no se podía seguir, aunque a Fenouil no le gustó y se enfrentó a él. Auriol y Pierre Lartigue le echaron en cara al director de carrera que nadie de la organización había sido capaz de cruzar esas dunas que se suponía que ellos sí tenían que superar:

—Ni siquiera tú has sido capaz de cruzar por aquí y pretendes que lo hagamos nosotros. Ni lo sueñes. Sabine nunca nos pidió que hiciéramos algo que él no hubiera hecho antes.

Los Citroën dieron media vuelta, buscaron una ruta de escape hasta una pista fuera de las dunas y de ahí continuaron hasta el vivac.

La decisión estaba tomada, solo quedaban los Mitsubishi, Ramón Dalmau, Xavi Foj y unos cuantos coches y camiones más. Con la noche encima y el desierto inmenso que les rodeaba, lo más fácil era tratar de llegar a un pacto de caballeros. Ramón habló con los pilotos de Mitsubishi, la propuesta era que tratasen de salir juntos de aquella movida. En un principio, el español abriría camino y cuando se quedase sin gasolina, le arrastraría el camión de asistencia de Mitsubishi. El pacto funcionó. Después hubo un momento en que Dalmau se quedó sin gasolina y el camión tiró de él muchos kilómetros entre las dunas hasta llegar a una pista. Pero ahí todo cambió, el pacto de caballeros se rompió. El camión soltó al Mercedes y lo abandonaron allí. De nada sirvieron los gritos ni las protestas.

Ramón y Xavi se quedaron desolados, habían cumplido, pero los dejaron atrás. Afortunadamente apareció de la nada una *pick up* con bidones de gasolina. Esos bidones no eran para Dalmau, sino que otro participante los había comprado, pero los tipos de la camioneta se confundieron y el piloto español no los sacó del error. En la guerra todo vale.

Al final consiguió llegar al campamento, pero se enteró de que la etapa había sido neutralizada desde el kilómetro doscientos cuarenta y seis. De nada había servido el esfuerzo que habían realizado para intentar pasar las dunas. La paliza que se habían pegado los dos últimos días iba directa a la basura. Los únicos que superaron la etapa fueron los Mitsubishi. Fenouil los estaba esperando en el control y felicitó a los dos pilotos y a sus respectivos copilotos. Carlos Mas, que iba en el helicóptero del director de carrera, camino de recuperar su moto, fue testigo de excepción de ese momento.

Cuando en Mitsubishi se enteraron de la neutralización de la etapa, abandonaron el Dakar. El director del equipo, Ulrich Bremer, decidió que no seguían porque les habían faltado al respeto. El cabreo fue monumental y esgrimían un argumento que no podía rebatirse: si ellos habían conseguido pasar, los demás también podían. Tenía razón, fue una de las grandes injusticias del Dakar.

Sorpresas te da la vida

La vida le guardó una sorpresa a Ramón Dalmau. Sí, se quedó con mal sabor de boca en ese Dakar de 1994 por la etapa de las dunas, y a pesar de lo que les ocurrió y del abandono que sufrieron, Xavi Foj y él terminaron el rally en novena posición. Sin embargo, diez años después, en 2004, mientras corría de nuevo el Dakar en una de sus etapas, Dalmau se quedó sin ruedas. La situación era desesperada y parecía que no tenía otra opción más que abandonar. Pero Ramón tuvo su recompensa por ayudar diez años antes a los pilotos de Mitsubishi a cruzar las dunas. Uno de sus mecánicos se acercó a él con dos ruedas.

—Dice mi jefe que te has quedado sin ruedas.

—Sí, me temo que no voy a poder seguir —le respondió Ramón, abatido.

—Tranquilo, te he traído dos y un mensaje de su parte. Me ha dicho que la deuda queda saldada.

Una década más tarde, Mitsubishi pagó a Ramón Dalmau la promesa que le habían hecho en mitad de las dunas de Mauritania y que finalmente incumplieron, abandonándolo en la pista. Hay cosas que solo pasan en el Dakar, porque como recuerda el piloto: «Allí se conoce muy bien a la gente, lo que llevan dentro. La prueba te pone en el límite y te descubre como ser humano».

Morir de éxito

Ramón Dalmau participó tres veces en el París-Dakar y terminó dos de ellas, ambas en el top diez. El éxito de su novena posición en 1994 con el Mercedes Panama Jack hizo que la marca alemana se hiciera cargo del equipo. No obstante, tres meses después de tomar esa decisión hubo un cambio en la dirección de la multinacional y el equipo Dakar desapareció.

Ramón disfrutó cruzando África dos años y otro participando como mánager. Había corrido en distintos eventos durante los años ochenta y tenía buenos recuerdos de las carreras en el Faraones, donde en una ocasión terminó en el top cinco. Pero siempre le quedarán aquellos momentos en las dunas de África, donde nunca sabía cuál iba a ser la meta final.

22. RAMÓN VILA, COMO EN CASA

1 de enero de 1992
Yamena (Chad)

Ramón Vila y su copiloto, Fede López, iban de los últimos. Quedaban pocos coches por salir cuando todo comenzó. Miles de personas trataban de entrar en las pistas del aeropuerto. Soldados con bastones golpeaban a todo lo que se movía para intentar detener esa marea humana, pero era imposible que lo lograran porque los superaban en número. Por lo menos veinte a uno. La situación estaba fuera de control. Uno de los comisarios del rally que estaba en el punto de salida corrió hacia los pocos coches que quedaban.

—Nosotros nos vamos, ha habido un golpe de Estado —dijo—. Tenéis que salir de aquí. Seguid el libro de ruta y marchaos hacia el sur. No os preocupéis por la etapa, está neutralizada.

Todo estaba pasando muy rápido, así que la etapa era lo que menos les preocupaba; lo que querían era salir de ahí. Se pusieron en marcha inmediatamente. Se dieron cuenta de que había que dirigirse hacia el sur para dejar cuanto antes el aeropuerto y evitar el gentío que trataba de subirse a cualquier avión para huir. Estaban solos. El vuelo con la gente de la organización ya había despegado. Ramón no encontraba la palabra para definir cómo se sentía. No, no era miedo. Estaba aterrorizado. Todo pintaba muy mal.

Unos kilómetros más adelante, varios coches del Dakar que habían escapado por los pelos de ser bloqueados por la multitud se detuvieron, pactaron que seguirían juntos hasta el final de la etapa y desde ahí ya verían qué pasaba. Era una situación política muy difícil. Constantemente les adelantaban camionetas llenas de gente vestida con ropa militar y armados. El problema era el de siempre: no sabían si eran de los buenos o de los malos, soldados o guerrilleros, golpistas o leales al régimen... Lo que estaba claro era que nadie se fijaba en los todoterrenos y que no había ningún control de la carrera, ni tampoco había puestos de vigilancia en la carretera. Ramón estaba convencido de que no iban a vivir para contarlo, que sus días terminaban en el Chad.

Pero, una vez más, la suerte del Dakar los acompañó a ellos y al resto de los grupos de participantes que iban en otros convoyes camino del campamento. Todos llegaron sanos y salvos. A la mañana siguiente la prueba continuó. Ese año fue un rally largo. Estuvieron compitiendo hasta el 16 de enero. Todo terminó en Ciudad del Cabo, en Sudáfrica. Ramón Vila y Fede López lograron llegar y se clasificaron en el puesto 123 de la general, los penúltimos. Sí, Ramón vivió para contarlo y recopiló más recuerdos en distintos Dakares.

Una ruta dantesca

Jean-Claude Morellet era el director del Dakar en 1994 y su idea era cruzar Mauritania por lugares inexplorados en rallies anteriores. Envió a los equipos de la organización encargados de realizar el libro de ruta a sitios insólitos y muy complicados de pasar. Estaba convencido de que la caravana lo superaría todo. Solo había un problema: a diferencia de lo que hacía su antecesor, Thierry Sabine, él nunca fue personalmente a esas rutas.

El 9 de enero de 1994, la etapa número once que había preparado Fenouil era dantesca. Un rumor corría en la caravana: que esa parte del libro de ruta se había hecho desde una avioneta. Nadie había cruzado por ese inmenso mar de dunas entre Atar y Nuadibú. Antes de que se cancelara la especial, un puñado de valientes intentaron cruzar. Los Citroën, capitaneados por Hubert Auriol, decidieron darse la vuelta y salir de ahí porque la misión era imposible. El enfrentamiento entre Auriol y Fenouil fue sonado. Solo los Mitsubishi continuaron avanzando y también los Mercedes de Panama Jack, el de Ramón Dalmau con Xavi Foj y el de Ramón Vila con Domènech.

Vila tenía problemas de combustible, así que no era una buena idea continuar por la ruta marcada en el libro porque no llegarían a ninguna parte. Decidió girar hacia el sur, hacia la costa, y buscar algún lugar donde repostar. Solo así llegaría al campamento. Sabía que había tirado todas las opciones de estar en el grupo de cabeza, pero se trataba de sobrevivir, de no abandonar. Dalmau había seguido la estela de los Mitsubishi y se habían separado. Nadie podía ayudarles. La verdad es que en ese momento Dalmau también estaba viviendo un montón de problemas, igual que Vila. Los únicos que proseguían en medio del caos y la arena eran los Mitsubishi.

Vila estaba casi sin gasolina. Era de noche cuando coincidieron con un grupo de militares, pero no sabían si les ayudarían o los asaltarían. No les quedaba otra que intentarlo. Pararon, pidieron gasolina y a cambio recibieron la petición de costumbre:

—Si queréis gasolina, son ciento cincuenta mil francos [unos mil euros de hoy], la mitad ahora y la otra mitad cuando os la traigamos.

Ramón estaba asustado con la situación. Esos tipos armados le estaban pidiendo mucho dinero y a saber si aparecerían con la gasolina, pero no le quedaba otra y les dio la pasta. Unos cuantos militares se marcharon en una camioneta y el resto se quedaron junto al coche de los españoles. Estos últimos trataron de descansar, pero no se fiaban nada. No estaban seguros de lo que podía pasar. Domènech, el copiloto, intentó apaciguar la situación:

—Si nos hubieran querido hacer algo, Ramón, ya nos lo habrían hecho. Estos quieren el dinero. Van a venir con gasolina, ya verás.

Tenía sentido lo que decía. Al final lograron dormir un poco. A las cuatro de la madrugada aparecieron los militares que se habían marchado horas antes y los despertaron. Llevaban un bidón de doscientos litros lleno de gasolina que perdía parte del combustible por algunos pequeños agujeros. Junto al depósito, un chaval lo frotaba con fuerza con una pastilla de jabón de ducha para tapar los agujeros. El truco funcionaba sorprendentemente. De hecho, era el mismo truco que había utilizado años antes Hansi Bäbler cuando se agujereó el depósito del Nissan de su hermano Jordi, episodio que ya hemos visto en un capítulo anterior.

El acuerdo estaba cumplido. Les pagaron la otra mitad y se fueron. Ramón y Domènech consiguieron llegar hasta Tan-Tan después de tres días de infierno mauritano. A su llegada recibieron la mejor noticia del mundo: la etapa se había cancelado y no habían sido excluidos.

Fenouil tenía montada una muy grande. No lograba apagar todos los fuegos que había provocado. Por una parte, la revolución de los Citroën y la pelea con Hubert Auriol; por otra, el enfado y el abandono de Mitsubishi, después de haber sido los únicos que consiguieron terminar la etapa. Habían cruzado esa zona demencial de dunas, pero no les había servido de nada porque la organización había cancelado la etapa. Todos le echaron en cara al director de carrera que nunca hubiera pasado por ahí en coche y que les hubiera enviado a una zona desconocida sin haberla superado él anteriormente en los reconocimientos. Auriol se lo dijo a la cara sin miramientos:

—Thierry Sabine nunca habría hecho esto.

Ya en el campamento, Ramón Vila contó sus peripecias para llegar hasta el vivac. Mientras lo hacía, el piloto tuvo miedo otra vez porque estaba convencido de que nadie se hubiese enterado de nada si los hubiesen matado. Pero África era mágica y, al final, la gente local siempre ayudaba. Ellos no tenían nada, pero eran enormemente agradecidos.

Hay que ir a la derecha

15 de diciembre de 1995

Todos los pilotos tienen guardadas en la saca de la memoria buenas historias. Ramón Vila recuerda una en particular, pues define varios aspectos que se pueden dar en el Dakar, pero prefiere no nombrar a su compañero de viaje. Ramón tenía un par de cosas que hacer en Barcelona cuando recibió una llamada de teléfono.

—Hola, buenos días, Ramón. Mira, no nos conocemos, pero te llamo porque me voy al Dakar en dos semanas y mi copiloto no puede venir. No sé si podrías estar interesado en sumarte conmigo a la aventura.

Vila escuchaba atentamente la propuesta que le llegaba desde Madrid; solo había un pero: él era piloto y si iba al rally tenía que ser conduciendo.

—Mira, si quieres que te acompañe, tiene que ser como piloto. Es la única condición que te pongo, el resto me parece bien.

Al otro lado de la línea se hizo un silencio; la respuesta tardó en llegar:

—Déjame que lo piense y te llamo.

Ramón supuso que seguramente no aceptarían sus condiciones, pero se equivocó. Esa noche recibió el OK y en quince días se iba al Dakar.

—Escucha, mañana voy a Madrid y veo qué tal está el coche y si le falta alguna cosa —le dijo Ramón a su nuevo compañero, que era constructor.

El coche era un Land Rover Defender, un 110, pero muy poco preparado. Estaba cargado de picos, palas, planchas... La verdad es que parecía más un coche para ir a trabajar a una obra que no el que necesitaban para cruzar los desiertos de África.

—Mira, ni pienses que vamos a ir tal y como tienes el coche. Me lo llevo a Barcelona ahora mismo y lo vamos a dejar preparado para poder ir a la carrera con garantías de terminar.

A toda prisa dejaron el coche listo. Tenían los recambios justos, pero era lo que les hacía falta para llegar hasta el final, no pretendían otra cosa.

Aquel Dakar tuvo un comienzo complicado, pero no le sorprendió a Vila, pues sabía cómo era el rally para los que iban en la parte de la cola de la gran prueba. En 1995 el nuevo director de carrera era Hubert Auriol y se salía de Granada. El 8 de enero sería la etapa de descanso y después llegaría la peor parte de Mauritania. Fue precisamente en una zona de arena fina y roderas profundas donde en un cruce, en mitad de la nada, el acompañante de Ramón le indicó que tenía que girar en un ángulo hacia el lado derecho.

—Pero no hay nada hacia la derecha, ni una sola huella. Eso va en dirección contraria. Ninguno de los quinientos participantes que van antes que nosotros ha tomado esta decisión —soltó Ramón a bocajarro.

—Te digo que hay que ir a la derecha —insistió el copiloto.

—Te pongas como te pongas, yo a la derecha no voy. Nadie ha ido a la derecha y esa dirección nos lleva a la nada.

Ramón no estaba para experimentos.

—¡Mira, ya estoy hasta el gorro! —gritó el copiloto mientras golpeaba el coche con el libro de ruta—. Para, que me bajo. Oye, yo pago esta fiesta, no puedo conducir y no me haces caso con las direcciones... Que te den.

Se bajó del Land Rover, dio un fuerte portazo y se fue caminando. Ramón se quedó pensando en lo que había pasado. Las tensiones dentro del coche eran parte de lo que se vivía en el Dakar, pero lo que le había pedido el copiloto no tenía sentido. Si se iban a la derecha, se perderían seguro. Y era probable que nadie los encontrase, pues ningún participante había girado en esa dirección. Para colmo, el libro de ruta indicaba todo lo contrario.

A la media hora, el copiloto regresó como si nada hubiese pasado, se subió al Land Rover y se puso el casco.

—Lo siento, Ramón, tenía que desahogarme. Nada, está todo bien. Tenemos que seguir hacia la izquierda.

Realmente el Dakar era así, había momentos de muchísima tensión y no era fácil para nadie. Se sufría mucho más yendo los últimos que entre los diez primeros. Nunca se sabía si se iba por el camino correcto, porque la cantidad de roderas que había en todas direcciones hacían dudar a la hora de decidir hacia dónde ir. Además, la profundidad de esas huellas podía hacer que volcasen y se quedasen fuera de la carrera. Aquello era otro mundo. No tenía nada que ver con los que abrían la carrera. Si Ramón hubiera girado a la derecha, quizá nunca hubiera podido contar sus historias. El 15 de enero llegaron sanos y salvos al Lago Rosa y lo hicieron en el puesto 57. Ese año solo acabaron cincuenta y ocho vehículos.

Los japoneses

El 30 de diciembre de 1996, Ramón Vila estrenó coche y copiloto. Se montaron en un Nissan Patrol GR. Su copiloto fue Enric González, era como un «prototipo» hecho a medida para el Dakar. Él era un hombre duro, siempre positivo, que no transmitía solo preocupaciones, sino que buscaba soluciones. No se ponía nervioso pasara lo que pasara. Participaron cinco veces juntos y terminaron todos los rallies.

Llevaban una semana en África, atrás habían quedado Marruecos y el Sáhara. Pero entonces llegó una etapa en la que todo el mundo se perdió. Estaban en medio del desierto, no había nadie y ya era de noche. Mientras Enric trataba de buscar la dirección correcta para llegar a la pista marcada en el libro de ruta, una bengala iluminó la noche. La persona que la había lanzado no estaba lejos, tan solo a unos pocos kilómetros.

—¿Qué hacemos, Enric?, ¿vamos hacia esa dirección? Quien ha lanzado la bengala seguro que tiene problemas.

No lo dudaron; tardaron un buen rato, pero se encontraron a un camión de la organización. Era un camión balai, tan perdido como ellos en el mar de dunas. Había decidido parar y esperar a que amaneciera para poder ver por dónde debía continuar. El conductor tenía miedo de volcar el camión a oscuras. Ramón estaba en una situación más comprometida porque no podía pasar la noche allí; si se detenía, se quedaría fuera de la carrera. Todos los pilotos conocían la máxima del Dakar: si se llegaba al campamento después de que saliera el primer coche, estaban fuera. Se iban para casa. Eso era así siempre.

La bengala atrajo a otros participantes. Al final se juntaron otros españoles y tres japoneses con Mitsubishi. La idea de Vila era tratar de encontrar la pista que los llevara al campamento.

—Nosotros vamos a continuar. Enric y yo hemos visto que la carrera queda a nuestra izquierda. No sabemos dónde exactamente, pero si vamos perpendiculares, encontraremos roderas.

El grupo le dio el OK a Ramón y este fijó un rumbo tomando como referencia una estrella. No cambiaron de dirección durante tres horas. Detrás de cada duna que superaban aparecía otra, pero cuando se quedaban enganchados, se ayudaban. A las dos horas los japoneses se rebelaron; no querían continuar por ese rumbo porque pensaban que tenían que ir en otra dirección. Ramón y los españoles trataron de convencerlos de que no se fueran, que era una locura, pero se marcharon. Optaron por seguir otro camino. El grupo de españoles se quedó solo y decidió continuar en el mismo rumbo. A las tres horas apareció la primera huella de moto. Poco después se toparon con muchas más, de motos y de coches. Lo habían logrado. Antes de que saliese el primer coche, estaban en el campamento. Podían continuar la carrera.

De los japoneses no supieron nada más. Nunca llegaron al vivac ni se les vio de nuevo; desaparecieron. Hoy en día, casi treinta años después, Ramón Vila sigue preguntándose qué les sucedería a esos japoneses.

La aventura continúa

En los años 1997 y 1998 las cosas fueron mucho mejor con un Mitsubishi. Terminaron la general en los puestos 15 y 12, respectivamente. En 1999 de nuevo corrieron con Nissan y protagonizaron otra noche gloriosa. Enric se pasó horas y horas caminando con una linterna frente al coche para poder ir superando las dunas y llegar al final de etapa al amanecer. Terminaron el Dakar en el puesto 24.

En 2000 cambió de copiloto y fue Rosendo Touriñán el que se sentó a su lado. Un año más, su participación fue decisiva. A mitad de rally, el Nissan de Vila-Touriñán estaba en el top diez de la carrera. Las cosas marchaban bien y se encontraban en Waw al-Kabir. El día había sido agotador. Ramón estaba a punto de irse a dormir cuando apareció Rosendo muy alterado.

—No te acuestes, que tenemos un problema, Ramón. El depósito suda por la zona de la bomba de la gasolina y eso significa que se está abriendo. Hay que desmontarlo y cambiar la junta.

—Pero, Rosendo, no puedo con mi alma. Mañana tengo que conducir y lo que estás diciendo es que hay que vaciar el depósito, sacarlo, cambiar la junta y volver a montarlo. Nos pasaremos la noche trabajando.

—Tú veras si quieres quedarte mañana tirado o quieres llegar hasta las pirámides.

No hubo más discusión. Trabajaron en el Nissan con la ayuda de los mecánicos durante toda la noche y al amanecer lo tenían listo. Esa misma noche Rosendo avisó al resto de los compañeros del equipo que tenían el mismo problema. Nadie quiso ponerse a trabajar, solo ellos arreglaron la posible avería. A las seis de la mañana, el Nissan con el dorsal 283 de los dos españoles estaba en carrera. Esa misma jornada, los otros Nissan tuvieron que abandonar porque se les partió el depósito. Touriñán consiguió que llegaran hasta las pirámides. El final del Dakar aquel año era en Egipto. Ramón le estuvo eternamente agradecido a Rosendo por haber logrado ese éxito gracias a su talento y a su cabezonería.

En 2002 llevó por primera vez en la historia un BMW hasta la meta final del rally. Fue la última vez que cruzó los desiertos junto a la caravana del Dakar. La vida le llevó hacia otros caminos. Tenía otros asuntos entre manos con la familia y el trabajo… En 2016 se animó a probar cómo era el Dakar sudamericano, pero le pareció que no tenía nada que ver. Fue en un buggy y terminó fuera de carrera.

La vida de Ramón Vila estuvo marcada por los Dakares africanos. Todo lo que aprendió allí lo sumó a su día a día. Tenía herramientas suficientes para vencer dificultades o simplemente tomar decisiones. Nunca ha abandonado África. Hoy en día, baja tres o cuatro veces al año, pues disfruta de su gente y de todos los amigos que fue haciendo durante esos tiempos de competición. En el Dakar siempre se sintió como en casa, muy a gusto.

23.
ÓSCAR GALLARDO, EL DAKAR COMO UNA MONTAÑA RUSA

7 de enero de 1999
Séptima etapa, Tidjikja-Nioro
A veinticuatro kilómetros de la llegada de la especial en Aiún el Atrús

Óscar caminaba entre las dunas, se sentó, se quitó las botas y se puso a esperar. Sí, esperaba a que todo terminara, porque sabía que se iba a morir. No tenía nada que beber y ya había rajado con una navaja la bolsa de agua para chupar la humedad. La tormenta de arena seguía y no veía nada. Estaba seguro de que se iba a morir deshidratado. Probablemente se le pegaría la garganta por la sequedad y se moriría por no poder respirar. Había sido un gran error alejarse de la moto, ahora era incapaz de encontrarla y activar la baliza de emergencia. Cuando Sabine vivía, todos los días les recordaba a los pilotos que no se alejaran de las motos, porque si lo hacían era mucho más difícil verlos en medio del desierto.

MUERTO DE SED

Media hora antes
Último punto para repostar gasolina antes
del final de la etapa, zona neutralizada

La etapa estaba saliendo a pedir de boca. Óscar Gallardo era el líder en ese momento y podía asestar un buen golpe a la general. Horas antes había visto cómo los de delante se equivocaban a la hora de tomar la ruta correcta. Eso le daba la ventaja que necesitaba. Cuando llegó al repostaje estaba solo, así que aprovechó para llenar los dos depósitos. No era necesario, pero prefirió no arriesgar. La carrera en ese punto le obligaba a esperar quince minutos neutralizados antes de volver a arrancar.

Ya le tocaba salir cuando vio llegar a Richard Sainct y a unos cuantos pilotos más. Ese era el grupo del líder; por tanto, calculó mentalmente que les estaba metiendo una ventaja de unos veinte minutos. Óscar sonrió, eso eran buenas noticias, y arrancó. No habían pasado ni diez minutos cuando se levantó una tormenta de arena. Para Gallardo eso no suponía un problema, pero lo que no se esperaba era que la moto comenzase a fallar.

—Mierda, algo pasa con la gasolina. Voy a abrir el depósito de atrás por si acaso.

A la gasolina no le pasaba nada, sino que era un problema de la batería, pero no se dio cuenta en esos momentos. La moto se paró y a Óscar se le vino el mundo encima. No podía ser verdad, todo estaba saliendo tan bien. Maldijo una y otra vez su mala suerte. No podía reprimir su enfado. La única opción era esperar al mochilero, Jean Brucy, un tipo muy hábil y capaz de resolver cualquier tipo de avería. Mientras trataba de detectar el problema, escuchó el motor de una moto, pero en medio de la tormenta no se veía nada. Calculó que estaba pasando a unos tres kilómetros de donde él se encontraba.

—No me van a ver porque están mucho más lejos. Jean no llegará hasta aquí. Tengo que hacer algo para acercarme por donde están pasando.

Fue una mala decisión; el cálculo de las distancias en esas condiciones era una quimera, pero caminar kilómetros en medio de las dunas y en plena tormenta de arena sonaba más a una medida desesperada que a un juicio bien pensado.

Óscar caminó un buen rato, duna tras duna, pero donde le pareció escuchar el ruido del motor no había nada ni nadie. Quizá estaban más lejos de lo que pensaba. No lograba orientarse. La tormenta seguía y se dio la vuelta para volver hasta la moto. Miró a su alrededor, pero no reconoció nada, estaba rodeado de dunas y arena. La idea era seguir sus propias huellas, pero ya no estaban. El viento las había borrado.

Ya no se escuchaban los motores, solo el silencio y el aire de la ventisca en medio de la nada. La tormenta de arena continuaba y, cuando volvió a mirar, no sabía hacia dónde dirigirse. Tenía que llegar a la moto y activar la baliza de emergencia, pero ¿dónde estaba su BMW? Comenzó de nuevo a subir y a bajar dunas, pero la moto no aparecía. El recorrido fue angustioso. Una duna más y otra.

—Quizá esté después de la siguiente —se decía a sí mismo para consolarse.

Lo que sí que estaba era muerto de sed y deshidratado. Se quitó la CamelBak, la bolsa de agua, y la cortó con la navaja. No se le ocurrió hacer otra cosa. Mientras trataba de chupar algo de humedad, porque agua no tenía, se dio cuenta de que todo había terminado. No solo la carrera, también su vida. Con la tensión por ganar el Dakar, la avería y el no saber en ese momento dónde estaba, lo había hecho todo mal.

Decidió sentarse, pues le molestaban mucho las botas. Se las quitó y se puso a esperar. No comprendía nada de lo que estaba pasando, solo sabía que se iba a morir. La falta de agua le tenía muy agobiado. Le pareció percibir el ruido de un helicóptero, pero la tormenta de arena no le dejaba ver nada.

Ya se había rendido cuando escuchó el motor de un coche, era el Mitsubishi de Miguel Prieto. Se paró al lado de la moto de Gallardo y buscó por todos lados a ver si lo veía. Entonces Óscar apareció en lo alto de una duna, corriendo, sin botas. Estaba a menos de cien metros de su moto. La llegada de Miguel fue un milagro.

—Madre mía, Óscar, ¿qué te ha pasado? Tienes un aspecto terrible.
—Déjame subir, Miguel, me voy a morir.
—Pero ¿qué te sucede?
—Estoy muerto de sed.
—Tranquilo, no te va a pasar nada. Ya he marcado el punto y van a venir a por ti. Toma esta botella de Aquarius. No te muevas de aquí,

no te alejes de la moto y en un rato te vendrán a buscar. Estamos muy cerca del final de la etapa.

Así era, estaban a menos de treinta kilómetros, y Miguel iba ganando ese día en coches cuando encontró a Óscar. Una vez le tranquilizó, Prieto arrancó y se fue. Óscar se quedó con la duda de cómo racionar aquel Aquarius. Al final se lo bebió todo en menos de un minuto, estaba muy sediento.

A los cinco minutos apareció Hubert Auriol, el director de la carrera, en su helicóptero. Llevaban un buen rato buscando a Óscar porque era el líder de la prueba y lo habían perdido después del paso por la zona de repostaje. La tormenta les había impedido verlo. Al menos le dieron una buena noticia: sí que habían encontrado las botas.

Mientras todo esto sucedía, el mochilero de Óscar, Jean Brucy, había llegado a meta y al ver que su jefe de filas no estaba, dio la vuelta para encontrarlo. Al rato vio el helicóptero a lo lejos y supuso que él iba dentro. Se dirigió hacia allí y no se equivocaba. Trató de calmar a su jefe de filas y miró lo que le pasaba a la moto. Descubrió que era un tema de la batería y se la cambió. El español, ya con las botas puestas y más tranquilo, llegó al final de la etapa. Había pasado su peor experiencia en el Dakar.

Aquel día, cuando estaba en el campamento y se dio cuenta de lo que podía haber sucedido, tomó una decisión: tenía que dejar el Dakar. Todavía le quedaba un año más de contrato y lo cumpliría, pero sería el último. Óscar había perdido la ilusión por ganar. Había que correr demasiados riesgos para ninguna recompensa. Luchó como una bestia, nadie le regaló nada y casi se dejó la vida en ello. Tocaba dar un paso al costado y lo dio. No se arrepintió de nada de lo que había hecho, al contrario; hoy en día volvería a repetir el mismo camino. Al año siguiente, en 2000, terminó en segunda posición, pero vivió otro momento para no olvidar.

El precio de la victoria

20 de enero de 2000
Décima etapa, Kufra (Libia)-Dajla (Sáhara Occidental)
Ochocientos cincuenta y dos kilómetros

Jimmy Lewis y Óscar Gallardo estaban corriendo en paralelo. Los dos llevaban las motos por encima de los ciento sesenta kilómetros por hora. A fondo. La de Jimmy era algo más rápida y le sacaba media moto a Óscar. Los dos compañeros de equipo iban a tope. No había nada en esa zona plana, por eso ninguno estaba dispuesto a bajar la velocidad.

Óscar se fijó que a lo lejos parecía cambiar el color de la arena. Sabía que eso no era bueno. No tenía ni idea de lo que sucedía, pero se puso en alerta. Jimmy también fue consciente de que algo no iba bien. Aminoró un poco, solo por un instante, lo justo para ponerse en paralelo con Óscar. El español seguía dudando y, de repente, le pareció intuir unas piedras. Así que dejó de dar gas de golpe y controló la moto. La de Jimmy pesaba más y frenaba menos, así que cuando reaccionó, estaba ya encima de una formación de rocas. Su cuerpo salió despedido del asiento de la moto. Milagrosamente pudo sujetarse con la mano izquierda, ese era su único punto de unión con la máquina. Todo apuntaba a un accidente tremendo, pero cayó de nuevo sobre su asiento. Había logrado salvar la situación. Se puso detrás de Óscar y no volvió a intentar pasarle. Así estuvieron hasta llegar a la meta, solo entonces, antes de cruzar la línea de llegada, se pusieron de nuevo en paralelo. La victoria de la décima etapa fue para los dos.

Cuando pararon y se quitaron los cascos, Jimmy seguía blanco y descompuesto del susto, pues era evidente que se podía haber matado.

En 2000, BMW copó el pódium. La victoria fue para Richard Sainct, el segundo fue Óscar Gallardo y el tercero, Jimmy Lewis; los tres bajo la bandera de la marca alemana. Cuando dejó el Dakar, Óscar entró a trabajar en Dorna, la empresa en la que sigue en la actualidad. No obstante, el rally le proporcionó un montón de recuerdos de ediciones anteriores donde disfrutó al máximo, hasta en los momentos límite.

Tirado en la selva

1995
Etapa doce, Bakel (Senegal)-Labé (Guinea)
A cuarenta y ocho horas del final del rally

Las pistas que estaban cruzando en medio de la selva eran de tierra muy dura, lo que permitía que fueran muy rápido. Sin embargo, tenían un problema. Muchas estaban rotas por el agua, que a su paso abría zanjas y agujeros en las pistas y las convertía en muy peligrosas.

Óscar se sorprendió al comprobar una pequeña explosión de humo blanco de su amortiguador trasero. Estaba roto y el aceite que caía sobre el escape provocaba el humo; afortunadamente no prendió. Solo podía continuar y rezar para que aguantara la moto lo que quedaba de etapa, pero no fue así. El muelle terminó cediendo y el chasis de la moto se estaba partiendo. Unos cables quedaron afectados y se cortaron, así que falló toda la parte electrónica de la moto. Óscar se quedó parado en plena selva. Poco a poco le fueron pasando el resto de los vehículos. El piloto nada podía hacer, tan solo esperar al camión de asistencia. Sin embargo, este último nunca llegó porque ese día se había decidido que irían por otra ruta. Cosas del Dakar.

Cuando pasó el último camión, Óscar fue consciente de que estaba solo. Bueno, no tanto; poco a poco se acercó la gente de un poblado próximo que se mostraba fascinada por ver a un tipo vestido de motorista. Debían de imaginarse que era un ser de otro planeta, alguien muy diferente a ellos. Óscar vio a lo lejos la aldea, la típica de esa parte de África: chozas redondas de barro con el tejado de paja. Estaba cerca del camino, lo suficiente como para dejar la moto en la pista para que la vieran los camiones de asistencia, si es que llegaban, o el camión escoba.

Estaba anocheciendo y le tocaba dormir en algún lado; mejor en la aldea que a pie de pista. Como pudo, con gestos básicamente, Gallardo se fue comunicando con esa gente. Debían de ser unos cuarenta o cincuenta más o menos. Para ellos el piloto español era el show del momento, como si les hubieran comprado un televisor. Le ofrecieron una silla donde le sentaron, lo observaban y comentaban cada movimiento. Era tarde y no había podido comer nada, así que sacó un pequeño tetrabrik de zumo para beber y una barrita. Estaba sorprendido de la atención que suscitaba su presencia. Comió y bebió rápido. Después, todos los miembros del poblado se fueron pasando el brik con la pajita. Soplaban y reían, imitando lo que había hecho Óscar.

Al madrileño le molestaban las rodilleras que llevaba, así que decidió sacárselas, pero antes tenía que bajarse los pantalones. Cuando hizo el gesto para no asustar a nadie, el jefe del pueblo apartó a las mujeres y las hizo entrar en las chozas. Se montó un pequeño revuelo, pero quedó solucionado en pocos minutos.

Ya en plena noche y viendo que no iba a pasar la asistencia, Gallardo decidió apartar la moto empujándola algo más allá de donde estaba, hacia un punto donde era mucho más visible para el camión. Sus nuevos amigos le ayudaron. Terminado el trabajo, se encendió una gran hoguera. Estaba claro que ese era el lugar donde iba a dormir y no iba a estar solo, el jefe y gran parte de los aldeanos le acompañaron en sus horas de descanso.

Cuando todo parecía dispuesto para pasar una velada tranquila, aparecieron dos hombres armados. Eran de los que iban siguiendo la carrera, piratas que robaban a todos los que tenían problemas y se quedaban tirados. Su objetivo era, evidentemente, Óscar. Pero la gente de ese lugar reaccionó en contra de los dos tipos; el motorista era un huésped y estaba bajo su protección. La discusión con aquellos hombres para que se fueran fue a gritos. Mientras eso sucedía, los otros que estaban cerca de Óscar le hacían signos para que escondiera el dinero o lo que tuviera de valor. Al final, viendo la oposición del poblado entero, los dos piratas se marcharon. La noche continuó tranquila y también el día siguiente. Pasaron dos días hasta que llegó el camión escoba.

Gallardo andaba por el poblado cuando escuchó la llegada del vehículo de la organización que iba recogiendo a los tirados por el camino. Vieron la moto, pero no estaba el piloto y arrancaron de nuevo. Tuvo que correr y avisarles de que no se fueran. Afortunadamente, solo estaban haciendo una maniobra para poder subir la moto más fácilmente.

Óscar se despidió agradecido y con cariño de toda aquella gente que le había dado cobijo y protegido cuando lo necesitó. Sonrió cuando vio al jefe del pueblo con una camiseta de Jimmy Carter; a saber quién se la había dado. Pero la odisea no terminó ahí; camino de Dakar el camión estuvo a punto de volcar, quedó de lado, apoyado lateralmente en el paso de un río. Buscaron ayuda en una aldea local, donde tenían algo parecido a un camión, antiguo y desusado, pero que sirvió para superar la situación. Dos días después estaban en Dakar.

Más sustos

Esta fue la razón por la que Gallardo decidió acudir a la cita africana, porque quería ganar en la modalidad de motos y sabía que era muy capaz de competir contra los grandes nombres del momento. Su primera vez fue en 1994 junto a Jordi Arcarons. Los dos juntaron equipos, patrocinador y esfuerzo. A Gallardo, como a todo recién llegado, le faltó un poco de prudencia durante los primeros días en África. Tuvo una caída bastante importante.

La velocidad en el Dakar era mucho más alta que cuando se competía en Europa. Pero no solo era la velocidad, sino que había que fijarse por dónde se iba, estar atento al libro de ruta y saber navegar. Todo lo anterior era un cóctel explosivo que sin experiencia solía terminar en caída.

Todo esto le sucedió cuando circulaba a toda velocidad por una pista entre Mauritania y Marruecos. A lo lejos vio el polvo de las motos de Jordi Arcarons y Edi Orioli que iban por delante de él. Óscar pensó que podría alcanzarlas con facilidad, porque ese era el dicho en el rally: «Cuando ves el polvo de otra moto, es moto cazada». Y ya no reflexionó más. Pasó de ver las motos a lo lejos a abrir los ojos dentro de un helicóptero mientras le evacuaban. No sabía ni que se había caído, ni dónde estaba, ni quién era... Poco a poco fue recuperando la memoria, pero nunca supo lo que le sucedió realmente.

Durante las siguientes participaciones las cosas fueron mejor: terminó en segundo lugar en 1997 con Cagiva y en 1998 firmó por BMW. El primer año con la marca alemana se llevó uno de los grandes sustos de su vida. La moto se detuvo por problemas con la bomba de gasolina en medio de una explanada. Minutos después, Óscar vio cómo el primero de los coches que estaba en la carrera se acercaba a toda velocidad hacia donde él se encontraba. Nada podía hacer, pues la moto se había parado justo ahí; solo esperaba que lo vieran y no le pasaran por encima. El vehículo pasó muy cerca, tanto que Gallardo quedó cubierto de una nube de polvo enorme. En ese instante escuchó el motor del segundo coche. El asunto era cada vez más complicado, porque con el polvo levantado por el anterior era imposible que lo viese. Él no podía moverse de donde estaba. El rugido del motor se escuchaba cada vez más cerca y temió por su vida, porque este sí le iba a pasar por encima. Lo hizo unos pocos metros más allá y por fortuna no sucedió nada. Óscar no estaba para más sustos, trató de arrancar la moto, lo logró y salió de ese punto infernal.

La última aventura

Algunas jornadas después de ese año 1998, Óscar iba líder de la carrera. Estaba animado porque, si nada se torcía, iba a ganar por primera vez una etapa con la BMW. Había tenido muchos problemas hasta entonces. Estaba cerca de la zona de repostaje, pues divisó a lo lejos el camión. La moto se movía mucho, algo le sucedía, pero salió a toda velocidad. Aún no era consciente de que la moto se estaba partiendo en dos. El motorista se detuvo para ajustar los radios de la rueda trasera. Estaba convencido de que ese era el problema, pero nada más lejos de la realidad: lo que le estaba ocurriendo era que el chasis estaba a punto de romperse. Poco a poco la moto fue cediendo hasta que el cubre cárter llegó al suelo; evidentemente, el problema que tenía era muy gordo. Tocaba esperar a la asistencia. Cuando llegó el camión, trataron de reparar aquel desastre, pero solo les quedó probar un remedio de emergencia, aunque lo que hicieron fue una verdadera chapuza: ataron el chasis con una cadena de moto a la tripa de la dirección para que pudiera continuar. No había visto hacer esto nunca, pero por lo menos la moto ya no estaba partida por la mitad, aparentemente. El camionero que le ayudó a intentar arreglar la BMW, Gregor, un tipo curtido en mil batallas, cogió a Gallardo y le dijo:

—Ni se te ocurra ir rápido, no sabemos lo que puede durar este apaño. Así que tranquilo, por favor.

A Óscar le costaba entender el concepto «ir despacio», arrancó y se puso de nuevo a ritmo de competición. Se le rompió la cadena y salió despedido, dándose un buen golpe. La moto no aguantó. Tocó esperar otras dos horas hasta que llegaron de nuevo los mecánicos. Otra vez la chapuza, pero esta vez sí decidió ir más lento. Aun así, los problemas se le acumulaban: al partirse el chasis también se partieron los latiguillos del aceite, y este empezó a gotear, lo que provocó que se le incendiara la moto. Por suerte, logró apagarla con la arena. Pero ese Dakar terminó ahí, en esas dunas.

Óscar pasó muchas más aventuras, y hoy en día sigue trabajando en el mundo de la competición y de las motos. Con estas anécdotas seleccionadas de lo que le sucedió en esos años increíbles transmite la dureza y la montaña rusa que le supusieron esos tiempos en los que corrió en África. Y a pesar de los pesares, de los buenos y de los malos momentos, fue una época apasionante...

24. ANTONIO ZANINI Y LAS SIETE VIDAS DE UN VIEJO CAMIÓN

3 de enero de 1994
De Tan-Tan, Marruecos, a Villa Cisneros (Dajla), Sáhara Occidental
Novecientos cincuenta y tres kilómetros de etapa

La cabina se había vencido hacia delante, el soporte estaba partido y Antonio Zanini y Manel Juncosa trataban de recuperarse del susto que se acababan de llevar. Con esa parte del camión abierta, como si fuese una lata de sardinas, ahí estaban sin volante, ni marchas... Afortunadamente no les había pasado nada.

—Manel —resopló Antonio—, estamos bien, ¿te has hecho daño?

—No, tranquilo, Antonio, estoy bien, pero si queremos seguir, hay que resolver este desastre.

La cabina estaba pegada al radiador, tocaba enderezarla y, lo más complicado, fijarla con un soporte que se había partido y del que no tenían recambio. Esto era lo último que alguien hubiera supuesto que podía suceder. Entre los dos la levantaron como pudieron y pusieron el camión sobre unas losas de piedra.

—Mira, Antonio, estamos cerca de Villa Cisneros. Tiene que haber un taller donde nos puedan soldar esta parte que se ha partido, digo yo que esta gente tendrá un sitio para reparar coches.

Villa Cisneros era una antigua ciudad del Sáhara que recibió ese nombre en los tiempos en que los españoles ocupaban ese territorio; ahora su nombre era Dajla. Lo peor ya estaba solucionado, habían medio enderezado la cabina y arreglado la parte del cambio y del volante para poder seguir con cuidado. Pero tocaba resolver lo de la soldadura. Acercarse hasta esa pequeña localidad en busca de un taller y encontrarlo no sería tarea fácil, pero no les quedaba otra.

En una Carroceta ipv, el camión de los leñadores

Zanini no se había planteado correr nunca el Dakar, la situación casi le llegó hecha. Había estado buscando un camión resistente, todoterreno, para llevar a cabo la asistencia del equipo Suzuki Santana en la Baja Aragón. Le hablaron de unos camiones especiales, unos todoterrenos construidos para sacar madera de los bosques por caminos estrechos. Eran los descendientes de unos vehículos que habían traído los militares italianos en la Guerra Civil, que dejaron abandonados en España y que unos paisanos de Galicia los reutilizaron y los modificaron. Su nombre: Carroceta IPV. Los encargados de este trabajo formaban parte de una empresa familiar, gestionada por la hija del dueño y que tenía a un ingeniero, apellidado Seara, que se las arreglaba para ir modificando y mejorando esas bestias.

El que le dejaron a Zanini para la Baja Aragón funcionó estupendamente y cuando fue a devolverlo, le propusieron la opción de ir al Dakar con otro modelo mejorado. Zanini pidió un motor con mayor potencia y se lo dieron. También cambió la cabina porque era muy pequeña y robusta y estaba pensada por si se le caían los troncos encima, que no se lastimara el chófer. La cabina nueva seguía siendo muy pesada, pero era doble. Se hizo un camión a medida y lo convirtieron en un todoterreno muy bueno que no se quedaba enganchado en las dunas y era capaz de subir y bajar por todos lados. Lo homologaron y estuvo listo para competir.

Tenía un motor V8. Eso generaba un problema: al ser un vehículo artesanal, el calor en el pequeño habitáculo donde iban piloto y copiloto era tremendo, provocado por el aire caliente del desierto y el turbo que estaba situado bajo la cabina. Cuando bebían el agua, que llevaban en las botellas, era como si se tomaran un té inglés. Estaba muy calentita.

La temperatura era terrible dentro del camión. Antonio recordaba con terror el peor momento que pasaron en la cabina. Durante una etapa se cruzaron con un castigo bíblico: tuvieron que atravesar una nube de langostas. Cuando las vieron, cerraron las ventanillas y aquello se convirtió en una sauna rodante. Tardaron muchos kilómetros en superar ese montón de bichos. Se les hizo eterno. Cuando todo pasó, se pararon para ver cómo estaba todo. El radiador se encontraba plagado de insectos. Lo limpiaron, pero estaban totalmente empapados por el sudor.

Barcos en el desierto...

La llegada a Villa Cisneros fue todo un descubrimiento para los dos aventureros del Dakar. Se encontraron con unos cines cerrados y abandonados, aún con los carteles de las últimas películas que se habían proyectado antes de que los españoles se marchasen de allí. Quizá la mayor sorpresa fue un grupo de chicos jóvenes que se acercaron para hablar con ellos al enterarse de que eran de España. La primera pregunta que le hicieron a Antonio lo dejó descolocado:

—Entonces ¿qué tal sigue el Generalísimo?

—¿Perdona?

—Sí, verás, mi abuelo luchó en la Legión y cada año le llega la paga. ¿Qué tal está Franco?

Zanini no se atrevió a decirles la verdad, que estaban en 1994 y que Franco llevaba muerto casi veinte años, pero no se habían enterado. Prefirió no responder. Por suerte, otro de los chicos se dio cuenta de que tenían colirio para los ojos y le pidió el bote. Con todo el polvo del desierto, el colirio era fundamental para el día a día. Como llevaban unos cuantos, los pudieron compartir y se salvaron de una pregunta incómoda.

—Sí, claro, tengo un par, os los podéis quedar. Por cierto, busco un mecánico para hacer una soldadura, ¿conocéis alguno?

—Sí, hay uno. Trabaja unas calles más allá. Se quedó con los generadores de un gallego. Él tal vez os pueda solucionar el problema.

Efectivamente, encontraron el taller. El tipo que se había quedado con los generadores de un gallego era árabe y no estaba muy claro cómo los había conseguido, pero eso poco importaba. Necesitaban reparar el camión y marcharse. Mientras le explicaban cómo querían que fuera la soldadura para reforzar la pieza rota, el dueño del taller, al que Antonio llamaba «el árabe», solo les preguntaba cosas de la carrera: los kilómetros que hacían y cómo eran los coches. El hombre estaba fascinado escuchándolos. Crearon un ambiente de confianza y Zanini se animó a preguntar también sobre algo que le estaba rondando por la cabeza desde el día anterior. Después de cruzar una zona, en mitad del desierto, se toparon con unos barcos, más bien lo que quedaba de ellos, oxidados y medio desguazados.

—Oye, los barcos en medio del desierto, ¿qué explicación tienen?, ¿de dónde han salido?

El mecánico sonrió.

—Esa es una historia de otros tiempos. Los habitantes de esta zona los asaltaban para sobrevivir. Para robarlos cuando la marea estaba alta, los encallaban a toda velocidad lo más tierra adentro que podían. De esta manera no se preocupaban más, porque los tenían sobre la arena y los iban desvalijando cuando lo necesitaban. Ahora el mar ha retrocedido y forman parte del paisaje del desierto.

La explicación dejó a los dos participantes del Dakar sin palabra, les fascinó. Finalmente resolvieron lo de la soldadura de la pieza y se pusieron de nuevo en ruta.

Pero no todo era tan fácil, pues tenían que tomar una decisión. Si seguían compitiendo, el soporte se iba a romper de nuevo. Zanini lo tenía claro: estaban en mitad de una carrera, así que no lo dudaron y continuaron. El camión volaba por las pistas alcanzando unas velocidades de ciento sesenta por hora. En una de estas voladas, aterrizaron sobre una piedra y pincharon. Entre los dos bajaron como pudieron la rueda de la parte alta de la carroceta y nivelaron el camión para encajarla. Eso fue un drama, aunque finalmente lo lograron. Salieron vivos de milagro, pues estuvieron a punto de ser aplastados por la rueda mientras la bajaban del techo, ya que pesaba mucho. Y en la segunda parte de la operación, cuando tuvieron que colocar la rueda, pudieron morir de nuevo aplastados por el camión, puesto que tenían que levantarlo con piedras y losas hasta dejarlo a un nivel adecuado para hacer el cambio. Esta maniobra les costó un buen rato y Zanini juró que no volvería a pinchar en todo el rally. Cumplió con esta promesa.

Esa noche les tocó hablar con la organización para que les dejara continuar solo como camión de asistencia de Enrique Palacios, el piloto del que llevaban todas sus piezas. Así cambiaban sustancialmente el tiempo en el que tenían que cubrir la etapa y se alargaba lo suficiente como para no tener que arriesgar la máquina. La organización les dio el OK y pasaron a la otra categoría.

Lecciones de vida

El Dakar es una magnífica experiencia para darte cuenta de lo bueno que eres. Esta es la máxima que Antonio Zanini aprendió sobre la marcha. Él supo aprovechar bien cada instante de esa aventura de 1994. El 10 de enero, con la carrera de regreso hacia Francia (terminaba en Disneyland París), tocaba cruzar de nuevo por Nuadibú, en Mauritania. La especial del día siguiente se neutralizó para los camiones de asistencia. A ellos les tocaba ir por fuera de la carrera, y eso hacía el recorrido mucho más fácil. Antonio decidió pasar a saludar al cónsul español en la ciudad. Los recibieron con mucha cortesía y unas ricas tortillas de patatas. Estaban acostumbrados a atender a los marineros españoles que faenaban en las costas mauritanas, pero no a los aventureros del Dakar. El consulado tenía un pequeño dispensario de la Media Luna Roja, el equivalente musulmán de la Cruz Roja, para atender a esos marineros si se hacían daño. El cónsul les ofreció pasar la noche allí, que era lo más confortable que tenía para dormir. Dicho y hecho, Zanini durmió feliz en la mesa de operaciones.

No solo aprendió a buscarse la vida para dormir. En el campamento, Manel Juncosa le enseñó que lo mejor era descansar debajo del camión para que no le pasara, en un despiste, otro participante por encima, pero Antonio no quería estar ahí metido y prefería hacerse un hueco en la cabina. También aprendió a comer cuando no tocaba.

Normalmente, cuando se levantaban por la mañana, los motoristas y gran parte de los coches de cabeza, los que iban en las primeras posiciones, ya habían salido, así que casi nunca tenían comida para aguantar toda la jornada, se la habían terminado los otros. Esa era la respuesta diaria de Africa Tours. Tocaba sobrevivir como podían, bien con algo de lo traído para casos de emergencia, bien, en alguna milagrosa jornada, encontrando alguna aldea donde, a cambio de una fortuna en francos, comer un poco de pollo o lo que fuera, aunque la segunda posibilidad era una rara excepción.

En la jornada de descanso en Dakar, a mitad de la carrera, tuvieron la opción de meterle mano a un bufet. Estaban felices viendo toda la comida bien condimentada que habían preparado para esa tribu ambulante que eran los participantes. Mientras hacía cola para ir a coger la comida, Zanini se fijó en unas salsas estupendas. Estaba a punto de echarse una buena cucharada de una especie de mayonesa encima de la comida cuando Gaston Rahier, motorista belga ganador del Dakar en 1984 y 1985, que estaba unos cuantos pasos por detrás de Antonio, lo vio y le gritó:

—¡Ni se te ocurra, Antonio, si quieres terminar esta carrera y no pasarte los próximos días con el culo de fuego en medio del desierto!

Era una forma amable de decirle que terminaría con diarrea. Antonio se rio y se alejó de las salsas. Rahier y Zanini se conocían y se respetaban porque habían corrido en el mismo equipo en la Baja Aragón y en otras pruebas africanas y tenían una buena amistad.

La leyenda de Manel Juncosa

Zanini sabía muy bien el copiloto que llevaba. Era de lo mejor, toda una leyenda del automovilismo en España. Conocía perfectamente el París-Dakar, donde no solo había ejercido de copiloto, sino que también había sido el responsable técnico de Nissan Ibérica.

Una de las cosas que le enseñó Manel es que cada mañana había que «purgar» y vaciar los depósitos de gasoil con un grifo que tenían en el camión, para sacar los restos de la suciedad que entraba al repostar. Sacaban mucha porquería: arena, piedrecitas y otras cosas que podían terminar estropeando el motor. Los bidones que utilizaban los nativos eran de los que ellos usaban habitualmente para cualquier cosa, porque no les quedaba otra y no tenían nada más. Esos mismos eran los que servían para recargar. Por la mañana, cuando salían al tramo, era fácil adivinar quién purgaba los depósitos y quién no. Los que no lo habían hecho estaban parados por las cunetas, intentando averiguar qué se les había roto.

Otra de las grandes intervenciones de Manel fue el día en que detectaron que se les había fastidiado la cruceta trasera del camión. Era una pieza en forma de cruz que hacía de acople final de la barra de transmisión. Esta pieza no estaba preparada para mojarse con el agua salada de las playas de Dakar, por eso se estropeó. Manel consiguió encontrar una de un viejo camión Berliet y con la ayuda del mecánico, que había llegado de Galicia, y unas carcasas viejas de camas de metal hicieron un apaño, reconstruyeron la cruceta y el invento aguantó hasta París.

Pero Manel no solo se conocía los trucos para apañar mecánicamente la Carroceta IPV, también entendía y conocía muchos de los peligros a los que se enfrentaban cada día. El paso de la frontera con Mauritania tenía un problema añadido, los campos de minas. No era una buena idea en la zona de cruce de frontera salirse de la pista. El 4 de enero, mientras atravesaban el Sáhara Occidental, camino de Nuadibú, pasaron el control militar.

—De aquí en adelante no salgan de la pista, ni para hacer sus necesidades. Hemos retirado algunas minas, pero solo aquellas que les permitan pasar. El resto del terreno sigue estando minado.

A Antonio se le pusieron los ojos como platos.

—¿Has escuchado lo que nos ha dicho, Manel?

—Sí, y te aconsejo que les hagas caso. No quiero ser el primero en cometer este error.

Dos años después, en 1996, Laurent Gueguen pisó una mina con su camión al salirse de la ruta marcada, la misma que el militar indicó cuando paró a Zanini, y murió en el acto.

Manel Juncosa era un copiloto excelente y muy completo, no en vano llegó a participar durante once años en el París-Dakar. Por lo tanto, sabía navegar bien y era raro que se despistara, por más que Zanini le preguntase una y otra vez cuando pasaban horas y no se cruzaban con nadie:

—Pero ¿vamos por buen camino?

La experiencia era un añadido a la hora de reconocer la arena por sus colores. Juncosa sabía leerla. Si cambiaba de tono significaba que había llovido y por esas partes se formaban unos agujeros tremendos en donde te podías hacer mucho daño si caías en uno de ellos. Así que siempre estaba atento y ojo avizor.

El capitán perezoso

El libro de ruta marcaba el cruce del río, pero había que hacerlo en una barcaza. Antonio se sorprendió, pues estaban ya muy cerca del punto de paso.

—Manel, ¿entraremos en una barcaza de estas? Con lo que pesa el camión, a ver si vamos a tener problemas...

No había terminado de hablar cuando en mitad de la selva, en medio del camino que bajaba al río, vio varios vehículos del Dakar detenidos, aparentemente haciendo cola. Algo sucedía, porque todos los pilotos estaban fuera de los camiones y hablando entre ellos.

—Vamos a ver, que parece que aquí tenemos lío, Manel.

Efectivamente, el capitán de la barcaza había dado por concluida su jornada. Solo había trabajado medio día, pero estaba cansado de cruzar a los participantes y quería descansar. El problema era que dejaba a los corredores colgados en medio de la nada.

—Pues no sé qué vamos a poder hacer, porque si al paisano no le da la gana que crucemos, de aquí no nos sacan hasta que no le apetezca.

Mientras Manel y Antonio consultaban el libro de ruta buscando en un mapa si había otro punto de paso, llegó un Unimog de uno de los equipos italianos; los pilotos se bajaron del camión, hablaron con varios de sus compañeros de aventura y cuando comprendieron que el problema era que el capitán no quería cruzar, optaron por la calle de en medio. Se fueron a por él, lo agarraron del cuello y milagrosamente al tipo le entraron ganas de cruzar a todo el mundo, de golpe. La situación quedó resuelta después de la «charla». Antonio no daba crédito a lo vivido, pero todos pudieron continuar.

Un camión del Dakar por las calles de Madrid

Antonio Zanini y Manel Juncosa completaron el Dakar de 1994 y llegaron a Disneyland París como camión de asistencia. Zanini se quedó maravillado con la experiencia, pero, a pesar de ello, no regresó jamás. Corrió el rally de Túnez y el Atlas en Marruecos, y años después descubrió que su camión, el que había corrido el Dakar, la Carroceta IPV 180 R, había terminado, modificada, en el servicio de recogida de basura del Ayuntamiento de Madrid. Sí, un camión del Dakar de doscientos ochenta caballos se utilizó durante años para recorrer las calles de la capital en lugar de para atravesar las dunas, formando parte del servicio de limpieza. De la arena al asfalto, pero siempre en marcha.

A día de hoy, Antonio Zanini sigue soñando con poder encontrar el camión y restaurarlo, aunque seguramente la Carroceta esté en cualquier lugar del mundo. Probablemente, en uno de esos procesos de ayuda y reciclaje, hayan mandado al viejo camión a que siga trabajando a algún país latinoamericano, sin descanso.

25.
EL SECUESTRO

El 14 de enero de 1999 se produjo uno de los episodios negros del Dakar. Los participantes del rally iban en busca de la aventura, pero también se topaban con la realidad cruel y cruda del desierto. Aquel día se produjo un secuestro masivo de participantes. Algunos españoles lo sufrieron en sus carnes. Aquí va el testimonio de algunos de ellos. Cada uno aporta cómo lo vivió e incluso hay pequeñas variaciones de unas versiones a otras, pero todos sintieron durante unas horas lo que significaba el pánico y temieron por sus vidas.

Rafa Santiveri, el hombre enterrado en la arena

14 de enero de 1999
Etapa entre Néma y Tichit
Paso de los Elefantes (Mauritania), cerca de la frontera de Mali

Rafa estaba arrodillado en la arena, con los brazos en alto, junto al Nissan. Al otro lado, Rosendo Touriñán, de pie, le gritaba:

—¡Levántate y baja las manos! Lo que quieren es que vayamos hacia a ellos. Hazlo o nos pegan un tiro, Rafa.

Santiveri no quería moverse del sitio. El miedo le tenía bloqueado; pensaba que, hiciera lo que hiciera, le iban a disparar. Las piedras del Paso de los Elefantes eran fáciles de reconocer. La etapa del día se había acortado por el aviso de los servicios secretos franceses de movimientos de grupos de bandidos y de guerrilleros.

Historia de un secuestro

Rafa Santiveri y Rosendo Touriñán iban con el Nissan de serie y estaban completando la etapa que había partido desde Néma. No les quedaba mucho para terminar, quizá unos cincuenta kilómetros. Los dos aventureros se disponían a cruzar un paso estrecho, cuando Rosendo se fijó en un coche parado con los *warnings* puestos y las puertas abiertas.

—Vamos a ver qué les ha sucedido. Quizá tengan una avería y les podemos ayudar, Rafa.

Se acercaron a ver lo que había pasado. Lentamente el Nissan se aproximó al vehículo por el lado del conductor, pero no había nadie dentro. Casi al instante Rosendo gritó:

—Nos van a disparar, Rafa, ¡cuidado!

A unos metros había unos tuaregs, unos bandidos del desierto apuntando con sus kalashnikovs hacia los dos españoles. A Rafa lo único que se le ocurrió fue bajar del coche y ponerse de rodillas con las manos en alto, pero eso no pareció gustarles a los dos hombres que los estaban encañonando. Gritaban algo que no comprendía en un francés que dejaba mucho que desear. En realidad, lo que estaban pidiendo era que abandonasen el coche y que fueran corriendo hacia ellos. La cabeza de Rafa se negaba a acatar esa orden, salir corriendo le parecía firmar su sentencia de muerte. Rosendo conservó la calma y gritó:

—¡Levántate y baja las manos! Lo que quieren es que vayamos hacia a ellos. Hazlo o nos pegan un tiro, Rafa.

Santiveri, espoleado por su compañero de aventura, se levantó, no bajó las manos y junto a Rosendo caminó hacia los bandidos. Uno de ellos aprovechó para subirse al coche y marcharse. El otro, kalashnikov en mano, los acompañó hacia donde tenían a más secuestrados.

Al principio quizá eran poco más de veinticinco, pero a medida que iban llegando otros participantes al mismo paso estrecho la cantidad de secuestrados iba aumentando. La táctica era la misma: daba igual camiones, motos, coches de la organización..., los paraban a todos. A los que se dieron cuenta y no quisieron parar les disparaban a las ruedas. Poco a poco fueron juntando en la ladera de una duna a cerca de setenta participantes.

Debían de ser en torno a las seis de la tarde cuando secuestraron a Rafa y a Rosendo. No pasó nada hasta que llegó el último de los coches en carrera. Ya no había nadie más. Dos horas más tarde, ya habían capturado a toda la cola del Dakar.

Entonces todo cambió y empezaron a traer los vehículos, uno a uno, para acercarlos hasta donde se encontraban todos. Los secuestrados estaban rodeados de unos quince hombres armados. Iban gritando en alto el número de los participantes de cada vehículo. El de Rafa y Rosendo era el 254. Los dos se acercaron caminando juntos hasta el Nissan, mientras uno de esos tipos les reclamaba dinero:

—*L'argent, l'argent.*

Los dos españoles llevaban dinero escondido en varios sitios, por si alguna vez se encontraban en una situación como esa. Había una diferencia clave entre los participantes que corrían contratados por una marca, los equipos oficiales, y los que lo hacían de manera privada: los primeros no se jugaban su propio dinero, pues era de la empresa, en cambio los segundos sí se jugaban sus ahorros, por lo que escondían muy bien el dinero en caso de robo.

Mientras Rafa y Rosendo buscaban solo en alguno de los sitios donde lo tenían escondido, uno de los bandidos les azuzaba con su kalashnikov para que espabilaran. Ellos se lo tomaron con calma y procuraron no entregar todo el efectivo.

Cuando terminaron, los acompañaron de nuevo hasta la duna. Para entonces todo estaba muy oscuro y era noche cerrada. Los tuaregs acercaron dos de los coches de los participantes y los dejaron con las luces encendidas, apuntando hacia los secuestrados. Enfrente de las luces se situaron dos hombres armados. Daba la sensación de que les iban a ametrallar en cualquier momento, seguramente cuando todos los participantes les hubiesen entregado el dinero que buscaban.

Las malas sensaciones aumentaron cuando cogieron las palas de los coches y las dejaron a un lado. Para entonces Rafa estaba convencido de que les iban a hacer cavar unas fosas y los enterrarían ahí mismo, en medio de la nada. Pensó en todas las veces que los suyos le habían dicho que ya no estaba para aventuras como el Dakar y se arrepintió de no haberles hecho caso.

Los españoles se fueron uniendo en medio de la duna. Ahí estaban también Rafa Tibau, Jordi Juvanteny y José Luis Criado. Todos con los nervios a flor de piel y esperando lo peor, que les disparasen en cualquier momento. Bueno, todos no. En medio de la oscuridad, con el silencio aterrador que rodeaba a todo ese grupo de mujeres y hombres, se escucharon unos ronquidos. Era Rosendo..., que se había dormido.

—Rosendo, Rosendo, despierta, coño, que nos van a matar y no te vas a enterar —le dijo Rafa en voz baja, pero bastante enfadado.

Rosendo abrió uno de los ojos.

—Qué dices, hombre. Estos no van a matar a nadie, son unos bandidos. Nos van a robar todo lo que les dé la gana y luego se largarán.

Pero el resto del grupo no pensaba igual. La situación internacional era compleja. Estados Unidos estaba en pleno jaleo en Irak y el mundo en ese momento estaba revuelto. A saber si los piratas eran islamistas, ejército de oposición de Mali, guerrilleros o todas esas cosas a la vez. De lo que no había duda alguna es que eran bandidos y les estaban robando. Rosendo se volvió a fijar en los secuestradores y sin levantarse señaló a uno:

—¿Veis el anorak que lleva? Es de Tatra, del año pasado. Estos tipos son los que asaltaron a ese equipo. Estoy seguro de que son los mismos, simples ladrones.

No había terminado de decirlo cuando vio a otro de los bandidos con su anorak.

—Mierda, ¡no me lo puedo creer, maldita sea! —Sus maldiciones comenzaron a preocupar al grupo.

—Pero ¿qué pasa, Rosendo? —le preguntó Rafa, alarmado.

—Que ese cabrón lleva mi anorak, que lleva el mío.

Uno de los tipos iba con un anorak Santiveri. La empresa de Rafa se dedicaba a la fabricación de productos destinados al bienestar integral y era la que patrocinaba la aventura. El coche estaba, entre otros, pintado con el logo de la empresa y la ropa, como el anorak de Rosendo, llevaba los parches de Santiveri por todos lados. Rafa intentó calmarle:

—No pasa nada. ¡Qué más da una chaqueta en medio de todo este lío, Rosendo! Ya te conseguiré otra.

—Sí que da, Rafa, sí que da —repitió Rosendo en un tono entre enfadado y sarcástico—. ¿Recuerdas el medio millón de pesetas en francos franceses que me diste para guardar? Rosita cosió el dinero, para esconderlo, en el interior del forro de esa chaqueta. Ahí van medio millón de pesetas en francos.

La mujer de Rosendo había escondido parte de la fortuna que tenían para pagar combustible y comidas en el doble forro del anorak. Rafa casi se cae de culo.

—¡No puede ser, Rosendo!

—Pues así es, ahí van y me parece que no los vamos a poder recuperar.

El chico que llevaba el anorak no se había dado cuenta de que tenía medio millón en su poder.

De nuevo los bandidos estaban en acción. Ya habían terminado de saquear todos los coches y volvieron hasta donde tenían al gran grupo de secuestrados. Para entonces Rafa Santiveri había pensado en un plan de emergencia por si las cosas se ponían mucho peor. Se colocaría en medio del enorme grupo de secuestrados. La idea era que, si les disparaban, él se dejaría caer como si estuviera muerto y se mancharía con la sangre de otro para fingir que le habían alcanzado los disparos. Le parecía un buen plan para salvar la vida. Su cabeza no paraba de maquinar posibles escenarios para escapar vivo de ese lío.

Mientras se entretenía con esas ideas, una manera más de evitar el miedo, el líder de los piratas comenzó a hablar:

—Ya hemos revisado todos los coches, ahora os vamos a registrar a vosotros, uno a uno. Al que tenga dinero encima lo vamos a matar.

A Rafa se le vino el mundo encima. Había escondido mucho dinero en sus botas.

Maldijo el momento en el que se le había ocurrido esa genial idea. «Piensa, Rafa, piensa», se dijo. Se puso de rodillas, asegurándose de que no lo vieran, y empezó a quitarse las botas. Mientras, seguía pensando: «Soy tonto, cómo se me ha ocurrido meter el dinero aquí y ser tan ingenuo de creer que no me iban a registrar... Si es que lo de que nos iban a registrar es de primero de secuestro, joder...».

Rafa Tibau lo vio agachado y le preguntó:

—Pero ¿qué haces, Rafa?

—Trato de esconder el dinero que llevo en las botas. Lo voy a enterrar, y si salimos de esta, lo recuperaré.

—Tú no has enterrado nunca algo en la arena de la playa, ¿verdad? ¿Crees que lo vas a encontrar?

Las palabras de Tibau no le importaron, enterró todo el dinero en un agujero en la arena y señaló el lugar con un bolígrafo que clavó encima.

—Si salimos de esta, lo recuperaré, ya verás.

Rafa Santiveri ya estaba limpio, así que dio un paso al frente y se dejó registrar por los ladrones. Junto a él, un piloto francés se estaba enfrentando a su secuestrador. Este lo puso de rodillas en la arena y le colocó el arma en la cabeza. La cosa iba de mal en peor. Afortunadamente, todo se quedó en amenazas.

Cuando terminaron de registrarlos, les hicieron ponerse junto al resto de los secuestrados que ya habían sido chequeados. Ahí pensó que en cuanto acabaran con todos, les dispararían. Estaba convencido de que los ejecutarían sin piedad.

Tenía dos opciones. La primera consistía en aprovechar un descuido de los ladrones para salir corriendo; sin embargo, le pareció que se lo pondría demasiado fácil a los malos, porque seguirían sus huellas y lo matarían igualmente. La segunda opción le pareció un buen plan: se enterraría como si estuviese en una playa junto al mar. Tan solo tenía que cubrirse completamente de arena, y con la poca luz de los coches, siendo además noche cerrada, jamás lo descubrirían. Dicho y hecho, comenzó a enterrarse bajo la arena. No se le estaba dando nada mal. Se cubrió los pies, las piernas, el tronco... y ya estaba casi cuando se dio cuenta de que no podía echarse arena por la cabeza, porque no tenía nada con lo que respirar. Necesitaba un tubito o algo similar.

—Rosendo, Rosendo, ¿no tienes un boli para que lo utilice para respirar, o un pequeño tubo?

Rosendo lo miraba sin dar crédito a lo que estaba pasando.

—¿Quieres parar de hacer el gilipollas? Vas a conseguir que nos partan la cara por tu culpa. De verdad, Rafa, estate quieto ya.

Rafa le respondió a Rosendo con una contundente reflexión:

—Mira, yo me entierro, te pongas como te pongas. Esta panda de desalmados no me va a matar.

La opción de Rafa, a falta de bolígrafo, fue arrancar hierba de camello y ponerla encima de su cara. Estaba totalmente enterrado, con la cara llena de hierba, aunque tenía dudas de haberlo hecho del todo bien. Aun así, prefirió pensar que el plan había funcionado y que estaba perfectamente camuflado.

Rafa se pasó por lo menos una hora enterrado y con la hierba encima de la cabeza. Entonces escuchó al jefe de los bandidos anunciarles que se iban y que había dos francotiradores pendientes de dispararles si se movían. El ladrón se despidió al grito de:

—¡Alá es grande y hasta el año que viene!

Los vieron alejarse en uno de los camiones, dos coches y toda la gasolina y piezas que habían podido saquear. Los dejaron solos. Santiveri continuaba cubierto de arena y esperaba por si pasaba algo. Pero no sucedió nada, ni tampoco había rastro de los francotiradores. Al rato, se destapó, se quitó toda la arena de encima y fue junto a los demás. Estos estaban decidiendo si se quedaban y esperaban a que llegara la ayuda de la organización al amanecer o si salían en convoy hasta el campamento. Sabían que no estaban muy lejos, así que optaron por recuperar todos los vehículos y largarse.

Rosendo apareció con el Nissan mientras muchos de los secuestrados estaban prendiendo fuego con mecheros a la hierba de camello y a unos matojos para poder ver algo. Aún no amanecía y para Rafa la prioridad era encontrar el dinero enterrado. Touriñán puso el coche frente a la duna donde su compañero lo había escondido. Encendió las luces. Se tiraron sobre la arena y recorrieron una y otra vez el espacio iluminado. La fortuna estaba de su lado, pues dieron al fin con los billetes. Ahora se tenían que marchar. Dejaron que subiese con ellos uno de los franceses a los que les habían robado el coche y lo situaron entre la rueda de recambio y las ruedas. No tenían más espacio. Los demás que también tuvieron la mala fortuna de que les robasen los vehículos se fueron repartiendo entre camiones y coches.

Ya de regreso, Rafa y Rosendo comentaron lo que les había tocado vivir. Santiveri estaba sorprendido del comportamiento de todo el grupo, nadie trató de rebelarse. Uno de los pocos que plantó cara a los malos fue Rafa Tibau, al que le dieron unos golpes y le pusieron un arma en la cabeza, pero cuando esto sucedió, el resto no movió un dedo. Luego se dio el caso único de Rosendo, que aparentemente en ningún momento se preocupó demasiado, e incluso se durmió un buen rato.

Cuando llegaron al campamento del Dakar, descubrieron que nadie se había preocupado lo más mínimo de que no hubiesen llegado, pues pensaban que se habían perdido por el desierto. Al no haber ninguna operación de rescate en marcha, entendieron que salir de allí había sido la mejor decisión. Si se hubiesen quedado, tan solo se hubiesen topado con el camión escoba, nada más.

Se reunieron con los jefazos del París-Dakar, Hubert Auriol y Patrick Zaniroli. Los dos escucharon el relato de lo sucedido y les ofrecieron dos opciones: salir al final con el tiempo del último coche en carrera, con lo que podían organizarse y descansar un poco, o bien salir cuando les tocaba y participar como si nada les hubiese ocurrido. Rafa y Rosendo decidieron salir cuando les tocaba e intentar ganar la categoría de coches de serie. Días después llegaron al Lago Rosa en Dakar y ganaron. Fue el único coche de serie que lo consiguió.

De la chaqueta con el medio millón de pesetas en francos franceses nunca se supo nada más, ni tampoco si el chico que la robó descubrió algún día todo el dinero que llevaba encima. Sobre los vehículos robados, algunos de ellos los recuperaron al día siguiente; los encontraron abandonados en el desierto, seguramente por problemas mecánicos.

El Nissan milagroso

Durante ese año, Rafa y Rosendo tuvieron más aventuras, no solo el secuestro. Una noche, en una etapa maratón, se encontraron al piloto de motos Óscar Gallardo en medio del desierto y algo desorientado. Su BMW tenía un problema con la batería y ya daba por perdido el seguir luchando por el top tres en la carrera. La llegada del Nissan fue una especie de milagro para Óscar. Rosendo se puso a trabajar en uno de sus inventos: bajó una batería del coche, la sujetó en la parte de atrás de la moto con unas bridas y cinta americana, la conectó a la motocicleta y funcionaba. Gallardo llegó con ese invento al campamento y los mecánicos de BMW se quedaron asombrados. Gracias a la intervención de Rosendo, Gallardo terminó el Dakar en novena posición. No estuvo nada mal.

La aventura Nissan

La primera vez que Santiveri participó en el Dakar fue en 1998. Se apuntó a un programa de Nissan que se llamaba La aventura Nissan. Para dicho acontecimiento la marca había preparado diez coches de serie. La idea era que los ocupasen todos los que lograsen cubrir una lista de requisitos, entre los cuales destacaba conseguir un patrocinador que les diera cinco millones de pesetas.

Rafa lo logró, como Álvaro Bultó o Jordi Pujol hijo. Aquel año los coches oficiales los conducían Salvador Servià y Ramón Vila. El invento fue un fracaso rotundo: los Nissan tenían un problema en las llantas y en las zonas de arena blanda, cuando bajaban la presión de las ruedas para poder cruzar, se salía el neumático de las llantas y era imposible continuar; si no tocaban la presión y no la bajaban, el coche se quedaba atrapado en la arena. Setenta y dos horas después de haber comenzado el Dakar, los diez coches de La aventura Nissan terminaron la experiencia, abandonaron. Rafa consiguió aguantar dos días de aventura.

La marca Santiveri llevaba unos años patrocinando a algunos pilotos como Jordi Arcarons, Joan Porcar o Carlos Mas dentro de una campaña para posicionar sus productos entre la gente más joven. Rafa no quería dejar a un lado su sueño, la posibilidad de conseguir llegar a Dakar participando en la carrera, por eso fue el único que se apuntó a la segunda edición de La aventura Nissan en 1999. No repitió ninguno más de la primera edición. Y lo hizo junto a Rosendo Touriñán. Eso sí, participó con la oposición frontal de la familia y los amigos.

El Dakar de 1999 no comenzó bien, ya que en el kilómetro cuatro de la etapa prólogo volcó. Se repitió una y mil veces para sí mismo que estaba loco de estar ahí, que todo el mundo le decía que se dejara de historias, que no tenía que ir al Dakar..., pero ahí estaba. Semanas después del arranque, de vivir mil peripecias, secuestro incluido, ganó la categoría. No fue la última vez que lo logró. En 2004 ganó junto a Criado y Juvanteny, dos compañeros durante el secuestro, la categoría de camiones de seis ruedas.

Los hombres de la Benemérita en la aventura del Dakar

En 2000 y 2001, Rafa no pudo ir al Dakar por una serie de problemas personales. En 2002, la Guardia Civil decidió formar un equipo y participar en la carrera. De piloto tenían al teniente Salinero y de jefe de equipo al coronel Eduardo Fernández. En un principio contrataron a Rafa Santiveri como asesor.

Los consejos y la ayuda prestada por Santiveri les gustó tanto que decidieron que iría en un Toyota de asistencia junto a Manel Juncosa. Ese regreso con los hombres de la Benemérita, que por cierto sumaron al final seis participaciones dakarianas en África, le abrió la puerta a Rafa para sentarse de copiloto junto a Fernando «Búfalo» Gil el año del patrocinio de Repsol-Telefónica. La experiencia fue fantástica y terminaron en el puesto 17 de la general al final del rally.

Rafa Santiveri amó el Dakar africano, a pesar de ser uno de los grandes protagonistas del secuestro de 1999, y nunca pensó en dejar de participar, a pesar de esa experiencia en donde vivieron horas de terror. Siguió durante años apoyando a muchos pilotos punteros con el patrocinio de su marca.

Hoy en día sigue recordando con una sonrisa todo lo que hizo aquel 14 de enero para no perder la vida cerca del Paso de los Elefantes.

Rafa Tibau, el rey de las dunas

—De entrada, te voy a quemar el camión y después te pego un tiro entre ceja y ceja, porque en realidad a mí me da lo mismo lo que te pase.

Rafa Tibau estaba descompuesto: tenía una pistola en su frente y repetía sin parar el nombre de sus hijos. Ese hombre lo que quería era dinero y ya se lo había dado todo, no le quedaba nada.

La trampa en el Paso de los Elefantes

Tibau había caído como los demás en la trampa tendida por los bandidos en el estrecho paso del cañón. El problema que tenía es que había dos de sus camiones entre los secuestrados, pues ya contaba con una estructura importante de vehículos en el Dakar.

Durante los primeros momentos del secuestro pensó lo mismo que Rafa. Los dos se vieron muertos, tiroteados por ráfagas de ametralladora. El único que mantuvo la calma fue Rosendo. El resto pensó que podrían perder los papeles en cualquier momento.

Los pasaportes de los miembros del equipo Tibau estaban marcados con un triángulo que ponía «Tibau», esto lo había hecho así Javier Setien, el encargado del equipo, para que al pasar las fronteras no se despistara ningún pasaporte. El problema fue que cuando los bandidos cogieron todos los pasaportes y vieron que unos cuantos estaban marcados con el triángulo de Tibau, se dirigieron a él pensando que debía ser el jefe y el más rico de todos, el dueño de los camiones, y le hicieron la vida imposible.

El mauritano amartilló la pistola y la tenía en la cabeza de Tibau mientras le gritaba que le diera todo el dinero. A su lado, de rodillas, estaba su copiloto belga, Charlie, que trataba de convencer al secuestrador de que Rafa no tenía dinero, que era un desastre y siempre lo perdía y que por eso lo llevaba él, pero que se lo había dado todo.

Mientras esto sucedía, Rafa seguía repitiendo el nombre de sus dos hijos como un mantra infinito (Rafa y Pol), convencido de que eso le salvaría la vida, y sí, se la salvó. Al final le dejaron en paz, pero se lo quitaron absolutamente todo, no solo el dinero, también el teléfono satélite, la cartografía y uno de los camiones, que usaron para cargar todo el combustible que pudieron robar. Los otros tres vehículos que se llevaron los ladrones fueron dos Toyotas y una moto.

Tibau vivió de cerca todos los movimientos de Rafa Santiveri y respiró aliviado cuando los secuestradores se marcharon. Fue uno de los testigos de cómo se llevaban el anorak de una piloto de moto japonesa. Ella también había escondido el dinero en el forro, como Rosendo; unos cien mil francos. Jamás aparecieron ninguna de las dos prendas.

Lo que sí apareció a las setenta y dos horas fue el camión robado. La Legión Francesa se encargó durante un tiempo de perseguir a los bandidos, y unos legionarios lo encontraron muy lejos, abandonado en medio del desierto.

Tibau siguió en la carrera durante tres días más hasta llegar al Lago Rosa. Quedó segundo en la categoría de camiones de seis ruedas, por detrás de Juvanteny. Para cuando lo secuestraron iba líder, pero con todo el tema del robo acabó segundo.

La carrera había terminado, pero él no estaba dispuesto a marcharse de África sin el camión que le habían robado. Consiguió las coordenadas de donde lo habían visto los legionarios y montó una expedición para recuperar el vehículo. Ahí estaba, en medio de la nada, y parecía estar en perfecto estado. Lo que habían hecho los ladrones era utilizarlo de camión cisterna y con el combustible que llevaba repostaron a los Toyotas tantas veces como pudieron. Una vez se terminó el combustible, ya no lo necesitaban y lo abandonaron. Pudo regresar a Dakar a tiempo de cargar el vehículo en el barco de la organización y traerlo de vuelta a casa.

Durante diez años, Rafa Tibau no pudo hablar del secuestro y de lo que sufrió aquellas horas en las que le amenazaron con matarle. Ese día se prometió a sí mismo no regresar al rally, pero al año siguiente volvió. Hoy es de los pocos participantes que ha vivido los tres capítulos del Dakar: África, Sudamérica y Arabia.

Cuando todo arrancó

El primer Dakar de Rafa Tibau fue culpa de Carlos Mas; por aquel entonces el mundo de Rafa eran los barcos. Había hecho su primera media vuelta al mundo en 1979 y la vuelta completa en 1981. En 1987, Carlos Mas necesitaba que alguien le explicara cómo funcionaba el compás, pues entonces no había ni GPS ni teléfono satélite, nada. Mas acudió a Tibau. Durante días le fue explicando qué era un campo magnético, lo que significaba una desviación, qué generaba una desviación, lo que había que hacer para compensarlo. Carlos se dio cuenta de que era importante que Tibau formara parte del equipo, y se lo propuso. Rafa aceptó con una condición: elegir a su compañero de aventura.

Así llegó al primer Dakar, se subió al camión, arrancó y tardó cuatro días en avanzar ciento veinticinco kilómetros después de que se le abriera el puente delantero. Junto a su compañero de aventuras, Quimet Sans, lograron sacar el camión del desierto... por pura cabezonería, pero abandonaron la carrera. Este primer fracaso le dejó fuera de los planes de Mas, que no le volvió a incluir en su equipo. Pero Rafa se empeñó en regresar y llegar a Dakar. Tardó dos años en conseguirlo, cuando en 1989 creó su propia estructura de camiones para competir y dar servicio de asistencia a otros equipos a partir de la experiencia que tenía en este terreno como profesional de vela.

Dramas en el desierto

Con tantos años participando subido en un camión, Rafa vivió muchos de los hechos más dramáticos de la carrera; en algunos de ellos desafortunadamente perdió a amigos y compañeros. Pasó unos cuarenta minutos después de que mataran a Charles Cabannes de un disparo en 1991. Cuando Tibau llegó al poblado, pudo ver el cuerpo del camionero tal y como lo habían dejado sus compañeros antes de huir aterrorizados hacia el sur. Después formó parte del convoy que, escoltado por el ejército de Mali, recogió a Cabannes.

Pero lo peor fue en 1996, el día en que Laurent Gueguen murió al pisar su camión una mina antipersonal. La caravana ya había cruzado el muro en Marruecos, en la zona del Polisario, y se dirigía hacia Mauritania, a Zuérate. Los primeros kilómetros de terreno minado estaban marcados; luego, cuando ya no había más señales, había que tener cuidado y no salirse de la ruta. El problema de los camiones era el polvo: los que iban atrás se movían a un lado para evitar la polvareda del de delante. Avanzaban escalonadamente. Este movimiento suponía salirse de la ruta segura marcada por la organización. Así que había vehículos que sin darse cuenta estaban unos cuatrocientos o quinientos metros dentro de la zona minada. Si no se pisaba ninguna, todo bien, pero sabían por experiencias anteriores que lo de las minas no era ninguna broma. Por ejemplo, conocían la historia de un portugués que perdió un pie por bajarse del vehículo a hacer sus necesidades.

El problema de Gueguen no solo fue salirse de la zona segura, sino que su camión llevaba setecientos litros de combustible en un depósito normal. Rafa Tibau iba dos minutos por detrás cuando el francés pisó la mina. El camión volcó y se incendió. Los dos jóvenes compatriotas que le acompañaban, el copiloto y el mecánico, pudieron saltar del vehículo, pero les fue imposible sacar al piloto, que estaba atrapado en el volante. La muerte de Laurent fue horrible. Cuando llegaron Rafa y otros participantes, poco pudieron hacer. Gueguen no se dio cuenta de que se había desplazado más de cuatrocientos metros del itinerario marcado intentando evitar el polvo de los otros camiones. Se adentró en una trampa mortal.

Rafa Tibau sigue hoy en día disfrutando del Dakar y ha sido capaz de transmitir esa pasión a sus tres hijos. «El Dakar es como una droga», lo tiene grabado en la piel. Para Rafa es una forma de vida. Sus camiones acompañan a los principales equipos en las dunas de Arabia Saudí... Aunque reconoce que nada es igual a cuando corrían en África en pantalón corto y camiseta, disfrutando de un buen trozo de fuet de Caldas y unos *carquinyolis*.

JORDI JUVANTENY, ÁFRICA SIEMPRE ES LA JEFA

Los ladrones encendieron las luces del Land Rover y enfocaron a los secuestrados que estaban en una duna. Era de noche y no se veía nada. Solo se vislumbraba lo que era iluminado por el coche. Un tipo armado empezó a hacer señales para que los detenidos fueran pasando uno a uno frente a ese coche. Algunos, como Jordi Juvanteny, tuvieron claro que aquel era el final. Todos terminarían fusilados en el desierto. Aquello no iba a ser solo un secuestro, sino una auténtica escabechina.

«Esto es el final»

Juvanteny le había comprado ese año un camión de segunda mano a un italiano para disputar el rally. Sus compañeros de viaje eran los copilotos José Luis Criado y Francesc Pardo. El 14 de enero estaban ya cerca del Paso de los Elefantes. Serían sobre las cinco de la tarde, pero ya estaba anocheciendo. Se estaban aproximando al cañón que tenían que cruzar cuando aparecieron tres tipos vestidos de militares apuntándoles con unos kalashnikovs.

Jordi frenó en seco en cuanto se encaramaron al camión. Dos de los militares o asaltadores, pues aún no tenían claro qué eran, con sus gestos les estaban indicando que se bajaran del vehículo. Criado, Pardo y Juvanteny no sabían muy bien qué hacer. Estaban aterrados y no tenían muy claro si les iban a disparar o no. Una vez se bajaron, uno de los hombres armados se subió y se fue con el camión. Otro de ellos les hizo caminar hacia unas dunas bajas. Ahí descubrieron que no eran los únicos a los que habían secuestrado.

—Quedaos junto a los otros y no habléis, no podéis deciros nada.

Las formas dejaban mucho que desear, pero les estaban secuestrando unos tipos armados, así que poca cortesía podían esperar. La duda era a qué se estaban enfrentando, si a vulgares ladrones, a terroristas o a una facción rebelde del ejército de Mauritania.

El grupo de secuestrados estaba formado por unas cincuenta personas. Había de todo: motoristas, pilotos de coches, gente de la organización del Dakar e incluso dos médicos. Todo pintaba bastante feo. Entre los secuestrados, Juvanteny, Pardo y Criado identificaron a varios españoles, como a Rosendo Touriñán y a Rafa Santiveri. Se pusieron junto a ellos. Durante más de una hora fueron apareciendo otros participantes que habían caído en la misma trampa en la zona de paso del cañón.

—¿Qué pensáis?, ¿qué querrán estos tíos? —les preguntó Jordi Juvanteny.

—Dice Rosendo que son bandidos —respondió Francesc—, que nos lo van a quitar todo y se marcharán, pero Santiveri cree que nos van a pegar un tiro después de robarnos.

—¡No fastidies! —exclamó Juvanteny—, que nos van a disparar, pero ¿por qué? Qué locura es esta.

Ya no se veía nada y los asaltadores llegaron con dos de los coches robados. Un Land Rover lo pusieron iluminando a los secuestrados y las dunas. Se bajó un hombre y, mientras les apuntaba con un arma, empezó a gritarles en francés:

—¡De uno en uno! ¡Quiero que paséis por delante del coche de uno en uno!

—Esto es el final, Francesc, esta gente nos va a matar aquí mismo.

Jordi lo tenía claro, la teoría correcta era la de Rafa. Fueran quienes fueran aquellos desconocidos, su objetivo era matar a los secuestrados. Nadie dio el primer paso, nadie se movió. Dos de los tipos armados cogieron a un hombre al azar y lo pusieron delante de las luces, de rodillas. Nadie quería ver lo que iba a pasar. Evidentemente, estaban seguros de que en cualquier momento sonaría un disparo. Pero no, le obligaron a vaciarse los bolsillos y a quitarse la chaqueta. Solo deseaban el dinero y más cosas que pudiesen saquear.

—Si alguien se ha escondido el dinero, lo mataremos. Nos tenéis que dar todo lo que tengáis.

Los españoles estaban casi todos en la parte central del grupo. Por nacionalidades ganaban los franceses y los checos, también habían secuestrado a una participante clásica del Dakar, una piloto de moto japonesa. Todos estaban en esa cola, en esa duna que enfocaba las luces del Land Rover.

Uno a uno fueron pasando a regañadientes delante del vehículo. Jordi se fijó en Rafa. Santiveri estaba de rodillas en la arena, pero no le preguntó nada; bastante tenía con lo que estaba viviendo. Él no llevaba nada de dinero encima porque lo había escondido prácticamente todo en el camión. Cuando terminó el desfile, el mismo tipo que les había gritado al principio se despidió:

—En una hora no os mováis, porque os estamos vigilando. Vuestros coches están a unos quinientos metros.

Sí, se largaron. Los vieron desaparecer con un camión, dos coches y una moto. Durante los primeros minutos nadie hizo nada, pero todos estaban impacientes. De repente, alguien prendió fuego a unos matorrales para poder ver algo en medio de tanta oscuridad. No fue el único, unos cuantos más siguieron el ejemplo. La improvisada fogata puso luz a tanta oscuridad. Una vez recuperaron la noción de dónde estaban exactamente, caminaron en dirección a los coches, que encontraron un par de dunas más allá. Los médicos de la organización avisaron por radio al campamento de lo que había ocurrido. Nadie había sido consciente del secuestro, sino que todos pensaban que se habían perdido en el desierto. No les había extrañado que no llegara nadie durante horas.

—Tranquilos, no os mováis, que mandamos al ejército a buscaros. Estad tranquilos, que ya van en camino.

Esa fue la respuesta que recibieron los médicos después de pedir ayuda y la trasladaron al grupo. Empezaron a sacar los vehículos de las dunas y se iban organizando para llevar a los desafortunados a los que les habían robado el transporte. No tenían intención alguna de dejar a nadie en tierra, aunque no era fácil, porque no contaban con mucho espacio. Sin embargo, el tiempo pasaba y los militares no llegaban. La calma se transformó en inquietud. Decidieron partir hacia el campamento e ir al encuentro del equipo de rescate. A los treinta kilómetros apareció una *pick up* con dos soldados. Esa era toda la ayuda que enviaba la organización.

Al llegar al campamento hubo bastante tensión, porque a los que les habían robado todo el dinero, como a Juvanteny, no les ayudaron en nada. Cuando explicaron que no tenían con qué comprar combustible y continuar la carrera, solo recibieron como respuesta todo un clásico: *«C'est l'Afrique, patron»*. No tuvieron ni la más mínima caridad. No les quedaba otra que espabilar y gracias a la ayuda de otros participantes salvaron la situación.

Hasta el año que viene

Para los tres fue una experiencia muy fuerte y traumática. Años después, José Luis Criado contó a El Periódico cómo vivió el secuestro. El camión iba a unos treinta kilómetros por hora, pues se disponían a cruzar el cañón. Iban pisando huevos. Unos tipos se subieron a los pescantes y les gritaron que se parasen, mientras les apuntaban. Les dijeron que no se movieran, que no hablaran y les llamaron uno a uno. Criado pensó que de esa no salían. Al primero que cogieron le obligaron a ponerse de rodillas y le pusieron una pistola en la cabeza. Al final, cuando todo terminó, el que parecía el jefe les dio las gracias por haber venido y que ya se verían el año que viene.

Una noche para recordar

Juvanteny corrió su primer Dakar en 1991 junto a Francesc Pardo y Xavi Foj. Era un año cargado de ilusión, porque consiguieron que el padre de Juvanteny les dejara un camión de la empresa. Ellos mismos lo modificaron y les ayudó la mitad del pueblo (Molins de Rei). En ese primer vehículo trabajaron el soldador, el herrero, el señor de la empresa de toldos y muchos más habitantes de la localidad.

La primera vez fueron sin saber dónde se metían y aprendieron a base de golpes. A las primeras de cambio estaban fuera y penalizados, pero siguieron en la carrera y las pasaron de todos los colores en las zonas con piedras.

El día antes de la jornada de descanso en Agadez, estos aventureros se encontraron en medio del Teneré con David Oliveras, con José Luis Criado y con el camión de Pep Vila y Pepito Adell. También se sumaron unos franceses. Era tan tarde que decidieron hacer un campamento en el desierto, porque estaba claro que ya no llegarían al final de la etapa. La noche fue de ensueño, de las de recordar. Compartieron comida, bebida y experiencias.

A principio de los noventa los camiones corrían poco. Solo un grupo de privilegiados competían por ganar, al resto les tocaba sobrevivir. Juvanteny estaba en la parte de los supervivientes. Terminado el Dakar de ese año, se quedó con ganas de más y decidió volver al siguiente.

En 1992 regresó y cruzó África de norte a sur. En la zona de Gabón descubrieron por experiencia qué significaba la palabra «paciencia». Eso era lo que tenían que tener, paciencia, cada vez que les tocaba cruzar un río en una barcaza. Aguantaban colas de unas ocho horas porque las barcazas solo podían cruzar tres camiones en cada viaje.

Después llegaron a Namibia, donde la crecida de un río les dejó bloqueados en un pequeño poblado hasta que la organización recuperó el control y les comunicó hacia dónde podían ir. Dos días antes de alcanzar Ciudad del Cabo volcaron, porque en el Dakar nunca se podía cantar victoria.

En 1994, cuando salían de Nuadibú, la segunda ciudad más poblada de Mauritania, se equivocaron a la hora de leer el libro de ruta. La pista que tomaron los llevó hasta una trampa de arena blanda donde durante tres días estuvieron tirando de pala para sacar el camión, pero no lo lograron y tocó ir a por ayuda. Sin embargo, el camión que acudió al rescate también cayó en la trampa. Tardaron una semana en salir del embrollo. «Al final lo que te llevas del Dakar son las experiencias, las vivencias personales y los momentos únicos. El Dakar en África era ponerte a prueba».

Jordi Juvanteny comenzó a correr en el Dakar en 1991 y hasta el día de hoy solo se ha perdido el rally de 1993. Ha corrido en treinta y una ocasiones y ha sido capaz de ganar dieciséis ediciones en la categoría de camión de seis ruedas. Juvanteny sigue corriendo junto a José Luis Criado, que es el español que más veces ha participado en el Dakar, treinta y dos. Ambos llevan muchas historias vividas, sobre todo los años que corrieron por África. En 1992, la edición París-Ciudad del Cabo, Criado incluso llegó a estar encarcelado varios días en Nigeria. Pero esos días no los cambian por nada. Demasiadas noches bajo las estrellas del desierto, demasiados días con la adrenalina a tope.

26. NANI ROMA, DE MALDICIÓN EN MALDICIÓN HASTA LA VICTORIA

9 de enero de 1998
El Mreiti
Segundo día de etapa maratón
Más de cuatrocientos setenta kilómetros entre Mauritania y Mali

El embrague de la moto se había quedado trinchado. No se podía hacer nada, la KTM de Nani Roma se negaba a continuar. Ahí estaba, en medio de las dunas y a poco más de cuarenta kilómetros del campamento donde estaba el final de la etapa.

—Qué mala suerte. Me estaba saliendo genial. Tenía ya cogido el ritmo a Peterhansel. ¿Cómo puedo solucionar este desastre?

Roma hablaba consigo mismo y tenía motivos para sentirse abatido: estaba haciendo un gran Dakar, compitiendo de tú a tú contra el mejor. No se podía creer que la moto le fallase en ese momento. Aunque tal y como se dieron las cosas en la etapa maratón era normal. Ningún camión de asistencia de KTM había llegado la noche anterior, las motos estaban muy justas y Nani estaba sometiendo a la suya a un esfuerzo superior. Estas motos necesitaban todo el cariño que les hubieran podido dar los mecánicos, pero eso no había pasado. Había decidido desde la salida pegarse a Stéphane Peterhansel, porque esa era la única opción para poder liderar de nuevo la carrera. Cuando el francés lo vio llegar, optó por complicarle la vida: abrir carrera a través de las dunas más altas. Roma le siguió el juego al piloto de Yamaha. Ninguno de los dos fue muy consciente de que su locura por ganar estaba reventando la etapa. Las roderas que dejaban las seguían el resto de los participantes y muchos de ellos fueron incapaces de superar esas dunas. A la organización no le quedó otra que neutralizar la prueba en el primer control de paso, pero los dos motoristas seguían con su lucha personal, hasta que la KTM del español dijo basta.

Nani, de pie junto a su moto, estaba atento, vigilando por si alguien venía por detrás, pero no había nadie. Al fondo, quizá no muy lejos, cerca de una montaña, tal vez algunos participantes estaban cruzando. El motor de un helicóptero le hizo levantar la mirada hacia el cielo. Era el director de la carrera, Hubert Auriol, que aterrizó junto a la moto de Roma, en medio de la nada, por encima de la arena.

—Nani, ¿puedes continuar?

—Hola, Hubert. No, no, me he quedado sin embrague y no lo puedo arreglar.

—Sube y te llevo. Estamos cerca del campamento.

—Prefiero esperar, por si llega un camión, arreglan lo del embrague y puedo continuar, aunque pierda tiempo.

—Tus camiones se quedaron tirados en la etapa de ayer, así que tardarán más de un día en llegar. Tú mismo.

Las palabras de Auriol fueron un jarro de agua fría para Nani.

—Prefiero esperar, pasaré la noche aquí si hace falta, no quiero abandonar.

—Toma algo de agua, la necesitarás.

Auriol regresó al helicóptero y despegó. Nani Roma se quedó solo en medio de las dunas, totalmente perdido y sin nada más que hacer que esperar. Como no tenía otra ocupación, comenzó a pensar demasiado. Las horas fueron pasando mientras estaba sentado, apoyado contra la moto, y tuvo la oportunidad de repasar todo lo que había sucedido hasta estar ahí tirado, sin opciones, en medio del desierto. Recordó la lucha que había emprendido por ganar.

Todo había empezado una semana antes, el 3 de enero de 1998, en Granada. Roma consiguió ser líder del Dakar para sorpresa general, porque supuestamente era el mochilero de Jordi Arcarons. No obstante, en las especiales Roma había aprovechado su habilidad, su velocidad y su técnica para imponerse. Tocaba hablar con el mánager de KTM, Heinz Kinigadner. Había entrado en África liderando el rally, y eso era una muy buena noticia. Pero Nani era el escudero de Arcarons y no quería por nada del mundo dejar a su compañero tirado.

—Kini, ¿qué hago? ¿Espero a Jordi?

Nani tenía claro que él estaba ahí para lo que le dijeran. El acuerdo al que había llegado con KTM era que él no cobraba ese año por disputar el Dakar de mochilero a cambio de que le llevasen a tantas carreras como fuera posible durante todo ese año: Marruecos, Túnez, Egipto. Nani Roma sabía que sumar experiencia le llevaría a ganar el Dakar, y la única manera de adquirirla era correr en tantas pruebas internacionales como pudiera. El trato del Dakar de 1998 era ser escudero de Jordi. Ahí estaba, esperando órdenes.

—No, Nani, no pares, sigue con los de cabeza. A ver qué tal van saliendo las cosas en Marruecos.

—Pero ¿y Jordi?

—Tú sigue. Nosotros iremos arreglando las cosas sobre la marcha.

Roma salía de la reunión con un objetivo claro: pasaba de ser escudero de lujo a pelear por todo.

El segundo día en Marruecos las cosas se pusieron interesantes. Especialmente cuando Roma, que no marchaba con los de cabeza, llegó a un cruce donde vio que todas las roderas seguían de frente. Sin embargo, el libro de ruta era claro: había que girar a la derecha para enlazar con la pista buena y llegar hasta el final de la etapa. Nani dio un par de vueltas y circuló más despacio. Dudaba sobre qué decisión tomar, así que como no había nadie a quien preguntar, habló en voz alta consigo mismo:

—Tengo que ir a la derecha, pero nadie se ha ido en esa dirección. Todos han seguido recto: Peterhansel, Arcarons... ¿Sigo recto con todos? No es que me crea el más listo, pero yo seguiría por la derecha, porque es lo que indica la flecha.

Mientras dudaba, detuvo la moto, miró hacia donde creía que tenía que ir y estaba a punto de arrancar cuando escuchó el motor de una moto. Era Fabrizio Meoni.

—¿Qué haces, Nani?

—Hay que ir a la derecha, Fabrizio, pero todos han seguido recto.

—Claro que hay que ir a la derecha, vamos.

Las dos motos siguieron por el camino que creían que los llevaba correctamente hasta la meta, pero nadie iba en esa dirección, no había ninguna señal de paso de ningún vehículo del rally. Continuaron a buen ritmo. Nani pensaba para sí mismo que la estaban cagando: «Verás la liada en la que nos estamos metiendo. No es posible que el resto esté equivocado». De repente llegó a una primera referencia y coincidía con lo indicado por la organización, y después otra y una tercera... Si estaban equivocados, el libro también lo estaba, y eso era imposible.

En la parte final de la etapa había que subir una montaña situada delante de ellos. La subieron y desde lo alto divisaron las banderas y el control de llegada en Uarzazat. No se habían equivocado y, encima, estaban solos. Nadie había llegado, todos los de cabeza andaban perdidos, intentando encontrar la ruta buena. Nani lideraba el Dakar seguido de Meoni, que ganó la etapa, y de Arcarons, que entró tercero. Peterhansel se encontraba a unos veinte minutos.

Las órdenes de KTM fueron claras: Nani seguiría a su ritmo a ver qué pasaba. Dos días después, Peterhansel recuperó tiempo hasta que llegaron al Muro, a la frontera entre Marruecos y Mauritania.

Las etapas rápidas fueron para el francés. La Yamaha podía ir a ciento ochenta de velocidad punta, mientras que Roma difícilmente le sacaba ciento treinta a su KTM. En la cabeza de Nani la táctica estaba clara: pegarse al francés todo lo que pudiera y cuando pudiera, eso le haría líder. Pero lo que no estaba en su plan era que muriese el embrague de su moto.

Y ahí estaba, tirado, junto a su máquina, en medio del desierto. Roma divisó una montaña que le pareció que no estaba lejos. Decidió caminar hacia ella para comprobar si por el otro lado estaban pasando los camiones. Ya sería mala suerte que pasaran de largo y no lo vieran. Hasta entonces, salvo el helicóptero, nadie había llegado hasta donde él estaba. Con la prueba neutralizada (solo que él aún no lo sabía), pues tanto Peterhansel como Roma la habían liado por competir hasta las últimas consecuencias, muchos participantes habían optado por seguir por otro lado.

Nani se alejó de la moto, caminando hacia la montaña, que estaba todo el rato a la misma distancia. «No puede ser, si ya llevo un buen trozo andado y la montaña está igual de lejos». Era la trampa del desierto, las referencias siempre engañaban. Giró la cabeza y vio que casi no era capaz de distinguir dónde estaba la KTM. Se asustó y mucho. «Nunca os alejéis de vuestro vehículo», era una máxima grabada a fuego para todos los participantes, sin excepción. Encontrar a alguien caminando solo en el desierto es mucho más difícil que encontrar una moto y a su piloto. Esta era una sentencia de Sabine que descubrió por experiencia propia cuando un día se perdió en el desierto.

Se dio la vuelta y caminó de regreso hacia la moto. De la nada escuchó unas explosiones, parecía el petardeo de un tubo de escape. Eso pensó, pero no vio a nadie, estaba solo. «Verás como estén pasando los camiones por el otro lado y me quede aquí colgado». No se mostraba nada optimista, todo le parecía una mierda. Acababa de perder el Dakar. Estaba en medio de la nada, se hacía de noche y la temperatura bajaba rápidamente. Lo único que tenía para abrigarse era lo que llevaba puesto. «En qué momento ha sido buena idea pasar la noche aquí...». En plena noche cerrada, congelado hasta la médula, vio luces. Llegó a pensar que estaba alucinando. Pero nada más lejos de la realidad. Era un todoterreno de un equipo japonés que iban siguiendo roderas, las de Nani. Cuando lo vieron, se detuvieron a su lado, le ofrecieron algo de comida y una chaqueta que Roma aceptó feliz. Calentarse un poco era todo lo que quería. Se fueron y todo quedó de nuevo en silencio, salvo por otro petardeo más que venía del mismo lugar, de la zona de la montaña. Intentó dormir un rato, pero se quedó en un duermevela hasta que el cielo empezó a clarear. Estaba a punto de salir un rayo de sol cuando se sorprendió al ver por el horizonte, donde se suponía que estaba el campamento, a dos helicópteros que volaban hacia él. Se extrañó más cuando el primero aterrizó y Auriol le gritó:

—¡Corre, Nani, sube, sube!

Roma no entendía nada, ya le había dicho que quería esperar al camión, reparar y seguir.

—Nani, sube, que hay tíos armados disparando a los participantes. No te vamos a dejar aquí.

Esta vez sí que se asustó; cogió lo poco que llevaba consigo y se montó en el helicóptero, dejando la moto atrás.

—Anoche asaltaron a dos coches y un camión y siguen por aquí. No hay ninguna posibilidad de que te quedes ni que continúes, lo siento.

El petardeo que había escuchado Nani al anochecer eran las ráfagas de los kalashnikovs con los que dispararon contra los vehículos que pasaban al otro lado de la montaña. Roma tuvo mucha suerte esa noche de no encontrarse con esos bandidos.

En cuanto a la carrera, lo peor estaba por llegar. Cuando le dejaron en el campamento, descubrió que estaba neutralizada, que no había perdido tiempo y que, si hubiera reparado la moto, hubiese seguido siendo líder. Pero el Dakar había terminado para él.

En 1998, KTM cumplió con la promesa. Roma corrió en Túnez, donde le explotó el motor. En Marruecos, por un lío con la gasolina, la moto se le paró en una zona peligrosa, de paso, prácticamente llegando a la meta. Nani empujó la KTM para sacarla de en medio, sin darse cuenta de que estaba cruzando la línea de llegada; entrar caminando en meta estaba prohibido. Cuando esto le pasó, iba líder. Le penalizaron con tres horas. No pudo ganar. Por cierto, el reglamento cambió a raíz de lo que le ocurrió en Marruecos. Finalmente corrió también en Dubái y quedó segundo.

La promesa

La aventura de Nani Roma en el Dakar empezó en un lejano 1996. El equipo Lucky Strike de Jordi Arcarons cada año daba la oportunidad a una joven promesa de correr la Baja Aragón. Ese año se la dio a Nani

Roma, que supo aprovechar el momento, pues ganó por delante de todos los favoritos. La victoria en la Baja hizo que el equipo pensara en él para ir ese año al Dakar. Las condiciones eran muy claras su moto sería de serie y su trabajo, ser mochilero de Arcarons, su asistencia rápida. El objetivo era que aprendiera cómo era eso de correr en África.

El 31 de diciembre de 1996, Roma estaba subido en su KTM, en Marruecos, en la ciudad de Nador. Tenía por delante una especial de poco más de doscientos kilómetros. Estaba fascinado, nunca había sentido nada igual. Acababa de encontrar su camino en la vida. Y en ese mismo instante se hizo una promesa: ganaría el Dakar algún día. Estaba convencido de que lo haría.

Salió por detrás del piloto italiano Davide Trolli y del finés Kari Tiainen. Con su moto de serie, los alcanzó y los pasó. Siguió a su ritmo, solo. Cuando llegó a meta, era el líder de la carrera sin saber muy bien cómo había ocurrido. Hubert Auriol se acercó a él para saber quién era ese desconocido con una moto de serie que andaba en la primera posición. Roma estaba abrumado.

—Con veintitrés años no le tengo miedo a nada, ni respeto. Me veo capaz de todo —fueron sus primeras declaraciones.

Roma se había adaptado bien a todo lo que le había enseñado Arcarons, se movía como un piloto experimentado y navegaba como un veterano.

El segundo día en África decidió que iba a competir con el mismísimo Peterhansel. En las zonas lentas le pasaba, en las rápidas era el francés el que se ponía en cabeza. Por aquel entonces no eran amigos, hoy en día sí que lo son. Es más, Stéphane ni lo miraba, ni le hablaba. Y eso le traía loco a Roma, que no se esperaba para nada esa actitud de su ídolo de juventud. Cuando Nani comenzó a competir en moto en 1991, Peterhansel ganaba su primer Dakar.

Las dos motos llegaron a Er-Rachidía diez minutos por delante del resto de los corredores. Diez minutos eternos para Roma. Estaba uno parado junto al otro, sin decirse nada. Nani pensaba que el francés era un cabrón que ni siquiera le hacía un comentario sobre la etapa. Era cierto, Peterhansel no hizo el más mínimo intento por entablar conversación, ni por acercarse hasta ese chaval de veintitrés años que estaba rivalizando con él, de tú a tú. Tenía el desparpajo de estar retando a uno de los referentes de África y, para colmo, en una moto de serie.

El 3 de enero de 1996, en la salida desde Fam El Hisn, Roma seguía empeñado en pelear con Peterhansel. Para entonces nadie entendía, ni el propio Nani, que en el equipo KTM no le hubieran puesto freno al joven piloto. En el Dakar no solo hay que correr, también hay que sobrevivir. Era otra máxima en boca de los que llevaban años sufriendo en el desierto. Pero parecía que nadie estaba dispuesto a decirle al joven español que tenía que dejar de hacer el loco. Que o paraba o lo mandaban a casa. Nadie le advertía de que estaba en el equipo, pero de mochilero de Arcarons. Él mismo lo reconoce hoy en día: «Nunca terminé de entender por qué no me pusieron freno». Pero a KTM le iba bien la situación por un tema de imagen. Arcarons había perdido tiempo y Nani salía todos los días en portada con su pelea contra todos, a la cabeza del rally.

Roma arrancó su KTM por detrás de Peterhansel. Aguantó en esa posición porque parecía que la pista se ensanchaba. Pensó que si lo adelantaba en ese mismo instante, el francés ni se daría cuenta. Pero la falta de experiencia y el exceso de adrenalina pasan factura en África; él creyó que no era tan difícil, pero sí que lo era. Al final Peterhansel lo vio, pero lo vio mientras volaba. El joven piloto se fue al suelo con todo. Se hizo daño en un hombro y quedó inconsciente. No fue nada grave, pero ahí terminó su primer Dakar.

Al año siguiente las cosas no fueron mucho mejor. Nani iba otra vez como mochilero, pero esta vez formando parte del equipo Pelayo junto a Gallardo y Arcarons. El rally partía desde Dakar para llegar a Agadez y regresar a Dakar. El 11 de enero de 1997, en pleno Níger, en la etapa que partía desde Tahoua y llegaba a la jornada de descanso en Agadez, Roma tuvo un accidente: se rompió la escápula, uno de los huesos de la parte de atrás del hombro, y abandonó el Dakar. Ese año fue consciente de que necesitaba mucha más experiencia para intentar ganar la carrera, que no todo era arrojo y velocidad. El contrato que firmó en 1998 con KTM reflejaba las nuevas inquietudes del joven Roma.

Años de crecimiento y muchos palos

En 1999, la mala suerte se cebó una vez más con el piloto catalán. Venía de un gran año de aprendizaje y de sentirse con todas las opciones para ganar. Después de recorrer unos cuantos raids con la KTM estaba muy en forma. Pero esta vez no le tocaba; la culpa fue de una piedra que le lanzó sin querer Jordi Arcarons.

El 5 de enero, la salida era en línea con las ciento cincuenta motos que estaban corriendo. Unas al lado de otras. Estaban en Mauritania, en Bir Mogrein. Por delante tenían la etapa especial, seiscientos veinticuatro kilómetros. Hubert Auriol lanzó la bengala al aire. Eso era un espectáculo impagable, pero muy peligroso. A las primeras de cambio, Fabrizio Meoni, compañero de Arcarons y Roma, se cayó. Jordi lo vio y se detuvo. Nani también, estaba detrás de ellos.

—Fabrizio, ¿estás bien? —le preguntó Jordi.

—*Dai, dai.* Vamos, vamos.

El piloto italiano no quería que perdieran tiempo. Era una caída sin importancia y tenían por delante toda la etapa hasta Atar. Jordi arrancó con tan mala fortuna que movió una piedra grande que hizo que Roma terminara en el suelo. Cuando ocurrió la caída, prácticamente estaba parado. Apoyó la mano y notó un fuerte dolor. Aquello no fue una buena idea. No obstante, se levantó y continuó la carrera.

Era una etapa con muchas dunas y mucha arena. A Nani le dolía la mano, pero la adrenalina le tenía compitiendo al máximo. Arcarons iba muy rápido y Nani no se despegaba de él. Quería ganar de nuevo una etapa y recuperar el liderato que se lo había quitado Óscar Gallardo el día anterior.

El dolor no paró en toda la jornada. La etapa fue para Arcarons. Gallardo, sin embargo, seguía de líder. El médico le dijo a Roma que no podía entender cómo había podido llegar al final de la etapa. Tenía ocho fracturas en el dedo gordo de la mano derecha. Una vez más, tenía que abandonar. Fin de la historia de ese año.

El año 2000 estaba escrito que tenía que ser el de la victoria de Roma. Todo el esfuerzo se había planificado alrededor del español. La carrera terminaba en Egipto, en El Cairo. A tres días del final del rally, Nani era el líder. El 20 de enero, en Kufra, al sudeste de Libia, el piloto quería poner tierra de por medio entre él y las BMW, que eran las grandes rivales ese año.

Estaba en clara desventaja, no quedaba casi ni una sola KTM. Arcarons, Heinz Kinigadner y Meoni ya estaban fuera. Isidre Esteve aguantaba, pero lejos de la cabeza. La salida era en línea, una vez más. Las cuatro BMW prepararon una estrategia. Por un lado, saldrían tres de ellas e intentarían provocar a Nani para que las siguiera. Mientras, Richard Sainct, el líder, se medio escondería y se marcharía por el lado opuesto. Querían confundir a Nani para que siguiera a las tres BMW y dejara libre al líder. Si picaba, el objetivo era que se perdiese para que Sainct se pusiese en primera posición.

Cuando Auriol lanzó la bengala, Roma vio las tres BMW, pero no sabía dónde estaba Sainct. Decidió seguirlas y parar en la segunda duna. Desde lo alto observó a los que venían por detrás. Ahí estaba Sainct. Se puso detrás de él a cierta distancia para que no lo viera, para que se confiara y creyera que estaba siguiendo a las otras BMW y que había picado el anzuelo.

La etapa terminaba en Dajla, en el Sáhara Occidental, y era de ochocientos kilómetros. Cuando ya llevaban varias horas, Nani, que había seguido el plan de no dejarse ver, decidió acelerar y ponerse a la altura del líder. El francés se asustó y le maldijo una y otra vez. Ahí estaba Roma, no había caído en la treta. Durante muchos kilómetros siguieron juntos, hasta que quedaban unos noventa para llegar. Entonces Nani aflojó. Su plan había funcionado, ahora se trataba tan solo de alcanzar la meta. Pero la KTM estaba muy castigada y a quince kilómetros para el final el motor explotó. Todo el trabajo de esos días quedó tirado por tierra. Cambiaron el motor una vez llegó el camión de asistencia, pero el rally ya estaba perdido. Entró en el puesto 17.

Nani, desconsolado, arribó al campamento, dejó la moto y se fue directo a comer algo, estaba muerto de hambre. Una vez entró en la carpa gigante donde estaban cenando todos los participantes del Dakar, la gente se puso a aplaudir y a darle ánimos. Minutos antes Auriol les había contado a todos cómo Nani acababa de perder el Dakar por los problemas mecánicos y los compañeros reaccionaron aplaudiendo al español. Ese día la etapa la ganó Gallardo y Sainct se quedó como líder, puesto que ya no abandonaría hasta el final. Las tres últimas etapas las ganaron Isidre Esteve y Nani Roma, pero no les sirvió de nada.

Aquel 2000 fue el último año con KTM. No llegaron a un acuerdo y los siguientes Dakares los corrió con BMW. Lo primero que descubrió Nani era que la moto alemana era muy complicada de conducir; lo segundo, que su historia con la marca sería muy corta. En 2001 se rompió los ligamentos de la rodilla y abandonó el rally; al año siguiente los que abandonaron fueron los alemanes, que, sin previo aviso, decidieron no continuar. A Roma le tocó cambiar de nuevo y regresó a KTM. Esta historia da para otro libro, pero afortunadamente terminó bien para Nani.

De un camino de maldiciones a la victoria final

El Dakar enseña a golpes, a veces sus participantes se llevan muchos. El 11 de enero de 2002, a dos días de terminar en el Lago Rosa, Nani Roma solo pensaba en atrapar a Fabrizio Meoni. La victoria era cosa de ellos dos. Ambos competían para KTM, pero cada uno luchaba por sus intereses.

Ese día partían de Tichit, Mauritania, para llegar a Kiffa. Era una jornada importante. Nani se tenía que pegar a Fabrizio y solo quedaría una etapa de mil kilómetros hasta Dakar. Todo estaba por decidir. Lo más importante era no equivocarse de ruta.

El día amaneció raro, había llovido en la zona montañosa que tenían que cruzar. Roma estaba concentrado en atrapar a Meoni, ese era el objetivo, pero se equivocó en el cruce clave, ese que le hubiese ahorrado pasar sobre un sinfín de piedras y tener que superar una serie de pequeñas subidas. El primer error le llevó a un segundo y así sucesivamente, uno tras otro. Encadenar equivocaciones provocó que fuera prácticamente imposible recuperar el recorrido marcado en el libro de ruta. El motorista era incapaz de encontrar el camino correcto. El tiempo pasaba y cada vez se metía en trampas mayores, en zonas mucho más complicadas para continuar. No encontraba el rumbo, ni apenas rastro de roderas.

La flecha del libro de ruta señalaba que tenía que subir a la meseta, al fondo, aprovechando una rampa, pero estaba a más de veinte kilómetros de ese lugar. Nani sabía que las distancias en el desierto engañaban y optó por intentarlo. Sin embargo, no era el camino que tenía que tomar. Sí, se veía otra rampa de arena, como a unos veinte kilómetros más, pero nada, tampoco era por ahí. Los nervios comenzaron a pasarle factura. Se había alejado más de sesenta kilómetros de la ruta que debía seguir para poder superar esa zona de montañas.

La cabeza iba más rápida que sus extremidades, así que comenzaron las prisas y las malas decisiones. Rozó el suelo en varios momentos, pero continuaba subiendo y bajando, dando vueltas, conduciendo por lugares difíciles de cruzar con la moto. De repente, sin más, abrió los ojos y estaba en el suelo. Le atendían varios médicos de la organización y una cámara lo estaba filmando todo. Desde un helicóptero que seguía la hazaña de Nani vieron cómo este perdía el conocimiento y daba con su metro noventa contra el suelo. La tensión le había jugado una mala pasada. No perdió la vida de milagro. Se desmayó de puro estrés. No le quedó otra que abandonar. Todo terminó en ese maldito punto en el que no pudo subir a la meseta.

La maldición continuó en 2003. Con la bicilíndrica de KTM el piloto iba a fondo en una recta sin fin de ciento treinta y dos kilómetros. El libro de ruta marcaba una pequeña curva al final de la recta.

Roma vio algunas piedras en la pista y optó por abrirse un poco por el exterior. El problema era que «si te salías, no estaba señalado que había una piedra enorme». Nani la golpeó de lleno. Esta entró por el chasis y explotó el motor. El motorista cayó rodando, dando un sinfín de volteretas y golpeando todo lo que encontraba a su paso. Detrás de Nani iba Marc Coma, que era su compañero de equipo junto a Isidre Esteve desde 2002. Marc pensó lo peor, estaba seguro de que Nani no había salido con vida de esa curva. Tan solo veía trozos de moto por todos lados.

Cuando lo encontró, estaba vivo. Tenía golpes en todas las partes de su cuerpo y no podía mover una pierna. Estaba muy mal. Lo evacuaron al hospital de campaña y de ahí directo a un hospital en Egipto. Estaba solo, nadie había podido acompañarle porque aún no habían llegado al campamento. No funcionaba el móvil y estaba muy asustado. Seguía sin mover la pierna y tenía algo roto en la espalda. Eso era todo lo que le habían contado.

Habían pasado muchas horas desde la caída y en el hospital en Egipto nadie le hacía ni caso. Por lo poco que entendía y que le explicaban, alguien iría a buscarle y se lo llevaría a otro lado. La gran pregunta era: ¿adónde lo querían llevar?, es más: ¿quién se lo iba a llevar? A medida que iba pasando el tiempo, empezó a mover la pierna. Tuviera lo que tuviese, eran buenas noticias. Se moría de hambre, pues llevaba veinte horas sin comer. Se acercó a una enfermera y la convenció, previo pago de un dinero, que cruzara la calle y le comprara algo en un McDonald's que estaba frente al hospital, unas hamburguesas con patatas fritas. Las devoró.

Poco después apareció un señor francés que pertenecía a la compañía de seguros, lo sacó del hospital y lo llevó al aeropuerto, donde le esperaba un avión que lo trasladó a Barcelona. Durante las semanas que estuvo convaleciente, recuperándose del accidente, Nani reflexionó si tal vez no estaba haciendo algo bien. Los pilotos top del Dakar a los cuatro años eran capaces de ganar la carrera. Él tendría que haberlo hecho ya en 2000, pero no pudo. Seguía esperando la oportunidad. Siempre estaba cerca, pero nunca lo conseguía.

Optó por cambiar las reglas del juego y preparar las cosas de otra forma. Fichó a Jordi Arcarons de entrenador. En el equipo seguían Isidre Esteve y Marc Coma. En aquel momento ya solo eran Repsol, Telefónica se había bajado de la aventura. Se entrenó más que nunca y se prepararon todos los detalles. No se dejó nada al azar ni a la improvisación. El 17 de enero de 2004, después de recorrer más de nueve mil kilómetros, en los que abandonaron doscientos treinta y siete participantes, y después de siete años de tortura, Nani Roma se convirtió en el primer español en ganar el París-Dakar.

El paso a las cuatro ruedas

La locura de la victoria fue absoluta, tantos años esperando el momento y Nani descubrió que su cara estaba en todas partes, hasta en los anuncios del tiempo patrocinados por Repsol. Entre los distintos actos de promoción organizados durante las semanas posteriores al triunfo, Roma tuvo que dar unas vueltas con el Nissan con el que había participado Ari Vatanen junto a Juha Repo ese mismo año en África.

Algo cambió en el mismo instante que apretó el acelerador del Nissan. Eso era lo que quería hacer, competir en coche. Su vida había estado marcada por los rallies que pasaban por la puerta de su casa en Osona. Sus ídolos habían sido Henri Toivonen, Hannu Mikkola o «Stig» Blomqvist. La falta de dinero, sin embargo, fue lo que le hizo comprarse una moto y ponerse a competir con diecinueve años.

En el Dakar de 2005, Nani no llevó el número 1 en la moto, sino que se subió a un Mitsubishi junto a Henri Magne de copiloto. En su equipo también estaba Peterhansel conduciendo otro de los Mitsubishi. Terminó en sexta posición, pero fascinado por el cambio y convencido de que de nuevo sería capaz de ganar el rally, pero con un vehículo de cuatro ruedas. Lo hizo diez años después de su triunfo en moto. En la actualidad, Nani Roma sigue compitiendo en el Dakar, en coche.

Peterhansel, de rival a compañero y amigo

Nani Roma le tenía guardada una gran sorpresa al que fue su rival en moto tantos años y que pasó a ser compañero de equipo en Mitsubishi a partir de 2005. Para entender esta historia hay que irse atrás en el tiempo, durante los seis días de Enduro de Assen, en 1993. Nani corría en el equipo español y se le ocurrió la idea de quitarle una camiseta y unos calcetines a Peterhansel. Todos los participantes compartían los mismos vestuarios y las duchas, de modo que salían y entraban constantemente. La camiseta se la guardó en un armario de su casa y los calcetines los utilizó y los lavó muchas veces, pues eran de muy buena calidad.

En 2005, durante la presentación del equipo Mitsubishi en el Sena, a Nani se le ocurrió que era un buen momento para expiar sus culpas y devolverle al francés la camiseta robada doce años antes. Así arrancó aquella rueda de prensa:

—Hola, soy Nani Roma, y antes de empezar esta rueda de prensa, querría contaros una historia desagradable de mi vida que arrastro desde 1993. Una cosa que hice mal y hoy quiero compartir...

La sorpresa de los presentes era absoluta, nadie se esperaba lo que iba a ocurrir. Roma sacó la camiseta de Peterhansel de aquel año y la mostró públicamente.

—Querido Stéphane, lo que te robé aquel año te lo devuelvo hoy.

El piloto francés no daba crédito al ver su camiseta, aún con manchas de barro. La misma que había utilizado durante aquella carrera y que ya no encontró uno de los días que salió de la ducha.

Durante los tres años siguientes corrieron juntos en el equipo Mitsubishi. Y no le fueron mal las cosas a Nani. En 2006 quedó tercero, y en 2007, el último que se corrió en África, terminó en el puesto 13. Después ya llegaría América y Arabia Saudí, pero eso ya es otra historia...

27.
ISIDRE ESTEVE, CON EL LATIDO DE ÁFRICA EN EL CORAZÓN

2006
Hospital de Nuakchot (Mauritania)

—*La rate a éclaté! La rate a éclaté!*

Isidre Esteve no entendía nada, y menos a ese joven médico que le gritaba.

—Pero ¿qué es la *rate*? —le preguntó al piloto del helicóptero que le había llevado hasta el hospital de Nuakchot, en Mauritania, y que seguía a su lado.

Estaban los dos solos, nadie del equipo había llegado.

—El bazo, Isidre. Te ha estallado y tienes una hemorragia interna. Tienes la barriga llena de sangre... O te operan o no llegas a mañana.

—Pero si me encuentro bien, no tengo ni un golpe, nada. Ha sido una caída sin importancia. Mejor me opero ya en Barcelona.

—No, no lo entiendes, te estás desangrando por dentro. O te operan ahora y te salvan la vida o te mueres.

Isidre no lo quería entender. Él solo veía a ese joven médico, alterado y empeñado en operarlo inmediatamente. Llevaba todos los utensilios médicos enrollados en el faldón de una dudosa camiseta blanca que tenía puesta. Los dejó caer encima de la mesa, junto a la camilla donde estaba el español, mientras le repetía una y otra vez:

—*J'étudie à Paris, ne t' inquiète pas.*

Sabía que le estaba diciendo que había estudiado en París y que no se preocupara, pero cada vez que se lo repetía, Isidre se asustaba más. Le iban a operar inmediatamente, ahí mismo. Parecía una locura, pero la prueba del escáner que le acababan de hacer no dejaba lugar a dudas. Cerró los ojos esperando la anestesia e intentó comprender qué había sucedido para estar en esa situación de vida o muerte.

La caída

El 9 de enero de 2006, después de la jornada de descanso, el Dakar reemprendía su marcha con la etapa desde Nuakchot hasta Kiffa, más de ochocientos kilómetros. Esteve, que formaba parte del equipo Gauloises (las motos azules) junto al francés Cyril Despres, andaba segundo. Estaba peleando por ganar el Dakar a otro compatriota, Marc Coma. Eran los únicos que podían luchar a esas alturas, el resto iba muy atrás en la clasificación general.

Ese día la organización había decidido que las motos saldrían en orden inverso: los últimos partirían primero y los primeros lo harían los últimos. Fue una mala decisión de la dirección de la carrera. Los que más corrían se encontraron con una polvareda que no les dejaba ver nada y el sol les complicaba aún más la visibilidad. Sobre el kilómetro ciento veinte, Isidre Esteve se cayó. En aquel momento estaba solo. Perdió el conocimiento durante unos instantes, pero se espabiló. Esteve vio que a la moto no le había pasado nada, ni a él tampoco, no tenía ni un rasguño, así que se subió a la KTM y continuó. No sabía en ese momento que a poco más de dos kilómetros de donde se había caído, otro motorista, el australiano Andy Caldecott, había perdido la vida. No era una zona fácil.

Isidre intentaba concentrarse mientras avanzaba, pero iba muy despacio. Sin embargo, él no estaba siendo consciente de que iba prácticamente parado. Su mochilero, David Casteu, llegó a su altura unos minutos después. Se dio cuenta de que era Esteve y también de que le pasaba algo. Isidre iba tan lento que se quedaba enganchado en las dunas.

—Para, Isidre, para —le repitió un par de veces.

El mochilero tenía claro que algo no iba bien. En ese momento, uno de los helicópteros médicos que seguían a la cabeza de la carrera estaba encima de los dos motoristas de Gauloises.

—Pero ¿qué pasa, David?, ¿por qué me haces parar?

Isidre no entendía nada. Se estaban jugando la carrera con Coma y tenían a Despres, su compañero de equipo, a más de una hora en la general. El catalán no sabía qué podía ser tan urgente para su mochilero.

—Isidre, vas a cincuenta por hora. ¿Qué te pasa?

—¿En serio?, no me he dado cuenta.

Para entonces el helicóptero de la organización había aterrizado. Ellos también se habían fijado de que algo no estaba funcionando correctamente. Llevaban unos minutos siguiendo a Esteve, porque iba lento y sin tener muy claro el rumbo. El médico del helicóptero se acercó a Isidre.

—Oye, ¿qué te está pasando?

—Pues, la verdad, no lo sé. Me he caído hace unos kilómetros, pero no me he hecho nada. La moto no tiene ni un golpe. Quizá he perdido el conocimiento, porque no tengo claro cómo he llegado hasta aquí, pero estoy bien.

Mientras hablaba, Isidre se tocaba el traje de motorista. No tenía ni un rasguño, no le dolía nada, ni los brazos, ni las piernas. Estaba dispuesto a seguir porque estaba en juego el Dakar y se lo quería ganar a Coma.

—Creo que deberías dejarnos ver si está todo bien, Isidre —insistió el médico.

—No, no, ni en broma, que me quedo fuera de la carrera —respondió rápidamente el motorista de KTM, convencido de que si lo miraban los médicos quedaría excluido de la prueba.

David, su mochilero, insistió también, pero el no de Isidre era rotundo.

—Te propongo algo —le dijo el médico—, simplemente compruebo que esté todo bien y continúas. Yo no digo nada y vosotros tampoco.

Eso le convenció. Esteve se sentó junto a la moto mientras los médicos hacían su trabajo. No había nada raro. Unos minutos después, le dieron el OK para continuar.

—Estás bien. Ya puedes levantarte y seguir.

David Casteu estaba a punto de subirse en la moto, mientras Isidre se levantaba del reconocimiento, pero este no llegó a ponerse totalmente de pie. Se cayó redondo. No perdió el conocimiento, pero las piernas no le sostenían.

—¡Isidre! —gritó el médico mientras trataba de sujetarle—. Lo siento, pero tú no estás para continuar. Aquí pasa algo, tenemos que observarte. No puedes subirte a la moto.

Así era, Esteve estaba grogui. No le dolía nada, no tenía nada aparentemente, pero decidieron evacuarle en helicóptero hasta el hospital de Nuakchot o lo que fuera ese edificio al que la organización había donado un escáner, que era lo que necesitaban para ver qué ocurría. Mientras el helicóptero volaba hacia Nuakchot, Esteve, tumbado en la camilla, solo se repetía que estaba haciendo el tonto, que no tenía nada:

—Estoy abandonando... Voy segundo, luchando contra Marc para ganar el Dakar, y por este percance no lo voy a poder hacer.

Estaba destrozado, muy triste y convencido de que todo iba a quedar en nada en cuanto llegara al hospital.

Sí, así había terminado allí, en ese recóndito lugar... Y estaba en un momento de vida o muerte con un joven doctor empeñado en operarle inmediatamente. Abrió de nuevo los ojos cuando escuchó al joven médico que le preguntaba cuánto pesaba; también le decía que eran las diez de la noche. Después, la nada; la anestesia hizo su efecto.

La operación fue un éxito. El piloto del helicóptero no permitió que le hicieran ninguna transfusión de sangre, así que se convirtió en otro ángel de la guarda para Isidre. Mientras todo esto sucedía, su mecánico de confianza estaba conduciendo casi mil kilómetros para llegar cuanto antes. Eran las cuatro de la madrugada y Esteve se estaba despertando. Vio a su mecánico a su lado y no le dio tiempo para casi nada más. A las cinco estaba subido a un avión medicalizado que le trasladó a Barcelona. Permaneció una semana ingresado.

Durante los días siguientes, ya más descansado, fue tomando conciencia de que se había salvado de milagro. Una serie de circunstancias hicieron que así ocurriese: el que llegara su mochilero David Casteu y le hiciera parar; el ir segundo y llevar el helicóptero encima; el no empeñarse en continuar, que era lo que quería a toda costa... Y la intervención del piloto del helicóptero, que en el hospital no permitió la transfusión de sangre. Sin toda esta cadena de acciones, la balanza podría haberse decantado hacia lo peor.

Ese mismo año, y ya recuperado del todo, ganó el rally de Túnez. Marc Coma se llevó el Dakar de 2006 con el compañero de Isidre, Cyril Despres, a más de una hora.

Todo tiene un principio

En 1997, Isidre Esteve estaba metido de lleno corriendo pruebas de enduro. No eran tiempos fáciles, lo pudo ganar todo, pero no lo logró. Quedó segundo en el Campeonato de Europa y, ese año, también obtuvo el segundo puesto Mundo. Estaba muy bajo de ánimo, tanto que, regresando en furgoneta de una de las pruebas, les dijo a sus compañeros, Nani Roma y Miki Arpa, que pensaba dejar las motos, que volvía a casa a trabajar en el negocio familiar.

Nani, que había corrido el año anterior el Dakar, le convenció de que no lo dejara hasta probar esa nueva experiencia. Él había regresado fascinado y absolutamente convencido de que eso era lo que quería hacer en su vida. Isidre le escuchaba atentamente.

—No tiene nada que ver con lo que has hecho hasta ahora, es muy distinto. Son un montón de días corriendo. La regularidad es muy importante.

—Pero, Nani, ir a África cuesta una pasta que no tengo y no sé muy bien de dónde la puedo sacar.

—Isidre, hazme caso. Dale una vuelta, pruébalo. Te va a encantar y vas a querer que sea tu forma de vida.

Las palabras de Nani Roma convencieron a Esteve, y ya en casa se puso a mirar con calma cómo podría lograr ir al París-Dakar. Fue entonces cuando se le ocurrió que tenía que hablar con José Luis González, de Finques Farré. A José Luis lo conocía porque pescaba cerca de casa, en el río Segre, y siempre pasaba por el restaurante de la familia de Isidre. Sabía que tenía un equipo que se llamaba Lleida-Dakar en el que estaban Fernando Gil y su hermano Gonzalo. Le quería proponer que le echara una mano para ir a África y formar parte del equipo Lleida-Dakar. Y vaya si le convenció: esa unión duraría cuatro años. En 1998, sin ninguna experiencia en navegación y después de haber corrido alguna que otra Baja Aragón, Isidre Esteve se inscribió en el París-Granada-Dakar.

Perdido por la ciudad de la luz

Tocaba lo primero superar las verificaciones, y no tuvo problema alguno; entonces le dieron un GPS, que por aquel entonces tenía el tamaño de una caja de zapatos. El siguiente paso era introducir las coordenadas, la longitud y la latitud, unos cuarenta *waypoints*, los puntos de paso, y no equivocarse para no aparecer en la otra punta del país.

Isidre tenía más ilusión que conocimiento y a pesar de haber realizado un curso de navegación, no se acordaba de nada. La salida fue desde Versalles, la noche de fin de año, de 1997 a 1998. Nada más salir, en la tercera rotonda, el motorista se equivocó y se perdió por París. Cientos de personas por la calle, muchas de ellas con exceso de alegría en el cuerpo, y un piloto del Dakar pidiendo ayuda... Eso no podía tener un buen final.

A la mañana siguiente, después de dar mil vueltas, consiguió llegar, pero tarde. La salida había sido a la inversa. Él tenía el dorsal 132. Allí solo quedaban tres pilotos: Nani Roma, Richard Sainct y Fabrizio Meoni. El resto ya estaban disputando el Dakar.

—Dale, dale, no te detengas, tira para dentro... —le soltó su compañero Roma, animándole a no tirar la toalla el primer día.

Llegó al final de la especial, pero en el control de paso, en Narbonne, le metieron veinte horas de penalización, una barbaridad. Era su primer año y el objetivo era terminar, así que se resignó. Estaba el último, pero tenía claro que quería alcanzar la meta.

La ilusión era cruzar África y vivir lo que había estado siguiendo por la televisión todos aquellos años de juventud. Tenía una imagen que le perseguía, la de un periodista entrando en directo desde Smara, en la frontera entre Marruecos y el Sáhara, contando que a esas horas solo habían llegado diez pilotos de los más de trescientos participantes. Isidre siempre se preguntaba qué les habría pasado a los demás, y pensaba que el resto estaba en el desierto. Eso le parecía alucinante y quería vivir en primera persona esa aventura. Por eso las veinte horas no le preocuparon, lo importante era continuar.

En el barco

Tras embarcar con el resto de los participantes, le tocó compartir camarote con un chico de Murcia que también estaba en la carrera. Fue un golpe de suerte. Esteve iba con la caja de zapatos, el GPS, bajo el brazo y en la mano el folio con los puntos de paso de la primera etapa en África; entonces entró en el camarote, saludó y el murciano le soltó a bocajarro:

—Qué pasa, Esteve, no tienes ni idea de cómo va esto, ¿verdad?

Isidre sonrió.

—Ostras, ¿nos conocemos?

—Claro, hemos corrido muchas pruebas de enduro juntos. Anda, ven, que te enseño.

La sonrisa se convirtió en carcajada y en aceptación de que no sabía cómo meter todos esos números en el GPS. Lo llevaba escrito en la cara. La travesía en barco se convirtió en un curso rápido de refresco de cómo funcionaba el GPS. Al día siguiente los soltaron en África.

La primera decisión que tomó Isidre antes de salir al tramo fue recordar cada una de las palabras que le había escuchado a Jordi Arcarons, justo en la etapa en que era seleccionador nacional del equipo de enduro. Jordi, cuando contaba batallitas de lo que hacía en el Dakar, insistía mucho en los peligros de Marruecos, donde te encontrabas sin esperarlo ríos secos o cortes de pistas que no se veían, y explicaba también que era muy fácil darse una buena leche. Así que Esteve decidió no correr hasta llegar a Mauritania, donde el terreno cambiaba.

La primera etapa especial era de unos doscientos cincuenta kilómetros entre Nador y Er-Rachidía. Isidre llegó bien. Estaba contento con las decisiones tomadas y muerto de frío. Era 4 de enero, pero nunca hubiese imaginado que pasaría tanto frío en el Dakar. Sin embargo, ahí estaba. A punto de arrancar con una dieta de ingredientes que no esperaba: frío, calor, estrés y mala alimentación. Isidre perdió diez kilos en los diecisiete días de carrera. Sus jornadas arrancaban a las seis de la mañana y terminaban tarde. No obstante, solo llegó de noche al campamento dos días.

La segunda jornada en Marruecos terminó por el suelo. Pudo alcanzar el vivac con algunas cosas rotas de la moto y con la decisión de correr menos todavía. El 8 de enero entró en Mauritania y se quedó boquiabierto al ver su primer erg. Ese primer mar de dunas era tal y como lo había soñado. Se trataba de una etapa maratón: tres días de arena, dunas y más dunas y sin asistencia, con tan solo dos ruedas en el avión de la organización y algunas piezas de recambio. Tenían cerca de dos mil kilómetros que recorrer en medio de la nada.

Saliendo de Zuérate, cuando ya llevaba unos cuantos kilómetros, se encontró con el mochilero de Stéphane Peterhansel, David Castera, y lo siguió. Iba a buen ritmo y se encontraba cómodo, hasta que salió volando al saltar una duna. La moto quedó clavada en la parte baja y le costó un mundo sacarla de ahí. Después de lograrlo, subió de nuevo la duna y en una zona plana paró, se bajó de la moto, la dejó de pie con el caballete, se quitó la ropa y se acostó en el suelo. Estaba agotado.

—Madre mía, esto es durísimo. No sé si voy a ser capaz —susurró para sí. Estaba contando mentalmente las horas y los kilómetros que llevaba—. He salido a las seis, son las doce pasadas y no he hecho más de ciento diez kilómetros... Y me quedan más de seiscientos. Esto es imposible.

Lo que no sabía Isidre es que no todo lo que quedaba eran dunas, sino que después venían zonas planas, más rápidas. El ruido del helicóptero le sacó de sus pensamientos, se acercó y el piloto español le hizo la señal de que todo estaba bien. Cuando se alejó, miró a su alrededor y vio que estaba solo, completamente solo. No se veía a ningún otro participante. Se vistió, se subió a la moto, la arrancó y continuó. Estaba anocheciendo cuando llegó a El Mreiti. No se lo podía creer, solo había unos veinte participantes, veinte tíos en moto, cuatro coches y el camión de asistencia de Peterhansel. Tocaba ya irse a dormir, pero estaba convencido de que al día siguiente la carrera no continuaría. Entonces aparecieron Hubert Auriol, el director de carrera, y Patrick Zaniroli, el director deportivo.

—No somos muchos esta noche. En las próximas horas se incorporarán más pilotos. Por tanto, es mejor que el *briefing*, lo hagamos mañana a primera hora porque seremos más. Ahora no somos suficientes.

Isidre se fue a dormir. A las seis ya estaba despierto y listo para la charla. A las seis y media eran los mismos que la noche anterior, no había llegado nadie. Apareció Patrick para recordarles que estaban en la etapa maratón, que terminaría en Gao en dos días y que estarían los controles abiertos. Les quedaba una etapa de ochocientos kilómetros, enlaces incluidos, y otra de mil.

—Por cierto, la etapa arranca en treinta minutos y tenéis que llegar a Taoudenni, en Mali.

Isidre no daba crédito, pero decidió que lo importante era llegar al Lago Rosa. Así que nada de ir más rápido de lo necesario y riesgos..., los justos.

La etapa se le hizo larga y dura. Estaba casi sin fuerzas. Esa noche en el campamento solo había doce motos. De nuevo la gran pregunta que se hacía seguía rondando por su cabeza: «¿Esto continuará mañana?». Llegar a Gao suponía recorrer otros mil kilómetros.

Por la mañana apareció Zaniroli para dar el *briefing* al puñado de supervivientes. La etapa siguió adelante. Isidre llegó de noche y pensando qué pasaría con toda la gente que se estaba quedando tirada en el desierto. La masacre fue muy bestia. Los mil kilómetros terminaron cancelándose para dar una oportunidad a muchos de los que se habían quedado tirados. Durante la jornada de descanso en Gao, poco a poco fueron llegando pilotos y equipos.

Isidre aprovechó para hablar mucho y con mucha gente. Durante las jornadas anteriores no había hablado con nadie, él se había pasado los días solo, tomando decisiones. Además, aunque dudases, tenía que estar continuamente eligiendo. Eso le aturdía y le cansaba mucho, nunca había a quién recurrir. Lo peor era perderse. Cuando eso le pasaba, siempre era consciente muchos kilómetros después. Uno no se perdía en veinte kilómetros, sino que cuando se daba cuenta no bajaba de cien kilómetros recorridos. Entonces se paraba, comprobaba cuánta gasolina le quedaba y la distancia a la que estaba el punto de repostaje... La decisión, dependiendo de la gasolina, era o desandar el camino o buscar una ruta alternativa, acortando por en medio de la nada. Y después iba una primera pregunta demoledora: ¿tenía que ir a la derecha o a la izquierda?

El impacto personal

A Esteve ese primer año le cambió la vida para siempre, no por lo deportivo, sino por la experiencia personal. Le impactó profundamente descubrir los países que recorrió y ver esas zonas donde la gente malvivía. Recordaba esos puntos donde había una persona con unos bidones de gasolina y un tubo de goma. Cuando llegaba un participante, metía la manguera en el depósito para alimentar a los vehículos. Ese era su trabajo por el cual le pagarían una cantidad de dinero que seguramente le facilitaría sobrevivir durante el año. Eran individuos con los que los participantes solo se comunicaban con gestos, pues no hablaban ningún idioma y además estaban en medio de la nada o cerca de una aldea, según tocara en la etapa.

El impacto emocional y físico fue tan grande, que cuando Isidre regresó a casa después de esas semanas, su madre no lo reconoció. Había perdido diez kilos, estaba chupado y muy moreno. Nada que ver con el chaval que había partido en busca de aventura.

La llegada al Lago Rosa esa primera vez en el Dakar le supo a gloria. Nunca volvió a sentir la emoción tan profunda de su primer año. La gente y los patrocinadores del equipo Lleida-Dakar cubrieron las tres últimas etapas, animando y siguiendo a Esteve. Eso le tocó profundamente, después de tantos días en medio del desierto sin ver una cara amiga, y se sintió reconfortado. Entre ellos también estaba su hermano, pieza muy importante para él, que le seguía por medio mundo. Esteve creció mucho personalmente gracias a la aventura que años atrás había puesto en marcha Sabine.

Isidre ganó el premio al mejor piloto promesa, el piloto más joven que participaba en el rally por primera vez. Quedó en el puesto 19 de la general. Hoy sigue guardando con especial cariño un tuareg pequeño que le entregaron en reconocimiento por lo que había logrado. Al final solo llegaron treinta motos de todas las que habían partido desde Versalles; más de doscientos motoristas no lo lograron.

Los siguientes veinte días en casa, Isidre andaba como pollo sin cabeza, desubicado, perdido en el día a día, firme en la decisión de que no volvería a quejarse jamás en la vida y feliz de haber nacido allí. Se dio cuenta de que por muy mal que le fuesen las cosas, siempre podría acudir a casa de sus padres a por un plato de sopa y una cama. Lo que había visto le explotó la cabeza. Era más consciente que nunca de sus oportunidades y quería sacarle provecho a cada segundo. Años después, la vida pondría a prueba todas sus creencias y superaría la prueba con nota.

El otro punto que cambió fue la actitud a la hora de regresar al París-Dakar y enfrentarse a dicha prueba. Ya sabía lo que había: la sensación de soledad, lo inmenso que era el desierto, el miedo a estar solo, porque no se escuchaba nada, solo la presencia de uno... Además, también sabía que pasaban muchas cosas en el Dakar y no todo era bueno. Aparte de los accidentes, también había que lidiar con robos, secuestros, balas perdidas... Eso formaba parte del rally y Esteve lo había asumido. Quería luchar por la victoria, y para ello debía centrar parte de sus esfuerzos en ser competitivo.

El año del camión balai

En aquellos tiempos, si los participantes tenían un problema, tocaba enchufar la baliza, rezar para que funcionara, que se encendiera la luz roja y confiar en que alguien viniera a rescatarlos. Estaban solos y a la espera de ver qué pasaba. Si tenían mucha suerte, llegaba un helicóptero, les proporcionaba agua y los dejaban ahí con la famosa frase: «El camión escoba llegará». Eso garantizaba al piloto en cuestión que pasaría ahí la noche y quizá que la cosa se alargaría dos o tres días.

La segunda parte era saber si cuando llegara el camión habría sitio para la moto. En 2003, Isidre vivió su propia experiencia de tener que esperar al camión y estar pendiente de si entrarían él y la moto. Para muchos de los participantes de esos años del Dakar, perder la moto era dejar atrás demasiado dinero. Algunos decidían firmar el papel de conforme que les proporcionaba la organización, donde se negaban a ser rescatados, e intentaban con sus propios medios salir de ese atolladero. Cuando se firmaba el papel, solo preguntaban al participante en cuestión si tenía dinero, pasaporte y agua. Si la respuesta era sí, adiós, ahí terminaba toda relación con los organizadores del rally.

Ese año el Dakar había pasado por Castellón de la Plana, de ahí a Túnez y después a Libia. Isidre era el mochilero de Nani Roma, que andaba con la bicilíndrica, pero las cosas no estaban saliendo como él quería porque la moto le estaba dando problemas. En Túnez se le había roto el motor y le pusieron uno de repuesto. Llegó a las tres de la madrugada al campamento, agotado, pero feliz de poder continuar y ayudar a Nani si lo necesitaba. Pero la historia estaba a punto de complicarse nuevamente. Mientras cruzaba Libia, otra vez se rompió el motor de la moto de Esteve. Otra vez se quedaba en el desierto, en medio de la nada. Cuando llegó el camión de asistencia, ya no quedaban motores.

—Lo siento, Isidre. Te toca esperar al balai. No podemos hacer nada. Te dejamos algo de agua. Con suerte, mañana te recogerán.

Esa era la nueva realidad del piloto español, tan solo esperar a que le rescatasen y que le llevasen al final de la etapa para poder regresar a España. Empezó a oscurecer y Esteve miraba al infinito desde hacía ya unas cuantas horas, sin ver a nadie. De repente apareció de la nada un jeep militar. Isidre, conocedor de cómo iban las cosas en esas latitudes, los observó con preocupación, porque buenos y malos iban todos vestidos igual. Los militares en cuestión no hablaban ningún idioma con el que poder entenderse con Esteve y se pusieron a dar vueltas alrededor de la moto mientras señalaban y comentaban. La situación no era en absoluto tranquilizadora. La fortuna quiso que detrás de unas dunas aparecieran unas luces. Rápidamente los militares se subieron al vehículo y desaparecieron, señal de que las intenciones no iban a ser las mejores.

Las luces eran del camión escoba, cuyo conductor conocía a Isidre. Los dos se saludaron, cargaron la moto y emprendieron el camino hacia el final de la etapa; faltaban más de trescientos kilómetros. En la parte trasera del balai había otros cinco pilotos, todos con sus cascos puestos, porque era obligatorio. Iban sujetos a unos asientos de competición que tenía el camión para que los rescatados fuesen sentados. El catalán se ajustó bien el casco, se amarró y se quedó dormido, exhausto. Así estuvo hasta que unos gritos le sacaron de sus felices sueños. Ya era de día. La bronca era fuera. Ninguno de los pilotos rescatados se movía, todos iban en su último aliento de fuerzas. El conductor, amigo de Esteve, estaba discutiendo con un piloto japonés. El español se asomó desde la parte trasera del camión.

—Pero ¿qué está pasando?, ¿estamos ya a punto de llegar?

—Qué va, Isidre. —Sonrió el francés—. Desde que te recogimos, no hemos hecho más de cincuenta kilómetros.

—¡Cincuenta!, pero ¿cuánto nos queda?

—Unos doscientos o trescientos, quizá algo más.

Esteve estaba a punto de desesperarse. Toda la noche sobre esa caja de huevos que eran las dunas y solo habían sido capaces de avanzar cincuenta kilómetros. Calculó que tardarían por lo menos otros dos días y medio en llegar.

—¿Qué le pasa a este? —preguntó mirando al japonés, que parecía desesperado junto a su Honda 400 XR.

—Que él puede subir al camión, pero no tenemos espacio para la moto, y no quiere dejarla aquí. Dice que no puede y está empeñado en subirla como sea.

Ahí seguían el francés y el japonés discutiendo acaloradamente. El conductor le decía que firmara el papel y que ahí se quedaba, pero el motorista no lo quería firmar. Se había hecho daño en un brazo y por eso abandonaba, pero la moto estaba en perfecto estado. Harto del camión y de lo que quedaba, Isidre les propuso una solución: él se llevaba la moto hasta el final de la etapa, así se ahorraba el calvario del camión escoba, y el japonés ocupaba su sitio.

La solución fue del agrado de unos y otros e Isidre se subió a la moto, comprobó que tenía combustible y le dio gas a fondo. Lo primero que descubrió es que estaba muy lejos de la potencia de su KTM 950, así que le tocaba sufrir más con la Honda. En el primer salto de duna casi se rompió la crisma, pero se calmó y aflojó el ritmo. Se trataba de llegar, no de que le rescataran de nuevo.

Después de casi veinticuatro horas conduciendo sin parar, al mediodía de la jornada siguiente, consiguió llegar al campamento. La imagen era impactante: no quedaba nadie en el vivac, tan solo algunas bolsas de basura y a lo lejos, a punto de despegar, una pequeña avioneta. Estaba claro que las más de tres mil personas, los aviones, los camiones, todo el circo del Dakar habían continuado hacia el sur. Isidre había llegado tarde. Tocaba pensar si continuar o quedarse ahí. Mientras pensaba qué iba hacer, la avioneta que iba a despegar ya se dirigía por tierra hasta donde se encontraba el motorista. Se bajaron varios miembros de la organización y la chica de logística de KTM. Algo no funcionaba bien.

—Pero, Isidre, ¿qué has hecho?

—¿Qué he hecho, de qué?

—Vamos a ver, tu dorsal y el de la moto no son el mismo. Eres un piloto KTM y llevas una Honda.

Isidre les contó toda la aventura del abandono, del piloto japonés y del motivo por el que había decidido hacerse la etapa con la Honda, harto de ir en el camión. No daban crédito, pero así estaban las cosas.

—Bueno, como ves, no queda nadie. Ahí al fondo están los contenedores y hay gente de la organización para cargar la moto. Tú te puedes quedar en este pueblo. En tres o cuatro días pasa un avión que te dejará en Trípoli y de ahí ya vuelas a Europa, al país que sea.

—Pero no tengo nada de ropa, solo el traje de motorista.

La chica de logística de KTM le dio una camiseta de manga corta, un pantalón corto y una bolsa para guardar el atuendo de piloto.

—Lo siento, Isidre, no tengo nada más. ¿Tienes dinero y pasaporte?

—Sí, sí, lo tengo todo.

—Buena suerte.

La avioneta despegó. Él acercó la moto hasta los contenedores y se buscó una habitación en el pueblo. Allí pasó tres días hasta que aterrizó el avión de Trípoli, donde estuvo otros dos días hasta coger el vuelo a París. Aterrizó en pleno mes de enero con una camiseta, un pantalón corto y una bolsa con el mono de piloto. Le tocó comprarse ropa de abrigo. Cuando aterrizó en Barcelona, el Dakar estaba a punto de terminar.

Isidre Esteve acabó en dos ocasiones en cuarto lugar. Otras dos veces estuvo a punto de ganar la prueba en moto. Pero, una por accidente y otra por avería, no lo logró.

La prueba final de Isidre

El 24 de marzo de 2007, su vida cambió al sufrir un grave accidente en Almería mientras disputaba una prueba del Campeonato de España. Isidre Esteve terminó en una silla de ruedas que le acompaña hoy en día. Regresó al Dakar en 2009, pero esta vez compitiendo en un coche. Nada le paró en ese momento, ni nada le para ahora. Es un ejemplo y un referente.

Para poder seguir compitiendo en coche en el Dakar, a Isidre le tocó inventar un cojín especial que hoy se vende en medio mundo y que permite a la gente con discapacidad o con movilidad reducida poder pasar muchas horas sentados sin que les salgan llagas en las partes que están en contacto con el asiento. Todo un invento revolucionario e innovador que está facilitando la vida a muchos pilotos con el mismo problema de Isidre.

Hoy en día sigue corriendo con pasión en el rally Dakar. Nada supone un impedimento para este piloto, que sigue cruzando el desierto con un espíritu de superación envidiable. No hay obstáculos para Isidre.

28. MARC COMA, HISTORIA DE UN CAMPEÓN

5 de enero de 2002
Penúltima etapa, antes de la jornada de descanso,
entre Zuérate y Atar (Mauritania)

Marc Coma iba con la moto reventada, lo había pasado mal durante el último cordón de dunas. De repente se paró; no había nada que hacer, la motocicleta había llegado a su final, y no podía continuar. Esperó un rato, pero realmente no sabía a quién, pues no contaba con asistencia rápida ni lenta. Nadie iría a rescatarle. Lo único que podía hacer era aguardar al camión escoba, pero no sabía lo que tardaría en llegar. Tal vez dos días...

Miró el libro de ruta. A unos diez kilómetros había un control de paso. Estaba cansado de estar en mitad de las dunas sin poder hacer nada. No quería quedarse ahí, prefería caminar hasta el control, por lo menos allí habría gente de la organización. Sin dudarlo, dejó a un lado la máxima de Thierry Sabine: no moverse de al lado de la moto, entre otras cosas, porque tenía agua y también contaba con la baliza de emergencia; así tenía muchas más posibilidades de ser localizado que si se ponía a caminar solo por el desierto.

Anduvo un par de dunas y se encontró con el primer grupo de corredores atrapados en la arena. La verdad es que media caravana del Dakar estaba encallada en esos kilómetros. No tenía otra cosa que hacer, así que decidió echar una mano a toda esa gente. A unos les ayudó a poner las planchas en las ruedas, con otros le tocó tirar de pala y empujar; cuando sacaba un coche, seguía caminando a por el siguiente. En una de las dunas, el todoterreno atrapado era el de los médicos de la organización, y Marc también los socorrió. A cambio, por el favor, los médicos le llevaron un rato, pero iban tan lentos que el motorista se bajó y continuó a pie. Él iba más rápido caminando que los vehículos que intentaban avanzar por la arena.

Ocho kilómetros más tarde y después de asistir a muchos participantes, el piloto dejó atrás el cordón de dunas. Ahora le quedaban unos tres kilómetros si continuaba derecho por la pista. Tuvo mucha suerte, porque uno de los participantes a los que había ayudado a sacar el coche se paró y le llevó sentado en el capó casi los tres kilómetros que le quedaban. Así fue como entró en el control ante la cara de sorpresa de los comisarios y del director de carrera, Hubert Auriol, que viéndole llegar encima del coche se fue directo a preguntarle qué le había pasado.

Marc le contó lo que había sucedido y que pensó que lo mejor era caminar hasta el control. Auriol no daba crédito a lo que le estaba explicando ese piloto español.

—Pero ¿qué has hecho? —le reprochó el francés.

Cuando terminó todo el relato, al bueno de Hubert, veterano de la era Sabine, le hizo mucha gracia. En la actitud y en la decisión tomada por ese joven debutante al que no conocía de nada reconoció a uno de los suyos.

—Si quieres, puedes venirte conmigo en el helicóptero y te dejo al final de la etapa, en el vivac —le propuso Auriol.

Marc habría tardado dos días en poder llegar si hubiese ido en el camión escoba. La propuesta del director era un regalo. Sí, se la había jugado, pero el resultado era muy bueno. Entró en el campamento cuando la mitad de la carrera estaba aún metida en aquellas dunas. El camión escoba recogió su moto. Marc sabía que sin asistencia, sin recambios y sin nada no hubiese salido del desierto. Si hubiera tenido algo de estructura alrededor, se habría quedado junto a su motocicleta, pero las condiciones eran las que eran, por eso decidió marcharse, porque comprendió que ese era el final. No obstante, Auriol le advirtió que en la próxima que se quedara tirado pensara en el agua y en la baliza antes de ponerse a caminar por el desierto.

Un debutante con muchas ganas

Ese año 2002, Marc Coma había llegado a África con la máxima confianza e ilusión. Nunca había estado en ese continente antes, todo lo que había visto eran los resúmenes en la tele, que le habían cautivado, y también el paso del Dakar por Barcelona a finales de los ochenta con miles de personas en la calle.

Algunos años después, ese chaval fascinado con el paso del rally por su ciudad corría enduro. Había ganado algunas pruebas, pero no estaba metido en la élite. Tenía claro que para vivir de la moto, la única opción era estar entre los mejores. Quería ir al desierto, a competir, pero el presupuesto era un tema importante. Se necesitaba mucho dinero que él no tenía.

Una tarde, leyendo la revista *Moto Verde*, Marc se encontró con un artículo sobre Carlos Sotelo, uno de los hombres que durante años había desafiado al desierto y que ahora, ya retirado, estaba desarrollando un prototipo para que compitiera en África. Marc no lo dudó, se subió a su coche y se fue hablar con Carlos. Sotelo recibió a Coma en su casa y le escuchó atentamente.

—Mira, Carlos, sé que estás desarrollando una moto. Yo la quiero llevar. Deseo ir al Dakar y creo que somos la combinación perfecta: yo como piloto *rookie* y tú con este nuevo proyecto. Estoy convencido de que va a salir algo de todo esto.

Sotelo le dio una vuelta a la propuesta y le pareció una buena idea. Aunque tenía algún candidato más, le gustaron el entusiasmo, las ganas y la calidad de Marc. Encajaba perfectamente en el proyecto y al final se aventuraron. Realmente el espíritu de Sabine rondaba en esta decisión que habían tomado. Para comenzar ya iban tarde, Carlos activó todo el plan en tres meses. Sin embargo, para el 28 de diciembre, día que salían desde Arrás, la moto no estaba terminada. Los mecánicos estaban trabajando sobre la marcha.

Se pasó por Madrid, porque la única forma de que Marc pudiera destacar un poco era hacer bien los prólogos en Europa. Tenía que sacar la cabeza entre los mejores para que se le viera a él y al prototipo de Sotelo. Llovía y hacía mucho frío en la capital. Nani Roma fue el mejor ese día, pero Marc se coló en el top seis.

En una de las primeras jornadas africanas, el joven motorista catalán entró en el top diez. Parecía que las cosas se le daban bien, pero la moto tenía problemas cada dos por tres. Avanzaba a trompicones hasta que llegó la etapa que terminaba en Atar, que era además el momento en que tendrían la jornada de descanso.

Después de que Auriol le dejara en el campamento, Coma pensó en lo que habían sido esos días desde que se bajó del barco de la organización y pisó por primera vez en su vida África: lo que había ido superando durante esas primeras etapas y cómo tenía que mejorar el tema de la navegación. La experiencia no solo había valido la pena, sino que estaba donde quería estar, compitiendo en África.

La salida de Atar no fue nada glamurosa, no como había imaginado que saldría si hubiera llegado hasta el Lago Rosa en la moto de Sotelo. Tuvo que subirse a un taxi hasta la capital de Mauritania, Nuakchot, de ahí ir hasta las islas Canarias y finalmente pisar de nuevo Barcelona.

El precio que pagar por entrar en la élite

Marc fue fichado al año siguiente, en 2003, por el equipo Repsol-Telefónica. Los astros se alinearon y se dieron varias circunstancias para que esto ocurriese. Dos de ellas fueron clave: la primera, que Carlos Sotelo no continuó con el proyecto y a Coma le tocó buscarse la vida de nuevo; la segunda, que Jordi Arcarons decidió retirarse, pero no del todo. Lo que hizo fue subirse a un todoterreno

BMW preparado por Palacios. Aquel vehículo era una auténtica cafetera que tan solo resistió dos etapas. A Jordi le supuso un dineral de su bolsillo y se terminaron ahí las ganas del piloto catalán de competir en coche. Lo que tenía que ser un proyecto de tres años duró un par de días.

Todas estas circunstancias hicieron que Coma entrara a formar parte del equipo Repsol-Telefónica junto a Nani Roma e Isidre Esteve. De los tres, el único que consiguió llegar al final del rally, que no era en Dakar ese año sino en Egipto, fue Marc. Al piloto le sucedió de todo. Su falta de experiencia le pasó factura. Tan solo era la segunda vez que participaba y aún no conocía los secretos ni cuanto rodeaba a la organización de esa carrera. Entre otras cosas, pasó mucha hambre. El rally terminaba ese año en la ciudad egipcia de Sharm el-Sheij, pero antes recorrieron Túnez y Libia. En Libia no encontró nada de comer, no estaba preparado. No le había ocurrido algo parecido cuando el año anterior estuvo tres o cuatro días recorriendo Mauritania, porque allí sí estuvo preparado. En Libia comió cosas sobre las que no quiso preguntar su procedencia. Por los sabores y los olores, siempre sospechó que eran muy chungas. También se tomó unos cuantos purés que no supo muy bien de qué eran, tal vez tenían tomate.

Pero lo peor de ese segundo año estaba por llegar. El 18 de enero, en Egipto, en la etapa entre Abu Rish y Sharm el-Sheij, Marc se cayó cuando iba peleando en cabeza, pues tenía opciones de ganar la penúltima etapa. Estaba intentando adelantar a otra moto mientras cruzaban un cañón, y entonces sucedió. Se levantó con cuidado, pero le dolía mucho la mano. Sabía que algo iba mal. En realidad, se había roto la cabeza del radio, pero se enteró más tarde. Lo peor era que la mano que le dolía era con la que daba gas.

No se le ocurrió pensar ni por un instante en abandonar. Se subió a la motocicleta y continuó. Cuando llegó al campamento, no quiso que le vieran los médicos porque sabía que no le dejarían salir en la última etapa. Le quedaban solo sesenta kilómetros para acabar por primera vez el Dakar. Pasó mala noche, desayunó y afrontó la última especial como pudo. Terminó en el puesto 11 de la general. Era un buen resultado y muy importante para Marc, porque se estaba haciendo valer, pero tuvo que pagar un precio muy alto.

Tardó más de medio año en recuperarse. Le tuvieron que operar y ponerle un clavo. Perdió fuerza en esa mano y la recuperación se le complicó. Esto hizo que afectara a su preparación para el Dakar de 2004, porque perdió seis meses de entrenamientos. No solo no pudo subirse a la moto o mejorar la navegación, sino que no pudo participar en varios rallies fundamentales para afrontar la aventura africana con garantías.

Arrancó el 1 de enero en Clermont-Ferrand, en la región francesa de Auvergne. A Marc le faltaba confianza. Para él fue importante formar parte de ese proyecto, pero a nivel personal resultó un año complicado. Nani Roma ganó por primera vez el Dakar. Marc se cayó de la moto cuando faltaban tres días para el final, en la etapa de Tidjikja. No se hizo daño, pero perdió el conocimiento. Además, empezó a dolerle la muñeca y le faltaba en ese momento confianza en sí mismo. Prefirió abandonar.

Un retiro y tres muertes

Nani Roma decidió no llevar en 2005 el número 1 en su moto como ganador del Dakar del año anterior, se pasó a los coches, y Marc Coma e Isidre Esteve heredaron el proyecto en el Team Repsol. Sin Nani, ahora tocaba decidir quién estaría al frente del equipo. Fue un buen año para Marc, pudo prepararse bien, correr en Túnez, en Marruecos, en pruebas del Campeonato del Mundo de Rallies. Se sentía cómodo con la navegación, la muñeca ya estaba bien y había recuperado la confianza.

Pero la historia estaba cambiando para los motoristas que habían liderado el Dakar en los últimos años. A la salida de Nani Roma había que sumar la muerte en septiembre de 2004 de Richard Sainct en el rally de los Faraones. El día 29, mientras disputaba la cuarta etapa, tuvo un accidente grave. Fabrizio Meoni, su compañero de equipo, se lo encontró y le ayudó a continuar hasta alcanzar un punto de asistencia donde le repararon la moto. Se reincorporó a la carrera, pero de nuevo se cayó y ya no pudieron hacer nada por él. Murió en Egipto. Sainct había ganado en tres ocasiones el París-Dakar.

Eso sacaba de la ecuación a dos de los grandes favoritos para la victoria. Pero todavía faltaba una desgracia más, la de Fabrizio Meoni, que con cuarenta y siete años y después de anunciar en varias ocasiones que se quería retirar, el 11 de enero de 2005, en pleno rally, en Kiffa (Mauritania), sufrió un ataque al corazón. Lucharon por reanimarle durante cuarenta y cinco minutos, pero nada se pudo hacer por él. Fabrizio había ganado en dos ocasiones el Dakar. Eso ocurrió al día siguiente de que perdiera la vida el español José Manuel Pérez en otro accidente de moto.

Cyril Despres entró primero en Dakar, el segundo fue Marc Coma a poco más de nueve minutos, e Isidre Esteve fue cuarto a once minutos. Coma y Despres se convirtieron en los referentes en la categoría de motos a partir de entonces.

Marcar el ritmo

Marc estaba con mucha confianza. La coordinación de todo el proyecto Dakar había mejorado mucho y se planificaba todo, nada se dejaba al azar, pero el rally seguía marcando sus reglas. Durante cinco días, desde el 6 hasta el 10 de enero de 2006, tocaba cruzar Mauritania, una de las partes más difíciles de la carrera africana. Fue en una de esas etapas donde Marc Coma cambió definitivamente y dio un paso adelante, el que necesitaba para poder ganar.

No había roderas, ni nadie circulaba por ahí. El motorista estaba convencido de que iba bien, pero estaba sorprendido de no encontrarse con alguien en el camino. Según el libro de ruta, tenía que llegar hasta un pozo de agua. Una vez allí tendría mil pistas, porque todo el mundo llegaba a beber a ese lugar. Entonces llegó al pozo, pero estaba totalmente solo. Empezó a desconfiar. Él pensaba que la etapa le estaba saliendo muy bien, pero comenzó a creer que había metido la pata en algún punto y que realmente no sabía en qué pozo estaba en esos momentos. De repente, a lo lejos, una luz se estaba acercando a toda velocidad y pensó que era Cyril Despres.

Coma se lamentó, no porque se hubiera perdido, pues sabía que no era así, sino por tener allí a su máximo rival. Eso significaba que, desde ese punto, irían juntos hasta la meta y apenas habría diferencia de tiempo. Y de lo que se trataba era de ganar. La luz se aproximaba cada vez más y más, pero no era Despres, sino otro español, Gerard Farrés y su Yamaha. El piloto paró al lado de Marc, que seguía dudando sobre qué diablos estaba pasando. Coma se decidió a preguntar a su amigo:

—Oye, Gerard, ¿tú sabes dónde estamos? Porque yo creo que vamos bien, pero tengo dudas.

Farrés se quedó helado; durante unos instantes no hubo respuesta, miró a su alrededor y le dijo a Marc:

—Mira, tío, si no lo sabes tú, estamos listos, porque yo no tengo ni idea.

La respuesta descolocó a Marc Coma, pero también algo en su cabeza empezó a cambiar y creyó más en sí mismo. Lo que le acababa de decir Gerard le hizo recapacitar. Farrés tenía razón, él, Marc, sabía perfectamente dónde estaba y tenía que salir de ese lugar con mucha tranquilidad, porque iba en el camino adecuado.

Los dos pilotos continuaron juntos, Marc por delante. A los pocos kilómetros encontró una rodera y el resto ya es historia. En esa jornada aumentó muchísimo la diferencia con su inmediato perseguidor Cyril Despres.

Ese día Coma no veía nada, porque iba el primero. Como iba el primero; por tanto, no había huellas y eso le creaba muchas dudas e incertidumbre, porque lo normal no era que él fuera abriendo pista. Así fue como entendió que cuando uno iba ganando, debía tener un nivel de confianza brutal, aunque eso en África fuese complicado. Las notas en el libro de ruta a veces señalaban pocas referencias y con muchos kilómetros de diferencia, y si uno se desviaba solo unos grados, no era posible saber dónde se podía acabar.

La navegación se le daba bien y no tenía miedo a abrir carrera, incluso se dio cuenta de que el que marchaba en cabeza marcaba realmente el ritmo del rally, la velocidad de la especial. Si al principio se juntaba con otras motos formando un trenecito, el ritmo de todos los que corrían aquel día bajaba, pero si, por el contrario, en el arranque no se formaba trenecito y tiraba fuerte, el ritmo ese día era trepidante.

El año de la primera victoria, el mochilero del equipo era Giovanni Sala, un italiano que aportaba espíritu y experiencia al equipo. Marc se entendía a las mil maravillas con él y siempre le agradeció todos los años que compitieron juntos. Después de que Marc Coma ganara el Dakar, Isidre Esteve dejó el equipo.

Lecciones aprendidas

«Los años que corrimos con las motos más grandes teníamos unos trescientos cincuenta kilómetros de autonomía, pues llevábamos cuarenta y cuatro o cuarenta y cinco litros de gasolina cuando la moto estaba llena». Esa era sin duda una de las circunstancias más delicadas por las que tenían que pasar los motoristas. Al llegar a la zona de repostaje, las cosas cambiaban mucho. Venían de correr con una moto que respondía fácil, que saltaba, frenaba..., pero cuando se le ponían todos esos litros, le sumaban más de cuarenta kilos, dependiendo de cuánta gasolina pusiera. Esos quince minutos en la zona de carga de combustible permitían que el piloto comprobase quién iba por delante y por detrás y cómo eran las diferencias. Eso, según la situación, hacía que muchos salieran a fondo para intentar mejorar los tiempos, lo cual era un tremendo error. Normalmente, al tercer salto, con todo el peso extra que llevaba la moto, la caída estaba garantizada. Marc salía cada vez que ponía gasolina al sesenta por ciento de su ritmo de carrera, y así se mantenía durante los primeros veinticinco kilómetros, pasara lo que pasara, estuviera por delante o por detrás, cerca o lejos de sus rivales. El nivel de peligro durante esos primeros veinticinco kilómetros, si no se lo tomaban con calma, era brutal.

Confusión en la sabana

El 19 de enero de 2007, a dos días para llegar a Dakar, Marc Coma lideraba con cierta tranquilidad el rally. Su diferencia con el segundo clasificado, Cyril Despres, era de cuarenta minutos. La idea era conservar y asegurar, pero era un día raro. Los dos protagonistas habían cometido muy pocos errores y habían sido bastante constantes a la hora de pilotar, pero Marc había estado más acertado. La zona por la que estaba transcurriendo la etapa era una parte de sabana donde había mil pistas y mucha vegetación. El día anterior mucha gente se había perdido porque las indicaciones del libro de ruta no estaban muy claras. Como estaba muy concentrado, se dio cuenta de que algo no cuadraba de nuevo en el libro de ruta. A la salida de un poblado había varias pistas para seguir, pero las indicaciones no dejaban claro cuál era la correcta. Se desesperó y fue saltando de pista en pista para dar con la buena. En uno de esos saltos se cayó y se golpeó la cabeza. Sin embargo, continuó en la carrera porque pensaba que no le había pasado nada. De repente no sabía dónde estaba ni adónde iba. Marc Coma no puede olvidar lo que sintió en aquel instante: «Hubo un momento en que recuperé la consciencia, seguía encima de la moto e intenté saber dónde estaba y qué había hecho realmente, pero no tenía memoria, no sabía qué había pasado... Ahí fui consciente de que tenía que ser rescatado, pulsé la baliza de rescate y me sacaron de ese sitio en helicóptero»...

En busca del problema

Marc Coma estaba decidido a volar a Dakar, ya tenía los billetes de avión y había conseguido que le dejaran unas motos. Quería comprender qué le había sucedido en la etapa que había abandonado. Dos meses después seguían las dudas, pero si su objetivo era ganar la próxima vez, no podía continuar así. El plan era remontar hasta el principio de la etapa y llegar al poblado donde arrancó la confusión. Tenía el libro de ruta con él, así que volvería a seguir paso por paso las indicaciones. Lo tenía claro: «Para aprender y no cometer el mismo error, si tenía que aspirar a ganar el Dakar en un futuro, había que hacer un análisis profundo».

Durante esos días comprendió que el libro de ruta tenía un problema: no era nada preciso en ese punto. Allí, sobre el terreno, encontró el error. Era evidente que la caída había sido por su culpa, pero cuando se puso a seguir las indicaciones marcadas, se dio cuenta de que no eran correctas. Marc fue mucho más allá, ya que buscó y analizó el comportamiento de las veinte primeras motos que pasaron por el poblado ese día, y lo que descubrió fue definitivo: de los veinte que competían en cabeza de carrera, solo uno escogió el camino correcto.

Marc no encontró el punto exacto donde se había caído, pero estaba seguro de que el problema estaba en el libro de ruta. Algo no encajaba. A veces todo estaba bien y el error era del piloto, pero en aquella ocasión vez la situación fue distinta, porque las indicaciones no eran las correctas.

Se acordó de que en ese cruce a la salida del poblado, unos doce pilotos estaban dando vueltas con sus motos buscando qué camino seguir. Estaba seguro de que en medio de ese vaivén fue cuando terminó en el suelo. Al final lo aprendido durante esos dos meses fue solo para su tranquilidad, porque el París-Dakar ya nunca regresó a África.

Adiós, África; hola, Sudamérica

Marc Coma conocía bastante bien dónde se iba a correr el Dakar por primera vez en América. El recorrido ya lo había disputado en el Campeonato del Mundo: Patagonia-Atacama, entre Argentina y Chile. Había participado en tres ediciones y, por lo tanto, lo tenía muy bien aprendido. No fue difícil ganar ese año.

Había tres grandes diferencias entre el rally africano y el que se disputaba en América. Primero, el público. Cuando llegaron a Buenos Aires o a los siguientes lugares por donde pasaba el rally, fue una auténtica locura. Había gente por todas partes y se parecía más a los años de éxito arrollador en Francia y España. Segundo, la altitud. En Chile y en Argentina se subía hasta los cuatro mil metros. Eso jamás sucedió en África, porque era imposible. Tercero, la facilidad con la que se podían conseguir las cosas... Y eso era lo que iba totalmente en contra del espíritu del Dakar, de esa prueba creada por Sabine. No pasaba nada si alguien se dejaba algo en el campamento o no se lo traía de España, porque a cinco minutos de cualquier especial había un supermercado donde se podía comprar de todo. En África, si no tenías algo, no se conseguía hasta que se regresaba a casa.

El nuevo director de carrera

Marc Coma se convirtió en el referente que siempre había soñado cuando de joven veía el Dakar en televisión. En 2015 ya había ganado cinco Dakares. Lo cierto es que durante las dos últimas ediciones había tenido que esforzarse al máximo, a veces más allá de sus límites, para ganar, entre otros, a un Joan Barreda en plena forma.

El hijo del París-Dakar estaba creciendo y quedaban muy lejos los tiempos en que existía la sensación de que los franceses de la organización trataban con más cariño a los suyos que a los posibles *outsiders* que aparecían por el camino, que normalmente eran españoles. En la época de Stéphane Peterhansel fue Jordi Arcarons el que se llevó la peor parte. Los dos primeros años de Marc fueron «rarunos», pero al final se impuso el respeto por las dos partes y Coma siempre se sintió apoyado y muy bien tratado por los organizadores; tanto, que terminada la prueba en 2015 le propusieron ser el director de carrera. Le pilló totalmente por sorpresa, porque en realidad no había imaginado ese futuro: «Pensaba hacer muchas cosas en esta vida, pero no ser el director de carrera. Correr en moto es muy peligroso y después de los dos últimos años, 2014 y 2015, sabía que podría hacerme daño porque iba demasiado al límite para poder ganar. Les dije que no las dos primeras veces, pero a la tercera pensé que me arrepentiría si no lo aceptaba y firmé por tres años».

Fueron tiempos complicados. Aparcó la moto y dirigió un rally que ya tenía síntomas de fatiga en América. La situación económica de esos países era complicada, pero también la relación de muchos gobiernos con los franceses... Y en medio de todo ese jaleo estaba Marc Coma. Hubo un momento en que supo que aquella aventura profesional llegaba a su fin: «El último año les avisé de que no pensaba continuar, aunque si hubiera sabido que se iban a Arabia Saudí, me lo hubiera pensado, pero en Sudamérica era imposible seguir».

A su regreso a casa después de esos años, Marc se encontró con la oferta de ser el director general de KTM España, pero la vida le guardaba una última sorpresa con el Dakar: la oportunidad de regresar de copiloto junto a Fernando Alonso.

El día que el «Nano» apareció en el Dakar

«Eso es divertido, de las cosas que cuentas en una cena y descubres que la gente alucina», así arranca Marc su relato de lo que fue el día que le llamaron de Toyota Sudáfrica para decirle que habían pensado en él para sentarse junto a Fernando Alonso.

—Tú eres mucho más que un copiloto, porque le puedes transmitir la experiencia y los valores del Dakar, Marc. Fernando no necesita un copiloto, sino alguien que le pueda aportar mucho más.

—Bueno, me parece bien, pero hagamos una cosa: cuando todo esté firmado, hablamos. Así pido permiso a KTM. Pero este paso no lo daré hasta que tengáis el OK.

Esta conversación fue el mes de abril de 2019. Fernando corría el 15 y 16 de junio las 24 horas de Le Mans. Las ganó. Supuestamente tenía que firmar el contrato para correr el Dakar días después. Una vez firmado, tenían que llamar a Marc para que se sumara al proyecto, avisando a los de KTM para los que ya trabajaba.

Pero los tiempos no se cumplieron y Marc sospechó que finalmente el proyecto iba a suspenderse. Nunca había hablado con Fernando Alonso, tan solo lo conocía de verlo correr en televisión.

En agosto de 2019, Marc estaba de vacaciones por Ibiza con la familia cuando recibió una llamada:

—Marc, ¿qué tal estás? Sabemos que andas de vacaciones, pero es que finalmente ya está firmado el contrato con Alonso. Te vamos a enviar un billete para que dentro de tres días estés en Namibia para hacer unos test con él.

No tenía tiempo para nada: voló a Barcelona, cogió un libro de ruta para refrescar ideas y el día antes de salir, el 17 de agosto, habló por primera vez con Alonso:

—Hola, Fernando, ¿qué tal estás? Aquí estoy mirándome un libro de ruta, pero no tengo muy claro cómo voy a llegar al test, porque ha sido todo un poco precipitado.

—No te preocupes —le respondió Fernando—, nos lo vamos a pasar bien.

Durante los tres siguientes meses, Marc y Fernando hicieron un sinfín de test, una auténtica machacada de kilómetros. El 5 de enero, en Yidda, Arabia Saudí, Marc Coma regresó al Dakar, pero como copiloto. No quedaban tan lejos los años de gloria subido a su moto, pero ahora la experiencia era diferente, junto a uno de los mejores pilotos de Fórmula 1. Terminaron decimoterceros.

Después de tantos éxitos en África, Sudamérica y Arabia Saudí, Marc Coma terminó feliz su último paso por el Dakar..., ¿o no? En este recorrido por sus anécdotas y recuerdos se queda pensativo: «Quizá me tenía que haber animado a correr en coche cuando dejé la moto. ¿Me hubiese gustado? Seguramente sí. ¿Lo hubiera hecho bien? No lo sé». La aventura del Dakar quizá llame de nuevo a la puerta de Marc y a este capítulo todavía le falte un punto final...

29.
ALBERT LLOVERA, EN SILLA DE RUEDAS Y A LO LOCO

Enero de 2007
En algún lugar de África

Albert se dio cuenta de que el camión de asistencia se estaba cayendo desde el filo de la duna hacia la olla, ese agujero inmenso del que sería muy difícil salir. El maldito agujero era tan enorme como una plaza de toros. No había otra opción. Decidió lanzar la *pick up* hacia abajo, porque estaba enganchado con una eslinga a la parte trasera de esa bestia para lo bueno y para lo malo. No era un buen plan resistirse a lo que estaba pasando. Lo cierto es que si optaba por intentar ir en dirección contraria al agujero, el peso del camión lo arrastraría y eso provocaría que terminase dando varias vueltas de campana... No saldría vivo. La bajada fue demencial. La tensión dentro del coche cortaba el ambiente. El piloto y el copiloto guardaban silencio y el tiempo se hizo eterno. Tanto el camión como la *pick up* llegaron a la parte llana de una pieza. Al final de la caída de la duna, Stefano Calzi, el piloto que conducía el vehículo de asistencia, salió corriendo de la cabina y se abrazó a Llovera.

—Eres el mejor, Albert. Lo has hecho perfecto. Cualquier otra decisión nos habría matado.

—Cuando he visto que caías, Stefano, me he tirado detrás. Ni lo he dudado —le dijo Albert.

—Menos mal que lo has hecho, amigo. Si hubieses ido en dirección contraria, hubiésemos volcado seguro. No quiero ni pensar cómo habríamos terminado.

Dentro de la olla había otros tres todoterrenos atrapados. Llevaban más de una hora intentando remontar unas rampas que parecían imposibles porque eran demasiado verticales. Stefano miró con calma el esfuerzo en vano que estaban haciendo, estudió la situación y se fue a por Albert, que seguía dentro del vehículo esperando a ver qué pasaba. Sí, una de las desventajas de ir en silla de ruedas era que no en todos los sitios podía bajarse del coche.

—Oye, Albert, antes del accidente, ¿hiciste alguna vez *skateboard*?

Llovera puso los ojos como platos, un tanto sorprendido por la pregunta.

—Sí, Stefano, ¿por qué?

—Esa técnica es lo que vamos a aplicar aquí. Vamos a hacer varios ochos. Nada de subir como lo están intentando ellos. Haremos dos o tres ochos, iremos subiendo y bajando para ir ganando altura y al final saltaremos justo por el borde de ahí arriba... Saldremos seguro, ya lo verás.

Allí estaban dos locos talentosos que tan solo trataban de buscar una salida digna de película. El trabajo lo haría principalmente el camión. Llovera seguiría enganchado detrás. Tocaba aprovechar las inercias... y si el camión lo lograba, él también.

—Oye, Stefano, por mí bien, pero estos tres o se quitan o nos los cargamos. Pega un grito, diles algo.

Albert se refería a los otros todoterrenos atrapados, que seguían intentando escapar de esa trampa sin solución.

—¡Oye! —les gritó Calzi en italiano—, moved los coches, que nosotros arrancamos. *Andiamo partendo da qui, dai, dai*. Aquí no nos vamos a pasar el día.

Los pilotos de los tres todoterrenos no daban crédito: un tipo con un camión arrastrando una *pick up* pretendía salir de ese lugar infernal sin más. Los seis hombres que estaban en la olla se rieron porque ellos llevaban horas intentándolo y les parecía imposible que el camionero italiano lo lograra... Las risas les durarían poco tiempo.

Stefano arrancó el camión, metió la marcha y la eslinga que llevaba remolcando el vehículo de Albert se tensó. Una vez comenzaron a hacer el primer ocho, la cincha pasó por encima de los tres todoterrenos parados en el centro de la olla y les arrancó las antenas. Los pilotos se tiraron de cabeza al suelo para no ser decapitados. Albert lo vio y soltó:

—Mal empezamos.

Estaba concentrado; pensaba que si no eran capaces de coger altura en la segunda pasada, se llevarían por delante a los tres vehículos y a los que andaban tirados por la arena. Pero no fue así, el plan de Stefano funcionó. En el segundo ocho ya casi estaban arriba, el camión seguía acelerando. En el tercer ocho, Llovera se sorprendió saltando por los aires. El camión y la *pick up* volaban. Habían cruzado el filo de la duna, estaban ya fuera de ella. Pero eso no había acabado, por un instante pensó que se iba a estrellar. Sintió que cuando el camión tocara el suelo se quedaría clavado en la arena y él con la *pick up* se estamparía contra la caja del camión irremediablemente. No tenía ningún control del vehículo mientras estaba en el aire volando. No podía hacer nada más. Se agarró con fuerza al volante y casi cerró los ojos del todo. Tocaba rezar para no morir aplastado como un mosquito en una ventana.

Sonó un golpe fuerte y después otro. Los dos aterrizaron como estaba previsto, dieron un par de rebotes en la arena y salvaron la situación. Fue tremendo. Stefano Calzi frenó y se bajó del camión. Corrió de nuevo hacia la *pick up* y abrazó a Albert. Los dos gritaban y reían como locos, pero es que tenían un buen motivo. Se habían librado de una muy gorda.

El viaje no terminaba allí y ya los acompañaba la noche en el desierto. Stefano seguía a fondo, aprovechando al máximo lo que daba el motor, porque lo único que deseaba era llegar al campamento. Albert controlaba su vehículo como podía, dando bandazos y esquivando a los motoristas parados, porque algunos de ellos estaban durmiendo en el suelo entre la hierba de camello. Aquello era de locos, pero no se llevaron a nadie por delante... de milagro. De madrugada, lograron alcanzar el vivac.

Ellos aún no lo sabían, pero en aquel 2007 estaban disfrutando, o lo que fuera que estuvieran haciendo, del último Dakar en África.

Albert Llovera era la asistencia rápida de Edi Orioli y Markku Alén en el equipo Isuzu Europa.

En busca de un sueño

Aún recordaba la llamada para avisarle de que estaba en la lista de pilotos para ir al Dakar:

—¿Será una broma?

—No, no lo es, Albert, te hemos visto corriendo este año en Finlandia y creemos que eres el piloto que debería conducir el tercer coche, el de asistencia rápida. Darías cobertura a Edi Orioli y a Markku Alén.

—Ya, madre mía —se le escapó a Albert—, soy muy fan de los dos, pero no sé si sabes que voy en silla de ruedas y que la única arena que he visto en mi vida es la de la playa.

—Lo sabemos y eso no es un problema, ¿lo es para ti?

—No, claro que no, contad conmigo.

Cuando colgó, no daba crédito a lo que acababa de pasar. Antes del accidente de esquí, el maldito accidente en Sarajevo que le dejó en una silla de ruedas para el resto de su vida, una de sus grandes pasiones era el Dakar. Veía los resúmenes de lo que sucedía en el desierto a miles de kilómetros de donde él se encontraba y después, una vez terminaba, se enganchaba al rally de Montecarlo. Así aprovechaba el tiempo en sus ratos de ocio, entre la competición de esquí y las horas de entrenamiento. Cuando su vida cambió de manera tan drástica, decidió que los coches podían ser su nueva pasión. Así fue.

El equipo Isuzu Europa le asignó como copiloto a Umberto Fiori. Este último sigue compitiendo hoy en día como copiloto de Stefano y, al igual que Albert, venía del mundo del esquí. Pero lo más importante para Llovera, después de aceptar ir al Dakar, era averiguar si alguien lo había corrido antes en silla de ruedas. Localizó a dos participantes y realizó dos llamadas: a Clay Ragazzoni y a Pep Busquets, otro español. De las charlas que tuvo con los dos, Albert entendió que tenía que inventar un artefacto que le permitiera ir al baño. Ese era uno de los mayores problemas no resueltos.

Se puso a pensar cómo solucionar esa parte tan importante y creó una silla en forma de U que le servía para hacer sus necesidades y para ducharse sentado. Las primeras pruebas en la arena, antes del Dakar, fueron un desastre, porque eso se hundía mientras él estaba sentado haciendo sus necesidades y terminaba en el suelo, sin poder moverse y en unas circunstancias un tanto aparatosas. En esta vida todo tiene solución y con unas tablas y un poco de ingenio quedó listo. Poco después, cuando comenzó el rally, descubrió que él participaba realmente en dos Dakares a la vez: uno, dentro del coche, y otro, cuando se bajaba de él. Ir en silla de ruedas por el desierto no era una buena idea y no existía una silla preparada para esa misión. No lo tenía nada fácil.

SUFRIENDO EN ÁFRICA

8, 9 y 10 de enero de 2007
Marruecos
Último año del Dakar en África

Las jornadas eran larguísimas, agotadoras y terminaban siempre igual: la *pick up* de Llovera tenía problemas, se le caía el palier de delante y se quedaba solo con la tracción trasera. Así que para poder terminar las etapas no le quedaba otra que engancharse al camión de Stefano. El segundo día en África, Stefano iba cuarto clasificado en camiones y Albert no quiso que le arrastrase porque eso le haría perder tiempo y caer de posición.

—Stefano, déjanos aquí y ya nos espabilamos para terminar la etapa, pero no pierdas más tiempo por nosotros, tío.

—Mira, Albert, si no te llevo de regreso al campamento, me matan. Si me ven llegar solo y tú no estás, no veo la luz del sol a la mañana siguiente, así que ni sueñes que te vas a quedar aquí tirado, te voy a remolcar y nos vamos juntitos hasta el final.

El equipo para entonces había comprobado que no se podía arreglar el todoterreno de Llovera con lo que llevaban, por eso habían decidido preparar un dispositivo con dos aviones, uno fletado en Bélgica y otro en Canarias, y entre los dos traerían las piezas necesarias para hacer la reparación y, de paso, tener unas cuantas piezas más de repuesto. Todo estaba organizado para que quedara resuelto en la jornada de descanso y poder superar así las peores etapas de Mauritania. Pero no siempre las cosas salían como uno quería. A las cinco de la mañana, antes de arrancar el día, los aviones no habían llegado, ni el de Bélgica ni el de las islas, así que el máximo responsable del equipo se fue a por Albert.

—Bueno, tengo malas noticias —le dijo—. No podemos arreglarte la *pick up* porque no han llegado los aviones. No sé muy bien qué ha pasado, pero esta es la situación. No puedo dejar que entres en estas condiciones en Mauritania. Si tienes problemas y te quedas tirado por ahí, te van a robar todo. Lo primero, la silla de ruedas. Esa es la cruda realidad. Necesito que seas tú el que tomes una decisión, pero yo no quiero que sigas, Albert.

—Lo entiendo perfectamente, hasta aquí hemos llegado. Me doy la vuelta y dejo el coche en donde me digas.

—Necesito que lo dejes en el parking de algún aeropuerto y ahí ya nos encargamos nosotros, coge un vuelo y regresa a casa.

La primera participación en el Dakar había terminado, pero Llovera no tenía claro lo de dejar el coche tirado en un aeropuerto en África. Lo mejor sería volver conduciendo a Europa. Así que se fue a por su copi, a por Umberto.

—Oye, ¿te parece bien que nos llevemos el coche conduciendo hasta Andorra?, ¿te apetece?, ¿lo harías?

—Me apunto ya mismo. Va a ser muy divertido el viaje de regreso.

Dicho y hecho, con la *pick up* maltrecha, solos, sin asistencia de ningún tipo, pero ya por las pistas, comenzó la segunda aventura: regresar a casa. Lo único que sabían era que el camino estaba claro.

A los tres días de andar por África, la responsable del equipo Isuzu Europa llamó a Umberto:

—Oye, ¿qué está ocurriendo? ¿Qué está haciendo Tarzán? —Así era como los jefes llamaban a Albert—. El GPS del coche me dice que estáis en Casablanca, Umberto.

—Sí, es correcto, ahora estamos cruzando por Casablanca. Albert está disfrutando yendo a toda velocidad por las pistas. Cuando nos paran los gendarmes, les regala camisetas y hace unos trompos... y le dejan seguir.

—Pero ¿estáis volviendo con el coche? ¡Madre mía con Tarzán! Pero ¿qué vais a hacer con él?, ¿hasta dónde queréis llegar?

—Dice Albert que lo llevamos hasta Andorra y que ya hablaréis para ver quién lo pasa a buscar.

Albert Llovera y Umberto Fiori llegaron al principado, pero primero pasaron por Marbella, donde estaba uno de los patrocinadores del equipo, y se quedaron en un hotel para relajarse del estrés diario. La fiesta fue sonada. A la mañana siguiente continuaron del tirón hasta Andorra. Y ahí se quedó la *pick up* dos semanas guardada en casa de Albert. Finalmente le tocó llevarla hasta Italia.

Yo, para ser feliz, quiero un camión

Pep Vila, otro de nuestros protagonistas en este libro, fue quien subió a Llovera por primera vez en un camión de carreras del Dakar. Lo hizo en unas pruebas en Cataluña, en Les Comes. Tiempo después de la aventura africana, la experiencia fue tan brutal que Albert decidió que volvería a correr y lo haría en camión. A partir de entonces regresó al Dakar ocho veces más.

En 2024, Llovera y su silla de ruedas siguieron compitiendo en el Dakar de Arabia Saudí. Durante la jornada maratón en el desierto Rub al-Jali, el famoso Empty Quarter, había adelantado a más de nueve camiones. Además, en la última hora había superado otra maldita olla. Unos kilómetros después, en medio de la nada, lo adelantó el camión de Jaroslav Valtr, que iba cuarto en la general. Valtr se puso al lado de Albert y le pidió que parara el motor.

—Oye, Albert, ¿cómo has llegado hasta aquí?, ¿quién os ha ayudado?

—Hemos llegado solos, hemos ido adelantando un montón de camiones atrapados y seguimos avanzando.

—Me dejas muerto, amigo, es asombroso de lo que eres capaz. Bueno, te cuento que yo soy el último camión y te estoy adelantando, así que ahora el último serás tú.

—Pero ¿qué me dices?, eso es imposible, entre los atrapados y los que hemos adelantado por lo menos hay unos quince más por detrás.

—Se han dado la vuelta, todos se han ido para casa. Detrás de ti no queda nadie.

—¿Me lo dices en serio...?

—Totalmente, amigo. Piensa bien qué quieres hacer, porque si tienes problemas no queda nadie. Quizá sería una buena idea dar la vuelta.

La decisión fue escapar de ese desierto inmenso, pero tardó más de cuatro horas en conseguirlo y llegar a una pista. El camión de Valtr tardó un día y medio en llegar al campamento.

Las cosas han cambiado mucho cuarenta y cinco años después del primer Dakar. Albert y otros pilotos que compiten en silla de ruedas actualmente tienen baños y duchas adaptadas que monta la organización. Los logros de Albert, de Isidre Esteve y de un puñado de valientes más los convirtieron en los grandes precursores que consiguieron que se les escuchara y que pudieran tener resueltas las necesidades básicas de los pilotos que competían con alguna discapacidad. Hoy en día, Albert Llovera sigue pensando si se presentará el año próximo al Dakar...

30. PERIODISTAS, GUARDIANES DEL DAKAR

Nada era fácil para nadie en el París-Dakar, pero ir de periodista tenía un grado extra de emoción. Los profesionales de la prensa tenían los mismos derechos y sufrían las mismas penurias que el resto de los participantes. Se jugaban también la vida subiéndose a avionetas en las que no se montarían jamás en ninguna otra parte del mundo o recorrían kilómetros por tierra por los mismos espacios donde competían los participantes. Ellos también tenían los mismos problemas de navegación, sufrían accidentes, tenían despistes y dormían a la intemperie en medio del desierto en un cielo cubierto de estrellas. En cuanto a la comida, tocaba pasar hambre y sed al mismo nivel que todos los que estaban metidos en esta aventura.

Además, sumaban otras dificultades. No hay que olvidar los problemas con las comunicaciones, ni el precio que tenían que pagar para enviar artículos, fotos o las crónicas de voz. Los periodistas también tenían que sufrir que los militares, los policías o los rebeldes los miraran con malos ojos, que los vieran como al enemigo.

Esta es la historia de cinco periodistas españoles. Es verdad que no están todos los que fueron, pero sí cada uno representa el espíritu de aquellos que vivieron las distintas etapas y los diferentes momentos del Dakar. La idea con sus experiencias es reflejar una visión global de lo que fue trabajar en el Dakar creado por Thierry Sabine. Entre los cinco cubren las décadas de los ochenta, noventa y el cambio de siglo hasta la última edición africana.

Les pasó de todo. Estos profesionales vivieron instantes increíbles. Algunos trabajaron no solo para medios de comunicación, sino que también lo hicieron para las marcas. Es más, alguno se atrevió a dejar de lado la máquina de escribir y convertirse en copiloto o subirse en una moto para alcanzar el Lago Rosa. Estas son otras historias increíbles del Dakar, los de unos profesionales que intentaron reflejar la emoción y la épica de la carrera con sus cámaras, sus voces o su escritura...

Martí Trilla, detrás de la exclusiva

El día que le robaron el Peugeot a Vatanen

Madrugada del 17 al 18 de enero de 1988
Bamako (Mali)

En la capital, un grupo de periodistas había conseguido una habitación. Esa era la buena noticia. La mala era que les tocaba hacer turnos para poder dormir en ella, porque solo quedaba una para todos. Así que decidieron repartirse las franjas horarias. En ese grupo estaban Martí Trilla, de Catalunya Ràdio, y Jorge Arce, de la COPE.

A Trilla le tocó pasada la medianoche. Aprovechó el tiempo dando una vuelta por la ciudad y cenó con un buen amigo, un periodista francés con familiares catalanes que había conocido en África y que andaba en el Dakar cubriendo la información para *L'Équipe*, el periódico deportivo más importante de Francia.

Una vez Trilla estaba durmiendo profundamente en la habitación, alguien llamó a la puerta. Miró el reloj y eran las cuatro de la madrugada. Supuestamente aún le quedaban un par de horas antes de que entrara el siguiente periodista a dormir. Estaba empezando a blasfemar cuando golpearon la puerta otra vez. Entonces escuchó cómo su amigo de *L'Équipe* le estaba llamando:

—Martí, Martí, despierta, algo está pasando. ¿Estás despierto, Martí?

Trilla abrió la puerta con cara de sueño e intentó comprender qué estaba sucediendo. Por aquel entonces, dormir una noche en el Dakar en una cama era un milagro, así que esperaba escuchar una buena razón por parte de su amigo para interrumpir su sueño.

—Pero ¿qué está pasando? ¿Estás bien?

—Sí, escúchame, algo hay con los Peugeot. Andan todos como locos por la calle, aquí mismo, alrededor del hotel. No tiene ningún sentido, pero no quieren explicarme qué pasa. Te aseguro que es algo gordo. He visto a Jean Todt, el director técnico de Peugeot, con cara de pocos amigos.

Martí no lo dudó, se vistió a toda prisa, miró por última vez la cama que dejaba atrás y salió por las calles de Bamako a la caza y captura de alguien del equipo francés para que le contara lo que estaba pasando. Tres calles más allá, Trilla se topó con Todt. Se quedó boquiabierto cuando el superjefe de Peugeot le dijo que habían robado el coche de Ari Vatanen del parque cerrado. Se lo habían llevado sin más.

—Pero ¿cómo ha podido suceder?, ¿te puedo grabar unas palabras?

—No, no puedo hacer declaraciones, Martí. Primero tengo que saber qué ha pasado, lo siento.

Trilla tenía la exclusiva del año y probablemente de su vida, pero nadie se lo quería confirmar oficialmente. Sin esa confirmación era un suicidio salir a antena. La gente no se lo creería y si aparecía el coche, lo podrían desmentir y quedaría retratado como profesional. Así que le tocaba insistir hasta conseguir declaraciones oficiales de alguien, a poder ser de Todt, pero necesitaba esas palabras grabadas. Apenas dos horas después, a las siete de la mañana, el periodista convenció tanto a Jean Todt como a René Metge, el director de la carrera, para que le contaran frente al micrófono de Catalunya Ràdio cómo un hombre blanco (eso había contado alguno de los testigos) se había llevado el coche del famoso piloto y había desaparecido. Corría el rumor de que alguien había pedido un rescate, algo que más tarde confirmaría Todt. Pero a las siete de la mañana del 18 de enero solo Martí tenía la exclusiva, y como la radio es inmediatez, pudo salir antes con la noticia que su amigo de *L'Équipe*.

Ahora venía la segunda parte, llamar a la radio y contarlo. A esas horas no tenía muy claro si el avión de comunicaciones que estaba en el aeropuerto seguiría funcionando, así que decidió tomar un taxi, pero tampoco tenía humor para jugarse la vida con un chaval inexperto y con poco talento conduciendo para que le llevase a esas horas hasta allí. Había un viejo Renault 12 en la puerta del hotel, se acercó y le dijo al conductor que le pagaba por ir al aeropuerto, pero que conducía él, que se sentara a su lado, y así fue. El taxista miraba fascinado a ese europeo corpulento con barba, con cara de tener mucha prisa, yendo a esas horas a toda velocidad por las calles de Bamako.

El avión estaba a punto de cerrar sus antenas parabólicas y se preparaba para despegar hacia el siguiente campamento, en Kayes. Después de unas cuantas súplicas, le dieron unos minutos a Martí. Todo estaba listo para dar la noticia en el boletín de las diez de la mañana en España, pero un minuto antes de entrar en antena, Trilla escuchó al otro lado de la línea la voz del productor en Barcelona:

—Oye, Martí, no has bebido esta mañana, ¿verdad?

—Pero qué dices, si yo no bebo alcohol, ¿qué te pasa?

—La noticia es muy gorda, Martí, y nadie ha dicho nada, ni France Press ni ningún otro medio.

—De eso se trata, yo tengo la exclusiva. Esas declaraciones que he conseguido valen su peso en oro, ¿no te parece?

La discusión se terminó ahí; Martí Trilla contó esa mañana a los oyentes que habían robado el coche de Ari Vatanen en Bamako y que el hasta entonces líder del París-Dakar no podía seguir compitiendo. La noticia corrió por medio mundo y, mientras eso pasaba, la carrera seguía su rumbo. Así eran las cosas en África: todo continuaba, sin el coche de Vatanen y con la conmoción por el robo. El primer clasificado del rally estaba sin coche para llegar hasta Kayes, meta final de la siguiente etapa.

De la primicia se pasó a la locura absoluta porque Peugeot confirmó que se tenía que pagar un rescate. Más tarde el coche apareció en un descampado con los depósitos llenos de combustible, parado y en medio de la nada. Todo era demasiado sospechoso. Se dispararon los rumores. Se sabía que el coche había tenido problemas mecánicos. Eso provocó una maniobra cinematográfica por parte de Todt y los suyos para tener tiempo de cambiar el motor del coche en el concesionario Mercedes de Bamako.

Los mecánicos, aunque trataron de hacerlo lo más rápido posible, no pudieron terminar a tiempo el trabajo, sobre todo antes de que alguien se percatara de que el coche no estaba en su sitio. De ahí hasta el final, la historia empezó a crecer y a crecer en espectacularidad. Ante las sospechas de que algo no andaba bien en todo este revuelo, la organización descalificó a Vatanen y fue su compañero de equipo, Juha Kankkunen, el que se proclamó ganador del Dakar ese año.

Mucho se contó tiempo después sobre el famoso robo. Aparentemente, Peugeot tenía un plan B para arreglar cualquiera de sus coches si sucedía alguna avería grave, porque lo último que quería la marca era ver a una de sus unidades fuera de combate. Ese plan tenía un motor escondido y preparado para ser trasladado a cualquier punto en África. Dos meses antes, en París, hubo un misterioso robo de unos sellos que utilizaba la organización del Dakar y que servían para que no se pudiera tocar nada de lo precintado por los técnicos después de las verificaciones. Si se cambiaba un motor, se necesitaban esos sellos.

Buscando visa para un sueño

En 1987, Martí Trilla andaba emocionado y triste a la vez; le habían propuesto cubrir el Dakar, pero le faltaba el séptimo visado, el séptimo sello, dos días antes de comenzar la aventura, y parecía que no iba a poder acudir a la carrera. En la radio no habían conseguido la visa de Senegal y todo parecía perdido. Por aquel entonces no había en España una embajada de Senegal y, sin ese visado, Martí se quedaba en tierra. Tenía que llamar a casa para contarle a su mujer que su sueño terminaba allí:

—Sí, cariño, al final no voy al Dakar, me falta el visado de Senegal y no pueden conseguirlo a tiempo.

—Pero espera, Martí, ¿te acuerdas del doctor Font, el primo de mi madre? Si no estoy confundida, él es el cónsul honorario en Barcelona de Senegal. Seguro que te puede ayudar.

Trilla no daba crédito a lo que estaba escuchando, el primo de su suegra tenía la llave para que él pudiera ir a África. La llamada de su mujer al doctor Font terminó en una comida al lado de la consulta del médico, en la calle Aribau. Allí no solo hablaron de Senegal y de la mujer del doctor, que era francesa, sino que Trilla salió de esa comida con un sello estampado en su pasaporte. Tenía el visado.

En Catalunya Ràdio, los jefes de Trilla casi lloraron de la emoción al ver ese sello en el pasaporte, porque ya habían pagado el dineral que suponía esa aventura. Se lo habían ingresado a la TSO, la organización de Thierry Sabine, y estaban apesadumbrados solo de pensar que no podrían tener a un periodista sobre el terreno y que, además, no podrían recuperar parte de ese dinero. El primer capítulo, una vez resuelto el tema del pasaporte, pasaba por volar a París y relatar después la salida de los aventureros hacia Barcelona, punto de embarque esa edición. La locura fue absoluta, porque toda la ciudad se volcó para ver partir a los participantes.

La cabina de teléfono, todo un estudio de radio

En 1987 no existían los teléfonos móviles ni nada parecido para poder hacer una transmisión en directo del arranque de la carrera, camino de Barcelona. Trilla empezó a maquinar cómo podía tener una buena vista y ser testigo de la salida de cada uno de los aventureros. Pensó que quizá podría contarlo desde algún apartamento con ventanales adecuados y situados estratégicamente y donde además pudiese utilizar el teléfono. Pero quién le iba a dejar hacer eso en Año Nuevo. La noche antes del evento, Trilla daba un paseo por la zona donde estaba la rampa de salida cuando vio una cabina. Se dirigió a ella, entró y se fijó en que había un número de teléfono. Llamó enseguida a la radio, dio ese teléfono y decidieron probar si funcionaba. Bingo, el número correspondía a la cabina en cuestión y funcionaba perfectamente; le podrían llamar desde Barcelona. Ese sería su estudio improvisado la noche de la salida del rally. Al día siguiente, Trilla llegó con tiempo suficiente y se metió en la cabina rodeado de hombres con esmoquin y mujeres con y vestidos de gala para celebrar el Año Nuevo. Gracias a ese teléfono contó en directo el arranque del París-Argelia-Dakar.

A la mañana siguiente voló a Barcelona. Junto a él en el avión, en el asiento de al lado, estaba el jefazo de Peugeot, Jean Todt. No desaprovechó el golpe de suerte y le pidió una entrevista con Vatanen. Todt le dijo que cuando estuvieran en África se pasara a verlo. Así lo hizo y el francés cumplió con la promesa. Trilla pudo entrevistar a Vatanen y aquello fue también el principio de una buena amistad entre el periodista y el piloto finlandés.

Sin embargo, no todo salió como lo había planeado en aquel 1987. Por ejemplo, había organizado todo con dos compañeros de aventura de excepción: Paco Peña, de Radio Nacional, y Josep Lluís Merlos, de la Cadena SER. Pero a última hora hubo un cambio de planes por parte de esos medios de comunicación y estos no subieron, tal y como habían quedado, al avión. Esto hizo que Trilla se quedase sin tienda de campaña y sin unas cuantas cosas más que se habían repartido entre los tres para no ir tan cargados durante las semanas que duraba el rally.

El éxito de Martí ese primer año fue rotundo; tanto, que nada más aterrizar, en el aeropuerto un compañero le avisó de que Josep Cuní, jefe en aquellos tiempos de Catalunya Ràdio, lo quería ver en su despacho. Martí pensó que hasta ahí había llegado su aventura en la radio, pero nada más lejos de la realidad. No solo le felicitaron por su trabajo, sino que le hicieron un contrato nuevo.

Una moneda al aire, diez francos para la historia

Después de la gran exclusiva de 1988 del robo del coche de Vatanen, Martí Trilla arrancó una nueva edición del Dakar soñando que quizá esta vez no sucederían tantas cosas. Pero de nuevo se equivocaba. En la gran aventura del siglo XX no había ni un solo día de tregua.

Estaba siendo una edición emocionante. En la categoría de coches, los de Peugeot estaban en la cabeza de la carrera. La gran duda era qué piloto de la marca del león terminaría ganando la prueba. Una vez más fue testigo de un final rocambolesco, pero vayamos por partes.

Un par de días antes de que los participantes de la carrera llegasen hasta Gao, Trilla ya oyó hablar durante la jornada de descanso de posibles órdenes de equipo en Peugeot. El rumor corría por el campamento y Martí, que conocía muy bien a Todt, se esperaba cualquier cosa. Todos los días los pilotos de la marca francesa salían a tope y estaba claro que todos querían ganar, eso suponía que podían tener un accidente y terminar fuera de carrera..., precisamente lo que quería evitar Todt. Los máximos contrincantes eran Jacky Ickx y Ari Vatanen. En Francia, los jefes no estaban tranquilos con este enfrentamiento, porque además el tercer clasificado, el Mitsubishi de Patrick Tambay, estaba a años luz de los dos contendientes.

La decisión del máximo responsable de la marca francesa estaba por llegar. Tenía que parar esa guerra y determinar quién ganaba el Dakar. Pero esperar una decisión ecuánime de Jean Todt era no conocerlo bien. En aquel momento, Ickx era el líder, con tres minutos de diferencia respecto a Vatanen, pero una moneda de diez francos decidiría la victoria. Los dos pilotos se negaban a ese final, escenificado por el jefe de Peugeot en el parque de asistencia, pero este les obligó. No había otra. Vatanen a regañadientes pidió cara; Ickx, cruz. La moneda voló por encima de la cabeza de Todt y cayó por el lado de la cara. Vatanen era el ganador.

Trilla lo contó en la radio tal y como había ocurrido. De nuevo medio mundo no daba crédito que algo así pudiera suceder en una carrera, pero Martí había sido testigo de lo sucedido. El padre de Thierry Sabine, Gilbert, puso el grito en el cielo:

—No se da la victoria de esta forma, no en un Dakar.

Jean-Marie Balestre, presidente de la Federación Internacional de Automovilismo, habló del desprestigio de Peugeot y del Dakar por haber hecho las cosas de esa manera. El copiloto de Ickx, Christian Tarin, decidió abandonar la carrera. Jacky tuvo que hacer de todo para convencerlo de que no le dejara ahí tirado, justo ese día. El único que estaba contento era Jean Todt. Las aguas andaban revueltas entre los dos pilotos. Vatanen no se fiaba de Ickx. El finlandés cometió un error a la salida de un poblado e Ickx se puso de nuevo como líder, tan solo por veinte segundos. Ahí arrancó entonces una buena pelea donde se cruzaron varias acusaciones. Vatanen dijo que se había roto el pacto e Ickx le espetó que ya se había cansado de esperarlo, que era muy lento y que por eso estaba pasando todo eso.

La última etapa arrancó con este mal ambiente en Peugeot y con la gran duda de si se respetaría la famosa historia de la moneda de diez francos. Los comisarios deportivos intentaron quitar la victoria a Peugeot, pero el reglamento amparaba a Todt. No se podía hacer nada.

El 12 de enero, en el Lago Rosa, Vatanen ganó porque Ickx se paró a esperar a su compañero para que el pacto tuviera lugar. El finlandés no lo celebró hasta la llegada de su *coéquipier*. A Ickx le obligaron a subir al pódium, porque no quería, y se fue sin descorchar la botella de champán. Martí Trilla describió la imagen y relató aquel día un espectáculo realmente bochornoso.

Treinta años después, la vida juntó de nuevo a Todt y a Ickx, esta vez en una ceremonia del salón de la fama del Mundial de Resistencia de Automovilismo. Ickx no desaprovechó la oportunidad. En medio de su discurso y ante las risas de los presentes, tuvo unas palabras para el anfitrión:

—Es fantástico también cuando Jean no juega con monedas para averiguar quién va a ser el ganador del próximo París-Dakar y se concentra en nosotros.

Martí Trilla, a los quince días de haber regresado del Dakar ese año y de haber sido de los primeros en contar «la noticia», recibió un sobre con un regalo muy especial: los de Peugeot le habían mandado una moneda de diez francos.

Las cosas de Tricicle

El año que Joan Gràcia y Paco Mir decidieron ir al Dakar acordaron con Martí Trilla y Catalunya Ràdio que contaran cada día su etapa. El pacto se complicó desde el principio porque la desaparición de Paco a las primeras de cambio y los líos de Joan en el desierto del Teneré embarullaron la vida de mala manera a Trilla. Se pasó unos cuantos días abriendo el programa de Cuní, el informativo de la mañana de la radio, sin poder decir si habían encontrado o no a los componentes de Tricicle. Finalmente aparecieron y cerraron bien la historia.

Quizá uno de los momentos más divertidos junto a Joan Gràcia lo vivió en Bamako, al lado del hotel donde se había gestado años antes la historia del Peugeot robado. Ahí había un cine al que Gràcia le apeteció entrar:

—Para ver qué tal son los cines por aquí, ¿no te parece, Martí?

Joan se empeñó en que le acompañara y Trilla lo último que quería hacer era meterse en ese local. Al final fue una muy mala decisión: nadie había limpiado esa sala en años, el olor era terrible y los dos no aguantaron ni los créditos de la peli.

Yo he venido aquí a informar

1991 no fue un buen año para andar por el París-Dakar, la guerra del Golfo había complicado todas las jornadas. A los problemas habituales había que añadir las dificultades a la hora de moverse, especialmente por Mauritania. Allí lanzaban piedras a todo lo que tenía que ver con la carrera..., y no solo piedras. Las comunicaciones estaban fallando más de lo habitual y no había un ambiente de tranquilidad y calma en los campamentos.

El día que mataron a Charles Cabannes, el piloto del camión de asistencia de Citroën, todo se enrareció mucho más. Como ya hemos contado, la organización reunió a los pilotos y a los equipos y les ofreció una vía alternativa para llegar directamente a Dakar. Solo Nissan optó por esa opción a pesar de que sus pilotos se opusieron a dicha medida. También se juntaron con los periodistas y les explicaron los posibles peligros a los que se enfrentaban, pero dejaron claro que no suspendían la carrera. La decisión de seguir o no era individual.

Trilla llamó a la redacción de Catalunya Ràdio y habló con Santi Carreras, director de deportes por aquel entonces en la emisora pública catalana:

—Santi, ¿qué hacemos? Quedan cinco días aún para llegar a Dakar. Por ahora solo Nissan con Porcar y Prieto abandonan, el resto continúa el rally.

—Es cosa tuya, Martí. Nadie mejor que tú que estás ahí, sobre el terreno, para saber si es buena idea o no seguir... ¿Qué quieres hacer?

—Mira, Santi, yo he venido aquí a informar de lo que pasa, voy a seguir. Me parece, además, menos peligroso continuar con todo el mundo en la carrera que irme por libre hasta Dakar.

Los siguientes días no fueron fáciles, pero se llegó a Dakar y nadie más fue tiroteado.

Una buena cena con Carlos Mas

El periodista vivió anécdotas de todo tipo durante los años en los que participó en el Dakar, y protagonizó momentos bastante divertidos también. Comer en el rally no era fácil y si no conseguían llegar los camiones de Africa Tours, todo era mucho peor. A finales de los ochenta fueron varias las etapas en donde la organización no logró que sus camiones con alimentos llegaran al campamento como estaba previsto.

En uno de esos días, Martí Trilla andaba con Carlos Mas; el piloto de motos, que ya había terminado la etapa, estaba muerto de hambre. Lo mismo le sucedía al periodista de Catalunya Ràdio, que no había podido probar bocado desde la noche anterior.

—¿Qué hacemos, Martí? —le preguntó Carlos mientras un olor a carne a la brasa les llegaba desde la zona de los camiones del equipo Peugeot.

—Pues no sé, Carlos, pero deberíamos acercarnos a Peugeot, igual se apiadan de nosotros y nos dan alguna cosa.

Mas se rio.

—No me parece que nos vayan a dar nada, amigo, pero estoy dispuesto a acompañarte e intentarlo.

Dicho y hecho. Cuando Trilla entró a la zona de Peugeot, se topó con Vatanen, que sujetaba en su mano un plato con un filete que tenía una pinta excelente. El piloto finlandés se dio cuenta de la mirada del periodista a la comida y le preguntó directamente:

—¿Qué te pasa, Martí?

—Nada, Ari, que estoy sin comer. Voy con un amigo motorista y no están los camiones de Africa Tours.

—No te preocupes —respondió Ari—, dame un minuto.

Vatanen apareció con dos platos con carne, unos trozos de queso y una botella de vino. La sonrisa en la cara de Martí lo dijo todo, le agradeció el detalle y Carlos Mas y él comieron mucho y bien esa noche. Pero no todo había terminado, porque antes de acostarse vio cómo llegaba Domingo García, el periodista de La Vanguardia, al campamento.

—Martí, qué bien encontrarte solo. Cuéntame, ¿qué tenemos hoy para cenar?

—Siento decirte, amigo, que los camiones de la comida no han llegado —respondió Trilla—, así que si no tienes nada en el coche, hoy vas a pasar hambre.

—De eso nada —replicó Domingo mientras abría una caja llena de latas de conserva, pan de molde, café, licor y puros.

La vida esconde unos golpes de suerte muy curiosos, pues el que iba a ser un día de hambre y carencias, Martí lo terminó de madrugada fumando un Montecristo y bebiendo un carajillo después de haber degustado la carne, el queso y el vino del equipo Peugeot. Toda una hazaña.

Por cierto, Martí, por prudencia, no quiso contar nada de esa gesta y terminó llevándose una bronca de su jefe por ello. Carlos Mas, una vez terminada la carrera, lo explicó en una entrevista en televisión y el bueno de Trilla tuvo que salir a contar su parte de la historia.

Enredos políticos

Tres meses antes de salir hacia París para informar un año más sobre el Dakar, el de 1990, la secretaria de la TSO, la organización de Thierry Sabine, llamó a Trilla:

—Hola, Martí, oye, ¿vas a venir este año?

Para entonces la radio ya tenía el presupuesto cubierto para cubrir el rally, así que Trilla no lo dudó:

—Sí, voy un año más.

—Pues siento decirte que vas a tener que hacerte pruebas médicas esta vez.

La respuesta sorprendió al periodista catalán.

—¿Y eso? ¿Nuevas reglas?

—Es cosa del Gobierno Libio, nos exigen que todos tengamos un certificado médico en francés y en árabe que informe de que no tenemos sida.

Gadafi había forzado al Gobierno francés para que la carrera pasara por su país y pudieran limpiar su imagen después del atentado de Lockerbie, en Escocia, donde una bomba terminó con el vuelo 103 de Pan Am. Martí Trilla, al igual que otros muchos expedicionarios (pilotos, miembros de la organización y también de asistencia), fue invitado a un tour que dio la familia del líder libio. Lo de que fue invitado es pura ironía, porque era obligatoria la asistencia a dicho evento. Todos además tuvieron que ir con su documentación en árabe certificando que no padecían sida. En 1991 se repitió la experiencia y Gadafi les mostró su residencia bombardeada por los estadounidenses como represalia.

Algunas cosas más

Martí Trilla fue uno de los periodistas referentes de esos años en el Dakar. En total estuvo en nueve ediciones. En una primera etapa fue durante cinco años seguidos a finales de los ochenta y principios de los noventa. Y durante una segunda etapa, con el cambio de siglo, cubrió el evento cuatro años más.

Su programa nocturno *Diario de un reportero* fue el más escuchado de todos los que se hacían sobre la carrera. El primer año que cubrió el rally, adelgazó once kilos en tres semanas. Con el Dakar no terminaba la historia profesional de Trilla, al contrario; llegaba a casa, cambiaba de maleta y enlazaba con el Mundial de Rallies. Viajaba hasta Montecarlo y seguía hablando de coches mientras informaba de otra prueba bastante menos agreste. Martí Trilla se jubiló hace unos años y vive feliz con sus recuerdos del Dakar de aquellos años que vivió peligrosamente.

JOSEP AUTET, PERIODISTA Y COPILOTO DE RAZA

8 de enero de 1989
Tombuctú-Bamako

Jordi Bäbler y Josep Autet estaban en el top veinte de la clasificación con Nissan. La etapa era una trampa infinita, porque hacía meses que no llovía y estaban en plena temporada seca, que en esa zona duraba hasta finales de marzo. La pasada época de lluvias en pleno verano había sido muy fuerte y lo había convertido todo en un lodazal tremendo. Las profundas roderas que habían dejado durante aquellos días los camiones de los habitantes de la zona no se veían. El fesh-fesh, un fino polvo, y la tremenda sequía que habían estado sufriendo hacían que todo quedase cubierto. Si se caía en una de esas zanjas que dejaban los camiones, las probabilidades de sufrir un accidente eran muy altas.

Bäbler y Autet avanzaban confiados y atentos, pues no había ninguna pista que seguir. La etapa transcurría entre matorrales, hierba de camello y árboles que había que ir esquivando. Jordi evitaba sistemáticamente los setos grandes y los árboles. El Nissan se comportaba bien en ese tipo de terreno, pero no había ninguna advertencia en el libro de ruta sobre posibles trampas cubiertas por el fesh-fesh en ese tramo.

De pronto, el vehículo se topó con varios setos y un árbol. Bäbler giró levemente por la derecha para evitarlos, no parecía haber ningún peligro, pero ahí estaba la maldita rodera, tapada y escondida. El todoterreno entró en ella y se puso de costado sobre dos ruedas. Jordi trató de recuperar el equilibrio, pero le fue imposible.

—¡Cuidado, Jordi! —gritó Autet, consciente de lo que venía a continuación.

Dieron una, dos y tres vueltas de campana. En cada una parte del coche desaparecía. Afortunadamente era un vehículo robusto y los dos salieron ilesos del accidente, pero el Nissan estaba destrozado. Tenía las ruedas torcidas y el radiador reventado; no parecía posible que se pudiera arreglar algo. No pasó demasiado tiempo, quizá hora y media, cuando llegaron Hansi Bäbler y Ángel Ortiz, la asistencia rápida de Nissan. Hansi era un pequeño mago a la hora de solucionar cualquier problema mecánico, pero el accidente había sido demasiado duro.

—Jordi, no puedo hacer nada. Tenéis el puente trasero doblado. Es imposible solucionar esto aquí sin las herramientas adecuadas. No sé muy bien qué hará la gente del camión, quizá lo puedan recuperar, pero no lo creo.

Hansi se refería al camión de asistencia, que andaba unas horas por detrás de ellos, así que tocaba esperar a que llegaran y a que pudieran aportar alguna solución. Pasó un tiempo y ahí estaba.

—Mira, el camión —advirtió Autet—, ya están aquí.

La primera frase de la gente de asistencia al ver el coche fue:
—¿Estáis bien?
—Vivos y de una pieza —soltó Josep.
—Pero ¿qué os ha pasado?

Las explicaciones regresaron a la rodera tapada, al árbol esquivado y a las vueltas de campana...

—Mirad, no se puede hacer nada por el coche, y la orden es que así no lo podemos dejar porque no quieren que lo canibalicen. —Esa era la expresión que se empleaba cuando los locales desmontaban cada una de las piezas y las vendían por separado—. Así que toca quemarlo.

—Lo haré yo —dijo Jordi.

—¿Estás seguro, Bäbler? —replicaron los del camión—. Nos podemos quedar nosotros mientras arde y después continuamos.

—Iros, llevaos a Josep y yo lo quemo. Esperaré al camión escoba y ya nos vemos más tarde en el campamento.

Jordi le prendió fuego al Nissan mientras veía alejarse al camión de asistencia. El coche ardió un buen rato. Fue una imagen triste para el piloto español. Ardía su última esperanza en ese Dakar, y además no era consciente en ese instante de que sería su último recuerdo en el rally africano. Nunca más regresaría y no volvió a competir en esas tierras.

El chasis del Nissan calcinado se convirtió en una referencia en el libro de ruta de los siguientes años del París-Dakar y ahí sigue, en el lugar donde ardió. Josep Autet llegó a Bamako de noche y mucho después, en el camión escoba, lo hizo Jordi Bäbler.

La reunión con los responsables de Nissan, con Paco Crous al frente, no fue fácil. El error de Jordi le pasó factura, pues terminó fuera del equipo. Autet regresó a su trabajo, al mundo de la comunicación. Pero ya no informaría desde África, sino desde Barcelona.

Entrenamiento profesional antes del Dakar

Josep Autet, periodista, apasionado del mundo del motor y copiloto en sus ratos libres, llegó a Nissan Ibérica en 1985. Por aquel entonces la marca japonesa había decidido correr el rally de Túnez (del 31 de marzo al 6 de abril). Esa fue la primera de las victorias de Nissan en tierras africanas. Miguel Prieto junto a Julio Vázquez comenzaron a escribir la historia de los Patrol, todo un exitazo. En 1986 llegaría el triunfo en el rally de los Faraones, otra hazaña de Miguel Prieto con el Patrol Turbo Diésel.

Los comunicados que llegaban esos días pasaban por las manos de Josep Autet. Él hacía las entrevistas, escribía la nota de prensa y siempre trabajaba sobre el terreno. Fueron días intensos, de aprender mucho, de comprender cómo funcionaba todo, de la importancia no solo de la forma física, sino también de la fortaleza mental. Era la antesala de lo que le esperaba, su aterrizaje en el Dakar.

En busca de un hotel en Tombuctú

16 de enero de 1988
Volando hacia Tombuctú
Etapa maratón

Autet viajaba siempre junto a Crous y los mecánicos de Nissan en un avión. Su día a día transcurría en montar y desmontar la tienda de campaña, conseguir las declaraciones de los pilotos al final de la etapa, volar de campamento en campamento en aviones destartalados y aterrizar en mitad del desierto... Y, sobre todo, esperar infinitas colas para enviar un fax, hacer una llamada, conseguir algo de comida... Para absolutamente todo.

Llevaban cinco días sin ver una gota de agua para poder ducharse y soñaban con conseguir un hotel con baño, pero no era fácil porque todos los equipos buscarían lo mismo. Paco Crous, máximo responsable del equipo Nissan, junto a Josep Autet estaban al frente del operativo. Realmente era Paco el que se encargaba de todo. Él entraba y salía de los lugares como si estuviese en su casa. Crous era un tipo que claramente había encontrado en ese trabajo y en ese continente su hábitat natural. Se sentía muy cómodo.

—Pero vamos a ver, Paco —le insistía Josep—, ¿crees que podemos encontrar un hotel con alguna habitación libre y con baño?

—Estad tranquilos. En cuanto aterricemos, nos damos una vuelta a ver qué somos capaces de localizar. Seguro que hay hoteles y, con un poco de suerte, encontramos alguna habitación.

—¿Hoteles? Si hay uno en todo Tombuctú, nos podemos dar con un canto en los dientes, Paco —replicó Autet.

Era el máximo deseo de todos; no pensaban en comida o en una cama cómoda, tan solo querían una ducha y un baño para poder sentarse a hacer sus necesidades y no tener que buscar una duna o un seto en medio del desierto.

El aterrizaje fue el habitual, con susto incluido. Para cuando el grupo comenzó a caminar por Tombuctú, con Paco Crous a la cabeza, se llevaron la gran sorpresa, porque, de repente, se toparon con un cartel en la pared de una casa de barro que ponía «Hotel». Paco entró decidido, seguido por todos sus hombres.

—Buenas, ¿tienen habitaciones? —El silencio tenso se podía cortar entre ese grupo humano que esperaba una respuesta y el tipo que estaba en la recepción.

—Sí, tenemos habitaciones libres. —El primer suspiro contenido se dejó sentir a espaldas de Paco.

—Pero ¿son habitaciones con baño? —Era la pregunta clave y la respuesta casi fue celebrada como un gol en un partido.

—Sí, todas las habitaciones tienen baño.

Paco, que era un veterano en África y estaba curtido en mil batallas, insistió:

—Pero disculpe que le pregunte una cosa más, ¿tiene agua?

Estaba a punto de irse toda esa alegría por el agujero del retrete.

—No, no tenemos agua. —El desánimo cundió entre las tropas, no había servido para nada encontrar un hotel.

Josep fue el responsable de ir a mirar una de esas habitaciones. Era sencilla, con una cama de cajas de madera y un colchón de dos dedos de grueso que tenía pinta de ser terriblemente incómodo y de tener vida propia con unos simpáticos bichitos. En medio de la habitación había un agujero para hacer las necesidades y junto a él, un cubo de agua para lavarse la cara y aprovechar y limpiar el agujero. Ese era el mejor hotel que habían encontrado y el único, pero no les servía para nada. Tocó dormir en la tienda un día más.

Paco y Josep entablaron una muy buena amistad y solían ir juntos a todas partes. A Josep le llamaba la atención cuando Crous se comía una especie de polvos que parecían sales de frutas. Paco padecía del estómago, y cuando tenía algún que otro episodio frente a Josep retorciéndose de dolor, automáticamente sacaba los polvos, los masticaba y en un minuto volvía a estar dando guerra.

El otro don de Paco era dormirse en cualquier momento y en cualquier lugar. Por ejemplo, estaba hablando con Josep y, de pronto, se quedaba noqueado unos minutos, y entonces, sin más, abría los ojos y continuaba la conversación como si nada hubiera pasado, enlazando perfectamente lo que estaban hablando.

Era un hombre que había nacido para andar por África y se movía excepcionalmente bien en el Dakar. Fue él quien tomó la decisión de que Autet, que para entonces era uno de los grandes copilotos en España, se subiera junto a Jordi en el Nissan en 1989. Paco Crous fichó años después por Volkswagen, durante los años de Carlos Sainz. Fueron mil y una aventuras las que vivió hasta que dejó este mundo en 2015. Seguro que allá donde esté sigue corriendo por las dunas.

Parte de guerra

Los envíos diarios que tenía que hacer Josep Autet eran un calvario por dos razones. La primera, por el tiempo que se perdía esperando que se enviara el fax oportuno. El hecho de poder mandar las fotografías correspondientes o una crónica de voz, en vivo y en directo, era prácticamente impensable en los ochenta. La segunda, por la sensación tan tremenda que suponía tener que informar como si fuese un corresponsal de guerra, porque todos los días había heridos. Cada etapa se llevaba a algún participante en un avión medicalizado. El trabajo era muy duro, pues se trataba de sobrevivir igual que los pilotos y no dejarse arrastrar por el cansancio y la pesadumbre de ver tantos accidentados.

También vivió momentos mágicos, como en el Dakar de 1988, cuando unos todoterrenos-nevera de Coca-Cola repartían refrescos fríos entre los participantes y los miembros de la carrera... La felicidad de tomar algo así en el Teneré fue una imagen imborrable. No hay mejor publicidad que esa, una bebida que llega a los lugares más recónditos.

Para Autet estar en el rally era pura aventura, aunque había periodistas que, como Domingo García, no viajaban en avión, sino que seguían la etapa en tierra. Esos profesionales tenían un componente extra de supervivencia. No obstante, subirse a los aviones también tenía mucho mérito.

La mayor experiencia que sacó Autet del rally africano era que «lo grave en el Dakar o en la vida no era perderse, eso siempre pasaba; lo importante era darte cuenta de que te habías perdido». El periodista conserva muchas fotografías en su cabeza que representan el espíritu de esos años del París-Dakar, pero hay una que tiene mucha fuerza: la de Jordi Arcarons con su lata de gasolina a la espalda y su moto Merlin a la llegada al Lago Rosa. No puede evitar sonreír cuando lo recuerda.

—Oye, Josep, ¿me puedes dejar unos pantalones? No tengo ropa para ponerme. —Autet sonrió.

—Espera, Jordi, que tengo alguno del equipo, de estos de estilo militar que llevamos nosotros.

Ese año, el primero de Arcarons, el piloto regresó a casa con los pantalones tipo militar de Nissan. Esto también era parte del Dakar.

Josep Autet sigue siendo hoy un apasionado de las carreras, continúa trabajando en comunicación y recuerda con cariño inmenso a

Paco Crous, a Jordi Bäbler y aquellos años locos y apasionados en los que su vida giraba en torno al París-Dakar.

Domingo García, la aventura tatuada en la piel

«Desde Argel hasta Ghardaïa existe una carretera bien asfaltada e incluso muy ancha en algunos tramos, pero en el mes de enero uno se expone a encontrar nieve en algunos pasos de montaña. Hay que decir, antes que nada, que los cuatro días que estuvimos en Argelia el frío fue intenso por la noche». Así cuenta Domingo García en su obra *El libro del París-Dakar* lo que fueron los primeros días de su experiencia dakariana en 1988. Ese año viajaba con dos compañeros más, Enric Clara y Santi Villalonga. Juntos se montaron en un Range Rover para seguir la carrera.

A las doce del mediodía del 7 de enero comenzaron los problemas. Habían salido muy temprano de Bordj Omar Driss (Argelia). La idea era seguir el plan de cada día: salir dos horas antes que las motos y esperar a los primeros para después subirse de nuevo al vehículo y continuar mientras iban llegando los coches y los adelantaban. Después remataban la etapa con los camiones. Una vez que habían sido testigos de los que iban a la cabeza de cada una de las categorías, conducían a toda velocidad para poder alcanzar el campamento cuanto antes, ponerse a escribir y después enviar las crónicas lo más rápido posible.

Conducían por turnos, y esa mañana le tocaba a Domingo. Pronto detectaron que algo no andaba bien. Habían pasado más de dos horas y no habían avistado todavía ninguna moto. Es más, no veían a nadie del Dakar. Sin duda, se habían perdido. Aunque el rumbo era claro (rumbo sur, 180 grados), veían con preocupación el reloj. Eran las doce y ahí no pasaba absolutamente nadie. Era evidente que se habían equivocado. La razón se veía a simple vista, porque el sol estaba castigando el brazo izquierdo de Domingo y sabían que si fueran en la dirección correcta a esa hora de la mañana el sol debería estar frente a ellos, incluso dificultándoles la visión, pero nunca en el lado izquierdo del coche.

—Chicos, algo no está bien. Mira, Enric, es imposible que llevemos rumbo sur con el sol a un costado. Esta brújula nos la está jugando. —Domingo expresó en voz alta sus dudas, y sus compañeros pensaban lo mismo.

—Tienes razón, Domingo —replicó Santi—. Hace un buen rato que intento ver qué está pasando, pero es evidente que vamos mal.

En aquel momento no lo sabían, pero en el subsuelo del Sáhara había mucho hierro y eso provocaba que las brújulas sufrieran distorsiones. Enric lo tenía claro:

—Mira, Domingo, vamos a parar y a ver qué es lo que no estamos haciendo bien.

Formaban muy buen equipo. Los tres resolvían los problemas sobre la marcha, pero siempre iban todos a una. Las dudas se ponían en común y la decisión se tomaba siempre de forma unánime. Enric y Santi comprobaron una y otra vez la dirección. Al final optaron por lo más evidente y por lo que les dictaba la lógica:

—Vamos a poner el coche de tal manera que nos dé el sol de frente y a ver si llegamos a la pista correcta.

No estaban en la Transahariana, nadie circulaba por ella si lo podían evitar. Preferían circular por las pistas paralelas. Parecía de locos, pero no era así; lo que ocurría era que todos conocían la historia de Andrea Carisi, Giuseppe De Tommaso y Franco Druetta. Giuseppe era periodista y los otros dos, miembros de Iveco. Corría el año 1981 y estaban siguiendo la carrera, igual que los tres españoles. Se encontraban en la zona de las gargantas de Arak, en Argelia. Iban por la Transahariana y cerca de In Salah se mataron cuando, de pronto, cayeron en una de las mil trampas de esa carretera.

Desde entonces, entre los periodistas corría una leyenda de mal fario y miedo a circular por ese lugar, porque estaba lleno de agujeros enormes y de trampas en donde cabía un coche entero. Nadie circulaba por ahí, era una especie de maldición no escrita del rally.

En aquel momento, a los tres periodistas españoles el sol les daba de lleno en la cara, incluso les molestaba para conducir. Apenas habían recorrido unos kilómetros desde que habían apostado por seguir ese rumbo. De tanto en tanto creían distinguir algo de polvo a lo lejos, pensando que quizá fuesen las motos, pero realmente con ese sol poco se podía vislumbrar. Eso fue lo último que intuyeron, porque empezaron a caer, unos tres metros, por el costado izquierdo, de lado. Volaron con el Range Rover, pues no intuyeron el precipicio. El impacto dobló uno de los amortiguadores delanteros, quedando en forma de L. Tuvieron muchísima suerte al salir ilesos del accidente. Andaban tan concentrados en no perderse, con lo poco que les dejaba ver el sol y a buen ritmo, que no se dieron cuenta del corte en medio de la nada, como el de un trozo de queso, por el que se precipitaron.

Tardaron un buen rato en recuperarse del susto. Tenían que continuar la marcha, pues la carrera y el espectáculo no se habían detenido. Afortunadamente llevaban doble amortiguador y eso les permitió seguir. La tragedia podría haber sido tremenda, porque el coche iba cargado a tope de combustible, más de doscientos litros, y al volcar se podrían haber desencadenado un montón de problemas en los que era mejor no pensar.

Domingo se golpeó el casco con la barra de seguridad y se le rajó, pero amortiguó el impacto. En aquellos años, por fortuna, ya era obligatorio llevarlo puesto. Los tres periodistas lo llevaban, pero aún había compañeros que preferían no ponérselos por el calor. Si el accidente hubiese sido más grave y hubiesen sufrido más consecuencias, la situación se les habría complicado demasiado. Estaban fuera de ruta, nadie los seguía y la organización no hubiese sabido por dónde buscar. Además, los únicos medios que llevaban para pedir auxilio eran una bengala y la famosa baliza, que no siempre funcionaba. Y si no se hacían daño, solo la podían activar doce o dieciocho horas después de no ver a nadie.

Las cosas del día a día

Cuando se cubría el Dakar por tierra se hacía lo mismo que los participantes, aunque se podía acortar por pistas paralelas para no pasar por los peores lugares. La verdad es que conseguir entrar en el campamento para mandar la información diaria no era el único trabajo que tenían que llevar a cabo. Cada noche debían que repasar la mecánica del coche, cambiar los filtros, comprobar que las ruedas estuviesen bien, sin ninguna raja... O, como les pasó el día del accidente, tenían que poner el amortiguador nuevo.

Domingo, Enric y Santi contaban con un aliado de lujo para este trabajo, Rosendo Touriñán. El copiloto de Joan Porcar siempre les echaba una mano. Parecía que todo lo que hacía era fácil. Lo que a ellos les costaba una hora o más, Rosendo lo remataba en diez minutos. Casi todas las noches les dejaba el coche listo para que pudieran continuar con su aventura paralela. Los problemas con los pinchazos era otro jaleo más a sumar en el alocado y estresante recorrido. Solo llevaban seis ruedas y su correspondiente cámara. Les tocaba comprar por el camino a los equipos que se veían obligados a abandonar la carrera y que tenían el mismo modelo de neumático que el Range Rover que conducían los periodistas. La desgracia de unos era la felicidad y la solución para otros. La última semana ya no quedaban equipos a los que comprar nada y en la última etapa, antes de llegar a Dakar, tocó rezar, pues ya no les quedaban ni cubiertas ni cámaras, solo lo puesto. Si les pasaba algo, ya no habría solución.

El último problema al que se enfrentaban cada noche, uno más de los quehaceres diarios, era precisamente el que más angustia les creaba: abrir carrera al día siguiente. Había por tanto que planificar muy bien la navegación y las pistas que debían tomar, especialmente para los primeros doscientos kilómetros, ya fueran solos o acompañados de otro coche. Se aliaron con unos periodistas holandeses para tenerlo más fácil si se quedaban tirados o atrapados en la arena. Entre dos coches podían ayudarse y salir de esa situación. Además, estaba lo de perderse; si iban dos coches, era menos probable que sucediera, aunque sabían que ese era el precio que tenían que pagar por arrancar los primeros. Ni motos ni nadie de la organización salían por delante; abrir carrera significaba que no había roderas de referencia. Ellos eran los que hacían las primeras. En las etapas cortas lo podían ir solventando sin problema, pero en las largas, abrir era la peor de las ideas...

La primera victoria de Carlos Mas

«Domingo, 10 de enero 1988
Enviado especial, Domingo García
La Vanguardia
La victoria de Carlos Mas en la etapa de ayer, primera española en la historia de la carrera, y el fallecimiento de Kees Van Loevezijn, piloto de DAF número 601, fueron las noticias alegre y triste, respectivamente, del rally París-Dakar, que está viviendo la más polémica de todas sus ediciones.

Arlit (Níger). Carlos Mas consiguió, por fin, su primer gran objetivo: ganar una etapa del París-Dakar, lo que es, indudablemente, el paso previo por el que pasan todos los que consiguen la victoria absoluta en la carrera».

Así arrancaba la crónica de Domingo en una fecha clave por esa victoria conseguida por el piloto español Carlos Mas. Antes de escribir esas líneas, a Domingo, Enric y Santi les tocó vérselas en una carrera paralela con algún que otro control de gendarmes, de esos improvisados en medio de la nada. Y allí parados, estos gendarmes les preguntaban entonces si en el último poblado, que estaba a unos ciento cincuenta kilómetros, el jefe del puesto les había proporcionado el sello necesario para circular por esa zona. La respuesta evidente era un «no» gigante, con todas las consecuencias que eso acarreaba.

La realidad es que ese policía y otros que se iban cruzando en cada uno de los países solo deseaban llevarse lo que pudieran pescar, esa era su única intención. García tenía una arma secreta. Los mecheros y bolígrafos de la marca BIC. Por alguna razón desconocida eran tremendamente populares por esas latitudes y dificilísimos de conseguir salvo que se lo pudieran arrebatar a algún europeo «ingenuo». Un buen amigo de Domingo trabajaba en la fábrica BIC de Tarragona y antes de salir de aventura le había enviado un buen lote de material, advirtiéndole lo siguiente:

—Para que lo puedas compartir en África. Ya verás lo bien que te va a ir.

Así fue; los objetos de dicha marca servían para todo: para cruzar fronteras, para intercambiarlos por alguna fruta o simplemente como regalo después de pagar con dinero el alimento comprado al precio pactado y como agradecimiento por la amabilidad con la que eran tratados en cada rincón de ese continente.

Casi tan populares como los mecheros y los bolis era el papel de baño, pero eso es otra historia. Daba igual la marca, si era más o menos suave, un rollo de papel estaba muy cotizado y solo se utilizaba en caso de emergencia o extorsión por parte de cualquier policía desaprensivo que lo buscaba hasta la saciedad, preguntando insistentemente. Fue curioso para quien escribe estas líneas recordar, escuchando a Domingo, cómo el papel higiénico también se convirtió en un objeto clave en la pandemia, así que tampoco estamos tan lejos en la vieja Europa, cuando las cosas se tuercen, de poner en valor los rollos de papel de baño.

Sobre avionetas y comunicaciones

De los tres años en los que Domingo García acudió al Dakar, dos los hizo por tierra y el tercero en avioneta. En 1988 y en 1989 le tocó alguna que otra vez subirse a un avión, porque en un par de etapas no se había sentido bien, incluso estuvo con fiebre, y el periodista prefirió no arriesgarse dentro del Land Rover. Pero a veces las soluciones eran más aterradoras que hacer cientos de kilómetros por el desierto, especialmente en el Dakar.

La mayoría de las avionetas estaban «caducadas» y solamente eran aptas para volar en África. En uno de esos viajes, Domingo se subió a una de unos aventureros suecos y fue toda una experiencia. Tenían problemas con el sistema hidráulico y a la hora de despegar y aterrizar tenían que sacar la cabeza por la ventanilla de la cabina para ver si subía o bajaba el tren de aterrizaje. Otra de las operaciones obligatorias antes de montar en ellas era darles la vuelta empujando y situarlas en la pista para despegar. No había otra manera de hacerlo, ni tractores ni vehículos auxiliares. Solo se contaba con la fuerza bruta de los que iban de pasajeros.

Otro de los recuerdos que le viene a la cabeza a este narrador del Dakar fue el día que le cambió el asiento a Jaime Puig, que años después sería copiloto de Salvador Servià. Jaime, durante esos años, era ayudante en el equipo Camel y le encantó tener la oportunidad de hacer alguna que otra etapa por tierra. No tuvo ningún problema en darle su brazalete a Domingo, que andaba medio descompuesto y con fiebre.

Las pistas de aterrizaje se improvisaban, no eran terrenos que sirviesen para eso. Se pasaba una máquina (no siempre, la verdad sea dicha) por un pedazo de tierra y se prensaba bien para que pudiese posarse la avioneta. Alrededor de estos espacios se montaban los campamentos. Los visitaba la gente que vivía en la zona para entablar negociaciones para la compraventa de todo tipo de productos. Así se formaban una especie de mercadillos ambulantes que se iban repitiendo de país en país.

La noche también formaba parte de estos vuelos al límite. Las jornadas en las que las etapas sufrían retrasos o cambios se terminaba volando más tarde. Eso significaba irremediablemente que la llegada al siguiente campamento era tras la puesta de sol. Hacía falta iluminar esas «pistas» y las soluciones se tomaban sobre la marcha. Normalmente varios coches de la organización, incluso de los participantes, se colocaban con las luces encendidas justo en la zona de aterrizaje y así quedaba iluminada la pista. En esas operaciones la pericia del piloto era la única esperanza, porque a la noche había que sumarle el polvo en suspensión que complicaba sobremanera todas estas operaciones. Domingo recuerda que tuvo un momento terrible, tipo *Aterriza como puedas*, junto al periodista Martí Trilla, de Catalunya Ràdio, y los mecánicos de Nissan.

El único avión con motor a reacción de toda la escuadrilla del Dakar era un viejo Caravelle francés donde iban las comunicaciones. Lo de enviar crónicas tenía su aquel en los ochenta. Primero se escribía el artículo a máquina, pero no se tenía todo el tiempo del mundo y había una hora límite para enviarlo. A veces se terminaba de escribir con la máquina a cuestas en la misma cola de espera. La organización contaba con su propio método de transmisión: un teclista francés reescribía ese artículo trasladándolo a una computadora. Empleaban un minitel, un sistema de transmisión de datos que se enviaban vía satélite hasta *La Vanguardia*. Si nada fallaba, el artículo ya quedaba en manos de los compañeros. Si la cosa se torcía, porque de vez en cuando el envío terminaba en otro sitio y en un medio que no era el que tocaba, era toda una aventura saber por dónde andaba. El problema con las horas límite era tener las clasificaciones y saber, si alguien no llegaba, qué le había podido suceder. Por eso la colaboración entre periodistas era total y absoluta, si no el trabajo era imposible de hacer.

Lo de comer, beber y dormir..., otro lío más

Pan de molde, conservas y poco más, con eso tocaba sobrevivir. Lo de Africa Tours era un extra casi milagroso y no todos los días era posible. El hecho de salir tan temprano por la mañana y la coincidencia de horarios de envío con la hora de la cena no ponía las cosas fáciles. Pero el objetivo era intentar al menos tener un plato caliente cada noche, de lo que fuera.

El agua era otro gran problema. No se podía beber de cualquier sitio, ni tampoco fiarse de las botellas que los locales ofrecían abiertas sin saber muy bien de dónde venían. El único trato aceptable, y ahí entraba como premio algún mechero o bolígrafo, eran las botellas de la marca Vitel, que aparecían de la nada a cambio de no menos de ciento cincuenta pesetas de la época y un regalo extra, «un *cadeau*». De dónde las conseguían era todo un misterio. Pero este último milagro no siempre pasaba; a veces no aparecía ni una sola botella y el agua se convertía entonces en un problema más de la jornada.

Otro inconveniente en el rally era dormir en los sacos, pero sin tienda de campaña de por medio. Había que llevar a cabo unos truquitos, y también tenía sus peligros. Las botas siempre tenían que estar dentro del saco, bien controladas, para que no se las robasen, como le pasó a más de uno. Tanto periodistas como pilotos tienen anécdotas en sus repertorios aventureros de amanecer descalzos, sin nada que ponerse en los pies, porque los ladronzuelos nocturnos no habían tenido piedad alguna en llevarse su mercancía. Otra parte que no era agradable al dormir a la intemperie eran los animales. Como le ocurrió una noche a Domingo en Sant Louis (Senegal). Cuando se despertó, tenía dos nuevas compañeras: dos ratas enormes se acomodaron encima de él. Se llevaron un gran susto tanto las ratas como el periodista al abrir los ojos y verse cara a cara.

Al final, siempre quedarán los paisajes

«En aquella zona del Sahel los árboles ya han muerto de pie. Pero no es la muerte de la vegetación lo que extraña al visitante, sino ver cómo los troncos de los árboles o los tallos de las plantas se han caído sobre un suelo blanquecino, calcinado por el sol y la ausencia de lluvia. La imagen es una mezcla de lo que queda después de un terremoto, de un paisaje lunar y de un incendio forestal recién extinguido...».

Domingo García se llevó consigo de esos años los paisajes, y así lo describe en su libro. También las personas, el trato humano no solo con el entorno del París-Dakar, sino con los cientos de mujeres, hombres y niños que se fueron cruzando en su camino, bien en los poblados, bien en los rincones más pobres. Gentes abandonadas a su suerte que, sin embargo, siempre le recibían con amabilidad infinita. La experiencia valió la pena y le cambió, como a la mayoría que vivió el Dakar en el continente africano, la mirada que tenía sobre la vida y el mundo.

Javier Olave, más allá del periodismo

11 de enero de 2000
Niamey (Níger)

«La organización del Dakar para la carrera. Hay muchos nervios porque se ha detectado la presencia de hombres armados». Este fue el mensaje que envió Javier Olave, periodista, y ese año también participante en moto del Dakar. Javier era un hombre polifacético: periodista, piloto, copiloto y, sobre todo, aventurero. La etapa cruzaba la frontera entre Burkina Faso y Níger y se había convertido en un dolor de cabeza para la organización. Los servicios secretos franceses y norteamericanos habían detectado el movimiento de unos doscientos hombres armados en la ruta por donde tenía que cruzar la carrera en el Níger. Todo apuntaba a una emboscada preparada para los participantes del rally. La decisión de la organización fue parar y organizar un puente aéreo masivo, pasar por encima de donde estaba el peligro y continuar el Dakar cuatro días después ya en territorio libio.

Javier andaba subido en su moto ese año. Era su décimo aniversario desde su primera llegada al Dakar en la edición de 1990, cuando cubría para *El Mundo* el rally más duro del planeta. En 2000 estaba atrapado en dicha emboscada, igual que el resto de los participantes, a expensas de lo que decidiera la organización.

Había que transportar ciento cuarenta y tres motos, ciento cincuenta coches y setenta y siete camiones. Se contrataron tres aviones Antonov 124. Cada aparato transportaba en cada vuelo cuatro camiones y una decena de coches, más todas las motos que podía. La hazaña fue todo un éxito. Durante cuatro días se cancelaron las etapas para reanudarse el 17 de enero en Sabha. Lograron dejar el peligro atrás.

El principio de una pasión

«No me acuerdo exactamente de dónde estábamos, pero sí que era una noche preciosa. El campamento se había relajado después de la cena y era el rato en que las conversaciones son más personales. Le dije a Javier Olave, entonces mi copiloto, que no entendía por qué los periodistas no eran capaces de transmitir aquel aroma a Europa. El ambiente de un vivac, bajo un cielo con miles de estrellas, sin más hotel que una tienda con el olor de África, y el ruido de los mecánicos probando los motores de fondo, es de lo mejor de la carrera. Cuando le hice esa crítica a Javier, no esperaba que se la tomara tan en serio como para escribir un libro». Miguel Prieto, piloto y compañero de aventura en 1996 de Javier, le transmitió así su deseo de cómo contaría el rally si supiese hacerlo. Olave escuchó atento y sí sabía que merecía la pena comunicar así ese espíritu especial que vivían en África. Normalmente, él iba en el asiento del miedo, el del copiloto. Ahí podía alternar su quehacer diario en el equipo con las crónicas para El Mundo, que escribía entre horas y subido en el coche.

Para Olave, 1996 fue un año especialmente duro y cargado de miedos y de incertidumbre. No era fácil ir de copiloto. A las dudas sobre la navegación se sumaban las tensiones habituales de ir compitiendo con los de delante. Ese año terminaron en el puesto 11 de la clasificación. Prieto había sido muy hábil al sumar al equipo a un periodista que andaba en moto. Entre otras cosas, porque navegaba bien, conocía a la perfección el Dakar y, además, era parte, como trabajador, de uno de sus patrocinadores principales ese año, El Mundo.

A Javier le sirvieron esas palabras de su compañero de aventura para recordar durante aquel rally cómo había comenzado todo. Su primer Dakar fue en el año 1990, donde le prohibieron «disfrutar» de su teléfono satélite, un armatoste enorme, que la organización no quiso que utilizase por puros motivos económicos. Olave pagaba tres mil pesetas de entonces, un dineral, por cada minuto de envío de fax en el avión de comunicaciones. Lo habitual era estar en torno a los tres minutos. Eso suponía unas diez mil pesetas por envío. Lógicamente, ese artículo se escribía en una máquina de escribir que cargaba Javier por toda África.

En 1990 le tocó volar de campamento en campamento, jugándose la vida a diario en esos aparatos. A la hora de vivir la experiencia africana sufrió como el que más: montando y desmontando la tienda, viviendo las tormentas de arena y resignándose ante la escasez de comida y agua. Cada jornada solían darle una lata de conservas fría y dos botellas de agua, con eso debía aguantar todo el día.

Años de descubrimientos

Si ese año arrancó la aventura como un enviado especial, al siguiente fue también como jefe de prensa de KTM. Aquello supuso todo un desafío, sobre todo cuando abandonaron el equipo dos de sus principales pilotos: Nani Roma e Isidre Esteve. El único que no rompió fue el «becario» de esa edición en el equipo Repsol, Marc Coma, que andaba en sus años de aprendizaje. Cuando Coma se quedó solo, le tocó ayudar con casi todo. A Olave le supuso más trabajo, además del de jefe de prensa. En esa edición, Marc (era ya su segundo año) se rompió la mano, pero no dijo nada para que no lo sacaran de la carrera. Aguantó en esas condiciones hasta Dakar y en todo momento le apoyó Olave.

Fueron los años duros en que las KTM se rompían y las BMW ganaban por pura fortaleza mecánica. Todo cambió un par de años después cuando los alemanes se pusieron a inventar y aparecieron con una moto enorme y muy pesada bicilíndrica que los llevó a la ruina y al abandono. Era muy difícil de conducir por los desiertos y las pistas del Dakar. El año en que se equivocaron los alemanes, con esa nueva moto, fue el que aprovechó KTM para comenzar a dominar el rally.

Los noventa fueron para Javier los años de descubrir y comprender lo que significaba correr en África siempre trabajando como periodista para *El Mundo*. Llegó a cruzar aldeas donde todavía hacían fuego golpeando dos piedras. Los habitantes se quedaban fascinados cuando los del rally compartían con ellos un mechero.

En esos tiempos, en alguna que otra edición, sus jefes en el diario pensaron que su enviado especial podía incorporarse a mitad de carrera si había opción entre los españoles de ganar o quedar entre los primeros, pero eso nunca sucedió. El día en que el director adjunto, Jorge Fernández, le pidió a Javier que se sumara a la carrera en medio de Mauritania, este le explicó que eso era imposible.

—¿Cómo va a ser imposible, Javier, si vamos a guerras y a los rincones más lejanos del planeta?

—Mira, Jorge, el Dakar pasa por lugares donde no hay nada ni nadie, ni pistas, ni aeropuertos... Para hacer lo que me pides tenemos que montar una logística que me llevaría más de treinta días, y el Dakar termina mucho antes.

El efecto bola de nieve

Javier siempre escuchaba atentamente a Miguel Prieto y todas sus lecciones aprendidas a base de hacer kilómetros y más kilómetros en el desierto, no solo en el Dakar, sino también en Túnez, en Marruecos o en Egipto, en el rally de los Faraones. Prieto era uno de los grandes. Aquel 1996 aprovechó bien el recorrido. A pesar de la tensión y el miedo que podía pasar el periodista dentro del coche, en el asiento de copiloto, le merecía la pena seguir absorbiendo el conocimiento de ese hombre. Era material puro para enriquecer sus artículos. Esta experiencia junto a Prieto, las historias que escuchaba y las vividas en su propia piel fueron la base para un libro, *El Dakar. El rally más duro del mundo*.

El efecto bola de nieve era una de esas enseñanzas infinitas. Consistía en cómo un pequeño detalle insignificante en cualquier otra carrera podía convertirse en un problema dramático en el Dakar, provocando que no se pudiera continuar. El ejemplo que le contó Miguel para que entendiese de qué estaba hablando, para que Javier tuviese todos los detalles de la historia, era la anécdota del pinchazo:

—Mira, Javi, de repente pinchas. En pleno desierto toca parar y bajarte del coche y ponerte a cambiar la rueda. Hace mucho calor y llevas el mono de carreras abierto, mal cerrado. No te importa ni te das cuenta, pues lo único que quieres es cambiar el neumático cuanto antes. Da igual si te has atado bien el mono o no. No te percatas de que mientras cambias la rueda, se te mete un poco de arena en el mono. Esa arena va directa al culo y, cuando te sientas, te empieza a hacer una rozadura. A los tres días tienes que retirarte porque no puedes ir sentado. Todo es por culpa de esos pocos granos de arena que se te metieron cuando bajaste del coche. Cualquier pequeño problema en el Dakar es la diferencia que hace que puedas acabar o no...

Olave aplicó cada uno de los conocimientos relatados por Prieto en sus otras participaciones en moto. Aunque juró no volver al Dakar después de su experiencia como copiloto, sí volvió a repetir en moto en 1998 y en 2000.

Siempre alerta

Todos sabían que el peligro en la prueba africana podía aparecer en cualquier momento, y los campos minados entraban en estas circunstancias en alguno de los puntos de paso. Javier recordaba bien el día en que en un control de paso les insistieron en no salirse de la ruta. Aquel año de 1996 dio para mucho.

—Bajo ningún concepto os desviéis, ni se os ocurra parar y haced lo que sea para no ir detrás del polvo del de delante, y menos abriros a la derecha o a la izquierda, nada de rutas alternativas...

Javier se quedó sorprendido por la manera en que les dijeron lo que podían o no hacer, porque estaba claro que ellos no querían perderse y tampoco salirse del camino.

—¿Qué te parece, Miguel? Nos sugieren que no nos perdamos, pues eso es lo que estamos tratando de hacer, no perdernos.

—Aquí ha pasado algo. Hay algún lío, seguro —replicó Prieto.

Lo tenía claro, pues era consciente del nivel de nerviosismo que manejaba ese hombre de la organización situado en ese control de paso. Era evidente que algo no marchaba bien. Y tenía razón, porque esto ocurrió durante la jornada en que murió Laurent Gueguen al pisar con su camión una mina, precisamente cuando trataba de evitar el polvo del de delante. Javier siempre tuvo presente, como periodista que cubría el rally tanto por tierra como por aire, o los dos años que participó en moto, esas travesías en las zonas sensibles que estaban minadas entre Marruecos y Mauritania. Esos recorridos solo se abrían porque el rally dejaba mucho dinero e interesaba que la caravana pasara por ahí, pero suponían un peligro terrible.

La sensación que tuvo siempre Olave en el Dakar, cuando tocaba cruzar zonas en las que no se veía a nadie en kilómetros y se sentía la presión de que algo podía suceder, era de abandono y aislamiento. En 1996 no solo murió Laurent, también lo hizo un joven aficionado español, Tomás Urpi, que tuvo un accidente con el coche mientras seguía el rally en la tercera etapa, de Oujda Er-Rachidía. Y una niña fue atropellada por una moto en un pequeño pueblo de Guinea, Terembali. Estos accidentes también formaban parte, por desgracia, de los peligros del Dakar y muchas veces no se contaban en los periódicos.

El accidente

Olave prometió que no regresaría jamás a ese rally después de 1996, cuando, debido a los nervios acumulados durante las semanas que duró la competición, sufrió un «chungo», como solía decir el periodista, al llegar al Lago Rosa. Olave, no obstante, tomó una decisión: ir solo y en moto, así se enfrentaría mejor a ese «monstruo» que lo había maltratado.

En 1998 la aventura arrancaba en París, pasaba por Granada y terminaba en Dakar. Era un año especial, un aniversario: veinte años de competición. Aunque el espíritu del periodista le acompañaba, su objetivo en esa oportunidad era probarse a sí mismo, superar todas las inquietudes y llegar al Lago Rosa con la moto, demostrando que todo iba bien. Pero nada estaba nunca totalmente bajo control en esa aventura. Y lo comprobó cuando se cayó en un cordón de dunas en la zona de El Mreiti, en plena etapa maratón por Mauritania. Se rompió la clavícula.

Olave tiene un recuerdo claro de ese momento. Sabía que lo que no haría en ningún lugar del planeta, le tocaba enfrentarlo en soledad en esta carrera. Tras la caída, el periodista se levantó, pero se dio cuenta de que se había hecho daño, y estaba solo. Lo primero que pensó fue si sería capaz de levantar una moto de doscientos kilos tal y como estaba y ponerla en marcha. Su única esperanza era poder realizar esa proeza. La moto no sufrió daño alguno, pero él sí. Tenía que salir de las dunas, y en el intento el periodista se cayó entre doce y quince veces. Le parecía muy difícil continuar, pero lo hizo. Aquella era una etapa maldita. La organización había calculado mal el consumo de gasolina y mucha gente se quedó tirada sin combustible. Para colmo, a él también le ocurrió lo mismo en esos momentos tensos.

Decidió no activar la baliza de emergencia, pues las reglas de la organización eran muy claras en ese sentido: solo se podía encender si el participante se encontraba en peligro, si su vida dependía de ello. Si la encendías y no era necesario, se podían perder las doscientas cincuenta mil pesetas de depósito, toda una fortuna. Olave pensó que tan solo tenía la clavícula rota y que podía llegar y no perder el dinero. Otra opción era esperar al camión escoba, y si no aparecía en dos días, entonces sí activar la baliza. Pero no vio factible quedarse dos días esperando...

Tardó siete horas en salir de las dunas. Anocheció. Para el periodista la noche no tenía nada de romántico en soledad y herido. Lo pasó fatal pensando que le iba a suceder algo terrible. Se sintió desamparado. Tenía frío y miedo.

Trató de calmarse y pensó en dónde se encontraba. En el Dakar. La única prueba del mundo donde una persona normal como él podía competir con los profesionales. Eso no ocurría en una carrera de Fórmula 1 o en Moto GP, pero en este rally uno competía y recorría los mismos lugares que los top, que los primeros. La única diferencia era que a la hora de pasar por sitios complejos como las dunas, se echaban de menos los conocimientos y la experiencia del profesional.

Al amanecer continuó y llegó hasta un punto de control, donde consiguió que le atendiesen. Ese fue el lugar donde aquel año Javier abandonó el Dakar. Antes le tocó conseguir gasolina para poder sacar la moto de una explanada en la que no había nada, tan solo un agujero donde bebían los camellos. Como otros participantes, se había quedado seco de combustible. Consiguió ser evacuado. Por cierto, y como curiosidad, le quitó el sitio en el avión a Nani Roma, que también se había quedado tirado esa noche en el desierto. Nani recuerda que fue una de sus peores experiencias. Bueno, esa y la de conseguir un taxi, una vez Olave había ocupado su plaza, para poder llegar hasta una ciudad con aeropuerto y regresar así a Europa. La historia entre Nani y el taxista no terminó ahí. El motorista se dio cuenta de que no era muy buen chófer e hizo que este se sentara a su lado; fue él el que condujo hasta el aeropuerto. Entablaron una relación que duró años. Una relación a distancia en la que Nani, siempre que podía, ayudaba a su amigo africano. Esa noche sin saberlo, separados en la distancia, pero tirados en el mismo desierto, Nani y Javier pasaron unas horas tremendas. El avión que sacó a Olave del desierto tenía un invitado muy especial, Joan Manuel Serrat. El cantante era un apasionado de la prueba y un amante de África. Javier estuvo bien acompañado hasta su llegada a Barcelona.

Situaciones insostenibles

Otro de los años que no se le ha ido de la cabeza es 1991. Nunca olvidará la sensación de estar en África en pleno conflicto armado y pensando que la Tercera Guerra Mundial iba a ser una realidad. Así vivió ese año. Como periodista cubría la información de la carrera para su diario, pero cada día vivía un susto. Olave trataba de informarse de todo lo que estaba ocurriendo a través de la radio; en algunos lugares era posible oír Radio Nacional.

Los peores días fueron los de Mauritania, con la sensación de que en cualquier momento les atacarían en represalia por lo que sucedía en Irak. La muerte a tiros del camionero de Citroën hizo que se acentuara esa sensación de inseguridad, de peligro inminente. Salir de Mauritania y entrar en Senegal fue un momento de calma para los participantes, porque pensaron varias veces que cualquier noche los matarían a todos.

Otro asunto que había que tener en cuenta al trabajar como periodista en África era que por falta de conocimiento del continente y su forma de vida, alguien de allí pudiera sentirse ofendido por algún gesto o por una acción que, en otras circunstancias o lugares, no tenía ninguna importancia ni escondía maldad. Eso le pasó al periodista cuando cruzaba una pequeña ciudad, de la que no recuerda el nombre, y tuvo que parar en una gasolinera. Olave iba acompañado de dos fotógrafos de agencias. Uno de ellos aprovechó para sacar unas cuantas fotografías de los alrededores. No se dio cuenta de que con esta acción molestó a unos hombres que estaban en mitad de algún tipo de celebración religiosa. En realidad, no pretendía fotografiarles a ellos en ningún momento.

De repente apareció una persona con un arma y les apuntó directamente, reclamando las cámaras. La situación fue muy tensa. Estaban en desigualdad de condiciones, no podían enfrentarse a un hombre armado. Tampoco había policías alrededor. Estaban solos frente a ese tipo que les apuntaba con una pistola. Los fotógrafos tenían claro que no iban a ceder sus cámaras por mucho que los amenazase aquel hombre...

La situación se fue haciendo insostenible, porque ninguno daba su brazo a torcer. Finalmente, entre gritos y amenazas, se consiguió llegar a un punto intermedio: el de la pistola se quedaba con los carretes y les dejaban marchar. Aceptaron el trato. Javier tuvo la sensación de que aquel día volvió a nacer en África.

No fue la única vez en que las armas hicieron acto de presencia. En otra ocasión, los que las llevaban eran los militares en Bamako. Un joven español que había ganado un concurso de la marca Trident para seguir el Dakar en vivo estaba filmando con su cámara por el centro de la ciudad. El muchacho no sabía que no podía hacerlo frente a un edificio oficial. Varios hombres se echaron encima del chico y terminó en un calabozo en Mali. Tuvo que intervenir el cuerpo diplomático español para sacarle de allí. El joven terminó la aventura con el mayor susto de su vida.

Entre funerales y fiestas

Javier, cuando recuerda, no olvida las mañanas y las noches en el campamento del Dakar. Para él, el miedo era algo evidente, sobre todo por las mañanas. En los desayunos nadie hablaba. Parecía que estaban en un funeral. Todos tenían cara de preocupación y el silencio dominaba las primeras horas del día junto a un café con leche humeante. Así era antes de salir a correr la etapa donde no se sabía qué les podría pasar a cada uno de ellos, si vivirían para contarlo. Sin embargo, las noches eran distintas. Todo eran risas y fiestas. Se había logrado superar una jornada más. Cada mañana vivía un funeral; cada noche la vida era una fiesta.

Javier Olave sigue trabajando de periodista y disfrutando de lo que más le gusta en esta vida, hacer deporte al aire libre.

Manu Franco, un as de la prensa

11 de enero de 2005
Atar-Kiffa (Mauritania)

«Etienne Lavigne apareció en Kiffa con el rostro de la muerte escrito en su cara y unas gafas de cristales negros que ocultaban sus húmedos y entristecidos ojos, hogar de lágrimas. El director general del Dakar pronunció las palabras que más se temían en el seno de la caravana desde que se anunciase por radio que Fabrizio Meoni había alzado su baliza: "Fabrizio ha muerto". Nunca olvidaré ese momento. "Lo amamos profundamente, es alguien que marcó mucho al Dakar. Era un tipo fabuloso, un gran actor y muy buen abogado. Estamos todos muy afectados por esta noticia", agregó Lavigne y la caravana del Dakar rompió a llorar. Absolutamente a todos nos pudo la emoción».

Manu Franco arrancaba así su crónica publicada el 12 de enero de 2005 en el *Diario As*. Durante los dos últimos días había vivido la muerte de personas cercanas, que conocía y que formaban parte de su recorrido como enviado especial al rally más duro del mundo.

Le estaban sucediendo demasiadas cosas en «esa primera vez». Franco era un novato ese año. Demasiados nervios, emociones y dudas. Las preguntas se le acumularon antes de salir de Barcelona el 31 de diciembre de 2004. Se preparó a conciencia, o al menos eso creía. Preguntó a un montón de periodistas veteranos que ya habían acudido en ediciones anteriores para saber qué tenía que hacer en cada momento, qué tenía que llevar en su maleta, qué tenía que saber sobre la comida y el agua, si era mejor llevar tienda de campaña o dormir a la intemperie, cómo debía enviar las crónicas... Tuvo un montón de respuestas y solo un objetivo claro: volver de una pieza. Pero el Dakar no perdona a nadie y transformó su vida para siempre. Ahí supo lo que significaba el periodismo llevado al límite.

El mismo día que Meoni tuvo el accidente, Manu se enfrentó a una crónica desgarradora, la de la muerte de El Carni. Este motorista sufrió una caída mortal durante la etapa del 6 de enero, el día de los Reyes Magos. Franco escribió palabras tristes: «Se llamaba José Manuel Pérez y ya no volverá a montar en moto. El Carni murió ayer en Alicante, pero se dejó la vida en el Dakar. Murió haciendo lo que más le gustaba, pero él no quería morir. Fue camino a Tichit, un lugar olvidado repleto de polvo y suciedad donde las moscas juegan con los niños, en el desierto de Mauritania, allá donde solo existen dunas y silencio».

En tierra peligrosa

Estaba claro que Mauritania era uno de los lugares más peligrosos del Dakar. Manu miraba por la ventanilla de la avioneta pensando que quizá no iba a salir de esa. A su lado, un miembro del ejército mauritano rezaba todo lo que sabía y más. Al otro lado del pasillo, una periodista húngara dormía a pierna suelta, sin enterarse de que quizá ya no despertaría de ese sueño. El contraste tenía su gracia si no fuese porque igual ya no lo contaban.

El piloto estaba dando su octava vuelta en la zona donde debían aterrizar, un pedazo de polvo y tierra, buscando un resquicio de luz en medio de la tormenta de arena que azotaba el lugar marcado por la organización para efectuar el aterrizaje. Se acababa el tiempo y el combustible, el avión iba a máxima potencia y dispuesto a realizar un aterrizaje suicida. El militar se agarró con fuerza al reposabrazos. Estaba a punto de empezar a llorar, el momento crítico había llegado. Mientras, Manu cerró los ojos y se acordó de todos los suyos. Aguantó la respiración. Aquellos mercenarios que pilotaban los aviones del Dakar eran muy buenos, pues estaban curtidos en mil batallas. Al final, la avioneta se posó suavemente en la pista improvisada y todos respiraron aliviados. Despertaron a la húngara, que nunca supo lo cerca que estuvo de la muerte mientras soñaba plácidamente.

En 2005 cubrir el París-Dakar no solo era volar en avión de campamento en campamento, también se podían cubrir etapas en coche o helicóptero. Lo mejor era en este último medio de transporte, aunque se corría el peligro de que el periodista se quedara solo en medio del desierto si se producía un accidente. La prioridad era el accidentado, así que le rescataban y al periodista de turno le tocaba quedarse en tierra hasta que regresaran unas horas más tarde a por él.

Eso le ocurrió en una etapa, en 2006, cuando iba subido a un helicóptero siguiendo al grupo de cabeza en la carrera. El periodista terminó en tierra y abandonado durante unas cinco horas en el desierto, entre Atar y Nuakchot. Le dejaron con un poco de agua y la promesa de que regresarían a por él. Tuvo tiempo de pensar, de ver a una mujer que apareció de la nada cargada con unos fardos y maderas, de hacer una de «las fotografías más bonitas que he hecho nunca»...

Todo esto le ocurrió justo el día que Carlos Sainz andaba ya disfrutando del Dakar y también le pasó de todo. El periodista, a pesar de los pesares, no dejaba escapar nada en sus crónicas: «Y los sueños, sueños son. Carlos Sainz llegó al Dakar para descubrir este desafío, después ganó etapas, estuvo líder y el sueño creció hasta convertirse en la ilusión de la victoria. Apareció Mauritania, el desierto más inmenso, las dunas, la hierba de camello, la arena, el polvo y el madrileño perdió mucho tiempo. Siguió la carrera en este país fascinante y pobre como pocos y el bicampeón sufrió». Sufrió como todos. De nuevo Mauritania atravesaba y marcaba la vida de unos y de otros. Manu tuvo que bajarse de otro helicóptero y volvió a quedarse solo. Aquello era parte del show, pero el espectáculo siempre debía continuar.

El día de Reyes en Zuérate

Manu no había estado nunca en un lugar tan pobre, con tanta miseria, tan dejado de la mano de todo y de todos. Zuérate y sus habitantes giraban en torno a la explotación del hierro por parte de una empresa francesa que no repartía ni una mínima parte de sus beneficios con esa gente.

La mañana del día de Reyes de uno de los años en los que cubrió el Dakar había decidido dar una vuelta por las calles, mezclarse con esa gente para que le contaran cómo era su día a día. Por el camino se le acercó un grupo de chavales a los que les dio el desayuno que tenía para aquel día, algo de mermelada y mantequilla, las cuatro cosas que llevaba encima. A aquellos muchachos se les iluminó la cara ante ese regalo inesperado. Después fue al campamento. El día estaba yendo bien y Manu tenía varias historias para publicar. Estaba esperando noticias de la carrera cuando uno de los hombres de seguridad de la organización se acercó a él.

—Hay un montón de gente del pueblo que busca a Manuel Franco. Deberías salir y ver qué pasa.

Manu estaba sorprendido, porque no recordaba ni el más mínimo problema durante su visita. Se armó de valor, pues en África uno se podía esperar cualquier cosa. Mientras caminaba, divisó a un grupo de unas cincuenta personas. Uno de los chavales con los que había compartido el desayuno estaba al frente de toda esa gente.

—¿Qué sucede? ¿Está todo bien? —Manu hizo la pregunta con temor.

La sorpresa fue mayúscula cuando descubrió que tan solo deseaban agradecerle lo de la comida. Le invitaron a la ceremonia del té y le ofrecieron lo poco que tenían en un acto que emocionó al periodista y que le marcó para el resto de sus días. Aquella gente no tenía nada y se lo dieron todo. Manu aprendió a valorar mucho más la suerte que suponía vivir en el mundo que le había tocado...

La mala suerte no existe

En este tipo de carreras la relación entre periodistas y pilotos suele ser bastante estrecha, y muchos acaban siendo buenos amigos. Así le pasó con Isidre Esteve. Manu terminó escribiendo el libro *La suerte de mi destino*, donde el piloto contaba las mil y unas cosas que le habían sucedido en el Dakar. En el libro Esteve compartía con los lectores cómo era su día a día después de quedarse sentado en una silla de ruedas. Manu recordaba también el día que Isidre se quedó en la moto con la segunda marcha enganchada y así se hizo toda la etapa, perdiendo todas las opciones de victoria.

Otro piloto con el que tuvo numerosas anécdotas fue Marc Coma. En especial el día que se cayó, en 2007, cuando tan solo le quedaban dos etapas para proclamarse ganador del Dakar. Coma se perdió y tuvo un accidente, y el periodista reconoce que ver a ese tipo, todo un titán, en el helicóptero y en la ambulancia mientras le evacuaban le dejó tocado. Tampoco puede olvidar aquellas charlas con Nani Roma sobre la mala y la buena suerte a altas horas de la madrugada:

—Manu, la mala suerte o la buena no existe. Lo que hay es el buen o mal trabajo del mecánico o si tú has tratado bien o mal a tu máquina. Da igual lo que te cuenten, si las cosas salen mal es porque alguien ha fallado. Claro que podemos achacarlo a la mala suerte, pero la verdad es que alguien no ha hecho su trabajo.

El espíritu de todos ellos era especial, como las lecciones de vida que se llevó Manu de todos ellos, incluido Carlos Sainz, que terminaría ganando el Dakar y ahí sigue compitiendo hoy en día.

Llegar a Dakar

Para Manu no hay otra sensación igual. Llegar al Lago Rosa era lo que movía el espíritu de todos y cada uno de los aventureros que tomaban parte en la carrera. Daba igual que fueras piloto, copiloto, mecánico o periodista, la sensación de estar junto al Lago Rosa era emocionante. Muchos se hipotecaban durante años para poder estar ahí. El recuerdo más hermoso que tiene Manu de la llegada al Lago Rosa fue en el año 2005, cuando Rafa Ciscar, de Castellón, y su KTM lo lograron después de haberlo intentado un montón de veces. El día que lo consiguió, Rafa lloró como un niño, y eso que era un señor hecho y derecho que debía de tener más de cincuenta años.

Su último recuerdo le lleva a uno de los peores instantes que vivió en el Dakar. Estaban en Smara, en el Sáhara Occidental. En la entrada había dos imágenes enormes de Hasán II y su hijo. A Manu le pareció aquello una buena fotografía y disparó. No había sonado ni el clic de la cámara cuando los soldados marroquíes se echaron encima de él. Le detuvieron durante más de dos horas y le soltaron a cambio de su reloj. Parece ser que estaba prohibido hacer esa foto en territorio ocupado. Tuvo suerte aquel día por «esas cosas que pasan en África»... Primero, por llevar ese reloj y, después, porque dos amigos periodistas, uno brasileño y otro senegalés, intercedieron por él. Sí, una de las cosas más hermosas que pasaban en el rally era el apoyo que se daban entre todos los periodistas para salir adelante ante cualquier situación...

Para Manu, el Dakar en Arabia o los años que se corrió en América fueron otra cosa. Nada que ver con lo que él pudo vivir. Hace tiempo que cambió el periodismo por los fogones de su restaurante. Aún piensa que el París-Dakar se podría seguir corriendo en África, pero que realmente no hay una intención de volver a realizarlo allí y por eso se acude a otros lugares...

31. ELLAS

Muchas mujeres españolas intentaron vivir de cerca la aventura del París-Dakar en África y no podían quedarse fuera de este libro. Por eso incluimos este capítulo con tres historias protagonizadas por ellas y sus logros, porque son parte de la historia del rally. De las tres, tan solo Rosa Romero participó en el Dakar africano; tanto Laia Sanz como Cristina Gutiérrez compitieron en la aventura fuera del continente. Bueno, al menos Laia sí que fue, pero de espectadora.

Otras muchas mujeres disputaron la carrera e incluso lo intentaron antes que ellas, como Maite Blasco en 1987, formando parte del equipo de Les G du Désert, o Ariadna Tortosa en 1988, que fue la primera de las nuestras en participar en moto. En 1989, Begoña Kaibel y Susana Cabal corrieron juntas con un Nissan.

Pero los logros de estas tres mujeres —Rosa, Laia y Cristina— eclipsan absolutamente todo. Hay otra mujer, de nacionalidad francesa, que también tiene su espacio en el libro. Ella es Martine de Cortanze, y la razón de que tenga un capítulo propio ha quedado explicada en el libro de ruta.

Aunque Laia y Cristina no hayan competido en África, lo que han logrado las hace merecedoras de compartir este pequeño homenaje a todas y a todos los que un buen día apostaron por la aventura y la competición como modo de vida.

Rosa Romero, una llamada de vida

3 de enero de 2006
Cerca de Uarzazat (Marruecos)

El trato con Nani Roma era claro: si se quedaba sola, tenía que abandonar la carrera. Rosa Romero sabía que todo había acabado cuando vio caer a su compañero, a Otger Robert, y que se rompía los dos tobillos. No había nada que hacer, su primer Dakar había terminado a la entrada de Mauritania. Robert se subió de nuevo a la Yamaha porque quería continuar hasta el campamento. Rosa le aguantaba la moto, pero lo que les quedaba por delante iba a suponer todo un calvario.

Hasta ese momento la piloto catalana estaba fascinada, como en una burbuja; se estaba cumpliendo su sueño. Había esperado muchos años, pero por fin conducía su moto por África. Esos primeros días en Marruecos, camino a Mauritania, estaban mereciendo mucho la pena. Había sido duro llegar hasta allí, pero estaba en el Dakar 2006 junto a Robert, su compañero de aventura, en el equipo Vive Dakar.

Los recuerdos la acompañaban y por su cabeza rondaban esos días en que se enganchó a la prueba de Thierry Sabine mientras disfrutaba de las hazañas de Jordi Arcarons, un chico de su misma comarca. En aquel momento ella tenía dieciocho años y había ahorrado para comprarse una moto. Deseaba irse a Marruecos de aventura. Y eso hizo. Por fin cumplía su sueño de vivir sus primeras emociones africanas y descubrir nuevos lugares.

A su regreso todo cambió cuando conoció a Teresa Dot, una joven piloto de enduro que la animó a competir, algo que ni se le había pasado por la cabeza. Dicho y hecho, vendió la moto, la que se había comprado para vivir aventuras, consiguió otra más pequeña de competición y comenzó a disputar algunas pruebas del Campeonato Nacional, en Cataluña.

Corriendo estas pruebas conoció a un grupo de chicos entre los que estaba un joven piloto que se llamaba Nani Roma. El resto ya es historia. Los dos se enamoraron y se unieron como pareja. La idea de ir al Dakar la acompañaba desde siempre. Durante aquellos primeros años le rondaba por la cabeza, pero estar con Nani lo complicaba todo. La primera vez que lo hablaron, el motorista le pidió algo de tiempo, tenía mucha presión y le preocupaba sumar una preocupación extra. No sabía si iba a poder manejar tener a su pareja rodando por el desierto mientras él estaba compitiendo. Estaba seguro de que le iba a afectar emocionalmente.

—Dame algo de tiempo, Rosa, yo te ayudo en todo, pero si estás compitiendo y por la noche no has llegado al campamento, me sumarías un montón de tensión e inquietud, y eso no me ayuda. Yo te prometo que irás, pero dame algo de tiempo.

—Nani, quiero correr el Dakar, lo puedo hacer bien y es una de mis mayores ilusiones. Yo te doy el tiempo que necesites, pero piensa que más pronto que tarde voy a ir.

El triunfo de Nani en las motos y su paso a los coches le abrió la puerta deseada. Para Rosa no fue fácil, porque además en aquel momento ya era madre de dos niñas y la pequeña tenía poco más de dos años. Le tocó luchar para conseguir presupuesto para dos motos; Nani no quería que fuera sola. El piloto conocía los peligros de la moto y no le tranquilizaba la decisión de su mujer. Él le hablaba de las noches en el desierto. Le dijo que como no llegase uno u otro al campamento no iban a estar tranquilos, que la preocupación sería máxima hasta no saber cómo estaba el otro en cada una de las pruebas.

Para colmo, además, no todo era conseguir el dinero para ir; había que entrenar, y para Rosa eso no era nada fácil, pues tenía mil y una obligaciones. No obstante, al final todo salió bien. Se inscribió para correr en la edición de 2006. El Dakar arrancó el 31 de diciembre de 2005 en Portugal y tendría que recorrer más de nueve mil kilómetros hasta el Lago Rosa en Dakar si todo salía tal y como estaba planeado.

El fin de un sueño

Rosa vigilaba de cerca a su compañero, se había caído un par de veces más, pero continuaban hacia el final de la etapa. Otger no podía poner los pies en el suelo, así que cada vez que paraban, ella aguantaba la moto. En el fondo de su corazón la motorista no quería llegar porque sabía que, cuando viera a Nani, todo habría terminado. El pacto era inquebrantable.

—Hola, Rosa, ¿qué ha pasado? —le preguntó Nani.

—Se ha roto los tobillos y no va a poder continuar, lo van a evacuar en un rato.

—Ya sabes lo que hablamos, ¿verdad?

—Sí, lo sé y me duele, porque estoy bien y hay gente que me acompañaría, pero no me parece buena idea. Al final todos tenemos nuestros objetivos y no quiero hacerles pasar por esto.

Buscar un acompañante en el último momento no era un plan fiable porque era un compromiso y una responsabilidad enormes: ¿respondería al cruzar las dunas o el Teneré?, ¿aguantaría las posibles caídas?, y si pasaba algo, ¿la otra persona se quedaría a su lado? Demasiadas preguntas sin respuesta. Además, por encima de todo estaba el pacto y no quería poner a Nani en una situación extra de estrés.

—Perfecto, Nani —le dijo Rosa—, me voy. Abandono aquí y ahora, pero con una condición: el año que viene vuelvo.

El nuevo trato se selló con un beso. Estaban de acuerdo y Rosa trabajó muy duro para apuntarse y participar en el Dakar de 2007. Lo logró.

El accidente que le cortó las alas

El equipo Repsol Mitsubishi participaba en el rally de Marruecos ese año dentro de los planes de preparación para el Dakar 2007. Pero la mala suerte quiso que el coche de Nani y su copiloto, Henri Magne, chocaran contra un muro, de frente, entre el primer y el segundo control de la última etapa. Henri murió en el acto, nada se pudo hacer por él. Durante veinticinco años de competición de Mitsubishi nunca habían tenido un accidente tan grave. Estaba siendo un buen año para Nani y Henri, la pareja de pilotos había terminado en tercera posición en el Dakar. Fueron segundos en el Patagonia-Atacama y repitieron posición en el rally Transibérico. La cuarta cita la tenían en Marruecos. El accidente sumió a todos en un estado de desánimo y depresión. El equipo en bloque fue retirado de la competición. Las cosas cambiaron y mucho ese fatídico día.

Rosa no lo sabía, pero Mitsubishi Motors estaba a punto de tomar una decisión que la afectaría directamente. Como consecuencia de la muerte de Magne se incluyó en el contrato de todos los componentes del equipo japonés, en el de Nani Roma también, nuevas cláusulas entre las que estaba que ningún familiar podía competir al mismo tiempo que sus pilotos y copilotos en las pruebas en donde estos corrían. La decisión dejaba sin opciones a Rosa Romero para el Dakar 2007, el último en África, aunque esa circunstancia la desconocía el equipo, pues ya estaba inscrita.

El enfado de Rosa fue monumental; tanto, que lo pagó con la moto y durante cuatro años no se volvió a subir a ella, ni la tocó. Pasó de las competiciones, del Dakar, de todo. Estaba indignada porque le habían roto sus ilusiones. Nadie había pensado en todo el trabajo, el esfuerzo y el sacrificio. Era tan sumamente injusto que mandó la moto y el proyecto a freír espárragos.

Pasaron los años, Rosa fue de nuevo madre y Nani dejó Mitsubishi. En 2014, el rally Dakar arrancaba en Rosario, Argentina. Muy lejos quedaba el proyecto de Sabine, el sabor de África, pero seguía siendo el Dakar. Rosa decidió desempolvar la moto de carreras y regresar al rally. Participó ininterrumpidamente de 2014 a 2017 y siempre subida en su moto. Y luego, a intervalos, continuaría más años.

Los dos primeros rallies no los pudo finalizar por problemas mecánicos. En 2017 cambió de equipo, era uno de Murcia y al frente estaba Miguel Puertas. Con ese nuevo equipo logró terminar. No solo esa edición, sino tres en total. El siguiente Dakar estuvo a punto también de llegar al final, pero un accidente cuando tan solo faltaban tres días para alcanzar la meta la dejó sin opciones. El accidente fue bastante fuerte: se rajó la ingle de arriba abajo con la torre de navegación de la moto. No pudo terminar el rally a pesar de haber superado lo peor del recorrido. Rosa ya se veía en la final, pero no pudo ser.

Al año siguiente, sus hijos la presionaron para que no fuera en moto; finalmente se pasó a los coches, aunque eso tampoco convenció a los suyos. En casa sufrían mucho cada vez que se marchaba al Dakar y ella les había prometido que no volvería a correr en moto. Su sueño del Dakar estaba de sobra cumplido. Había logrado acudir durante siete años en moto y había terminado el recorrido tres veces, casi cuatro...

Compañeras de aventura

Camelia Liparoti era una motorista italiana especializada en quads y había coincidido en varios Dakares con Rosa. Una vez se encontraban en la pista, en medio de la nada, procuraban seguir juntas todo lo que podían. Y eso sucedió durante muchas etapas.

A Camelia le ofrecieron la posibilidad de ir en un *side by side*, un vehículo de cuatro ruedas, pero necesitaba un copiloto y pensó en Rosa. La catalana aceptó y juntas vivieron algunos momentos de auténtica locura en una nueva cita con el Dakar. Concretamente, en la edición de 2019.

En Bolivia, durante una etapa en la que tenían que cruzar unas montañas, se encontraron con un obstáculo insalvable. Por donde indicaba el libro de ruta, el recorrido original de la carrera, se toparon con unas subidas salvajes a una montaña. Los primeros participantes habían desgastado mucho la pista y era imposible subir. La organización tuvo que tomar medidas para que no quedara bloqueada la carrera. La única opción que encontraron fue desviar el recorrido y llevar a todos los que aún no habían cruzado por otro camino.

No todo el mundo acertó para tomar el nuevo itinerario, pues no había referencias ni libro de ruta. Un grupo, donde estaban Camelia y Rosa, se equivocó y atravesó una zona de montañas por un trayecto que no era. Bajaron y subieron durante kilómetros hasta llegar a un punto donde no podían seguir avanzando. Ya era de noche y la situación era muy delicada. Estaban atrapadas a cuatro mil metros de altura y hacía muchísimo frío. No tenían ropa de abrigo ni comida. Además, no estaban solo ellas, sino un grupo bastante numeroso de participantes. Pensaron en retroceder y regresar por donde habían venido, pero ya no había camino ni lugar por el que pasar.

La organización tuvo que intervenir porque tenía a un montón de corredores atrapados y bloqueados en una montaña en condiciones extremas. Les ofrecieron ser rescatados en helicóptero, pero la respuesta fue unánime: no abandonaban el rally. Se prepararon para pasar una noche en donde solo tenían la manta térmica del kit de supervivencia como abrigo. No durmieron casi nada. A las cinco de la mañana, con la primera luz del día, un helicóptero les acercó algo de comida. A partir de ahí la organización los guio para escapar de la trampa. Llegaron al campamento a las doce del mediodía, pero tenían que continuar porque la etapa de la jornada ya había arrancado. Terminaron ese larguísimo día a las cuatro de la madrugada. Eso les supuso que a partir de esa jornada fueran a remolque de la carrera, siempre conduciendo de noche.

El espíritu de las pioneras

Hoy en día las cosas han cambiado mucho en el Dakar en cuanto a las participantes femeninas. En coches, afortunadamente, hay muchas pilotos y copilotos. En motos no pasa lo mismo. En la última edición en Arabia, solo había tres o cuatro montando en moto; es decir, el mismo número de motos que cuando Rosa Romero participó por primera vez en África en 2006.

Rosa siempre se sintió muy ayudada y apoyada por otros participantes cuando comenzó a correr el Dakar. Nunca vivió su condición sexual como una desventaja. No obstante, las cosas habían cambiado mucho desde el primer año del rally, 1979, cuando Martine de Cortanze participó en moto junto a otras cinco chicas.

Hoy en día, Rosa Romero sigue corriendo Dakares y además recibe muchas ofertas para copilotar, no solo de equipos nacionales, también le llegan muchas opciones de fuera, de lugares tan lejanos como Arabia. Pero en la actualidad el tiempo es oro para Rosa y muchas veces escasea. La piloto no siempre puede decir que sí a proyectos interesantes que en otros momentos hubiese aceptado sin pensarlo. A veces las circunstancias de la vida no lo permiten. Hoy ella vive de algo que le apasiona, que es su ilusión: sigue en el Dakar, que es una prueba que cada día está más en manos de mujeres, aventureras y grandes profesionales. Lo cierto es que el espíritu de esas primeras valientes sigue muy vivo.

Laia Sanz, la mujer que no abandonó ni un rally

5 de enero de 2015
Cerca de San Juan,
provincia de Córdoba (Argentina)
Segunda etapa del Dakar

Estaba segura de que detrás de ella tenía una moto muy cerca. La motorista se giró, pero no había nadie. Entonces siguió el recorrido, pero sentía que la otra moto estaba ahí. La escuchaba claramente. Se paró, pues notaba que la iban a adelantar. Era muy consciente de que tenía a alguien pegado a su rueda. Miró de nuevo a su alrededor y se encontraba sola. No había nadie más. El calor era insoportable, pero ella tenía frío. Intentaba no dejar de hidratarse, o al menos eso era lo que creía, pero realmente se estaba deshidratando. Arrancó de nuevo y, de repente, otra vez comenzó a escuchar el motor de otra moto a su espalda. Estaba segura de que no se había vuelto loca, que tenía a alguien detrás, pegado a ella. Se dio la vuelta otra vez y no había nada ni nadie. ¿Qué narices pasaba? Se giró una y mil veces, pero no se encontró con nadie. Sin embargo, sabía perfectamente que otro piloto la seguía. No podía quitarse esa sensación. Ella aceleraba para dejar a esa moto atrás, pero un segundo después de nuevo estaba a su lado. Jugó con ella hasta el final de la etapa..., hasta que cruzó la meta.

Pocos, muy pocos, habían conseguido superar el día, pero Laia lo logró. El calor había marcado las diferencias en esa jornada. Para ella fue el día más duro de todas sus participaciones en el Dakar. No era la única. Entre los que llegaron, gente muy fuerte física y anímicamente, muchos cayeron desmayados en la meta, perdiendo el sentido cuando se detenían. Los médicos de la organización trabajaron sin parar. Algunos de los participantes sufrían casos severos de deshidratación.

A Laia la observaron y le dijeron que seguramente lo que le había sucedido, esa moto que supuestamente no la dejaba en paz, era fruto de una alucinación, una trampa que le tendió su cabeza. Ella juró y perjuró que un motorista la había seguido durante más de la mitad del día, y que esa presión la hizo terminar la carrera. Lo cierto es que Laia alcanzó sola la meta, nadie iba detrás de ella.

Tras la conquista de un sueño

Laia empezó a competir con las motos de trial. Durante años logró ser la mejor, la campeona del mundo de esta modalidad. Por aquel entonces ya le fascinaba ver los resúmenes del Dakar y soñaba con saltar las dunas por el desierto africano. Pero solo era eso, un sueño. Nunca pensó que alguna vez se haría realidad. Tuvo una primera sorpresa inesperada: Repsol la invitó a seguir algunas etapas del Dakar, como si fuese una «turista». En 2007 se pasó cuatro días y cuatro noches viviendo en directo las últimas etapas hasta el Lago Rosa. Un par de años después de esa experiencia entró en contacto con Jordi Arcarons y poco a poco su sueño se fue transformando en realidad.

Y así fue cuando un buen año, casi sin proponérselo, se encontró junto a una moto de rally en una sesión de fotos para el Dakar. Nunca se había subido a una. Pero estaba ahí, lista para cumplir un sueño. Estaba dispuesta a intentar terminar el reto más impresionante al que se había enfrentado. Estuvo en el momento oportuno, puesto que hoy en día no hubiese podido correr el Dakar; para apuntarse, el participante tiene que haber competido en una serie de carreras, pues hay que cumplir unos mínimos requisitos. Cuando Laia comenzó su aventura en 2010, simplemente uno se inscribía y listo. Ella sabía lo que era un libro de ruta y lo había manejado alguna vez, pero nunca se había subido a una moto de rally, ni siquiera tocarla.

De la sesión de fotos junto a la moto del Dakar pasó directamente a América, a la carrera de su vida. Todo fue una locura, pero la experiencia resultó apasionante. Laia estaba feliz y emocionada junto a miles de personas en la salida del Dakar en Argentina. Su recuerdo más hermoso fueron los últimos diez kilómetros de esa primera vez, porque los hizo llorando de emoción. Diez kilómetros llorando por lo logrado y sobre todo por lo vivido.

En su primer Dakar, la piloto catalana no paró de formarse y de aprender de cada error que cometió. Falló porque no se alimentó bien, no se hidrató lo suficiente y no descansó lo que debía. Sin duda pagó el precio de ser novata, perdió mucho peso y llegó agotada. Por más que le contaron cómo tenía que manejarse en el vivac cuando llegaba después de cada etapa, ella hacía lo contrario: se ponía a hablar con todo el mundo en el campamento y se acostaba tarde. En ese primer año comprendió que diez minutos de sueño eran un mundo en el Dakar. Para la siguiente edición el horario lo llevó a rajatabla, casi a nivel militar. Una vez terminaba la etapa, Laia comía mucho, aunque no tuviese apetito. Se duchaba, preparaba el libro de ruta, pasaba un rato por el fisioterapeuta y se iba a la cama. En plena etapa, cuando le tocaba repostar, esos quince minutos de parada los aprovechaba para comer, aunque se tuviera que forzar a ello.

En la primera edición consiguió llegar en el puesto 39 y ganar la categoría femenina. El siguiente año repitió puesto y triunfo entre las mujeres. Este segundo año fue complicado porque su compañero de equipo, Marc Guasch, se cayó y se perforó un pulmón, abandonando la prueba. Laia estaba sola. Continuó, pero en una de las etapas se cayó y se hizo daño en la mano. Los médicos del Dakar la observaron, pero no encontraron nada roto. La tenía muy hinchada, pero entre los cuidados del fisioterapeuta y los antiinflamatorios, la piloto siguió compitiendo. La mano no estaba bien, pero pudo terminar y de manera brillante. Cuando llegó a casa, a Barcelona, le confirmaron que se había roto un hueso.

Laia comprobó durante el tercer año un cambio importante, sobre todo cuando empezó a entender cómo funcionaba la carrera. La experiencia en el Dakar era muy importante, un factor que sumaba muchos puntos y la ayudó a superar el Dakar de 2013, que fue todo un calvario.

Arrastrada y agotada

El motor de la moto se rompió en la novena etapa, parecía que todo estaba perdido, pero entre Laia y su compañero, Miguel Puertas, decidieron intentar hacer los siguientes trescientos kilómetros arrastrando la moto rota atada con una cuerda. Si el Dakar de por sí ya era complicado, con una moto remolcando a la otra era una auténtica pasada. La operación les salió bien, pero llegaron al campamento a las cinco de la mañana. Durmieron una hora mientras reparaban el motor y volvieron a salir. De nuevo tuvieron problemas mecánicos, con lo que acumulaban dos días de pesadilla. El problema era mucho más psicológico que físico, pues el hecho de no dormir esa noche les pasó factura para el resto de las jornadas. Laia tenía un solo objetivo y era terminar entre los treinta primeros puestos, pero ya era algo muy difícil. Solo esperaba acabar el trayecto y, si podía, ganar la categoría entre las pilotos.

Durante la primera semana de ese 2013, Laia había navegado muy bien, no se había perdido y estaba muy orgullosa del trabajo hecho. Los problemas con la moto la retrasaron mucho, pero cumplió uno de sus objetivos, pues ganó la categoría. Ese año había estrenado moto y casi no había podido entrenar con ella en otros raids, así que el propósito que se hizo para el año siguiente, antes de regresar de nuevo a América, fue intentar subirse mucho más a su motocicleta.

Cómo hemos cambiado

Desde que participó por primera vez en el Dakar, ya lleva catorce, todo ha cambiado mucho. Ha terminado todos los rallies y ha obtenido once victorias en moto en la categoría femenina. Desde el primer año comenzó a ganar a muchos motoristas y se notaba que a ellos no les terminaba de hacer mucha gracia. Pero ahora es diferente. Laia explica que todo ha cambiado mucho y muy rápido. El Dakar continúa siendo una prueba muy dura tanto para hombres como para mujeres. La diferencia con los años del pasado es que ahora hay muchas más chicas en el rally. Quizá no en motos, pero sí en coches y también en áreas fundamentales como ingeniería, mecánica, comunicación y en los equipos en general.

Laia se acostumbró desde sus inicios a ser normalmente la única chica que iba en moto y eso hizo que desarrollara un sentido especial por el que este detalle le traía sin cuidado. Ella solo competía y le daba igual contra quién. Lo único que quería era ganar siempre y no prestó mucha atención a si había o no alguna mujer más.

Durante esos catorce años mantuvo siempre el espíritu de llegar hasta el final pasase lo que pasase. Siempre terminó todos los recorridos y no abandonó nunca. En algunos rallies pensó que no lo lograría por problemas mecánicos. Como ese año con Miguel en el que el piloto arrastraba la moto de Laia y no hacían más que caerse cada dos por tres. O en 2024, en Arabia, cuando volcó el coche en el que iba. Estuvieron cinco horas trabajando hasta dejarlo listo para poder cruzar el control de paso que les permitiera continuar. Estaban a diez minutos de quedarse fuera si no cruzaban a tiempo. No se habían dado cuenta de que el reloj iba en su contra, que tenían que llegar cuanto antes. No podía fallar en eso. Dejaron el coche con lo justo para poder continuar el trayecto. Lo lograron y llegaron hasta el final.

Otras historias que contar

La motorista tiene más anécdotas de sus muchas participaciones en el Dakar. Por ejemplo, Laia recuerda una etapa en el Salar de Uyuni, en Bolivia, el mayor desierto de sal. Allí hacía mucho frío y la única manera de calentarse las manos, además de ponerse varios pares de guantes, era orinarse en ellas. La estrategia no solo funcionó, sino que además salvó sus manos. Entró en quinto lugar en la clasificación aquel día. Le fue muy bien.

Otra de las historias que marcaron a Laia fue aquella en que corrió después de pasar la enfermedad de Lyme como consecuencia de la picadura de una garrapata. Le sucedió durante la pandemia. Al principio del confinamiento, sobre el mes de abril, le picó una garrapata, pero no se dio cuenta. Comenzó a encontrarse muy mal. Sufría dolores de cabeza, tenía artritis, notaba las articulaciones hinchadas y desarrolló problemas cardiacos y del sistema nervioso. Hasta septiembre los médicos no fueron capaces de acertar con el diagnóstico. Durante dos años la situación de Laia fue muy complicada. Tomaba muchos antibióticos y medicación para todos los males que le acarreaba la enfermedad. Aun así, su espíritu indomable la llevó a querer participar en el Dakar.

No era la mejor idea, pero le ayudaba a no pensar en lo que estaba sufriendo. Su entorno la apoyó y, una vez más, se lanzó a intentar superar el reto en moto. Han pasado cuatro años de aquella hazaña y Laia, que es ahora cuando realmente se está empezando a encontrar bien del todo, recuerda que en ese Dakar quedó en el puesto 17 o 18, pero que le dio igual. Aquel año solo quiso tener el valor de terminar el rally, porque realmente estaba muy fastidiada. Iba hasta arriba de antibióticos, que se los metían en vena. Estaba medio zombi. No sabe cómo pudo correr. Para ella fue el Dakar en el que más lloró de todos. No podía retener las lágrimas cuando llegó al final del recorrido, pues le había costado mucho, por lo difícil del rally y porque ese año no lo había pasado precisamente bien.

La dureza de esos Dakares poco o nada tiene que ver con la de los de ahora. Todo es diferente y el espíritu ha cambiado. Antes, cuando iba en moto, regresaba a casa y se pasaba casi un mes sin tocarla o sin realizar ningún entrenamiento físico, porque estaba destrozada. Sin embargo, al mes y medio ya estaba deseando prepararse para repetir la experiencia. Hoy en día, Laia corre en coche y tiene una sensación distinta cuando concluye el Dakar. El último día le da pena que se acabe el rally y no sentir que va a seguir subiendo y bajando dunas con el coche... Es una sensación difícil de explicar. Sí, los tiempos han cambiado, pero ella necesita sentir las dunas y esa adrenalina cuando su vida es una aventura constante.

Cristina Gutiérrez, la primera española en ganar el Dakar

19 de enero de 2024
Arabia Saudí

Cristina había salido a por todas. Aquella era la última etapa. La separaban de su rival, Mitch Guthrie, más de veinte minutos. Daba igual. En el Dakar todo puede suceder y en cualquier momento. Tenía claro que no podía aflojar. Esa misma mañana había tenido un pálpito. Algo le decía que podía ganar. No podía obviar esa intuición...

Ella y Pablo Moreno, su copiloto, abrían pista porque habían ganado el día anterior y eso les obligaba a salir los primeros. Cristina apretó los dientes y aceleró. Vendería caro el triunfo. Los últimos días habían sido muy intensos. Después de la jornada de descanso en Riyadh, la burgalesa estaba en segunda posición. Aquella mañana de reposo, la organización había realizado una inspección técnica por sorpresa y terminó echando al líder de la prueba y al tercer clasificado, pues les habían pillado con los embragues modificados. Eso era ilegal y no podían continuar.

Ser segunda estaba bien, pero Cristina no quería conformarse con ese puesto. Para superar el tiempo que la separaba del piloto estadounidense, casi una hora, solo podía hacer una cosa: atacar, atacar y volver a atacar. Lo hizo en cada una de las etapas hasta el último día. La diferencia para entonces era de poco más de veinte minutos, pero aún estaba lejos. Solo quedaban por disputar los últimos ciento setenta kilómetros. La hora de la verdad había llegado. Cris partía con una desventaja: al salir un minuto por delante, pues había ganado la etapa y abría pista. Si le sucedía algo a Mitch, ella no se enteraría.

Iban al límite, pero seguros y sin cometer errores. Poco a poco el tramo cronometrado estaba llegando a su fin. El trabajo estaba hecho. Estaba contenta porque ya no podía hacer más de lo que había hecho. Mientras se acercaba a la llegada, vio un revuelo de gente, periodistas, cámaras y aficionados. Ella creía que estaban ahí celebrando la victoria de Carlos Sainz.

—Cuánta gente, Pablo —comentó Cristina a su copiloto—, menuda fiesta está montando Carlos.

Poco más pudo decir, porque cuando paró el coche, se dio cuenta de que toda esa gente la estaba esperando a ella. Mitch había tenido problemas mecánicos y hacía un buen rato que andaba detenido en los primeros kilómetros de la especial. La locura se había desatado en internet, que incluso se había bloqueado. Nadie sabía cuánto tiempo había perdido y si Cristina le había adelantado o no o si el piloto ya se había puesto en marcha de nuevo. La gran pregunta era: ¿quién estaba ganando el Dakar en aquellos momentos? Pablo, el copiloto, estaba desesperado intentando que la organización le dijera algo. Lo mismo que Cris, que trataba de averiguar a cuánta distancia estaba Mitch y si seguía parado o no. Todos estaban con los nervios a flor de piel. Por fin se reanudaron las comunicaciones. Poco a poco se fueron cargando los datos y el estadounidense apareció en pantalla. Había perdido demasiado tiempo, pero no estaba lejos de Cristina. El piloto seguía corriendo, pasando por los puntos de paso, pero no lo iba a conseguir, para él ya era demasiado tarde. Cristina Gutiérrez entraba en la historia del Dakar al ser la primera mujer en ganar desde que veintitrés años antes lo hiciera la alemana Jutta Kleinschmidt.

Estaba muy feliz, emocionada, y poco a poco fue asimilando lo que estaba pasando. La celebración ya se había puesto en marcha. Por su cabeza pasó por un instante una tormenta de imágenes de lo que había sucedido pocas semanas antes, cuando estuvo a punto de no ir al Dakar porque Red Bull y el equipo del año anterior no se habían puesto de acuerdo y todo parecía abocado al desastre. Pero a última hora le consiguieron un coche, en un equipo francés, con una estructura muy familiar que le encantó. Todo fue tan precipitado que llegó a Arabia sin hacer test ni probar el auto siquiera, nada. Pero ahora, con la victoria, todo quedaba borrado de un solo golpe; además, había firmado unas semanas antes con Dacia para correr en 2025. La dicha era absoluta.

El año que escribió su camino

Con solo dieciocho años y todas las ganas del mundo, Cristina concursó en el Campeonato de España, soñando con el Dakar, el americano, porque para entonces hacía unos años que África había quedado atrás. Su equipo, el que la apoyaba en España, era el que daba cobertura a Isidre Esteve en la gran prueba.

En 2015 salió una beca de la Federación Internacional de Automovilismo para seleccionar a nueve pilotos y a nueve copilotos de todo el mundo y de diferentes disciplinas. Las encargadas de hacer esta criba eran Jutta Kleinschmidt, Fabrizia Pons y la responsable del proyecto, Michele Mouton. Las tres eran historia viva del automovilismo mundial. Había que enviar un vídeo donde la piloto en cuestión contara en inglés quién era y qué había hecho. Cristina no hablaba muy bien el idioma, pero se lo preparó bien. Lio a su hermano para que sujetase el papel donde tenía escrito lo que diría frente a la cámara del teléfono. Y grabó el vídeo. Pensó que jamás la llamarían, pero al menos lo había intentado.

Con todo, su plan funcionó; tenía que volar a Qatar. Era su primera vez, nunca había volado con su casco para ir de carreras fuera de España. Durante cinco días les enseñaron de todo: a navegar, a pasar dunas, a saber cómo funcionaban los controles horarios... Era realmente un primer contacto para descubrir todas las claves de competición en un rally. Quedó entre las tres mejores y como premio la invitaron a participar en una prueba del Mundial del año siguiente. Regresó pletórica de esa semana y decidió que quería intentar ir al Dakar. Se puso a ello y comenzó a buscar financiación. Reunió el dinero gracias a unas cuantas empresas burgalesas. Consiguió cien mil euros. En la actualidad no podría ir por esa cantidad.

El 2 de enero de 2017 estaba tomando la salida en Asunción, Paraguay. Era la novena vez que el rally se corría en Sudamérica desde que había salido de África. Cristina y su copiloto, Pedro López, tenían el objetivo de terminar la prueba. Los dos eran novatos y poco se imaginaban en dónde se estaban metiendo.

La primera gran sorpresa para Cristina fue enfrentarse al feshfesh, ese polvo fino, como el talco, que en algunos lugares por los que les tocó pasar les cubría hasta un metro y medio. Fue en ese instante cuando comenzaron a ser conscientes del nivel de exigencia que requería esta aventura americana. Poco a poco fueron quedando retrasados respecto los demás participantes. La caravana cada vez estaba más lejos. Por eso les tocó correr de noche, al límite de sus fuerzas y sin poder dormir. Cristina no dejaba de sorprenderse de los sitios que estaban cruzando, pistas de piedras enormes que parecía imposible cruzar.

También estaba el Sentinel, el instrumento que permitía a los pilotos realizar un adelantamiento con seguridad, aunque las condiciones de visibilidad fueran reducidas. «El Sentinel, cuando avisaba de que te iban a adelantar, tenía dos sonidos diferentes, pues distinguía entre si era un coche o un camión. El del coche era más relajado; el del camión, muy intenso. De repente venía un camión, justo en un lugar muy estrecho. A los camiones les daba igual si era estrecho el camino: o te apartabas o te apartaban. El Sentinel empezó a pitar como loco. Cada vez las luces del camión estaban más cerca y llegó un punto en que giré, justo en el último instante, antes de que nos pasara por encima, y me estampé contra un poste de luz».

Comprender cómo funcionaba el ritmo de la carrera y darse cuenta de que podría quedarse fuera del rally por una chorrada, como la de no mantener la calma y equivocarse en las decisiones, fue todo un bautismo de fuego para Cristina. Salió con vida del primer Dakar y terminó en el puesto 44 de la general. Se convirtió en la primera española en terminar en coches el Dakar. Su padre lloró de emoción durante las siete horas que duró el último enlace hasta la meta. El hombre era incapaz de hablar con su hija cada vez que escuchaba su voz por la emoción y la alegría de lo que había logrado. A Cristina le supo a victoria terminar el Dakar.

El calvario

«De los que he vivido, 2018 ha sido el más duro con diferencia, por todo lo que nos pasó, pero fue el mejor para valorarme, para tomar conciencia de cómo soy como persona. Además, superé situaciones que jamás imaginé que fuese capaz de solventar». Cristina seguía contando con el apoyo de los patrocinadores; tan solo le tocó cambiar de copiloto, ahora era Gabi Moiset quien la acompañaba. En la primera duna de la etapa prólogo volcó, y mientras rodaba como una croqueta duna abajo le dio tiempo a pensar de todo. Se había pasado el año entero buscando apoyos y le daba una vergüenza horrible que la estuvieran viendo así, dando vueltas sin parar. Cuando el coche llegó al final, se quedó sobre las ruedas, de pie. No había pasado nada. Gabi y ella estaban bien. La arena era muy blanda y eso les había salvado. Pero ese tan solo fue el primer aviso del calvario que iban a protagonizar.

Empezaron los tramos y, con ellos, las averías mecánicas de todos los colores. De tal manera que se iban retrasando cada vez más y fue necesario hacer las especiales por la noche. Todos los días llegaba al vivac a las siete de la mañana, pero ya no quedaba nadie, estaba todo recogido, porque la etapa siguiente ya estaba en marcha. Empalmaron etapas. A los tres días, los dos habían dormido muy poco. Cristina ya escuchaba voces, tenía visiones y paranoias. Por ejemplo, pensaba que en medio del desierto su copiloto le estaba diciendo que en la siguiente rotonda girara a la derecha, pero en realidad estaban cruzando una duna. «Yo le preguntaba si me estaba vacilando y Gabi, el pobre, no entendía nada. Él no tenía ni idea de que yo había escuchado lo de la rotonda, algo que él nunca había dicho».

En una de las jornadas, sin avisar, la organización adelantó la etapa siguiente mientras Cristina estaba terminando la anterior. Y por ese cambio, por una hora de diferencia, se quedaron fuera de la carrera. Ellos llegaron al campamento en el tiempo previsto para no penalizar, pero cuando entraron les explicaron lo que había sucedido y que no podían seguir.

—Pero ¿cómo que no podemos seguir? Nadie nos ha avisado de esto. Es totalmente irregular e injusto; si lo hubiera sabido, podría haber intentado llegar, pero si se toma una decisión arbitrariamente y sin comunicarlo, no podemos hacer nada.

El enfado de Cristina con los organizadores fue monumental. Razón no le faltaba. La forma en la que se había tomado esa decisión no era justa. Los readmitieron y siguieron en el rally. «Cuando recuerdo con Gabi todo lo que pasamos nos reímos, porque estábamos en la mierda. Hoy soy consciente de que en la misma situación por la que pasamos ese año habría abandonado, pero si tu mente no te bloquea, puedes superar situaciones impensables. Yo no era consciente de que íbamos a pasar tres días sin dormir. Además, hacía muchísimo calor».

«Te tienes que aburrir de lo despacio que vas»

Esa fue la frase que le dijo el copiloto de Carlos Sainz, Lucas Cruz, para ayudarla a comprender qué tenía que hacer para salir bien parada de esa carrera tan dura. Durante aquel año 2018 continuó pasándolo realmente mal. Cristina se paró, no podía más, estaba medio deshidratada; se bajó del coche y comenzó a escuchar una voz detrás de ella, alguien le hablaba. Escuchó que la llamaban: «Cris, Cris». Se giró, pero no había nadie, estaba sola junto al coche. De nuevo escuchó su nombre y, de repente, reconoció la voz; era la de su tío que había muerto un año antes. «No sé qué me pasó realmente, pero esa voz hizo que encontrara la fuerza para seguir. Me dije que mi tío estaba conmigo y que nada podía pasar, volví a subir al coche y continué».

La otra parte terrible al sufrir tantas averías era que tenía que ser remolcada por los camiones. Kilómetros y kilómetros de dunas detrás de un camión, enganchada a una eslinga y con el miedo de si le podría ocurrir algo en esas circunstancias. Siempre estaba la historia que contaban los camioneros cada vez que les tocaba arrastrar a alguien. La contaban para que se ataran bien y los pilotos fueran con el casco puesto. El cuento era que, remolcando a un piloto, el coche volcó y lo arrastraron durante veinte kilómetros, circulando bocabajo, sobre el techo del vehículo; casi lo matan. Sin duda no era lo mejor para dar ánimos cuando quedaban más de trescientos kilómetros para llegar. «La única opción que teníamos si pasaba algo era utilizar el Sentinel, para que lo escucharan dentro del camión». Cristina y Gabi terminaron en el puesto 38 a pesar de todo el calvario, y fueron segundos de su categoría. Fue el último Dakar que corrieron juntos; Gabi sufriría un accidente corriendo en un rally durante el verano y no pudo seguir compitiendo. Cristina apostó por su mecánico, Pablo Moreno, para sentarlo a su lado, pues le conocía bien, y con él continúa hoy en día. Gracias a la habilidad mecánica de Pablo, cuando las cosas se torcieron por problemas con la correa del alternador fueron capaces de terminar en el Dakar de 2019 y lo hicieron en el puesto 26, la mejor clasificación para Cristina hasta entonces.

La gran decisión

«Todo pintaba que ya no podía dar más de sí, mi carrera profesional con los coches había llegado a su límite. La decisión estaba tomada: solo continuaría si aparecía un proyecto bonito. Con el COVID habían desaparecido los patrocinadores, todos menos Santander Consumer, pero con ellos solos no podía correr».

Fue entonces cuando Mini le ofreció participar en la carrera de Andalucía, con un descuento del setenta por ciento, y le daban un coche pata negra para competir con los top. Pero no tenía dinero. ¿Qué podía hacer? Durante unos días hizo lo imposible por tener presupuesto, pero la única salida era pedir un crédito. Pero ¿cómo iba a endeudarse para correr dos días? Le parecía que no tenía ningún sentido. «Era absurdo, una locura, pero la oportunidad seguía siendo única. Necesitaba ochenta mil euros. Si me salía mal, me iba a pasar los cuatro siguientes años de vida pagando el rally. Pero si me salía bien, quizá podía aparecer alguna oferta interesante».

Cristina pidió el crédito y Mini le puso el coche, ya todo estaba listo. Buscó un copiloto y apostó por un amigo recomendado por otro amigo. En la etapa prólogo se montó el festival, porque el nuevo copiloto tenía que tomar notas y no lo había hecho en su vida; se perdió en el polvo. Cristina, también. Además, se rompió el coche. Al final, Cristina lloraba desesperada, pensando que aquello era su ruina.

Pero se produjo un fallo en el cronometraje y la prólogo se anuló. El rally comenzaba en la primera etapa. «Lo tenía claro, eso era una señal y decidí salir en la primera etapa a muerte». La salida de Cristina fue tan espectacular, que puso su Mini en cuarto lugar por detrás de Stéphane Peterhansel, Nasser Al-Attiyah y Carlos Sainz. «Después de eso me llega un mensaje por redes del mánager de Hamilton diciendo que quería que entrara en su equipo de la Extreme E, una carrera donde pilotaría junto al campeón del mundo de rallies, Sébastien Loeb. Lo primero que pensé fue que me estaban engañando, pero entonces en la videollamada aparecieron Hamilton y Loeb y me quedé helada, porque pasé de estar arruinada con el crédito, debiendo un montón de dinero, a firmar el primer contrato de mi vida por correr y que además me pagaran».

Pero las cosas no se quedaron ahí. En las charlas con su nuevo compañero de equipo, con Loeb, el francés le preguntó si iría al Dakar.

—No, Seb, no tengo dinero este año para ir a competir. Me encantaría, pero no tengo cómo resolver la parte económica.

Cristina fue sincera y le contó la verdad, el tema de los patrocinadores en España estaba muy complicado.

—Déjame que haga una llamada, igual lo podemos resolver —fue la respuesta de Loeb.

Al cabo de un par de horas, le llamaba directamente el jefe de Motorsport de Red Bull:

—Cristina, ya me ha contado Seb. Necesito que en dos días estés en Dubái para hacer una prueba de selección. Me falta un piloto para el Junior Team.

«Y yo alucinando, porque no había corrido en todo el año y en dos semanas me cambió la vida. Como siempre, pensé que no iba a entrar. No obstante, me fui a Dubái. Hice la prueba y cuando terminé me bajé del coche. A continuación, me dicen los organizadores: "Vamos, danos las tallas para el mono de carreras. Vas al Dakar". Yo, tan ingenua como siempre, les digo: "¿Al del próximo año?". Y me contestan: "No, en quince días estás corriendo en Arabia"».

Del Dakar al Mundial de Cross Country

Su aterrizaje en el Dakar de 2021 fue por la puerta grande: ganó la primera etapa y se puso líder. Cuando se vio en lo alto de la clasificación, luchando por ganar, le cambió la manera de ver la carrera. Lo cierto es que los valores aprendidos años atrás en América la ayudaron muchísimo, solo sumaron a su nueva forma de competir. «Yo me sentía orgullosa de haber salido de la nada, de esas noches que pasé sin dormir, de todo el sufrimiento pasado. Todo esto me hacía valorar más lo que tenía y solo pensaba en ganar». La última mujer que había ganado una etapa en el Dakar había sido Jutta veintitrés años antes. Cristina ni lo celebró, pues no era consciente con todo lo que le estaba pasando de la gesta que había logrado. Red Bull vio el potencial de su nueva piloto y le ofreció correr el Mundial de Cross Country.

Terminada la carrera en Arabia, la piloto se fue a Andalucía, la primera carrera del Mundial, y ganó. La siguiente cita, la segunda del Campeonato del Mundo, era la de Kazajistán. «En la última etapa me lesiono, me rompo las vértebras, voy al hospital y me tengo que quedar veinticuatro horas en observación para ver si tengo sensibilidad en las piernas y saber si me quedo en una silla o no. Fue horrible, tanto el trato en el hospital como la situación, todo. Al tenerme que quedar, pierdo el avión para salir del país, no vuela ninguno más (era la época COVID). La única opción que me dan es ir siete horas en coche hasta otro aeropuerto, pero yo no podía ir tanto tiempo sentada. Pasan seis días con sus seis noches, estoy desesperada y se me ocurre llamar a Jesús Calleja. No sé por qué pensé en llamarle, pero lo hago y me dice que su amigo Serafín tiene una flota de aviones y que mañana estaré en España. Lloré mucho, porque estaba convencida de que me iba a quedar mal, fastidiada en esa cama, pero me llevaron en un avión privado de vuelta a Barcelona. Me sentí como Beyoncé».

Cristina estaba en su mejor momento deportivo cuando sufrió el accidente. Fue un palo tremendo para ella. Mentalmente fue una etapa complicada, estaba como en una montaña rusa de emociones. Vivía días buenos y otros horribles, con el ánimo muy bajo. La recuperación fue dura, pues la siguiente carrera era en tres meses. Era necesario acortar los tiempos para recuperarse, con el peligro que esto suponía. Cristina sabía que no era muy sensato lo que estaba haciendo, pero cada día trabajaba siete horas, mucho fisioterapeuta y esfuerzo físico. También cambió su alimentación. Así llegó el gran día: tres meses después estaba en Groenlandia preparada para la salida de la prueba en Extreme E. No paró de correr, regresó al Mundial y lo ganó.

Otra vez Arabia

En 2022, Cristina terminó el Dakar en el pódium, en tercera posición. Otro éxito más. Al año siguiente, en 2023, se llevó el susto más grande de su vida en Arabia, cuando disputaba la tercera etapa. Era el martes 3 de enero, partían de Al-Ula y se dirigían a Ha'il. Iba en segunda posición y seguía de cerca al chileno Chaleco López, que tenía el primer puesto. Pablo avisó a Cristina que en el libro de ruta se había señalado un paso por un río seco, pero no estaba seco del todo, sino que bajaba por él un poco de agua, menos de un palmo. Chaleco fue el primero que se quedó atrapado. Él y su copiloto estaban fuera del coche cuando llegó Cristina y la avisaron de que no cruzara por ahí.

—¡Hacia la izquierda! —gritó Pablo cuando vio al chileno encallado en el río seco y haciendo gestos.

Cristina giró y se fue algo más a la izquierda, pero también se quedó clavada.

—Tranquila —le dijo Pablo—, vamos a preparar los enganches para cuando lleguen los camiones y nos saquen.

Los dos coches atrapados no sabían lo que les esperaba. Más al norte de donde se encontraban había comenzado a llover, provocando una crecida del mal llamado río seco. En unos minutos, ese escaso palmo de agua aumentó lo suficiente como para llegarle a la cintura a la piloto burgalesa. La lluvia había provocado una riada.

—¡Pablo! —gritó Cristina—, ¡cierra la puerta! ¡Está entrando agua en el coche!

—¡Está cerrada, Cris!

Así era; el agua, de repente, le llegaba ya al pecho. Estaba entrando por encima de la puerta y crecía el nivel sin parar. Cristina no podía salir del coche. Ella continuaba acelerando para que no entrara agua en el motor. Si eso ocurría, el Dakar terminaría ahí mismo. Pero el nivel del agua crecía y crecía y ya estaba a la altura de sus hombros. El coche comenzaba a moverse y estaba a punto de ser arrastrado por la corriente. La situación era dramática. Justo en ese instante llegaron los camiones que estaban peleando por ganar el rally. Todos pararon para ayudar, pues comprendieron al momento que aquella era una situación límite. Sabían que les podía costar la vida a los pilotos atrapados dentro de los coches. Cristina y Chaleco no se habían bajado porque confiaban en que los sacarían de ahí. Había muchos nervios, pero tenían que actuar rápidamente o el agua los arrastraría. Aterrizó un helicóptero de la organización y entre gritos y señas engancharon las eslingas y tiraron de ellos.

Por fin estaban fuera de peligro, pero quedaban doscientos kilómetros de especial y otros trescientos de enlace. Todo estaba empapado, los asientos y sus monos... Sí, llegar al vivac fue otro infierno. Durante los siguientes días tuvieron que correr sentados encima de una bolsa de basura y con el asiento empapado... «Y ahí que fuimos, a hacer el Dakar». Ese año terminó en cuarto lugar.

El resto ya es historia, la victoria en 2024 y lo que le puede deparar el futuro. Cristina jamás ha corrido en África, pero ha sido capaz de asimilar y sumar a su vida el espíritu aventurero de Thierry Sabine.

EPÍLOGO. CARLOS SAINZ, BATIENDO RÉCORDS

Verano de 2004
Costa de los Pinos
(Palma de Mallorca)

Carlos Sainz compartía unos días de vacaciones con el escocés Colin McRae, el campeón del mundo de rallies. Colin había participado ese año en el Dakar. Era uno de los pilotos de Nissan.

—Te gustaría, Carlos. Es una carrera que a ti te divertiría. En serio, creo que te lo pasarías bien corriendo en África.

—No fastidies, Colin —respondió Carlos.

Sainz no se había sentido en sus años mundialistas atraído por esa prueba.

—En serio, tal y como tú eres, te encantaría. Hay que prepararla muy bien, tiene mucha estrategia, es una competición de equipo y dura muchos días. Es muy larga.

Carlos Sainz se quedó pensando lo que le decía su amigo, pues era cierto que la vida le estaba abriendo nuevas puertas. Con su salida del Mundial de Rallies, quizá el Dakar era una buena opción para seguir disfrutando de lo que más le gustaba en el mundo, correr en coche.

—Y una última cosa, Carlos, se corre mucho, pero mucho más de lo que parece.

Esa conversación de verano se quedó ahí. Sainz se guardó todo lo que le decía su amigo, pero todavía tenía que terminar el Mundial.

A finales de 2004 cambió su vida: después de diecisiete años compitiendo alrededor del mundo, había llegado el momento de pasar página. En enero de 2005 siguió con más interés todas las noticias sobre lo que iba pasando en el Dakar. Ese año partió de Barcelona y terminó, como casi siempre, en el Lago Rosa. A Colin McRae esa edición no le fue bien porque concluyó antes de tiempo: tuvo un accidente impresionante en la sexta etapa. Ocurrió el 5 de enero, cerca de Zuérate (Mauritania), justo cuando le quedaban solo ochenta kilómetros para terminar la especial.

Citroën, después de haberse retirado oficialmente Sainz del Mundial, le pidió que les ayudara en dos carreras, en los rallies de Turquía y Grecia. Carlos se lo pensó, pero terminó accediendo a ello. Paralelamente continuó con su proyecto de futuro y decidió que iba a hablar con Repsol, por los años que habían colaborado juntos. La petrolera española patrocinaba el equipo Mitsubishi, con Stéphane Peterhansel y compañía. Sainz también contactó con Volkswagen, que estaba participando en el Dakar con la intención de ganarlo por primera vez.

Al equipo alemán le encantó la idea de poder tener a Carlos en ese proyecto. Las condiciones del español eran claras probar el coche, decir lo que pensaba del vehículo y, si se ponían de acuerdo, firmar por un año. El test fue positivo. Sainz les contó todas las lagunas que había encontrado y en qué dirección se debería trabajar.

El 31 de diciembre de 2005 arrancaba la edición vigesimoctava del París-Dakar, con Carlos Sainz a los mandos de un Volkswagen. El equipo lo formaban, entre otros, Bruno Saby, Giniel de Villiers y Jutta Kleinschmidt. Sainz arrancó fuerte, pues ganó las dos primeras etapas en Portugal. En Marruecos se le rompió el embrague y le tocó aprender cómo iban las cosas en África. Se pasó horas esperando al camión para que le solucionaran el problema; para cuando se reincorporó a la carrera ya era de noche. Lo pasó francamente mal cruzando las dunas. Lo recuerda todavía: «Me costó sangre, sudor y lágrimas. Yo nunca había hecho dunas».

Llegó de madrugada al vivac, descansó lo que pudo y salió a ganar. Y eso fue lo que hizo. El 3 de enero, al final del día, estaba en Uarzazat.

La victoria en coches fue para Carlos y la de motos, para Isidre Esteve. Aún ganó otra etapa más el 10 de enero en Kayes, en Mali.

La experiencia fue muy dura, pero valió la pena. McRae tenía razón: el Dakar le había gustado mucho a Sainz, tanto como para querer volver con la experiencia sumada ese primer año.

La peor experiencia

6 de enero de 2007
Portugal

La organización había decidido mover el calendario. No se arrancaría, como casi siempre, el último día del año o unos días antes en Navidad; esta vez tocaba comenzar algo más tarde. El Año Nuevo lo celebraron los pilotos con sus familias, pero el roscón de Reyes tocó comérselo en Lisboa, de donde partía la primera etapa del Dakar.

La experiencia del año anterior había sido positiva para Sainz y también para el equipo Volkswagen. Por tanto, en 2007 salieron a por todo y dominaron la carrera desde su arranque, desde la primera etapa hasta el Lago Rosa. Ganaron diez de las quince etapas que se disputaron, pero el vencedor fue, una vez más, Peterhansel con el Mitsubishi. El piloto español estuvo muy activo, ganó cinco etapas para los suyos, pero se le rompió el motor cuando corría con los de cabeza y, a partir de ahí, pasó por la que siempre reconoció como una de sus peores experiencias.

Un camión del equipo remolcó el coche roto durante más de doscientos kilómetros. Mientras tanto, Carlos, en la trasera del camión y sujetado por una eslinga, no podía más que rezar para que no le sucediese nada. Subían y bajaban dunas, saltaban en las pistas onduladas, escapaban milagrosamente de los agujeros trampa o esquivaban como podían la maleza y la hierba de camello. Aquello supuso un calvario. A pesar del motor y de las penalidades, fue capaz de continuar la carrera y terminó noveno de la general. Siguió aprendiendo y preparándose para lo que tenía que llegar, porque sabía que iba a ganar el Dakar más pronto que tarde.

La sabiduría de los veteranos

Cada noche en el Dakar africano había una oportunidad de aprendizaje. Carlos Sainz estaba muy enfadado porque se habían perdido en la etapa. Aquella noche en el vivac necesitaba contárselo a alguien. Estaban cenando y alrededor del español había varios pilotos, entre ellos Miguel Prieto.

—Es que no entiendo cómo se ha podido equivocar el copiloto en ese cruce.

Carlos argumentaba su malestar, cuando Miguel dejó de hurgar por un instante en su lata de comida y le dijo:

—En ese sitio no quedaba otra que parar. Tu copiloto tenía que mirar por tu ventanilla, porque la referencia estaba en ese lado, y así tomar el rumbo correcto. Si no paras, te pierdes... Eso también cuenta en esta carrera.

Pero Sainz no estaba de acuerdo, no le parecía lógico que si andaban compitiendo a toda velocidad se tuvieran que parar para que el copiloto tomara una referencia. El problema era que la decisión de no parar le costó a Sainz más de cuarenta kilómetros extra hasta que encontró el punto de paso.

—Mira, Carlos, a todos nos ha pasado. —Prieto intentó que su compañero razonase—. A veces hay lugares donde la paciencia es importante. No pasa nada por bajar la velocidad, porque puede suponer un acierto. Después ya se recuperará en otra parte ese tiempo perdido.

El lugar donde se había despistado Sainz era un cruce en ángulo recto y la referencia era una montaña en el lado opuesto, imposible que la viera a simple vista el copiloto. Las roderas de las motos, dos kilómetros antes del cruce, ya marcaban que algo no andaba bien en esa parte. Con el jaleo de las huellas todo se complicaba aún mucho más. Había que ver la montaña y el copi de Sainz no la vio, pero era imposible incluso que la intuyera.

Con todas esas charlas Carlos Sainz fue aprendiendo que a veces no ir tan rápido también servía para ganar tiempo.

De la gran decepción al salto a América

Sainz estaba dispuesto a ganar el París-Dakar de 2008. El piloto se había preparado mucho más y se encontraba muy fuerte. Sentía que ese era su momento. Pero el Dakar se canceló por una amenaza terrorista. Carlos ya no podría ganar en África porque jamás se regresaría al continente. Para el español fue una desilusión muy grande, pues le había gustado su «nueva vida africana» y de golpe había desaparecido. Fueron semanas de incertidumbre hasta que se decidió que se correría en Sudamérica.

En 2009, Buenos Aires se convirtió en el punto de partida del «nuevo Dakar». Era muy diferente al rally africano, otro tipo de terreno, mucho más calor y muchísima gente. No pasaba lo mismo que en África; aquí si alguna cosa faltaba, se podía encontrar en cualquier tienda de las ciudades por las que pasaba la carrera. Sainz salió a por todas porque conocía el terreno. El piloto había competido muchos años en el Mundial de Rallies en Argentina. A dos días para el final iba líder y había ganado seis etapas. Toda una exhibición hasta que se cayó a un río seco, el golpe fue tremendo y su copiloto se rompió el omoplato. Aquel fue el final. Giniel de Villiers lo ganó ese año para Volkswagen, mientras que Sainz volvió a casa muy decepcionado.

El vencedor más veterano

Carlos estaba empeñado en ganar y de nuevo la carrera partía desde Buenos Aires. Aquel 1 de enero de 2010, el piloto español empezó el rally con un cambio importante. Su copiloto era Lucas Cruz, con el que se entendía muy bien. Los dos querían lo mismo: ganar.

La estrategia para competir fue diferente porque el enemigo lo tenía en casa, Nasser Al-Attiyah también corría con Volkswagen. La carrera estaba tan ajustada entre los de cabeza, especialmente entre Carlos y Nasser, que se vivieron situaciones dignas de película. Fue el año de las imágenes de los dos coches, el del español y el del catarí, tratando de adelantarse. Chocando coche contra coche, tocándose cada vez que se pasaban el uno al otro. Cualquiera de los grandes directores de Hollywood habría querido filmar esa escena con dos de los grandes favoritos del Dakar intentando sacar a su rival de la pista a golpes, como si estuviesen protagonizando una secuencia de *Mad Max*. Sainz consiguió su primer triunfo absoluto, pero con la menor diferencia en la historia del rally, tan solo dos minutos y doce segundos sobre Al-Attiyah.

Para entonces comenzó a cambiar mucho su mentalidad, porque aprendió que la paciencia en esta prueba era parte de la clave del éxito. El piloto español no paró de ganar rallies; a la victoria de 2010 sumó la de 2018, 2020 y 2024. En 2018 superó de nuevo, con un Peugeot, a Nasser Al-Attiyah. En la edición de 2020, que se celebró en Arabia Saudí, derrotó al piloto catarí, pero esta vez con el Mini Cooper. En 2024 hizo historia al ganar con el Audi eléctrico y se convirtió en el vencedor más veterano de la carrera.

En pañales

Como todos los pilotos, Carlos Sainz también atesora un montón de anécdotas y aventuras de todos los años en los que ha corrido el Dakar. Pero hay una que le divierte especialmente y le ocurrió el primer año en el que participó, precisamente cuando estaba... en pañales con todo lo relacionado con el rally africano. En 2005, cuando la decisión de correr estaba tomada, a Carlos le rondaba algo por la cabeza: cómo se resolvía en esas etapas tan largas el tema de ir al baño. Para él, si tenía que detenerse y bajar del coche, era perder tiempo, porque si estaba compitiendo, eso no lo contemplaba. Pero los tramos cronometrados eran de cientos de kilómetros, así que era imposible no tener ganas de orinar. Pensó que quizá con el sudor, si sudaba mucho dentro del coche, eso fuera suficiente, pero no lo veía claro. Decidió preguntar cómo resolvían los otros pilotos del equipo esta situación, y la sorpresa fue mayúscula:

—Llevan un pañal, Carlos; muchos de ellos utilizan uno por etapa.

El español se quedó a cuadros. Decidió que tenía que probar eso del pañal, aunque no le hacía gracia. En una farmacia compró quince pañales, uno por etapa. Sin embargo, mientras lo hacía, no estaba convencido del todo de que esa fuese la solución. Entonces pidió uno más y se lo puso ese mismo día para salir de dudas. La prueba le confirmó lo que sospechaba: eso él no lo podía llevar, le resultaba muy incómodo y no era capaz de acostumbrarse.

Trazó un nuevo plan que iba directamente relacionado con el consumo de líquidos. Dependiendo del tramo de enlace de la mañana, antes de la especial, bebería más o menos líquidos. De las tres botellas de litro y medio que tenía en el coche, agua y bebida isotónica, iría gestionando cómo se las tomaba para no tener que parar, bajarse, abrir la cremallera del mono de carreras y... Al principio, hasta que logró alcanzar el punto que buscaba, para no tener la necesidad, le pasó de todo. En varias etapas llegó deshidratado al final del tramo. Nunca corrió con pañal y pocos fueron los momentos en que le tocó parar, pero estuvo semanas dándole vueltas a la cabeza a esa historia.

Al cabo de unos años, Lucas Cruz descubrió una cafetera portátil que integraron en el coche; fue una buena solución para tomar un café recién hecho en los enlaces larguísimos, cuando ya tenía controlado lo de ir al baño.

Un homenaje muy especial

Este capítulo final no está cerrado, porque Carlos lleva participando en dieciocho Dakares y aún no ha parado. En estas últimas palabras recupero mi voz de narrador en primera persona. Cuando arranqué este proyecto, tenía muy claro que Carlos Sainz sería el encargado de cerrar este pequeño homenaje.

Entre todos los que participaron en África (y algunos pasaron también a Sudamérica y Arabia), en la prueba que creó hace más de cuarenta y cinco años Thierry Sabine, sabía que él, Sainz, era uno de los pocos que no entraba en el título del libro, por ese verbo en pasado, *Cuando éramos pilotos*, porque él continúa siendo piloto. Sigue corriendo al máximo nivel y trata de ganar año tras año el Dakar. Sainz y Nani Roma mantienen el espíritu y las ganas intactas. El mismo espíritu de dos de las invitadas especiales, Laia Sanz y Cristina Gutiérrez, que al igual que Sainz, Nani Roma e Isidre Esteve siguen peleando por tratar de ganar el Dakar.

Esta es la última de las historias que he recopilado durante dos años y que me han tenido totalmente apasionado. En todos los casos, como narrador, ha sido un honor reencontrarme con cada uno de los pilotos que entrevisté cuando estaba empezando mi carrera profesional y también a lo largo de los años. Ha sido un lujo regresar con ellos a África, cruzar el Teneré, el paso de Nega, viajar por tantos y tantos países y sobrecogerme con todo lo que pasaron este puñado de aventureros cuando éramos pilotos...

PEQUEÑO ÁLBUM DE RECUERDOS DEL DAKAR

En algún lugar de África, mandando una crónica por teléfono satélite para Canal+.

Archivo personal del autor

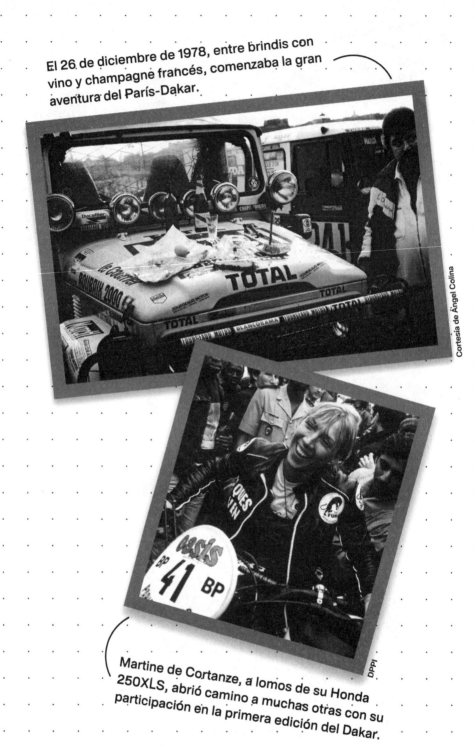

El 26 de diciembre de 1978, entre brindis con vino y champagne francés, comenzaba la gran aventura del París-Dakar.

Martine de Cortanze, a lomos de su Honda 250XLS, abrió camino a muchas otras con su participación en la primera edición del Dakar.

En 1989 el Nissan que conducía la pareja formada por Jordi Bäbler y Josep Autet acabó calcinado. Su chasis se incorporó como referencia en los libros de ruta de los años posteriores.

Cortesía de Félix Dot

Carlos Mas, el primer español en alcanzar el podio en la categoría de motos. Quedó en segunda posición en 1990.

Cortésia de JAS

Félix Dot presenció el acontecimiento más triste de los que se narran en este libro: el asesinato de Charles Cabannes en 1991.

Jordi Arcarons sorteando dunas sobre su Cagiva en 1995. Aquel año la salida fue en Granada.

Óscar Gallardo celebrando la segunda posición en 1997. Peterhansel le arrebató el primer puesto.

Josep Maria Servià celebrando frente a las pirámides su victoria en la etapa final de la 22 edición.

Nani Roma celebra junto a Jordi Arcarons y Manel Salinas su victoria en el Dakar de 2004.

Isidre Esteve recorre el desierto de Mauritania con su KTM en 2006.

Marc Coma fue el primero en llegar al Lago Rosa en aquella edición de 2006. En la imagen posa con el trofeo que le acredita como el ganador del rally.

Con dieciocho Dakares a sus espaldas, la historia de amor de Carlos Sainz con esta prueba se sigue escribiendo en la actualidad.

Compañeros de viaje

> El Dakar es un desafío para los que parten, un sueño para los que se quedan.
>
> Thierry Sabine

Dar las gracias es quizá uno de los mayores placeres cuando escribes un libro, especialmente en este, donde se ha implicado tantísima gente. Hay muchas personas detrás, en la sombra, que han hecho posible que consiguiera toda la información necesaria para poder contar lo que has encontrado en estas páginas. Nunca me he sentido solo, como estuvieron algunos de nuestros protagonistas en medio del desierto; al contrario, he tenido la suerte de encontrar apoyo y ayuda durante todo el camino. Seguir las roderas de nuestros héroes me ha hecho sentir como si estuviera en una especial más, cruzando el Teneré o llegando hasta Tombuctú. Ha sido emocionante.

A la primera que quiero rendir homenaje es a Mamen, mi copiloto en este proyecto. Por sorprenderse escuchando las historias de África, por aguantarme por medio mundo mientras escribía esta aventura y por quedarse fascinada por el Dakar de Sabine.

Gracias a los míos, a los que forman parte de mi equipo vital, a mi familia y a mis amigos, que me han ayudado en esta travesía. Sí, a ese grupo de fantásticos con los que he llegado hasta el Lago Rosa, desde estas líneas mi más sincero homenaje.

Arrancamos con los que yo denomino mi «grupo francés». Ellos me ayudaron a conseguir libros en Francia, me acompañaron en las entrevistas y les tocó más de una traducción... Max Coma es el número uno. Con él todo han sido facilidades. Es familia y sangre de mi sangre. Lo quiero, lo respeto y lo admiro por partes iguales. Qué suerte he tenido contigo, Max. Carlota Reig, amiga y periodista, se ha comido unos cuantos libros en francés y algún marrón que otro para ponérmelo más fácil. El tercer nombre es el de Ricard Arias, que ha estado en todas cuando le pedí ayuda. Por él tenemos a muchos de nuestros pilotos grabados en vídeo. Se apuntó a París y a Madrid, a todo lo que hizo falta, como siempre.

Hay una persona especial, Manel Arroyo, al que quiero agradecer su ayuda. Sin él jamás habríamos logrado llegar hasta Martine de Cortanze. Querido amigo, tenerte cerca es una suerte fantástica. Tu apoyo y tus contactos mágicos no tienen precio.

Isabel ha estado en todos mis libros, empujando, incansable al desaliento, en las buenas y en las malas. Le tengo que agradecer muchas cosas; entre ellas, su paciencia infinita por buscar luz en las noches oscuras, por estar a mi lado junto a la hoguera del campamento. Todo es más fácil en el desierto si estás tú.

Con muchos de los protagonistas de este libro no había hablado en los últimos treinta años. Para mi sorpresa, cada llamada fue como si nos hubiéramos estado tomando un café el día antes. No saben lo feliz y agradecido que les estoy a todas y todos por compartir tiempo y vivencias, por emocionarse y emocionarme, por hacerme revivir (y espero que a ti, querido lector, también) esos años mágicos de aventuras infinitas.

Gracias a Joan Porcar, Martine de Cortanze, Carlos Mas, Salvador Cañellas, Salvador Servià, Jaime Puig, Jordi Arcarons, Miguel Prieto,

Xavi Foj, Fernando «Búfalo» Gil, Xavi Riba, J. L. Álvarez, Hansi Bäbler, Ángel Ortiz, Antonio Boluda, Carlos Sotelo, Juan Hernández, Carlos Hernández, Joan Gràcia, Enric Conti, Pere Maimi, Ignacio Bultó, Félix Dot, Pep Vila, Josep Maria Servià, Ramón Dalmau, Ramón Vila, Óscar Gallardo, Antonio Zanini, Rafa Santiveri, Rafa Tibau, Jordi Juvanteny, Nani Roma, Isidre Esteve, Marc Coma, Albert Llovera, Martí Trilla, Josep Autet, Domingo García, Javier Olave, Manu Franco, Rosa Romero, Laia Sanz, Cris Gutiérrez y Carlos Sainz.

Han sido muchas horas junto a ellos, cruzando el continente africano de norte a sur y de este a oeste, sufriendo y disfrutando a su lado. Esta es realmente una pequeña muestra de sus aventuras, un ejemplo de exprimir la vida hasta el final.

Virginia y el equipo de Plaza & Janés estuvieron encantados desde el principio de animarse a viajar hasta África, subirse a mi lado para dejarse llevar, entre desiertos y selvas, para conseguir alcanzar las playas en Dakar. Aceptaron el riesgo de que no lográsemos cruzar el paso de Nega, pero lo conseguimos. Gracias.

Solo me queda añadir a Yako, un clásico, feliz de tenerme sentado en la mesa trabajando para recostarse a mis pies y sentir mis emociones plácida y tranquilamente durante horas.

Quiero terminar este camino con una frase que Thierry Sabine les decía a todos aquellos que se acercaban a él destrozados, muertos de cansancio y angustiados al pensar lo que les esperaba en la etapa del día siguiente: «Habéis pagado para esto». *Cuando éramos pilotos* es un homenaje a todos ellos, a este grupo humano que llegó hasta el límite de sus fuerzas y vivió para contarlo.